Winfried Engler

Geschichte
der französischen Literatur
im Überblick

W0231096

Philipp Reclam jun.
Stuttgart

Universal-Bibliothek Nr. 18032
Alle Rechte vorbehalten
© 2000 Philipp Reclam jun. GmbH & Co., Stuttgart
Gesamtherstellung: Reclam, Ditzingen. Printed in Germany 2000
RECLAM und UNIVERSAL-BIBLIOTHEK sind eingetragene Marken
der Philipp Reclam jun. GmbH & Co., Stuttgart
ISBN 3-15-018032-5

Inhalt

II

Renaissance

III

17. Jahrhundert

IV

18. Jahrhundert

V

19. Jahrhundert

VI

20. Jahrhundert

Vorbemerkung

Der Titel dieser Darstellung ist Programm: Vorgelegt wird eine *Geschichte* und kein Literaturlexikon; sie konkurriert nicht mit dessen umfassenden Informationsabsichten und komplexen Referenzsystemen, weist jedoch aus, was Entstehung und Rezeption von Dichtung der Historie und der Geschichte der Lektüre schulden. Auch deswegen stehen historische Überblicke am Anfang jedes Kapitels. *Französisch* ist vorrangig als geographische Kategorie gesetzt und dort eine linguistische, wo von Autoren wie Ionesco oder Beckett die Rede ist, die in Frankreich französisch schreiben. Der praktikable *Überblick* verbietet es, französisch verfaßte Literatur aus der Neuen Romania der ehemaligen Kolonien systematisch aufzunehmen.

Für treffliche Hinweise in der Sache und bibliographierendes Ghostwriting danke ich der Kollegin Brunhilde Wehinger sowie meinen Wissenschaftlichen bzw. Studentischen Mitarbeiterinnen Brigitta Paterok und Angela Schönfelder, für den jahrelangen Kampf um einen vorzeigbaren Text Lina Kraffzik.

Allgemeine Auswahl-
bibliographie

1. Bibliographien

The Year's Work in Modern Language Studies, 1931 ff.;
O. Klapp / A. Klapp-Lehrmann, Bibl. der frz. Literaturwissenschaft, 1960 ff.; D. W. Alden [u. a.] (Hrsg.), French XX Bibl.
1969 ff.; R. Rancœur [u. a.], Bibl. de la littérature française
(XVIᵉ–XXᵉ siècles), Sonderh. RhlF 1995 ff.; B. Diaz / C. Duchet, Le XIXᵉ siècle bibliographique, Dix-Neuvième Siècle,
Nov. 1997.

2. Literaturlexika und Literatur-
geschichten

G. Grente (Hrsg.), Dictionnaire des lettres françaises, überarb.
Neuausg. 1992–98; A. Levi (Hrsg.), Guide to French Literature,
1789 to the Present, 1992; W. Engler, Lexikon der frz. Lit.,
³1994; P. France (Hrsg.), The New Oxford Companion to Literature in French, 1995; H. Mitterand, Dictionnaire des mille
œuvres clés de la littérature française, 1995; M. Ambrière
(Hrsg.), Dictionnaire du XIXᵉ siècle européen, 1997; M. Delon
(Hrsg.), Dictionnaire européen des Lumières, 1997; H. Morier,
Dictionnaire de poétique et de rhétorique, ⁵1998.

C. Pichois (Hrsg.), Histoire de la littérature française, 1996–
1998; J. Grimm (Hrsg.), Frz. Literaturgeschichte, ⁴1999.

3. Zeitschriften

GRM	Germanisch-Romanische Monatsschrift
NRF	Nouvelle Revue Française
RF	Romanische Forschungen
RhlF	Revue d'histoire littéraire de la France
RJb	Romanistisches Jahrbuch
RSH	Revue des sciences humaines
RZLG	Romanistische Zeitschrift für Literaturgeschichte
ZfSL	Zeitschrift für französische Sprache und Literatur
ZrP	Zeitschrift für romanische Philologie

I

Mittelalter

Historischer Überblick

486   Sieg der salischen Franken (Merowinger) über den letzten römischen Statthalter in Gallien, Eroberung von Nord nach Süd 507 abgeschlossen (Niedergang des Westgotenreichs von Toulouse).

496   Taufe des fränkischen Alleinherrschers Chlodwig (Clovis) in Reims.

511   Tod Chlodwigs, Reichsteilung unter den vier Söhnen; Zentren: Paris, Soissons, Metz, Orléans.

732   Sieg über die Mauren, die seit 711 das westgotische Spanien erobert haben, bei Poitiers.

751   Pippin III. aus der Dynastie der Arnulfinger (Karolinger) erklärt sich zum fränkischen König. Karolingische Herrschaft im Westreich bis 987 (bis 911 im Ostreich).

768–814   Karl der Große (Charlemagne), Kaiser seit 800.

813   Ludwig der Fromme, Karls Sohn, zum Mitkaiser erhoben.

843   Dreiteilung der Francia (Westreich, Lotharingien, Ostreich) im Vertrag von Verdun; Karl der Kahle erhält das Westreich.

910   Gründung des Klosters Cluny (Burgund), spätere bedeutende Gründungen: 1098 Cîteaux, 1115 Clairvaux.

911	Herzogtum der Normandie.
987	Herzog Hugo Capet zum König gewählt; Herrschaft der Kapetinger (seit Ende 12. Jh. durch Erbrecht) bis 1328.
1017	Beginn der Kreuzzüge, zunächst in Spanien, 1096–1270 im Nahen Osten und in Nordafrika; 1212 Kinderkreuzzug.
1060	Eroberung Siziliens durch die Normannen.
1066	Eroberung Englands durch die Normannen.
um 1130	Beginn des Neubaus der Kathedrale von Saint-Denis, der Grablege der Könige.
1137	Eleonore von Aquitanien heiratet Ludwig VII. von Frankreich und, nach ihrer Scheidung, 1152 Heinrich Plantagenêt, den späteren König von England.
1163	Beginn des Baus von Notre-Dame de Paris.
1214	Sieg Philipps II. über Kaiser Otto IV. bei Bouvines.
1209–29	Kreuzzug im Innern des Reichs gegen die verketzerten Albigenser (nach der Stadt Albi); verheerende Verwüstung der südwestfrz. Wirtschaft und Kultur.
1221	Einrichtung der Universität Paris, der späteren Sorbonne (1257).
1307–12	Ketzerprozeß gegen den mächtigen Ritterorden der Templer, Auflösung und Enteignung.
1328–50	Philipp VI. von Valois.
1337	Ausbruch des Hundertjährigen Krieges, ausgelöst durch die Annahme des frz. Königstitels durch Eduard III. von England, den die Herrscher bis 1802 nicht ablegen. Vernichtende Niederlagen frz. Heere 1346, 1356, 1415.
1347	Einnahme von Calais.
1347/48	Pestepidemie, die ein Drittel der Bevölkerung auslöscht.
1356–58	Aufstand der Pariser Stadtbevölkerung, Bauernaufstände (Jacquerie).
1362	Beginn der Erbauung des Louvre.
1370	Einführung von Dauersteuern, darunter die bis ins 18. Jh. erhobene verhaßte Salzsteuer (»gabelle«).

1415 Sieg der Engländer über das stärkere frz. Heer bei Azincourt (Pas-de-Calais).

1418 Burgunder, mit den Engländern verbündet, erobern Paris.

1422–61 Karl VII.

1429 Jeanne d'Arc befreit das von Engländern belagerte Orléans.

1431 Heinrich VI. zum frz. König gesalbt; Hinrichtung der Jeanne d'Arc durch die Engländer in Rouen.

1435–80 René d'Anjou König von Neapel.

1444 Waffenstillstand zwischen England und Frankreich.

1450 Rückeroberung der Normandie.

1453 Ende des Hundertjährigen Krieges; Eroberung Konstantinopels durch die Türken.

1455 Gutenberg druckt die Bibel.

1461–83 Ludwig XI., Expansionspolitik (Pikardie, Burgund, Maine, Provence, Artois), Beginn der Auseinandersetzung mit den Habsburgern (bis 1648).

1470 Einrichtung einer Druckerei in der Sorbonne, 1477 Druck des ersten frz. Buchs, 1489 Villon-Ausgabe.

1477 Niederlage Herzog Karls des Kühnen von Burgund im Kampf mit Ludwig XI.

1491 Karl VIII. heiratet Anne de Bretagne, ihr Herzogtum wird Krondomäne.

1494 Italienfeldzug, dadurch Kontakt mit der italienischen Renaissance.

1495 Einnahme und Verlust von Neapel.

1. Einleitung

Der Begriff

Die Bezeichnung »Mittelalter« geht auf die italienischen (Petrarca, 1373) und später französischen Humanisten des 14. Jh.s zurück, die damit die Zeit seit der Völkerwanderung im späten 4. Jh. als eine Periode des Bildungsverfalls abwerten, die durch ihre Rückbesinnung auf die Antike und deren Erhebung zur kulturellen Norm beendet werden soll. Diese negative Definition des Mittelalters ist Teil eines dreiteiligen Gliederungsschemas, das also nicht universalgeschichtlich, sondern ursprünglich philologisch begründet ist und das einem neuen Bildungsoptimismus entspringt, den die Humanisten der rohen, unmündigen Vorzeit absprechen. Sie lassen dabei freilich außer acht, daß andererseits das Mittelalter selbst sich mit der Antike in einer historischen Kontinuität sah, die in der Translationstheorie zum Ausdruck kommt; daß man mit einigem Recht von einer »karolingischen Renaissance« spricht und daß die Renaissancefürsten als Hüter des Rechts und Interessenausgleichs sowie Förderer der Künste den mittelalterlichen Staat voraussetzen.

Die Sprache

In Gallien treffen seit der Eroberung durch die Franken ein mächtiges galloromanisches Substrat und ein zahlenmäßig geringeres, gleichwohl politisch privilegiertes germanisches Superstrat als Sprachimperien schichtweise aufeinander, dabei dominiert die germanische Eroberersprache den Entwicklungsprozeß zu einer romanischen Sprache jedoch nicht. Vom Herrschaftsantritt Chlodwigs an, der sich römisch-katholisch und nicht wie andere Germanenfürsten, etwa die Westgoten, arianisch taufen läßt, bis zum Beginn der kapetingischen Dynastie lebt das Frankenreich mit ge-

schriebenem römischen Recht und germanischem Gewohn-
heitsrecht sowie in der Zweisprachigkeit. Karl den Großen
muß man sich noch zweisprachig vorstellen, Hugo Capet bereits nicht mehr. Für das Romanische bleibt die lateinische
Grammatik, trotz der Umwandlung der Deklinations- und
Konjugationssysteme, strukturstiftend; Germanismen, auch
die späteren Aufnahmen aus der nordgermanischen Sprache
der Normannen, beschränken sich auf Einzelphänomene der
Phonologie, Lexik und Wortbildung vor allem in den Bereichen Lehenswesen, Militärstruktur und Agrikultur.

Die maßgebende Kultur des Mittelalters wird lateinisch
und schriftlich, nicht volkssprachlich und vorwiegend
mündlich ausgedrückt, wobei die Distanz zum klassischen
Latein, der Literatursprache in den römischen Provinzen
seit dem 1. Jh. v. Chr., zunimmt. Jahrhunderte vor der humanistischen Relatinisierung der gebildeten Laienwelt bestimmt die Kultsprache der Kirche den Wert kultureller Aktivitäten. Die Bischofsschulen, Vorstufe der seit dem 13. Jh.
gegründeten Universitäten, garantieren diese Entwicklung,
allerdings in einer relativ geschlossenen Gesellschaft Gebildeter, zu der Adlige in der Regel nicht zählen. Zunächst ist
einzig der Kleriker der Studierte, er hat gelernt, systematisch zu denken und zu schreiben; dadurch ist auch der
Konflikt der Bildung mit der Theologie vorhersehbar.

Seit dem frühen 11. Jh. wird, je nach ihren Pflichten, die
Gesellschaft in drei Status- und Funktionsgruppen aufge-
teilt: den Ritter, der kämpft, den Mönch, der betet, und den
Bauern, der den Acker bestellt. Weder den Kaufmann in
den städtischen Zentren nördlich von Paris noch die bürgerliche Intelligenz, d. h. Kleriker, für die keine kirchlichen
Stellen zur Verfügung stehen, berücksichtigt dieses konservative Schema einer Welt, in der Burgen, das ländliche Umfeld und Klöster als Lebenswelten wahrgenommen werden.
Vor allem seit der Gründung der Benediktinerabtei Cluny
in Burgund 910 übernehmen die Klöster neben praktischen
Arbeiten, die die Mönche als Kolonisatoren bis in die ost-

elbischen Gebiete (Lehnin, Chorin) führen, durch Kopieren
die Sicherung und Verbreitung geistlicher und weltlicher
Texte. So werden in der Abtei von Saint-Denis ab dem
12. Jh. die Reichschroniken aufgezeichnet. Diese klösterlichen Aktivitäten betreffen keineswegs die Ausdifferenzie-
rung der Romania in ihre neun Sprachräume. Die Rivalität
zwischen Latein und Romanisch funktioniert kulturell, solange die gesprochenen Volkssprachen nicht codifiziert und
von der Mehrheit der Benutzer gelesen werden. Dieser Prozeß der Gleichsetzung von Sprechen, Schreiben und Lesen
setzt aber spät ein, jedenfalls erst nach der Machtübernahme
Hugo Capets 987, wenn diese als Beginn der französischen
Geschichte gewertet werden soll.

Im germanischen Gallien trennt, je nach fränkischer bzw.
vorübergehend gotischer Besiedlung, eine Sprachgrenze
etwa entlang der Loire den französischen (»langue d'oïl«)
vom provenzalisch-gaskognischen (»langue d'oc«) Benut-
zerraum. Das westfränkische Herrschaftsgebiet, das 843 in
den Grenzen westlich der Schelde, Maas, Saône und Rhône
festgelegt worden ist, reicht im Süden bis nach Katalonien.
Linguistisch bleibt diese Expansion folgenlos, literarhisto-
risch keineswegs (*Chanson de Roland*).

Entsprechend der Besiedelung der antiken Gallia durch
mehrere Völker zwischen Maas und Loire bilden sich verschiedene Dialekte im nördlichen Kernland dieses Territori-
ums aus: Franzisch in der Île-de-France, Wallonisch, Pikar-
disch, Champagnisch, Lothringisch, Normannisch (in der
Normandie und seit 1066 im normannischen England),
Burgundisch und Poitevinisch. Paris, Mittelpunkt der Île-
de-France und königlichen Kronlande, ist im 12. Jh. die einzige Großstadt der westlichen Welt, seit dem 13. Jh. europäisch hochrangiges Studienzentrum. Die sich abzeichnende
Dominanz des »francien« folgt politischer Logik. Von der
Île-de-France in der Nordhälfte des künftigen Königreichs
Frankreich geht die Vereinigung des Landes und analog die
schwierige linguistische Vereinheitlichung aus.

Aus dem 7. und 8. Jh., als die romanischen Sprachen in der alltäglichen Kommunikationssphäre ausgebildet werden, sind noch keine volkssprachlichen Texte überliefert. Bekannt ist, daß im Westfrankenreich durch Konzilsbeschluß seit 813 Predigten auch »in rusticam Romanam linguam aut Thiotiscam« zugelassen waren, die Gläubigen verstanden offenbar den lateinischen Diskurs immer weniger. So nimmt die neue Lizenz auf die tatsächliche Zweisprachigkeit Rücksicht. Für die Zeit vor 1100 sind außer dem völkerrechtlichen Dokument der *Straßburger Eide* wenige Bibelparaphrasen und hagiographische Texte, oft nur im Fragment, belegt.

Womöglich fielen die oralen Anfänge der Heldenepik in diese politisch wichtige Periode. Denn bereits vor dem 12. Jh. schaffen die Karolinger und Kapetinger, frei von jeder politischen Rücksicht auf eine Legitimationsinstanz wie die der deutschen Kurfürsten, die Grundlagen zur Bildung einer französischen Nation als Zusammenschluß unterschiedlicher Herrschaftsbereiche, die sich der Krone unterordnen müssen und schließlich ihre Identität verlieren. Dieser Einigungsprozeß wird im späten 15. Jh. mit der Integration der Bretagne durch Heirat und dem Sieg Ludwigs XI. über das Herzogtum Burgund abgeschlossen.

Lit.: E. R. Curtius, Europ. Lit. u. lat. MA, 1967 [u. ö.]; J. Payen, Le moyen âge I, 1970; D. Poirion, Le moyen âge II, 1971; Grundriß der roman. Lit. des MA (GRLMA), 1972 ff.; J. Le Goff, Pour un autre moyen âge, 1977; E. Köhler, Vorlesungen zur Gesch. der frz. Lit., MA I–II, 1985; G. Duby, Hommes et structures du moyen âge, 2 Bde., 1988; G. Hasenohr / M. Zink: Le Moyen Age, in: Dictionnaire des Lettres Françaises, 1992; F.-R. Hausmann, Frz. MA, 1996; K.-H. Schroeder, Gesch. der frz. Sprache im Überblick, 1996; J. Ehlers, Die frz. Monarchie des MA, in: W. Engler (Hrsg.): Frkr. an der FU, 1997; W. D. Padden, Old Occitan, 1998; M. Stanesco, Lire le Moyen Age, 1998; G. A. Runnals, Les mystères français imprimés, 1999.

2. Die ältesten Texte

In den *Serments de Strasbourg*, dem frühesten romanischen Sprachdenkmal, das der Historiograph Nithard, der den Text möglicherweise selbst redigierte, zitiert, sind juristische Stereotypen in einem mundartlich nicht zu identifizierenden Afrz. formuliert. Als sich die beiden Brüder, Ludwig der Deutsche und Karl der Kahle, Enkel Karls des Großen, gegen Lothar, der die Einheit des karolingischen Reichs zu wahren sucht, verbünden, spricht Ludwig die Eidesformel des Beistandspakts am 14. Februar 842 in Straßburg in »lingua romana«, Karl in Rheinfränkisch, damit die beiden Heere die Vereinbarung verstehen.

Lit.: W. v. Wartburg, Évolution et structure de la langue française, 1967; H. Berschin [u. a.], Frz. Sprachgesch., 1978; M. Selig (Hrsg.), Le passage à l'écrit des langues romanes, 1993, R.-L. Wagner, Textes d'étude. Ancien et moyen français, 1995.

Die *Cantilène* oder *Séquence de Sainte Eulalie (Eulaliasequenz)*, der älteste bekannte Literaturtext (mit Latinismen, Archaismen, dialektalen Färbungen), wurde um 881 in Wallonien oder in der Pikardie niedergeschrieben. Das erbauliche Kirchenlied in 14 assonierenden Verspaaren zum Ruhm des Martyriums einer Jungfrau Eulalia ist ohne die dazugehörende Melodie überliefert.

Lit.: A. Henry, Chrestomathie de la littérature en ancien français, ³1965; M. Delbouille, À propos des deux *Séquences d'Eulalie* et du *Ludwigslied*, in: K.-R. Bausch / H.-M. Gauger (Hrsg.), Interlinguistica, Fs. M. Wandruszka, 1971; M.-P. Dion (Hrsg.), Actes du colloque de Valenciennes 1989, 1990.

Die *Passion du Christ*, eine Bibelparaphrase (spätes 10. Jh.; 516 assonierende, gelegentlich durch Vollreim verbundene Achtsilber, vierzeilige Strophen), wirft linguistische Probleme auf: der hybride Text (Hs. Clermont-Fer-

rand, Anfang 11. Jh.) enthält sowohl nord- als auch südfrz.
Formen, die keinem Dialekt zuzuordnen sind.

Die *Vie de Saint Alexis* (625 assonierende Zehnsilber) ist
vor der *Chanson de Roland* entstanden. Unbekannter Verfasser, möglicherweise Kanonikus aus Rouen, der um 1050
lateinische Heiligenviten in frz. Verse umgeschrieben hat.
Die Entstehungsgeschichte der Heiligenlegende weist in
den byzantinischen Raum und weiter nach Syrien: Alexius,
römischer Patrizier, verläßt in der Hochzeitsnacht seine
Braut, um der eitlen Welt zu entsagen. Ideologisch liegt dem
Weltverzicht das Lob der unwiderruflich vergangenen guten
alten Zeit zugrunde, mit dem das Gedicht anhebt:

> Bons fut li siecles al tens ancienor,
> Quer feit i ert e justise et amor,
> S'i ert credance dont or n'i at nul prot;
> Tot est mudez perdude a sa color:
> Ja mais n'iert tels com fut as ancessors.

> Sankt Alexius, hrsg. von Wendelin Förster durch
> Margarete Rösler, Tübingen: Niemeyer, 1928, S. 1.

Zur Zeit der Alten war die Welt gut, / denn es gab Treue und
Gerechtigkeit und Liebe / und Glaube, wovon heute nicht
mehr viel vorhanden ist; / die Welt ist ganz verändert und hat
ihren Glanz verloren, / niemals wird sie wieder so sein wie
bei den Vorfahren.

Die volkstümliche, von mönchischem Verzichtdenken
bestimmte Hagiographie wird im Sinne der cluniazensi-
schen Theologie durch komplizierte psychologische Konflikte aus der neuen Askese illustriert. Die Lektion lautet:
Buße allein kann die Welt, die dem Untergang entgegen-
treibt, vor der Katastrophe bewahren. Im 12. Jh. entsteht
durch Interpolationen eine umfangreichere Fassung, im
13. Jh. eine Umarbeitung in Laissen und im 14. Jh. eine strophische Version in Alexandrinern.

Lit.: R. Baehr, Das *Alexiuslied* als Vortragsdichtung, in: Serta romanica, Fs. G. Rohlfs, 1968; C. Storey, An Annotated Bibl., 1987; K. D. Uitti, Alexis, Roland and French poésie nationale, 1995.

Zum Katalog der mittelalterlichen Hagiographie zählen weiterhin *Le Voyage de Saint Brendan* (1101/06) in Achtsilbern, *Saint-Gilles* (um 1170), eine Vita des Erzbischofs Thomas Becket von dem königsfeindlichen Kleriker Guernes de Pont-Sainte-Maxence (1174), das *Espurgatoire Seint Patrize* (nach 1189) der Marie de France, mehrere Vers- und Prosafassungen der *Vie de Saint Eustache*. Zwischen 1060 und 1080 entstand in der Guyenne die gereimte *Chanson de Sainte Foy* in 593 Achtsilbern; aus dem 13. Jh. stammt der *Planh de Sant Esteve*, ein deswegen bemerkenswerter Text, weil die okzitanischen Klagegedichte sonst religiöse Stoffe vermeiden.

3. Chansons de geste

Gegen Ende des 11. Jh.s entsteht eine reichhaltige volkssprachliche Literatur, deren Gegenstand die kriegerischen Taten (»res gestae«) des Kaisers und seiner mächtigen Gefolgsleute sind und die in einer Art (Sprech-)Gesang vorgetragen werden: die Chansons de geste. Ihre metrische Struktur ist einfach. Sie sind unterteilt in ungleich lange Abschnitte (»laisses«) mit jeweils durchgehaltenen Vokalreimen (Assonanzen), die das Erinnerungsvermögen des Spielmanns (und der Zuhörer) stützen.

Wenngleich die historische Aufschlüsselung der Geschehnisse nur vereinzelt möglich ist (das Geschehen der *Chanson de Roland* fällt in das Jahr 778, *Gormond et Isembart* ist auf den abgeschlagenen Normanneneinfall von 880/881 bezogen), spielen die Heldengeschichten bei aller Sagen- und Legendenhaftigkeit doch immer auf die Verfassung und die

Mentalität der feudalen Welt an. Dabei liegen, soweit der Nachweis zum Einzeltext möglich ist, zwischen dem historischen Zeitpunkt und der endgültigen Fassung der Dichtung Jahrhunderte. Was dazwischen geschah, ist umstritten.

Die romantische Erforschung ging davon aus, daß im Anschluß an historische Ereignisse spontan eine große Zahl kürzerer Lieder (Cantilenen) entstanden sei, die von fahrenden Sängern vorgetragen, abgewandelt, erweitert und schließlich von einem gelehrten Schreiber zusammengefaßt und aufgezeichnet wurden. Der Schreiber war hier nur Redaktor, der Dichter anonym, das »Volk«. Dem stehen heute individualistische Ursprungstheorien gegenüber, nach denen die schriftlich überlieferte Chanson de geste die dichterische Leistung einer Einzelpersönlichkeit war, die, vertraut mit der poetischen Codierung antiker Epik (Homer, Vergil), volkstümliche Sagen und Legenden zu einem Kunstwerk formte oder dieses ex nihilo verfaßte. Dies geschah im Auftrag von Klöstern, die durch kirchlich-prokönigliche Propaganda das schwache kapetingische Königtum stärken wollten.

Als Konfliktmuster dominieren der Kampf gegen die Mauren, die 711 das spanische Westgotenreich besiegt haben und in einem langwierigen Rückeroberungskampf (Reconquista) bis 1492 zum Rückzug gezwungen bzw. vernichtet werden, Vasallentreue und Verrat am Lehensherrn (Empörerepen) sowie Adelsrivalitäten. Einzelne Epen werden häufig durch biographische Ergänzungen (Enfances) und genealogische Verästelungen, die auch dem Lob adliger Familien dienen, erweitert und zu Zyklen verknüpft: Karlszyklus, Wilhelmszyklus, Kreuzzugsepen.

Die ca. 80 afrz. Epen des 11.–13. Jh.s (ein Vielfaches übrigens der minimalen spanischen Epenüberlieferung) sind überwiegend in zehnsilbigen Versen, später in Alexandrinern verfaßt; strophische Gliederung durch Vokalreime (Assonanzen), vereinzelt durch Vollreime. Die intensive italienische und spanische Rezeption (Romanzendichtung) dokumentiert Frankreichs kulturelle Hegemonie im Hochmittelalter.

Lit.: J. Bédier, Les légendes épiques, 4 Bde., 1914–29; I. Siciliano, Les origines des ch. d. g. Théories et discussions, 1951; J. Rychner, Ch. d. g. L'art épique des jongleurs, 1955; R. Hitze, Stud. zu Sprache u. Stil der Kampfschilderungen in den Ch. de geste, 1966; K. H. Bender, Kg. u. Vasall. Unters. zur Ch. d. g. des 12. Jh.s, 1967; A. Adler, Ep. Spekulanten, Versuch einer synchronen Gesch. des afrz. Epos, 1975; H. Krauß (Hrsg.), Afrz. Epik, 1978; K. v. See, Europ. Heldendichtung, 1978; L. Struss, Ep. Idealität u. hist. Realität, 1980; D. Madelénat, L'épopée, 1986; J. P. Martin, Les motifs dans la ch. d. g., 1992; J. Favier, Dictionnaire de la France médiévale, 1994; D. Boutet (Hrsg.), Le cycle de Guillaume d'Orange, 1996.

Chanson de Roland und Karlszyklus

Zentrales Werk des Karlszyklus und zugleich ältester Heldengesang ist die *Chanson de Roland* (um 1075–1100; 4002 assonierende Zehnsilber in der anglonormannischen Hs. [Oxford] aus dem 2. Viertel 12. Jh.; insgesamt 8 Hss. in Assonanzen und gereimt, 13.–14. Jh.; ED Paris 1837; Ausg. R. Mortier, 10 Bde., 1940–44; A. Hilka / G. Rohlfs, 1960; P. Jonin, 1979; M. Tyssens, 2 Bde., 1989; I. Short, 1990; J. Dufournet, 1993, Ed. und Übers.). Geschichtlicher Kern: 778 baskischer Überfall in den Pyrenäen auf das fränkische Heer; Anpassung, angereichert auch durch Erfahrungen zahlreicher französischer Ritter, die in der spanischen Reconquista engagiert waren, an imagologische Resultate der Kreuzzugsideologie: Sie führt mit wenigen Ausnahmen (Wilhelmsepen, *Aucassin et Nicolette*) zu einer kämpferischen Opposition von Christ und Antichrist, Gott und Götze (»Li reis Marsilie [...], / Mahumet sert e Apollin recleimet«, V. 7 f.), Bildung und Barbarei, Schutz- und Angriffskrieg.

Roland, als geschichtliche Figur des 8. Jh.s nicht zweifelsfrei zu ermitteln, erscheint im Epos als einer der zwölf Pairs des karolingischen Herrschers, der anachronistisch als Kaiser Karl (»Li empereres Carles de France dulce«, V. 16) präsentiert wird, als sein Neffe und kühnster Vasall. Gegner der Franken sind statt christlicher Basken die maurischen Anhänger des Islam. Die historische Wahrheit der Einrichtung der Spanischen Mark seit 778 wird so transponiert in eine poetische Wahrheit von Karls Eroberung Spaniens, mit Ausnahme des Stadtkönigreichs Zaragoza. – Roland rät zum Angriff, sein Stiefvater Ganelon will Verhandlungen und wird mit dieser Mission zum Maurenherrscher Marsilie geschickt. Dort aber hetzt er zum Krieg, in der Hoffnung, Rolands Untergang zu erleben. Dem Verräter gelingt es auch, Roland zum Anführer der Nachhut des abziehenden Heeres ernennen zu lassen. Beim Pyrenäenpaß Roncevaux überfällt eine arabische Übermacht die Franken und vernichtet Tausende der Krieger bis auf 60 (5 x 12) Mann. Rolands Gefährte Olivier rät, diese ausweglose Situation Karl durch ein akustisches Signal zu melden, Roland weigert sich, sein Horn Olifant ertönen zu lassen, um nicht seine Ritterehre zu verspielen. Er und sein – geschichtlich ebenfalls nicht verbürgter – Kampfgefährte, Bruder seiner Braut Alde, werden damit als Personifikationen des zweiseitigen Topos Tapferkeit und Klugheit in Szene gesetzt (»Rollant est proz e Oliver est sage«, V. 1093).

Karl, dem wiederholt überirdischer Beistand zuteil wird, als z. B. der Tag verlängert wird, um seine Chancen im Kampf zu steigern, repräsentiert nicht ohne machtpolitisches Taktieren die Christenheit und »la douce France«. Kriegsherr und Herrscher, vollendet er nach Rolands raumsymbolisch grandios inszeniertem Heldentod (»Envers Espaigne en ad turnet son vis«, V. 2376) den Sieg über die heidnische Welt, als er gegen Baligant, den Emir von Babylon, der seinem Vasallen Marsilie zu Hilfe eilt, im Zweikampf antritt. Ganelon stirbt in einem Gottesgericht, gegen den Willen der großen Vasallen Karls, deren Rat (»conseil des barons«) er nach frühmittelalterlichem Usus einholen

muß. Zu den auffälligen Sachverhalten des Heldengedichts
gehören heftige Regungen der Trauer, so, wenn der Kaiser
den gefallenen Roland beklagt:

– »Deus!« dist li reis, »tant me pois esmaier
Que jo ne fui a l'estur cumencer!«
Tiret sa barbe cum hom ki est iret;
Plurent des oilz si baron chevaler;
Encuntre tere se pasment .XX. millers.
Naimes li dux en ad mult grant pitet.
Il n'en i ad chevaler ne barun
Que de pitet mult durement ne plurt;
Plurent lor filz, lur freres, lur nevolz,
E lur amis e lur lige seignurs;
Encuntre tere se pasment li plusur.

(V. 2412–22)

»Gott«, sagte der König, »wie sehr schmerzt es mich, / daß
ich bei Anbeginn des Kampfes nicht dabei war.« / Er rauft seinen Bart, wie jemand, der verzweifelt ist; / seine edlen Ritter
vergießen Tränen; / zwanzigtausend sinken ohnmächtig zu
Boden. / Herzog Naimes hat mit ihnen großes Mitleid. / Es
gibt keinen Ritter und keinen Krieger, / der aus Mitleid nicht
bitterlich weinte. / Sie beweinen ihre Söhne, ihre Brüder, ihre
Neffen / und ihre Freunde und ihre Lehnsherren; / viele fallen ohnmächtig zu Boden.

                    Das altfranzösische Rolandslied, übers. und
                    komm. von Wolf Steinsieck, Stuttgart: Reclam,
                    1999, S. 186–189.

Denkbar ist, daß Turoldus, der sich im letzten Vers selbst
nennt (»Ci falt la geste que Turoldus declinet«), die Autorschaft zukommt.

Die Sage von Roland wurde in ganz Europa gehört und
später an die arthurische Epik angeschlossen. Als höfischer
Ritter kämpft Roland dort nicht mehr für patriotische Ideale,
sondern verzehrt sich bis zum Wahnsinn in Liebesaben-
teuern. Über diese romaneske Kontamination, die nament-

lich in Italien (*Orlando innamorato, Orlando furioso*) gelingt, gewinnt der Gegenstand für die französischen Autoren des 17. Jh.s an neuem Interesse; er gehört zum Repertoire von Oper und Ballett (u. a. Quinault und Th. Corneille).

Lit.: M. Waltz, *Rolandslied – Wilhelmslied – Alexiuslied*, 1965; E. Köhler, Conseil des barons und Jugement des barons: Ep. Fatalität und Feudalrecht im afrz. *Rolandslied*, 1968; J. J. Duggan, A Concordance of the Ch. d. R., 1969; R. Rütten, Symbol u. Mythus im afrz. *Rolandslied*, 1970; P. Aebischer, Préhistoire et protohistoire du Roland d'Oxford, 1972; J. Horrent, Ch. et geste de Charlemagne, 1981; H. E. Keller, Autour de Roland, 1989; R. Lafont, La geste de Roland, 2 Bde., 1991; J. Maurice, Ch. d. R., 1992; J. Ribard, Du mythique au mystique, 1995.

Nachdem in der Baligant-Episode der *Chanson de Roland* eine frühe literarische Formung der legendären Weltherrschaft Karls gelungen war, konnte spätere Heldenepik das ganze Leben der mythischen Herrschergestalt nehmen und auch stofffremde Motive einbeziehen. Die künstlerisch wertvollste der etwa 20 Fassungen der Berta-Sage, die eine historische Lücke im biographischen Bericht füllte, schuf um 1275 **Adenet le Roi** (*Berte aus grans pies*, 3486 Alexandriner): Karls Mutter, die ungarische Prinzessin Berta, wird von einer falschen Braut verdrängt und erst nach neun Jahren von Pippin wiedererkannt. *Saisnes* (8079 Alexandriner) von **Jean Bodel** (2. Hälfte 12. Jh. – 1210) gestaltet die Sachsenkriege Karls. **Girard d'Amiens** verknüpft zu Beginn des 14. Jh.s die Karlssagen zur ersten vollständigen Lebensgeschichte des Frankenkaisers; bis ins 16. Jh. wird das in Alexandrinern geschriebene Epos *Fierabras* (spätes 12. Jh.), die motivische Verbindung der Überführung der Passionsreliquien nach Saint-Denis mit dem Sarazenenüberfall auf Rom von 846, überarbeitet und gelesen, so noch in Cervantes' *Don Quijote*.

Nach dem Muster der Konfliktstruktur der *Chanson de Roland* entstehen seit dem 11. Jh. Vasallengesten von unterschiedlichem literarischen Wert, die nicht die Auseinandersetzung mit dem politischen Gegner gestalten, sondern soziale Spannungen, wie sie meist durch »desmesure« hervorgerufen werden. Solche Empörerepen sind *Gormond et Isembart* (nach 1080; der Vasall Isembart verrät seinen König an die Normannen, die als Sarazenen präsentiert werden), *Raoul de Cambrai* (12. Jh., Reime und Assonanzen), *Renaut de Montauban* (um 1200, Stoff der vier Haimons-Kinder), *Girard de Roussillon* (12. Jh.), *Doon de Mayence* (13. Jh.). In *Huon de Bordeaux* (um 1220) und *Bueve de Hanstone* (13. Jh., Mischung von heroischen und galanten Szenen mit exotischem Tenor) herrscht bereits der Stil von Abenteuerromanen vor.

Lit.: W. C. Colin, The Old French Epic of Revolt, 1962; H. Krauß (Hrsg.), Afrz. Epik, 1978.

Wilhelmszyklus

Durch Kontamination belegter und legendärer Motive, die vor allem als Lokallegenden in Klöstern tradiert und seit dem 10. Jh. weiter ausgesponnen wurden, entsteht ein umfangreicher Wilhelmszyklus: 24 Texte (als mehrfache Überarbeitungen aus dem 13.–14. Jh. überliefert) über die heroisch-komische Geschichte der Familie (»lignage«) des Grafen Guillaume, die in Südfrankreich und Katalonien gegen die Araber kämpft, sich mit den Heiden aber auch verschwägert. Das Fragment *Folque de Candie* (um 1180–87) erzählt die Abenteuer eines Verwandten des Grafen Wilhelm, der sich in die Schwester eines maurischen Feldherrn verliebt. Kaum ein afrz. Heldengedicht trägt einen ausgeprägteren tagespolitischen Akzent als das *Couronnement Louis* (Mitte 12. Jh.): Wilhelm krönt den Sohn Karls des Großen in Aachen und in Rom, um die Intrigen königsfeindlicher Barone zu vereiteln. *Charroi de Nîmes* (1. Hälfte 12. Jh.) fügt sich sinngemäß an *Couronnement Louis* an: Ludwig der Fromme willigt ein, daß Wilhelm, der bei der

Lehensverteilung leer ausging, Nîmes für sich erobert. Der Graf bedient sich dabei der trojanischen Kriegslist. Nach der Bauform der *Chanson de Roland* – eine kleine Truppe stellt bei Arles ein Riesenheer der Heiden – entstand die *Chanson de Guillaume* (spätes 12. Jh.), deren Stillagen vom Erhabenen bis zum Grotesken (der ungeschlachte Rainouart, Wilhelms unerkannter Schwager) reichen. Erst zu Beginn des 13. Jh.s erzählt **Bertrand de Bar-sur-Aube** in *Aimeri de Narbonne* (4708 Zehnsilber) die Vorgeschichte der Wilhelmsgeste: Einzig Aimeri wagt es von allen Vasallen Karls des Großen, das sarazenische Narbonne zu belagern und zum Lehen zu gewinnen. Darauf folgt die Erzählung seiner Vermählung mit einer langobardischen Prinzessin.

Lit.: J. Frappier, Les chansons de geste du cycle de Guillaume d'Orange, 1967; M. Gally (Hrsg.), Comprendre et aimer la chanson de geste, 1994.

Kreuzzugsepik

Eine eigene Thematik grenzt die Kreuzzugsepen ab. Der Erste Kreuzzug (1096–99) wurde bis 1180 in wenigstens zwei frz. Bearbeitungen und einem prov. Epos besungen. Während die *Chanson d'Antioche* die historische Grundlage nachzeichnet, vermitteln fragmentarische Fortsetzungen, die *Chanson des chétifs* und die *Chanson de Jerusalem*, die **Graindor de Douai** in Alexandriner brachte, ein phantasievoll aufgelockertes, mit romanesken und burlesken Motiven durchsetztes, dabei propagandistisches Bild von der sozialen Wirklichkeit der Eroberer im Heiligen Land. *Le Chevalier au cygne* (1355/56) entfernt sich noch weiter von den historischen Fakten; die hier entworfene Geschlechtersage dichtet dem Eroberer von Jerusalem, Gottfried von Bouillon, eine mythische Abstammung an, die zuvor Wolfram von Eschenbach (um 1220) und Richard Wagner (1847) auf die Lohengrin-Figur übertragen.

4. Antikenroman

Der »roman antique«, der im Unterschied zur Chanson de geste auf schriftlichen Quellen basiert, ist das Werk gelehrter Kleriker, die antike Vorlagen mit den Mitteln einer an den Schulen unterrichteten hochentwickelten Rhetorik in die Volkssprache umdichten. Er entsteht zwischen 1150 und 1165 am Hof Heinrichs II. Plantagenêt, seit 1154 König von England, und seiner Gemahlin Eleonore von Aquitanien.

Erstes vollendetes Zeugnis dieser Gattung ist der *Roman de Thèbes*, dessen anonymer Verfasser aus der Normandie um 1150 nach dem lateinischen Vorbild von Statius' *Thebais* die Schicksalstragödie der verfeindeten Brüder (älteste Verwendung paarweise gereimter, erzählender Achtsilber) schreibt. Dem thebanischen Bürgerkrieg ist die Ödipusgeschichte vorgeschaltet: Anverwandlung des archaischen Stoffs an die hochmittelalterliche Feudalstruktur, dabei Tilgung des Schicksalsgedankens der Vorlage. Der Erzähler vergleicht sich in neuem Selbstbewußtsein mit Homer, Platon, Vergil und Cicero, nennt als seine Adressaten Intellektuelle und Ritter, denen er die Tragödie von Eteokles und Polyneikes, nicht Geschichten aus dem Leben von Kürschnern, Bauern und Schäfern vortragen will. Diese Betonung der Würde edler Stoffe verträgt kein sozial undifferenziertes Publikum mehr, an das sich noch die nationale Epik richtet.

Der *Roman d'Alexandre* (12.–13. Jh.) markiert den Übergang vom Heldenlied zum höfischen Roman. Die älteste Bearbeitung antiker Quellen (lateinische Übers. des griechischen Alexanderromans) durch **Albéric de Pisançon** (Fragment, um 1100, dessen ursprünglicher Umfang durch die deutsche Übertragung bekannt ist) wird um 1160 von einem Dichter aus dem Poitou in zehnsilbige Verse gesetzt, später von anderen Stoffbearbeitern erweitert und in über 20 000 zwölfsilbige Verse (daher die metrische Bezeichnung Alexandriner) umgedichtet. Erzählung von der märchenhaften Welt des großen Magiers Alexander, edlen Ritters und weisen Weltherrschers, der freilich die »feine Liebe« noch nicht beherrscht. Vor 1191 schreiben **Jean le Nevelon** eine *Venjance Alixandre* und **Gui de Cambrai** das *Vengement Alixandre*. Seit dem 13. Jh. entstehen Prosaauflösungen des im europäischen Mittelalter weitverbreiteten Stoffs.

Lit.: G. Cary, The Medieval *Alexander*, 1956; P. Noble [u. a.] (Hrsg.), The Medieval Alexander Legend and Romanic Epic, London 1982; D. Buschinger (Hrsg.), Le roman antique au moyen âge, 1992; U. Schöning, *Thebenroman – Eneasroman – Trojaroman*, 1990; F. Mora-Lebrun (Hrsg.), *Roman de Thèbes*, 1995.

Der *Roman de Troie* (um 1165), in 30 108 paarweise gereimten Achtsilbern von **Benoît de Sainte-Maure** geschrieben, geht auf das zu seiner Zeit für authentisch gehaltene Kriegstagebuch des Dares Phrygius (6. Jh. nach Chr.) zurück und spannt den Bogen des Geschehens von der Argonautensage bis zum Tod des Odysseus. Dessen Irrfahrten könnten, trotz der pessimistischen Geschichtsphilosophie, indirekt auf die Kreuzzüge bezogen werden. Wahrscheinlich erfand Benoît die Liebesgeschichte zwischen Troilus und Briseis, die u. a. Boccaccio (*Filostrato*), Chaucer (*Book of Troylus and Cryseyde*) und Shakespeare (*Troilus and Cressida*) aufgreifen werden. Troja ist bei Benoît die prächtige Stadt, deren Zerstörung jedenfalls nicht als Gründungslegende für fränkische Dynastien zu nutzen war.

Lit.: E. Vielliard, Roman en prose, 1979.

Im anonymen *Roman d'Enéas*, entstanden um 1160 wiederum im Auftrag des englischen Königshauses der Plantagenêts, tritt die geforderte Legitimation der Familiengeschichte hinter den Unterhaltungswert zurück. In der Bearbeitung der *Aeneis* sind märchenhafte Liebesepisoden, die Kenntnis Ovids verraten, vorrangig; der mythologische

Hintergrund wird im Hinblick auf den Bildungsstand des
Publikums reduziert. Teilweise ist der Text noch dem Stil
der Chanson de geste, der kriegerische Konfrontationen
breit ausmalt, teilweise bereits dem höfischen Roman und
seiner subtilen Liebespsychologie verpflichtet.

Lit.: D. J. Blask, Geschehen u. Geschick im afrz. Enéas-Roman, 1984;
J. Dufournet, Relire le *Roman d'Enéas*, 1985; D. Blume, Motivierungs-
technik im *Roman de Thèbes* u. im *Roman d'Enéas*, 1996.

Die *Histoire ancienne jusqu'à Cesar*, unvollendete Weltgeschichte (*Genesis* bis 57 v. Chr.) eines anonymen Klerikers
aus dem 13. Jh., schöpft aus den Romanen des antiken Zyklus, insbesondere dem *Roman de Thèbes*.

5. Höfischer Roman

Höfische Welt, höfische Konflikte

Gebildete Laien verfassen seit etwa 1170 für die höfische
Gesellschaft, die sich weniger für die nationalen Epen interessiert, märchenhafte Versgeschichten, deren poetische Gra-
vitationszentren der Hof des Königs Artus und die Welt
der Damen sind. Die gewählte Ausdrucksform des höfischen Romans als einer Erzählung von »aventure« setzt weniger als der Antikenroman klassische Bildung voraus. Der
erzählte Zeitraum konzentriert sich auf die geheimnisvolle
keltische Welt des Königs Artus und darin eingeschlossen
das in der Lektüre wiedererkennbare, wenngleich nicht ab-
gebildete zeitgenössische Frankreich. Merkmal ist ein verändertes Feudalsystem, das den Ritter nicht als heroischen
Krieger, sondern als »chevalier errant« profiliert und diesen
in der Allianz von Hoch- und Kleinadel vorzeigt.

Dem Publikum im ausgehenden 12. Jh. ist die eingetre-
tene Dreiteilung der afrz. Stoffkreise bekannt; Jean Bodel

codifiziert sie in *Saisnes* als episch-heroische »matière de France«, gelehrt historisierende »matière de Rome« und narrative »matière de Bretagne«. »Roman« erscheint von nun an durch die Sachlage (Abenteuer eines Einzelhelden, der sich zwischen Liebe und Selbstbestätigung durch ritterliches Handeln bewährt) als Gattungskonzept, das die frz. Dichtung damals an die europäische Spitze stellt.

Wenn Feudalismus und Frauenkult zentrale Elemente der praktischen sozialen Organisation sind, so ist ihre narrative Ausstattung Paradigma aristokratischer Illusionen. Nicht mehr Heere, sondern Rivalen, die sich in ihren höfischen Ansprüchen überbieten, kämpfen gegeneinander. Die Verfasser dieser hochstilisierten Erzählkultur nennen sich selbstbewußt beim Namen, um die Bildungsdistanz zu den Spielleuten zu markieren. Ihre Werke sollen als Text respektiert, gelesen oder vorgelesen werden. Sie sind vielen verständlich, da sie in champagnischem oder franzischem Frz. verfaßt sind.

»Matière de Bretagne«: Artus, Tristan

Die »matière de Bretagne«, aus dem Keltischen überlieferte Erzählungen, die flüchtende Bewohner von Wales und Cornwall als ihr Kulturgut in die Bretagne gebracht haben (5.–6. Jh.), bilden einen neuartigen Stoffkomplex, den zuerst ein Kleriker bearbeitet: **Geoffrey of Monmouth** (Galfridus Monemutensis, um 1100–55), wahrscheinlich walisischer Benediktinermönch, bis 1149 Lehrer in Oxford, 1151 bis zu seinem Tod Bischof in Llanelwy. Neben den *Prophetiae Merlini* und der *Vita Merlini* (um 1149; in Hexametern) erlangte seine fünfteilige Kompilation *Historia regum Britanniae* (1130–35) breite Beachtung durch die Herleitung der angevinisch-normannischen Dynastie aus der sagenhaften Reise von Trojanern nach Britannien (Brutus, Stammvater der Bretonen, ist mit Artus verwandt), vor allem aber durch die Sage von Artus.

Danach war Artus der Sohn des bretonischen Königs Uterpendragon und der Königin Ygerne. Der 15jährige Zögling des märchenhaften Zauberers Merlin, Sohn eines gefallenen Engels, wird König der Briten, er verheiratet sich mit Guenievre, die Lancelot begehrt. Sein Neffe Mordret, dem er sein Reich und seine Frau anvertraut hat, wohl weil er sein inzestuöses eigenes Kind ist, verrät ihn und läßt sich zum König ausrufen, während Artus seine Herrschaft über den Kontinent ausdehnt. Artus bricht den Kampf um Rom ab, eilt zurück und stellt den Verräter im Duell: Mordret fällt, Artus stirbt an seinen Verletzungen.

Die dichterische Idee im Anschluß an Geoffroy: Artus' Hof wird zum Ideal des Rittertums, dessen Aufgabe weder Kampf gegen spanische Mauren noch Kreuzzug ist. Vielmehr wird die Suche nach Idealen, konkretisiert in der Gralssuche, zur Pflicht der Anwesenden an der Tafelrunde des Königs. In ihr ist – was die »table ronde« sinnfällig macht – der König primus inter pares. Die Tafelrunde der symbolischen Zwölf reproduziert die Abendmahlssituation, Jesus im Kreis seiner Apostel, und repliziert darüber hinaus das Bild der zwölf Pairs in der *Chanson de Roland*. Im Verlauf des Aufbruchs, der ritterlichen »queste«, ergeben sich Hindernisse bei der Erfüllung des höfischen Ideals oder sündhafte Ohnmacht, die nach Sühne verlangen. Die Ritter suchen in der »aventure« ihre Identität und die Bestätigung der ritterlichen Gemeinschaft. Zur mythischen Herrscher- und zugleich Erlösergestalt für Inselkelten sowie in die Bretagne geflohene Teile ihrer Völker paßt, daß Artus, Halbbruder der Fee Morgain, von ihr nach seinem Tod auf die Insel Avalon entrückt wird; seine messianische Wiederkunft ist Bestandteil keltischer Mentalität.

Die Legende von Tristan und Isolde wird seit den episodenhaften Bearbeitungen durch **Bérol** (Béroul, nach 1160), die ebenso bruchstückhaft erhalten sind wie die Version von **Thomas d'Angleterre** (um 1170), namentlich aber im deutschen Sprachraum von Eilhart von Oberg (um 1170) und Gottfried von Straßburg (um 1200–10), der im Mittelalter am häufigsten rezipierte und variierte Liebesmythos. Tristan, Sohn des Königs von Léonois und Neffe des Königs Marc von Cornwall, wirbt für seinen Onkel in Irland um Iseut la Bloie (Isolde). Auf der Überfahrt nach Cornwall trinken Tristan und Isolde versehentlich einen Liebestrank, der für Marc in der Hochzeitsnacht bestimmt war. Auf das Vergehen ihrer ehebrecherischen Beziehungen folgen auf Betreiben der Barone am Königshof Bestrafung, ein Gottesgericht, bei dem Isolde eine lebensrettende List inszeniert, und schließlich die Entfremdung der Liebenden. Tristan heiratet Iseut aux Blanches Mains. Als Narr verkleidet kehrt er nach Cornwall zurück, sein Hund erkennt ihn an der Stimme (Motiv aus der *Odyssee*), Isolde erkennt ihn am Ring. Wieder in Britannien, wird Tristan im Kampf verwundet und vergiftet, die Ankunft seiner Geliebten wird ihm von seiner Frau verheimlicht; die blonde Isolde stirbt an Tristans Leiche.

Wohl noch vor 1170 wird der Stoff, den die Spannung zwischen Pflicht, die Isolde als künftige Königin erwartet, und fataler Zuneigung zu Tristan definiert, als Exemplifikation unzulässiger, jedoch nicht ungültiger Liebe im Umkreis der »matière de Bretagne« angesiedelt, im 13. Jh. als vielbeachtete Prosaversion (80 Hss.) verbreitet. 1835, zwei Jahre vor der Publikation der *Chanson de Roland*, wurde die Versfassung in Paris publiziert.

Lit.: N. J. Lacy / G. Ashe, The Arthurian Handbook, 1988; P. Walter, La mémoire du temps, 1989; D. Boutet, Charlemagne et Arthur, 1992; N. J. Lacy (Hrsg.), The New Arthurian Encyclopedia, 1996.

R. L. Curtis, Tristanstud., 1969; A. Ewert (Hrsg.), The Romance of Tristan, 2 Bde., 1970; D. Buschinger (Hrsg.), Tristan et Iseut, mythe européen et mondial, 1987; Ph. Ménard (Hrsg.), Le roman de Tristan en prose, 1994; R. Pensom, Reading Béroul's *Tristan*, 1995; J. Chocheyras, Tristan et Iseut, 1996.

Chrétien de Troyes und seine Nachfolger

Der von seinen Zeitgenossen hochgeschätzte Chrétien de
Troyes (vor 1150 – vor 1190) verschafft dem arthurischen
Stoff in Frankreich und über seine Grenzen hinaus (Hart-
mann von Aue, Wolfram von Eschenbach) dichterisches
Prestige. Den Dichter protegieren die Gräfin Marie de
Champagne, die 1145 geborene Tochter der Eleonore von
Aquitanien, und der Graf von Flandern. Einzelne seiner
Werke, die dem Titel nach bekannt wurden, sind verloren;
sie verraten Orientierung an der Antike und der keltischen
Sagenüberlieferung: *Li comandemanz Ovide*, *Art d'Amors*,
Li mors de l'Espaule, *Li rois Marc et Iseut la Blonde*. Erhal-
ten und mit Sicherheit ihm zuzuschreiben sind *Erec et
Enide*, *Cligès*, *Yvain*, *Lancelot* und der *Conte del Graal*.
Der Handlungsimpuls geht in diesen Romanen stets vom
Artushof aus. Besondere Spannung erwächst daraus, daß
der Held zuweilen anonym eingeführt und seine Identität
erst verzögert gelüftet wird.

Erec et Enide (um 1170; 6878 Achtsilber; 7 erhaltene
Hss.; Ausg. W. Foerster, 1890; M. Roques, 1953–61;
M. Boni, 1963) ist Chrétiens erster Roman. Die dreiglied-
rige Handlung wird durch den Konflikt zwischen der Rit-
terehre des Königssohns und Artusritters Erec und seiner
Liebe zu Enide, der schönen Tochter eines Dienstmanns, in
Gang gesetzt. Enide beklagt in einem Selbstgespräch, wäh-
rend Erec zu schlafen scheint, daß dieser seit der glanzvol-
len Heirat aus übergroßer Liebe zu ihr seine Pflichten als
Artusritter vernachlässige:

> Son seignor a mont et a val
> comança tant a regarder;
> le cors vit bel et le vis cler,
> et plora de si grant ravine
> que, plorant, desor la peitrine

an chieent les lermes sor lui.
»Lasse, fet ele, con mar fui!
de mon païs que ving ça querre?
Bien me doit essorbir la terre,
quant toz li miaudres chevaliers,
li plus hardiz et li plus fiers,
qui onques fust ne cuens ne rois,
li plus lëax, li plus cortois,
a del tot an tot relanquie
por moi tote chevalerie.
Dons l'ai ge honi tot por voir;
nel volsisse por nul avoir.«

(V. 2486–2502)

Sie betrachtete ihren Herrn von Kopf bis Fuß ausgiebig, sah
den schönen Leib und das strahlende Gesicht und mußte so
sehr weinen, daß ihre Tränen auf seine Brust fielen. »Ich Unglückliche«, klagte sie, »was habe ich angerichtet! Zu welchem
Zweck bin ich aus meiner Heimat hierhergekommen! Die
Erde muß mich verschlingen, weil der allerbeste Ritter, der
kühnste und stolzeste, der treueste und höfischste, der jemals
Graf oder König war, meinetwegen alle ritterliche Betätigung
ganz und gar aufgegeben hat. Dadurch habe ich ihm wahrlich
Schande zugefügt; um nichts auf der Welt hätte ich das ge-
wünscht.«

Erec et Enide. Erec und Enide, übers. und
hrsg. von Albert Gier, Stuttgart: Reclam, 1987,
S. 142 f.

Tief verletzt, bricht Erec in ihrer Begleitung in unbekannte
Abenteuer auf. Obwohl Erec ihr mit dem Tod droht, falls
sie sein Schweigegebot mißachtet, warnt sie ihn wiederholt
vor Gefahren. Nach einer Reihe glücklich überstandener
Bewährungsproben (mit Räubern, Riesen, anmaßenden
Adligen) erlöst Erec bei der letzten Werterprobung (Epi-
sode »Joie de la cort«, V. 5319 ff.) den verwunschenen roten
Ritter aus dem Zaubergarten. Nun kann das Paar, nachdem
Erec die höchsten Eigenschaften der höfischen Welt, Ritter-

ehre (»chevalerie«) und vollkommene Liebe, unter Beweis
gestellt hat, in Nantes zu Herrschern gekrönt werden. Erec
hat sich dem Abenteuer ohne Selbstverlust gestellt, kehrt
mit dieser Auszeichnung in den Kreis der Artusritter zurück, ist als Liebender glücklich und auf die Anforderungen
der Königswürde durch Erfahrung und Einsicht vorbereitet.

Chrétien nennt seinen Text »molt bele conjointure«
(V. 14), eine Klassifikation, die sich auf Chrétiens Transposition von Textvorlagen (römische Literatur, Erzählungen aus
dem Keltischen, Antikenroman, Wace) bezieht.

Lit.: V. Roloff, Reden und Schweigen, 1973; F. Wolfzettel (Hrsg.), Ge-
schlechterrollen im mittelalterl. Artusroman, 1993; C. Seebass-Linggi,
Lecture d'*Erec*, 1996.

Im *Cligès* (um 1176; 6664 Achtsilber in Kreuzreimen;
Ausg. A. Micha, 1957) verschränken sich erstmals poetische
Bildprogramme der byzantinischen und der arthurischen
Welt. Ein weiteres Ziel seiner Thematik ist die Entwertung
der Liebesmythologie im *Tristan*, namentlich Isoldes Situation zwischen dem Geliebten und dem Ehemann. Im ersten
Drittel des Werks wird rückblickend erzählt, wie der Vater
des Titelhelden, der byzantinische Kaiser Alexander, sich in
Gauvains Schwester Soredamors verliebt und ihre Hand ge-
winnt. Nach dem Tod des Herrschers bricht sein aufrühreri-
scher Bruder Alis das Versprechen, nie zu heiraten, um Cligès, der für verschollen gilt, den Thron freizuhalten. Seine
Barone drängen ihn zur Ehe mit Fénice, der Tochter des
deutschen Kaisers. Die Prinzessin fixiert sich jedoch auf
Cligès und entzieht sich mit einem Zaubertrank erfolgreich
dem Vollzug der Ehe. Durch Scheintod gelingt ihr die
Flucht, als Cligès am Hof erscheint. Das Paar erreicht den
Artushof, der sich nicht an einem Märchenort, sondern in
London befindet. *Cligès* ist zugleich Anti-Tristan und politische Lektion; die epische Empörerthematik bleibt im höfi-
schen Roman akut.

Lit.: G. Reichenkron, Chrétienstud. I (Saggi e ricerche in memoria E. Li Gotti, Bd. 3), 1962; H. P. Schwake, Der Wortschatz des *Cligès*, 1979; B. Schmolke-Hasselmann, Der arthur. Versroman, 1980; E. Hicks / M. Python (Hrsg.), L'Hostellerie de pensée, 1995.

Zur Lancelot-Geschichte, so erklärt der Autor, habe Marie de Champagne, seine Gönnerin, ihm »matiere et san«, den Stoff und die Handlungsidee, vorgegeben. Der rätselhafte *Chevalier de la charrette* (um 1177–81; 7112 Achtsilber; Ausg. C. Méla, 1992), komponiert um das ehebrecherische Verlangen des Ritters, der die Königin Guenievre begehrt, setzt sich von der Liebeskonzeption der ersten Romane ab. Nicht Lancelot, der sich infolge seiner leidenschaftlichen Liebe zu Guenievre der Adelswelt entfremdet, sondern Gauvain erscheint schließlich vor dem Hintergrund einer kaum erklärlichen »queste« als der vollendete Ritter. Spätere Stoffbearbeitungen setzen die Selbsterniedrigung des Liebenden mit der Demutsgeste des idealen Vasallen in Beziehung; Dame und Lehensherr erheben analoge Ansprüche. Die letzten 966 Verse schrieb **Godefroi de Leigni**.

Lit.: Réception critique de l'œuvre de Ch., in: Œuvres et Critiques 5,2, 1981; P. G. Beltrami, Lancelot et Enéas, ZfSL 1989.

Yvain (*Le Chevalier au lion*; 6808 Achtsilber; Ausg. T. B. W. Reid, 1961) ist wahrscheinlich zwischen 1177 und 1181 entstanden. Räumlich ist die Handlung symmetrisch angeordnet durch den Artushof und die verwunschene Welt des Waldes von Brocéliande. Angeregt durch die Erzählung einer Figur innerhalb der Fiktion, Calogrenant, sucht Yvain seine »aventure«, gewinnt seine Ehefrau Laudine und gerät in den schon topischen Systemkonflikt von Ritter- und Ehepflichten: anders als im *Erec* ist sein Vergehen aber nicht Untätigkeit, sondern daß er zu lange auf Turniere zieht und so seine Pflichten als Ehemann und Landesherr vernachlässigt. Laudine verflucht ihn, Yvain wird wahnsinnig. Der

Kampf eines Löwen, dem er beispringt, mit einer Schlange ruft ihm sinnbildhaft die eigene Situation, die ihn zu jeglichem Beistand gegenüber Wehrlosen verpflichtet, ins Bewußtsein. Im Zentrum des Konflikts eröffnet derart die Tierfabel den Zugang zum Sinn der »aventuren«, die er als »Löwenritter« besteht und so seine Ehefrau wiedergewinnt.

Lit.: U. Dirscherl, Ritterl. Ideale in Ch.s Yvain, 1991.

Die Figur des Artusritters Perceval gilt als Erfindung Chrétiens im unvollendet gebliebenen Conte del Graal, nach 1181 für den neuen Gönner, den Grafen von Flandern verfaßt (Ausg. A. Hilka, 1932). Gornemant führt Perceval, der seinen eigenen Namen noch nicht kennt, in höfische Lebensart ein, warnt ihn vor Redseligkeit und taktloser Neugierde. Diese Lektion hindert Perceval daran, auf der Gralsburg nach dem Sinn ihm unverständlicher Riten und Erscheinungen (eine Lanze mit Blut an der Spitze, ein Reliquiengefäß) zu fragen, dadurch den Roi Pêcheur zu erlösen und selbst die Gralsherrschaft anzutreten. Er setzt seine Suche fort, bis er nach Jahren an einem Karfreitag von einem Einsiedler, seinem Onkel, über die Mysterien aufgeklärt wird. Die ebenso allegorische wie abenteuerliche Dimension der Gralssuche, in der die Erotik zurückgenommen ist (Percevals Beziehung zu Blanchefleur reduziert sich auf ein Phantasiegebilde), begünstigt durch den Fragmentcharakter des Textes, konnte in einem Zeitalter der fließenden Grenzen zwischen Rechtgläubigkeit und Häresie leicht mit heterodoxen Ideen aufgefüllt werden.

Der früheste anonyme Prosaroman, vor 1206 verfaßt, Perlesvaus, führt drei Helden, Perceval, Gauvain und Lancelot, ein, die den Gral suchen. In den Fortsetzungen (den im Mittelalter typischen »continuations«) wird deutlich, wie Percevals versäumte Frage Unglück über die Welt des Fischerkönigs gebracht hat. Wolframs von Eschenbach Parzival (um 1200–10) repliziert auf dieses Motiv: Als der

Ritter den Amfortas nach seinem Leiden fragt, ist dieser auf wunderbare Weise sogleich geheilt.

Lit.: F. J. Carmody, Perceval le Gallois, 1970; B. Cazelles, The Unholy Grail, 1996; P. Nykrog, Chrétien de Troyes, 1996.

Um 1200 verknüpft **Robert de Boron** die Artusepik mit der Erlösungsgeschichte. Die z. T. verlorenen Versromane sind als Prosaauflösungen erhalten. Die Gestaltung der Gralssage, deren Zentralmotiv der Kelch oder ein Gefäß vom letzten Abendmahl ist, setzt sich in Prosaerzählungen des *Lancelot-Gral-Zyklus* (1215–35) fort, der sich aus *Lancelot du lac*, *Estoire del Saint Graal*, *Queste del Saint Graal* und *La mort le roi Artu* zusammensetzt.

Ihm folgen der sogenannte *Vulgatazyklus*, der im Mittelalter am weitesten verbreitet war und dessen Autorschaft wohl zu Unrecht dem Engländer Walter Map zugeschrieben wurde, sowie der jüngere *Pseudo-Robert-Zyklus*. Entstanden durch Kontamination verschiedenartiger Stoffkreise (Artus- und Gralsepik), verherrlicht die Romanfolge mit stark symbolischen Mitteln die kämpfende Kirche zwischen Sündhaftigkeit und Verklärung.

Lit.: F. Zambon, Robert de Boron, Florenz 1984; A. Micha, Essais sur le cycle du Lancelot-Graal, 1987; D. Buschinger / W. Spiewok (Hrsg.), Kg. Artus u. der Heilige Gral, 1994; D. Buschinger / M. Zink (Hrsg.), Lancelot-Lanzelet, hier et aujourd'hui, 1995; K. Stierle / R. Warning (Hrsg.), Das Ende. Figuren einer Denkform, 1996.

Weitere Romane aus dem Stoffkreis der »matière de Bretagne« sind *Le bel inconnu* (1185–90; Befreiung einer verzauberten Prinzessin von Wales), *Galeran de Bretagne* (12. oder 13. Jh.; Konflikte einer scheinbaren Mesalliance), *Fergus* (1. Drittel 13. Jh.; ein Hirte wird Artusritter), *Flamenca* (prov.; um 1240–72; Ausg. J.-C. Huchet, 1989; Zwiespalt von Liebe und Ehekonvention). Der einzige prov. Artusroman, *Jaufré* (10 956 achtsilbige Verse), wurde Ende des 12. Jh.s wahrscheinlich für König Alphons II. von Aragon verfaßt. Eine phantastische Szene am Romaneingang zeigt Artus, den ein Fabeltier, in Wirklichkeit ein Ritter, der magische Praktiken beherrscht, zum Schein in Lebensgefahr bringt. Der Titelheld, Sohn eines Artusritters, erscheint am Hof, um seinerseits in die Runde aufgenommen zu werden. Glänzend besteht er eine Reihe gefährlicher Abenteuer und gewinnt die Zuneigung seiner Dame.

6. Lyrik

Die Geschichte der Lyrik in Frankreich wird, nach Lage der Textüberlieferung, nicht volkstümlich, sondern höfisch eröffnet. Sie beginnt mit den Liedern des ältesten prov. Trobadors Wilhelm IX., Graf von Poitiers und Herzog von Aquitanien (1071–1127), die nordfrz. Lyrik der Trouvères setzt um 1160/70 ein. Damit tritt recht unvermittelt eine Lyrik ans Tageslicht, die sich durch eine kunstvolle Vers- und Strophentechnik auszeichnet (die Kanzonenstrophe ist Schöpfung der Trobadors), durch rhetorisch-stilistische Brillanz und durch eine den Text begleitende Melodie.

Damit einher geht eine neue Liebesthematik: die Liebe zu einer verheirateten, sozial unerreichbar hoch stehenden Frau, die als »Herrin« angesprochen wird und der der Sänger seinen »Dienst« anbietet. Diese Liebe ist prinzipiell unerfüllbar. Sie ist ungelohntes Dienen, Lieben bei ausdrücklichem Verzicht auf Erfüllung. Diese paradoxe Grundspannung prägt die Aussage fast aller Kanzonen und führt so zu der häufig beklagten inhaltlichen Stereotypie der höfischen Lyrik.

So entsteht im Laufe des 12. Jh.s eine neue, spiritualisierte Liebeskonzeption, die eine Tugendlehre einschließt und sich an ein spezifisches Publikum, die höfische Gesellschaft, wendet.

Trobadorlyrik

Die Lyrik der etwa 450 Trobadors – darunter 20 Autorinnen (Trobairitz) –, die zwischen dem ausgehenden 11. Jh. und 1300 entstanden ist, bildet ein Textcorpus von ca. 2500 Titeln. Den Liedern in Hss. aus dem 13./14. Jh. vorangestellte Vidas unterrichten häufig, wenn auch stereotyp, über die Biographie des Dichters; als Selbstexegesen sind öfter anekdotisch gefärbte Razos, die wahrscheinlich dem Publikum zur Einstimmung vorgetragen wurden, angefügt. In Geleitstrophen kann der Name des Dichters, der mit dem lyrischen Ich identisch ist, genannt werden.

Da bis ins frühe 14. Jh. in der Romania die lyrische Spracherwartung programmatisch auf das Okzitanische ausgerichtet war, dichten auch Italiener und vor allem Katalanen in diesem Kunstidiom, während nordfrz. Autoren zumindest durch typische Substantivformen oder Verbendungen das Sprachbild ihrer Lieder zu provenzalisieren suchen.

Ohne daß der Ursprung der Trobadorlyrik in Toulouse nachgewiesen werden kann, steht die Nähe zur Sprachpraxis in diesem Raum fest. Gesichert ist auch, daß die ältesten Trobadors, die erstmals in der Romania den Reim und die Silbenzählung der Verse durchsetzen, diese Metrik nicht auch erfunden haben müssen. Der Übergang von der Mündlichkeit zur Schriftlichkeit ist nicht zu rekonstruieren. In der Regel ist der Trobador auch Komponist der Liedmelodie, trägt sein Werk entweder selbst vor oder läßt es vom Spielmann (»joglar«) rezitieren. Liederblätter, auf denen »motz e son« verzeichnet sind, werden als Geschenk den Gönnern überreicht.

Dichtung in einer Volkssprache, die offensichtlich nicht als alltägliche Verkehrssprache genutzt wurde, schließt hohe Formerwartung nicht aus; mit einem feudalistisch standardisierten Vokabular von 2500 Wörtern komponiert diese Literatursprache eine sublime Thematik: maßvolle, höfische

Lebensformen (»cortesia«, »mesura«), komplizierte Minnekasuistik, wie sie nur der Adlige leistet, der eine fremde und
unerreichbare, verheiratete Dame verehrt, ihre Identität verheimlicht und sie daher mit einem Decknamen (»senhal«)
anredet.

Dreierlei Textmodi sind hierarchisch codifiziert: eine hermetische (»trobar clus«), eine ausgefeilte (»trobar ric«) und
eine zugängliche (»trobar leu«) Ausdrucksform. Der hermetische Stil soll seit den Werken von Marcabru durch Aufge-
bot aller rhetorischen Mittel den kompliziertesten Textsinn
erzeugen und ihn vor schnellem Verstehenwollen schützen.

Lit.: A. Jeanroy, La poésie lyrique des t., 1934; K. Vossler, Die Dich-
tung der T. und ihre europ. Wirkung (Südliche Romania), 1950; I. Frank,
Répertoire métrique de la poésie des t., 2 Bde., 1953–57; E. Hoepffner,
Les t., 1955; R. Lavaud / R. Nelli (Hrsg.), Les t., 2 Bde. 1960–66; E. Köhler, T.lyrik u. höf. Roman, 1962; H. Davenson, Les t., 1964; R. Baehr
(Hrsg.), Lexique des noms géographiques et ethniques dans les poésies
des t. du XIIe siècle, 1970; M. Raupach, Frz. T.lyrik, 1979; I. F. de la
Cuesta / R. Lafont, Las cançons dels t., 1979; R. Pernoud, La femme au
temps des cathédrales, 1980; J. Roubaud, Les t., 1980; I. Kasten, Frauen-
dienst bei T., 1986; J. Ch. Huchet, L'amour discourtois, 1987; A. Rieger,
T. Edition des Gesamtcorpus, 1991; P. Bec, Écrits sur les t. et la lyrique
médiévale, 1992; M. Kaehne, Das gebrochene Verhältnis der T.[…], 1992;
L. M. Paterson, The World of the T., Cambridge 1993; F.R.P. Akehurst /
J.M. Davis (Hrsg.), A Handbook of the T., 1995.

Die Trobadors stiften mit ihren metrischen Einzelformen
eine lyrische Tradition, die bald die gesamte süd- und
nordfrz. Entwicklung umgreift. Die Kanzone (Cansó,
Chanson) ist die zentrale Form, das Liebeslied schlechthin,
von Arnaut Daniel (»Lo ferm voler q.el cor m'intra«) als
Sestina variiert (6 Strophen zu 6 Versen; die 6 Reimwörter
werden beibehalten, ihre Reihenfolge ändert sich, indem das
letzte Reimwort in der folgenden Strophe an die erste Stelle
rückt). Daraus entwickeln nordfrz. Dichter den Chant
royal. Aktualitätsbezogene Kritik leistet das Sirventes mit
dem Tadel törichter und sittenloser Menschen und kriegeri-
scher Auseinandersetzungen. Durch ihre bis zu vulgären

Formulierungen reichende Polemik »dienen« diese Rügelieder der Kanzonenkultur, indem sie die Perversion der maßvollen Schönheit bloßstellen (Marcabru, »Dirai vos en lati«; Bertran de Born, »Quan vei pels vergiers despleiar«).

Diskussions- und regelrechte Streitgedichte (Descort, Partimen, Tenson seit 1168) mit fiktiven Dialogpartnern betreffen häufig strittige Aspekte der Minne. Das Jeu-parti nimmt zwei gleichwertige Auflösungen eines Liebesdilemmas zum Anlaß geistreicher Argumentation.

Mit dem Ensenhamen ist ein didaktisches Genre zur Bildung sowohl von Spielleuten als auch adligen Trobadors entwickelt worden.

Das Klagelied (Planh, Complainte) kann sich auf Liebestrauer wie auf staatliche Katastrophen beziehen, im Spätmittelalter ist seine Funktion an hochpolitische Trauerfälle gebunden bzw. geht in Richtung der Invektive. Clément Marot ersetzt die Complainte durch die antikisierende Elegie, im 19. Jh. wird sie von Jules Laforgue reaktualisiert.

Lit.: S. Neumeister, Das Spiel mit der höf. Liebe: Das aprov. Partimen, 1969; D. Rieger, Gattungen u. Gattungsbezeichnungen der T.lyrik, 1976; D. A. Monson, Les Ensenhamens occitans, 1981; R. Schnell, Zur Entstehung des aprov. dilemmatischen Streitgedichts, GRM 1983; M. Wodsak, Complainte, 1985; U. Bunge, Das Sirventes, 1995; G. Lavis / M. Stasse, Lexique des jeux-partis, Genf 1995.

Die Reihe der Trobadors eröffnet **Guilhem de Peitieu** (1071–1126), Graf von Poitiers und Herzog von Aquitanien, von dem 11 Texte erhalten sind, die sowohl die Liebe idealisieren als auch unverhüllte Sinnlichkeit besingen. Von niederer Herkunft sind **Marcabru** (um 1129 – 50), der vor allem Sirventese verfaßt, **Bernart de Ventadorn** (um 1150 – 1195), der am Hof der Eleonore von Aquitanien Kanzonen dichtet, **Raimbaut de Vaqueiras** (um 1155 – 1205), der in einem Gedicht strophenweise provenzalisch, italienisch, französisch, gaskognisch und galicisch dichtet und von der älteren italienischen Dichtung als Stilmodell rezipiert wird,

Peire d'Alvernha (1138–80), den Dante als Meister der prov. Dichtkunst auszeichnet, und **Peire Cardenal** (um 1180–1278), der Kanzonen parodiert. Der Vizegraf **Bertran de Born** (um 1140 – vor 1216) ist der herausragende Satiriker unter den Trobadors. **Folquet de Marselha** (um 1160–1231), dessen Werk Kanzonen bestimmen, wird schließlich als Bischof von Toulouse zum Vorkämpfer gegen die Albigenser. Noch Stendhal (*De l'amour*) kennt die Legende von **Guilhem de Cabestanh** (um 1190–1212), den der Graf von Roussillon erschlagen und dessen Herz er seiner treulosen Gemahlin zum Mahl vorsetzen läßt.

Als einer der letzten Trobadors, wiederum von einfacher Herkunft und in seiner Heimatstadt Narbonne ein Leben lang erfolglos, gilt **Guiraut Riquier** (vor 1235–92; Ausg. U. Mölk, 1962). Typisch ist seine von Endzeitbewußtsein geprägte Klage: »mas trop suy vengutz als derriers« (»unter den Letzten bin ich zu spät gekommen«). Am Hof König Alphons' X., des Weisen, findet er vorübergehend in Kastilien ein kulturelles Zentrum von internationalem Format (Provenzalen, Italiener, Galicier, Katalanen). Deswegen verhöhnt er sowohl den Dichter als auch den Spielmann, wenn diese es an souveräner Komposition (»maestria del sobiran trobar«) fehlen lassen.

Als solche Ansprüche im 14. Jh. nicht mehr einzulösen sind, stiftet der seit 1324 in Toulouse organisierte Dichterwettstreit eine Meistersingertradition, die dem Okzitanischen durch religiöse, allegorische Lieder und Gelegenheitsgedichte Prestige erhält.

Lyrik der Trouvères

Etwa 200 afrz. Liederdichter sind bekannt, die wenigsten jedoch biographisch zu identifizieren. Die älteste Hs., zu Gebrauchszwecken für einen Spielmann angelegt, stammt von 1230. Die Übernahme der Trobadorlyrik durch nordfrz. hat hier die traditionellen, volkstümlichen lyrischen Formen nicht verdrängt. Die Romanze oder Chanson de toile (ein Mädchen sehnt sich bei der Handarbeit nach ihrem Freund), die Pastourelle (Begegnung eines Ritters mit einer Schäferin) und die (formal definierte) Rotrouenge entstehen neben der höfischen Lyrik weiter. Wie der Trobador Raimon Vidal betont, sei die prov. Sprache für Kanzonen und Sirventese, die frz. dagegen für Pastourellen und Rotrouengen geeigneter.

Mit dem gegenüber dem Süden verzögert einsetzenden kulturellen Selbstwertgefühl der städtischen Oberschichten und ohne von Katastrophen wie dem Albigenserkreuzzug heimgesucht zu werden, vollzieht sich im 13. Jh. eine Verbürgerlichung der Kommunikation von Liedern. Sängerwettstreite, z. B. in Arras, manifestieren die Rolle städtischer Dichterzünfte bei der Integration höfischer und theologischer Themen. Unter diesen Voraussetzungen entsteht eine genuine religiöse Lyrik und als partielle Abwehrreaktion gegen höfisches Diktat das Narrengedicht oder die vulgäre Parodie.

Lit.: F. Wolfzettel, Die mittelalterl. Lyrik NFrkrs., in: H. Berger (Hrsg.), Lyrik des MA, Bd. 1, 1983; M. Zink, Le Moyen Age et ses chansons, 1996.

Von **Huon d'Oisy** (12. Jh.), einem Adligen aus dem Pas-de-Calais, sind lediglich zwei Texte erhalten, ein Sirventes und das originelle Gedicht vom fiktiven Damenturnier. Zu Huons Schülern zählt, trotz politischer Differenzen, **Conon de Béthune** (Mitte 12. Jh. – 1219/20), zuletzt Reichsregent zu Konstantinopel. Kritikern seiner unkonventionellen Poetik entgegen, sie sollten sich an seinen Lehrer d'Oisy halten, »ki m'a apris a çanter des enfanche«. Tatsächlich orientiert sich der Lyriker in seinen Liebes- und Kreuzzugsliedern am Werk des Provenzalen Bertran de Born. Am Pariser Hof wird er wegen seines Dialekts, der deutlich vom Französischen abweicht, gerügt.

Blondel de Nesle (Mitte 12. Jh. – um 1210), pikardischer Trouvère, Vorbild für Gace Brulé und Conon de Béthune, imitiert mit seinen 20 Minneliedern (Ausg. L. Wiese, 1904) in virtuoser Metrik die Trobadors. Nach einer Legende soll er Richard Löwenherz, der auf dem Trifels in der Pfalz gefangengehalten wurde, aus kaiserlicher Haft befreit haben.

Gace Brulé (um 1159 – nach 1213; Ausg. G. Lavis / M. Stasse, 1979), Ritter aus niederem Adel, tritt nach dem Tod von Chrétien de Troyes am Hof der Marie de Champagne auf; Autor von 69 gefeierten Kanzonen, dem die Kopisten weitere 39 z. T. zu Unrecht zugeschrieben haben.

Von dem burgundischen Trouvère **Hugues de Berzé** (nach 1150 – um 1220), Schloßherr von Berzé-le-Châtel (Mâcon), Vollender des Sittenspiegels *Bible Guiot* des Guiot de Provins als *Bible au Seigneur de Berzé* (1215–20; Ausg. F. Lecoy, 1939), sind fünf Minnelieder und ein Kreuzzugsgedicht (in einer prov. Kunstsprache) überliefert.

Rutebeuf, Pariser Berufssänger der 2. Hälfte des 13. Jh.s, Vorname unbekannt und Lebensdaten ungesichert (Ausg. M. Zink, 2 Bde., 1989–90), spielt wie zuvor viele Troubadours mit der Identität von persönlichem und lyrischem Ich. Er spricht von individuellen Erfahrungen, verschiedene Titel weisen Authentizität aus (*Mariage Rutebeuf, Pauvreté Rutebeuf, La mort Rutebeuf*). Als Anhänger der Laienprofessoren richtet er Invektiven gegen die verlogenen und habgierigen Bettelorden, die zum Sturm auf die Pariser Lehrstühle ansetzen (*Renart le Bestourné*), und stellt die nur noch ideologische Begründung der Kreuzzüge, die das Idealbild des guten alten Frankreich durch die Politik Ludwigs IX. entwertet, heraus. Die *Complainte Rutebeuf* beklagt den Niedergang der Welt:

> Que sont mi ami devenu
> que j'avoie si pres tenu
>   et tant amé?

Je cuit qu'il sont trop cler semé;
il ne furent pas bien femé,
   si sont failli.

Was ist aus meinen Freunden geworden, / die mir so nahe
standen / und die ich so geliebt hatte? / Ich glaube, sie sind
allzu dünn gesät; / sie wurden nicht gut eingesät, / und die
Saat ist daher nicht aufgegangen.

Lyrik des Mittelalters. Probleme und Interpretationen, hrsg. von Heinz Bergner, Bd. 1, Stuttgart: Reclam, 1983, S. 498 f.

Rutebeuf fixiert sich nicht auf die weltanschauliche Klage;
außer Fabliaux und innigen Marienliedern schreibt er eine
dem Teufelspakt im Faust-Stoff verwandte Legende, *Le
Miracle de Théophile*, eines der ersten frz. Personendramen.

Lit.: U. Leo, Stud. zu R., 1922; H. Krauß / D. Rieger (Hrsg.), Mittel-
alterstud., 1984; J. Dufournet, Du *Roman de Renart* à R., 1993.

Derselben Generation gehört **Adam de la Halle** (um 1235
– nach 1285) an, dessen Kanzonen und Pastourellen bis im
fernen Neapel, wohin Adam seinen Dienstherrn begleitete,
applaudiert werden. Von ihm sind außerdem zwei Dramen
überliefert.
Baudouin de Condé, Dienstmann aus dem Hennegau,
verfaßte zwischen 1240 und 1280 zahlreiche instruktive Gedichte (Dits), darunter eine Darstellung des Totentanzes
(Ausg. A. Scheler, 3 Bde., 1866–67).

Lit.: S. Panunzio, B., 1992.

Von anderem Rang ist **Thibaut de Champagne** (1201–53),
ab 1234 König von Navarra. Seine 71 Kompositionen, darunter ironische Kanzonen, variieren, ungeachtet der Tatsache, daß Thibaut am Albigenserfeldzug teilgenommen hat,
die geschätzte Trobadorlyrik.

Lit.: Th., Colloque Reims 1980, 1987; A. Micha (Hrsg.), Th., recueil
de chansons, 1991.

Lyrik des Spätmittelalters

Höfische Intellektuelle und auf adlige Kultur fixierte Handelsbourgeoisie, ritterliche Sänger vom alten Schlag und organisierte Dichterzünfte (Puys) in den prosperierenden Städten, wo rhetorisch versierte Laien mit Funktionen in der Justiz und Verwaltung kulturell tonangebend werden, prägen im 14. und 15. Jh. eine immer komplexere Zivilisation.

Guillaume de Machaut (um 1300–77), Sekretär Johanns von Luxemburg, Domherr in Reims, eröffnet die neue Tradition der Ballade; **Eustache Deschamps** (um 1346 – vor November 1407) und **Alain Chartier** (um 1385–1430) konzentrieren sich sowohl auf den Prunkstil als auch auf die moderne Lehrhaftigkeit der Poesie. Das moralisierende Programm des Dit entwickelt Machaut weiter zur metapoetischen Reflexion über die Entstehung einer Komposition (*Livre dou voir dit*, 1346). In Traktaten (Deschamps, *Art de dictier*, 1392) formalisieren die Autoren Stilerwartungen, die aristokratische und frühhumanistische Ansprüche an rhetorische Leistungen ausgleichen. Die Lyrik erhält gelegentlich einen neuen Kontext als Liedeinlage in narrativen Werken. Alain Chartier, der lateinisch und französisch schreibt, findet Beachtung auch dadurch, daß seine Werke 1489 bereits gedruckt vorliegen, darunter *Le Livre des quatre dames* (1416), aktuelle Frauenklagen über den katastrophalen Ausgang der Schlacht von Azincourt (1415), bei der die Geliebten gefallen oder in englische Gefangenschaft geraten sind, und die Verserzählung *La Belle Dame sans mercy* (1424), Darstellung des Seelentods eines Liebenden als pathetische Folge der Indifferenz seiner Angebeteten. Diese Fabel entwertet die höfische Minnekasuistik, die die Anbetung der Frau voraussetzt.

Tanzliedformen, bei den Trobadors eher beiläufige Produktionen, werden aktuell und neu angeordnet, ausdrücklich bei **Christine de Pizan** (1365 – nach 1429). Geborene Venezianerin, Witwe seit 1390, ist sie die erste Berufsschriftstellerin, die das Wohlwollen fürstlicher Mäzene gewinnen muß. Außer ihren 282 Balladen bilden die Lektionen im allegorischen Stil ihr eigentliches und unverwechselbares Œuvre (u. a. *Le Livre des trois jugemens, Le Dit de la pastoure, Le Livre du chemin de long estude*). Im *Livre de la cité des dames* (1405; Übers. M. Zimmermann, 1986) konzipiert sie die Utopie einer Frauenstadt. Durch ihre Verteidigung der Frauenehre gegen den *Rosenroman* und dessen ideologische Befürworter, ihre Apologie der Jeanne d'Arc noch vor deren Hinrichtung (1429) nimmt sie gegen die grassierende Misogynie Stellung. Im höfischen Tenor schafft sie feminine Rollenlyrik, in der die Sprecherin ihre Niedergeschlagenheit oder ihr Verlangen, Gefühle zu verheimlichen, weil niemand sie aufrichtig tröstet, thematisiert.

Lit.: M. Brabant (Hrsg.), Politics, Gender and Genre. The Political Thought of Ch. de P., 1992; M. Zimmermann, Wirres Zeug u. übles Geschwätz. Ch. de P. über den *Rosenroman*, 1993; M. Léonard, Le Dit, 1996; J.-C. Mühletaler, De Guillaume de Machaut aux rhétoriqueurs, 1997.

Der Kreis der mittelalterlichen Minnedichtung, der mit Herzog Wilhelm von Aquitanien begann, schließt sich mit Herzog **Charles d'Orléans** (1394–1465), Neffe Karls VI. Nach der verlorenen Schlacht von Azincourt verbringt er 25 Jahre in englischer Gefangenschaft, bis endlich das immense Lösegeld mit Hilfe der Burgunder aufgebracht wird. Bis 1440 verfaßt er ein umfangreiches, von Heimweh und Liebessehnsucht geprägtes Werk (Kanzonen, Balladen, Rondeaux; Ausg. J.-C. Mühletaler, 1992). Graziöse Lieder, Rondeaux vor allem, variieren die Erfahrung, die Welt sei seiner überdrüssig und diesen »ennui« gebe er ihr zurück. Es ist nicht die Klage seiner Zeitgenossin Christine de Pizan, eher die Erfahrung der politischen Nutzlosigkeit, die den Hochadligen angesichts der königlichen Machtansprüche seit dem Sieg über die Engländer überkommt.

Lit.: E. Yenal, Ch. A Bibl. of Primary and Secondary Sources, 1984; W. D. Stempel (Hrsg.), Musique naturele, 1995.

Die Rhétoriqueurs

»Rhétoriqueur« bezeichnet im ersten Beleg von 1480 berufssprachlich einen Anwalt, der die bei Gericht codifizierte Beredsamkeit bis zum Exzeß ausschöpft. Als ästhetische Klassifikation u. a. durch Clément Marot bleibt der Begriff negativ (zweitklassige Verseschmiede, die sich pedantisch an die zahlreich erschienenen Poetiken halten). Vor allem die Dichter der Pléiade akzeptieren, entsprechend den rückhaltlosen Erneuerungsansprüchen der Renaissance, die Poesie ihrer zeitlichen Vorgänger keinesfalls als Vorbereitung ihres Schaffens. Diese indirekte Verachtung trifft rückblickend neben Jean Lemaire de Belges **Jean Molinet** (1435–1507), **Olivier de La Marche** (um 1426–1502), **André de la Vigne** (1457 – vor 1527) oder **Jean Bouchet** (1476–1557), Autoren, die überwiegend an den Höfen von Dijon, Rennes oder der Bourbonen lebten. Ihr Herrscherlob enthält das paradoxe Bild kriegerisch gerüsteter Friedensfürsten, die Europa gegen den türkischen Ansturm verteidigen. Das kulturelle Trauma von 1453, seit Konstantinopel gefallen ist, wiegt schwerer als die Erleichterung nach dem Ende des Hundertjährigen Krieges. Als Hofdichter, genauer: Dichterfürsten, ziehen sie Selbstbewußtsein aus ihrer politischen Aufgabe und erweisen sich durch die Verfeinerung von Vers und Prosa als bereits humanistisch gebildete Meister der panegyrischen Rede. Im Epitaph feiern sie tote Gönner und errichten ihrer eigenen Zunft Mausoleen, die sie antikisierend »Tempel« nennen.

Jean Lemaire de Belges (1473 – um 1524), der wohl vielseitigste Rhétoriqueur, praktiziert den rühmenden Nachruf auf seinen Gönner, den Herzog von Burgund, als Totenklage und zugleich Verlebendigung früherer Dichter (*Temple d'honneur et de vertu*, 1503). An die Herzogin von Savoyen und Regentin der Niederlande richtete er die Allegorie *Couronne Margaritique* (1505) und zwei Episteln über den toten Papagei der Fürstin als burleske Transposition der poetischen Traumreise. Wie die Historiographen der Kapetinger und der normannischen Dynastie, die seit 1066 England regiert, aktualisiert Lemaire de Belges wider besseres Wissen seiner Zeit die trojanische Abstammung der fränkischen Königsfamilien.

Lit.: U. Bergweiler, Die Allegorie im Werk von L., 1976; P. Zumthor, Le masque et la lumière, 1978; J. Favier, La Guerre de Cent Ans, 1980; M. F. O. Jenkins, Artful Eloquence, L. and the Rhetorical Tradition, 1980; Les grands r., 1985; J. Kern, J., 1994.

Villon

François de Montcorbier/Monterbier, auch François des Loges (1431/32 – nach Januar 1463) nennt sich Villon nach seinem geistlichen Onkel Guillaume de Villon, der das Kind armer Leute an der Sorbonne studieren läßt (Maîtrise 1452). »Villon« ist jedenfalls der bekannteste Name, der »nom de plume« des »clerc«, der mit wechselndem Akzent – »François Villon, écolier«, »le bien renommé Villon«, »le pauvre Villon« – in die Texte selbst eingeschrieben ist. 1455 Flucht aus Paris nach einem Totschlag, von der Sorbonne relegiert; 1456 Beteiligung an einem Einbruch im Collège de Navarre, erneute Flucht; 1457 Teilnahme mit einer Ballade am Dichterwettstreit, den Charles d'Orléans in Blois unter das paradoxe Thema stellt: »Je meurs de seuf auprès de la fontaine«; 1461 Haft in Meung-sur-Loire, 1462 wegen Diebstahls im Pariser Châtelet; 1463 nach einer Messerstecherei Verurteilung zum Tod am Galgen, jedoch Begnadigung zu zehnjähriger Verbannung aus Paris.

Seit diesem Zeitpunkt verlieren sich die Spuren seines Lebenswegs, die Legendenbildung, an der sich insbesondere das 19. Jh. beteiligt, setzt ein. In Rabelais' Erzählungen organisiert er Theateraufführungen. Als Prototyp des romantischen Genies, Kind-Dichters (wie Rimbaud), »poète maudit«, Kriminellen, der schreibt, was er erlebt (Francis Carco,

Blaise Cendrars), scheint er für ideologisches (Miß-)Verstehen prädestiniert. Bertolt Brecht nutzt dieses Image und plündert Villons Balladen für Songs in der *Dreigroschenoper*. Dabei ist Villons Poesie schon nicht mehr gesungen worden.

Villons Idiolekt entfaltet sich in der Ballade und, weniger, im Rondeau; er baut diese Formen in ein Ensemble aus achtzeiligen Strophen ein, das die prunkvolle Wissensvermittlung des Dit durch Alogik und Tabuverletzungen parodiert. Die Ballade (prov. »balada«, afrz. »ballete«) ist spätestens seit der Sammlung der *Cent ballades* (Dichterturnier Avignon, 1390) in das Repertoire der Poesiegeschichte eingeschrieben. Guillaume de Machaut codifiziert sie als feste Form: drei isometrische Strophen, Refrain, eine verkürzte Geleitstrophe (»envoi«), Achtsilber oder Alexandriner. Die abschließende Widmung ist an den »prince«, den Vorsitzenden der Meistersingerzunft (Puy), zu richten.

Nach den 40 Achtzeilern des sogenannten *Kleinen Testaments* (*Lais*, 1456), die mit autobiographischer Suggestion ein Vagabundenleben thematisieren, sind die mehr als 2000 Verse des *Großen Testaments* (*Testament*) Villons Hauptwerk (Ausg. J. Dufournet, 1992). Seit dem Erstdruck von 1489, der ohne Mitwirkung Villons oder nach seinem Tod auf den Buchmarkt kam, und einer Edition, die Clément Marot 1533 mit finanzieller Unterstützung durch König Franz I. veranstaltete, wobei er die Balladen mit eigenen Titeln versah, ist das Opus einem breiten Publikum zugänglich.

Villons Gedichte handeln, mit auffälligen Parallelen zu Rutebeuf, von den meist städtischen Schattenseiten des Alltags, die Kriminelle, Bettler, Handwerker, Jahrmarktskünstler und Freudenmädchen bevölkern, vom heimlichen Luxus der Vermögenden, die ihre Mätressen herausputzen, vom Glanz und Elend der Geschichte Europas, vom verwehrten Aufstieg des kleinen Mannes, von der Liebe, die ihn selten glücklich macht und die vom Älterwerden zerstört wird, vom hektischen, schuldbewußten Leben im Schatten des allgegenwärtigen Galgens und vom Totentanz, Bildbeschreibung nach einem stadtbekannten Gemälde im Cimetière des Saints-Innocents von 1424.

Aspekte, die über die Anthropologie hinaus das Bild des bedürftigen Intellektuellen aufrufen, werden in Burlesken und Karnevalsszenen transponiert, die das Repertoire an absonderlichen Motiven und Sequenzen für das Thema »verkehrte Welt« bereitstellen. In der »Ballade de merci« bilden Mönche, bigotte Weiber, »fillettes montrant tétins«, Handwerker, Narren und Gefängniswärter einen grotesken Umzug vor dem Dichter. Er wünscht die meisten von ihnen zum Teufel, und doch lautet der zynische Refrain: »Je crie à toutes gens mercis.« »L'Épitaphe de Villon en forme de ballade« konterkariert das Liebesmartyrium des Mannes und die Nekrologe der Rhétoriqueurs.

Wenn die höhnische Schlußabrechnung mit dem Tod auch mißlingen muß, reißt doch im ganzen *Testament* die Degradierung der Erfahrungen mit der Kultur und dem sozialen Netz in der Großstadt Paris nicht ab: Orpheus ist bloß ein Spielmann, Bischof Thibaud d'Aussigny, der Villon 1461 in Haft genommen hat, nichts als ein schwuler Sadist; Meister werden von Schülern belehrt, Greise drücken wieder die Schulbank. Zahlreiche, oft der Militärsprache entnommene Metaphern und Metonymien setzen für den Leser des 15. Jh.s Sexualkomik frei.

In der »Ballade de la grosse Margot« wird die inszenierte Welt auf eigene Weise unverwechselbar, nämlich durch eine allumfassende Ästhetik des Häßlichen. Dem Niedergang der Empfindungen entspricht das abstoßende Milieu. In dieser jede Intimität verleugnenden Situation, die den schäbigen Ort der käuflichen Liebe im Refrain ausruft, hat die Verlogenheit, die Villon der überlebten Ritterlichkeit und ihrem anachronistischen Frauenkult attestiert, ihr Ende. Veredelung durch die Erotik wird nicht mehr simuliert; Sünderinnen und Lüstlinge verbergen sich nicht länger hinter Signalwörtern des Idealismus. Der Text ist Villon wichtig genug, um in die Geleitstrophe als Akrostichon seinen Dichternamen einzuschreiben:

> Vente, gresle, gesle, j'ay mon pain cuyt.
> Ie suis paillart, la paillarde me suyt.
> Lequel vault mieulx? Chacun bien s'entressuyt,
> L'un vault l'autre; c'est a mau rat mau chat.
> Ordure aimons, ordure nous affuyt;
> Nous deffuyons honneur, il nous deffuyt,
> En ce bordeau ou tenons nostre estat.

> Vor Wind, Hagel, Frost, sitze ich im Trocknen, / Ich bin ein Lude, dem das Luder folgt. / Lumpenpack sind wir beide, wer ist besser? / Laßt uns! Der bösen Maus ziemt böse Katz. / Oft liegen wir im Kot, der zu uns paßt, / Nicht steht uns der Sinn nach Ehre, die uns flieht, / in dem Bordell, in dem wir residieren.

Das Kleine und das Große Testament, hrsg., übers. und komm. von Frank-Rutger Hausmann, Stuttgart: Reclam, 1988, S. 200 f.

Lit.: J. Dufournet, Recherches sur le *Testament* de V., 3 Bde., 1967–68; D. Kuhn, La poétique de V., 1967; P. Brockmeier, V., 1977; G. Pinkernell, V.s *Lais*, 1979; J. Dufournet, Nouvelles recherches sur V., 1980; J. Favier, V., 1982; J. Rychner / A. Henry (Hrsg.), *Le Testament V. Les Lais* V. et *Les Poèmes variés*. Index, 1985; D. Ingenschay, Alltagswelt u. Selbsterfahrung, Deschamps u. V., 1986; W. Engler, Sidoine, nicht Elayne, ZfSL 1988; R. Sturm (Hrsg.), V. Bibl. u. Materialien, 2 Bde., 1990; R. D. Peckham, V. A Bibl., 1990; G. Pinkernell, V. et Charles d'Orléans, 1992; J. Thomas, Lecture du *Testament*, 1992; R. R. Daniel, The Poetry of V. and Baudelaire, 1997; D. A. Fein, V. Revisited, 1997.

7. Narrative Kurzformen

Ein singulärer Textbeleg ist um 1200 die anonyme Chantefable *Aucassin et Nicolette* (Ausg. J. Dufournet, 1984), eine Kombination von assonierenden Versteilen, die nach überlieferten Melodien gesungen, und Prosasequenzen, die gesprochen werden. Diese Romanze handelt von der Liebe des südfrz. Grafensohns mit dem arabisierten Namen (Al Kassim?) zur sarazenischen Sklavin mit dem frz. Kosenamen. Als alle Hindernisse ausgeräumt sind, wird Nicolette als arabische Prinzessin identifiziert und gesellschaftlich anerkannt. Bei seiner Entdeckung und Publikation nach 1752 galt der Text als Dokument des ritterlichen Goldenen Zeitalters.

Lit.: Höf. Lit., Hofgesellschaft, höf. Lebensformen um 1200, Colloquium 1983, 1986.

»Lai« bezeichnet seit dem 12. Jh. Lied und Kurzerzählung (Marie de France), später auch Vermächtnis (Villon). Die narrative Version in Achtsilbern erreicht im 13. Jh. ihren gestalterischen Höhepunkt. Häufig finden sich wie im höfischen Roman keltische Sujets neben kasuistischen Themen (*Henri d'Andeli, Lai d'Aristote, Lai d'Ignauré*).

Über **Marie de France** (um 1130–1200) weiß man fast nichts. Die dreifache Selbstidentifikation im Werk läßt je nach Deutung der Präposition »de« zwei Hypothesen zu: »Marie ai nun, si sui de France« (Epilog der über 100 Fabeln, die sie bis 1189 aus dem Angelsächsischen übersetzt hat) – »ich heiße Marie und stamme aus Frankreich / bin eine französische Prinzessin«. Sie hat, wahrscheinlich am Hof Heinrichs II. von England, nach 1160 zwölf Lais verfaßt. Kenntnisse des Ovid sind nachgewiesen, desgleichen des Antikenromans und des arthurischen Sagenkreises. Deutlicher als Chrétien de Troyes verbindet sie ritterliches Liebesideal und irreale Einbrüche in die erfahrbare Welt

(*Bisclavret, Chevrefeuille, Eliduc, Guigemar, Lanval, Milun*). Nicht aus historischem Interesse bearbeitet Marie bretonische Stoffe, vielmehr, um die offenliegende Intertextualität zur psychologischen Beglaubigung zu nutzen. Durch sinnbildhaftes Erschließen der Fabel initiiert sie so eine Vorform der Symbolnovelle. Angeregt von einer lateinischen Vorlage schreibt sie nach 1189 das *Espurgatoire Seint Patriz*, eine Verslegende, die von der Läuterung eines Sünders handelt, außerdem Fabeln, *Isopets*.

Werkausg.: Y. Otaka, 1987; Übers. H. U. Gumbrecht, 1973.

Lit.: H. Baader, Die Lais, 1966; R. Baum, Recherches sur les œuvres attribuées à M., 1968; K. Ringger, Die Lais. Zur Struktur der dichterischen Einbildungskraft der M., 1973; K. W. Le Mée, A Metrical Study of Five Lais, 1974; J. R. Rothschild, Narrative Technique in the Lais of M., 1974; R.-C. Payen, Le lai narratif, 1975; P. Menard, Les Lais de M., 1979; L. Harf-Lancner, Les fées au Moyen Age, 1984; G. S. Burgess, The Lais of M., 1988; P. Gallais, La fée à la fontaine, 1992; D. Poirion, Écriture poétique et composition romanesque, 1994; M. M. Bolland, Architectural Structure in the Lais, 1995; S. Messina (Hrsg.), La forme brève, 1996.

Etwa zeitgleich überträgt **Gautier de Coinci** (um 1177–1236), Mönch und Großprior von Soissons, dramatische Mirakel in Erzählungen (*Miracles narratifs de Notre-Dame*, 1218–27; Ausg. F. V. Koenig, 4 Bde., 1955–70). Die 58 Wundertaten basieren nach Gautiers eigenen Worten auf lateinischen Textvorlagen. Angesichts des Machtgewinns der Laien und der unzureichenden Begründung des kirchlichen Anspruchs propagiert er eine intensive Frömmigkeit. Aus Gautiers Marienlob entwickelt sich ein neuartiger Individualismus, da Maria je nach der Gesinnung des Einzelnen das Heil in Aussicht stellt. Diese Fiktion setzt eine theologische Veränderung voraus, die zwischen Himmel und Hölle einen Ort der Sühne, das Fegefeuer, denkt.

Lit.: A. Ducrot-Granderye, Étude sur les miracles de Notre-Dame de G., 1932; U. Ebel, Das altroman. Mirakel, 1965; A. Gier, Der Sünder als Beispiel, 1977; C. Testa, Desire and the Devil, 1991.

Fabliaux (Ausg. W. Noomen / N. van den Boogard, 5 Bde.,
1983–90), nach einer lapidaren Definition »contes à rire en
vers« des 13. Jh.s, sind wahrscheinlich burleske Varianten
verlorener Fabeln, die metrisch dem Lai (Achtsilber), thematisch der Farce entsprechen. Unterhaltungsintention im
niederen Stil herrscht vor, wobei die erzählten Schwänke
weder als eindeutig bürgerliche Reaktion gegen ein vergei-
stigtes Weltbild noch als direkter Angriff auf höfische Ausdrucksweisen gelesen werden können. Zum Personal der
häufig karikierenden und gelegentlich obszönen Geschichten in überwiegend städtischem Ambiente gehören die lie-
bestolle Frau, die Dirne (im ältesten Text, *Richeut*), der betrogene Betrüger und der bauernschlaue Landmann. Zu den
wenigen bekannten Autoren der ca. 150 Texte zählen Rutebeuf (*Le Pet au vilain*) und Jean Bodel.

Lit.: P. Nykrog, F., Étude d'histoire littéraire et de stylistique médiévale, 1957; J. Rychner, Contribution à l'étude des f., 2 Bde., 1960;
D. Boutet, F., 1985; N. J. Lacy, Reading F., 1993.

8. Tierdichtung

Die Ablehnung des höfischen Codex nutzt Anthropomorphismen, wie sie seit der antiken Fabel bekannt sind, und
konstruiert einen pseudoepischen Krieg der Tiere, um aktuelle Konflikte durch die Burleske geschützt vorzuführen.
Mehrere Autoren verfassen zwischen 1174 und 1250 zahlreiche Anekdoten, die thematologisch zu 27 Textserien,
»branches«, zusammenzufassen sind, teilweise der Gestal-
tungsabsicht der epischen Enfances entsprechen und den
polymorphen *Roman de Renart* bilden. Zwei ungleiche
»barons«, der lustbetont perfide Fuchs, der Renart heißt
und seitdem im Frz. den Tiernamen »goupil« ersetzt hat),
und sein eher redlicher Gegenspieler, der Wolf, entwickeln

durch ihre Auseinandersetzung ein Sinnbild der moralischen Unordnung und Gesetzlosigkeit in der Welt. Hinter dem Chaos, in das auch die schwächeren Tiere mit sprechenden Namen, Hase Couard, Hahn Chantecler oder die Schnecke Tardif verwickelt werden, kann die aufbrechende Auseinandersetzung zwischen Lehens- und Hofadel und zwischen den Orden im Kampf um die Verfügung über die Universitäten gesehen werden, Themen, die u. a. bei Rutebeuf belegt sind. Dem höfischen Roman wird der Prozeß gemacht, um die Fiktion für die Kritik am Wandel der Gesellschaftsstruktur zu nutzen. Traditionelle Ideale sind als Anomalien vorgeführt. Die Beutezüge und sexuellen Phantasien des Fuchses sind Zeichen sowohl politischer als auch ethischer Krisen, seine Schläue konstituiert kein neues Leitbild.

Lit.: H. R. Jauß, Unters. zur mittelalterl. Tierdichtung, 1959; J. Scheidegger, Le *Roman de Renart* ou le texte de la dérision, 1989.

9. Schicksalsroman

Jean Renart (1. Hälfte 13. Jh.), Hofdichter, der den Stil des höfischen Romans aufgibt, verfaßt *L'Escoufle*, *Guillaume de Dole* und den *Lai de l'ombre*. Im zugleich aktions- und deskriptionsreichen Schicksalsroman *L'Escoufle* regelt den Ausgang der Fabel nicht mehr die endlose, sich gleichwohl steigernde Bewährung nach dem Muster der Artusepik, sondern eine zufällige Motivation. Die Welt des Wunderbaren ist hier ausgeblendet. Wahrscheinlich 1228 vollendet Jean Renart als Replik auf den *Roman de Troie* den *Guillaume de Dole* (5635 Achtsilber), mit der Neuerung von 48 Liedeinlagen: Die unstandesgemäße Braut Kaiser Konrads, Liénor (»la pucelle à la rose«), muß in einem Scheinprozeß gegen ihre Verleumder die Haltlosigkeit manipulierter Gerüchte erweisen; diese sind vom Sénéchal des Herrschers in

die Welt gesetzt worden, seit er von Liénors Mutter weiß,
daß ein Fleck auf dem Schenkel des Mädchens die Form einer Rose hat. Alles fügt sich zuletzt zum Guten. Auch im
Lai de l'ombre (962 Achtsilber) geschieht dies dank eines
unüberbietbar galanten Einfalls des werbenden Ritters. In
allen Texten sind Mißdeutung und Verleumdung zentrale
Themen, verborgene Körpermerkmale und verlorener oder
vom diebischen Raubvogel entwendeter Schmuck die Leitmotive.

Lit.: M. Stasse, J., le *Lai de l'ombre*, 1979; M. Zink, Roman rose et rose
rouge, 1979; R. Dragonetti, Le mirage des sources, 1987; G. Angeli /
L. Formisano (Hrsg.), L'imaginaire courtois et son double, 1992.

10. Der *Roman de la Rose*

Zwei ungleiche Autoren schreiben am *Roman de la Rose*
(Ausg. D. Poirion, 1974), der inhaltsreichsten erzählenden
Enzyklopädie des 13. Jh.s: **Guillaume de Lorris** (um 1210–
1235), Dichter der ersten 4058 Verse (um 1230–35), und
Jean de Meung (Meun; um 1240 – vor 1305), genannt Cloponel (oder Chopinel). Von ihm ist bekannt, daß er an der
Artistenfakultät der Sorbonne den Magistergrad erworben
und lateinische Werke übersetzt hat. Er erweitert nach 1275
das Fragment um 17 722 Verse. Die umfangreiche Traumallegorie in paarweise gereimten Achtsilbern thematisiert
zwei disparate Liebeskonzeptionen, die traditionell höfische und die lustbetonte der bürgerlichen Intelligenz.

Guillaume de Lorris beruft sich auf eine jugendliche
Traumvision, die ihm in allegorischer Form die Liebe offenbart; über die ältere geistliche Allegorik (Alain de Lille, *De
planctu naturae*, Verurteilung der Homosexualität) geht er
in einem entscheidenden Punkt hinaus, insofern er die Fiktionalität der Darstellung als solche ausweist. Im Traum

betritt der Erzähler einen Maiengarten, in dem Amor herrscht. Fünf Pfeile, die ihn treffen, sind Zeichen der edlen Liebe. Diese Darstellung wurde von der nächsten Generation als unvollendet angesehen, vor 1275 entstand bereits ein apokrypher Abschluß sowie als Parodie der *Roman de la poire* eines nicht identifizierten Thibaut.

Daraufhin bedient sich Jean de Meung der vorliegenden Konstruktion, führt weitere allegorische Gestalten ein, verknüpft polemisch die Minnekasuistik mit den Lehren des radikalen Averroismus zu einer poetischen Enzyklopädie, die kosmologische wie anthropologische Erklärungen propagiert. Eine zynische und frauenfeindliche Glückseligkeitslehre beherrscht nun Geschehen wie Kommentar. Ehe der Dichter die Rose pflückt, erörtert er in umfangreichen Einschüben die Verschlagenheit und Macht der Kleriker an den Universitäten. Relikte epischen Stils sind im Schlußkampf des Heeres der Venus zitiert.

Der *Rosenroman* gilt, wegen seiner vielfachen intertextuellen Vernetzung, als einzigartiges Werk, dessen Abschluß die Ideologie des Beginns dekonstruiert und eine einmalige Disproportion herstellt. Die Fortsetzung wird übrigens von einem anonymen Dritten beglaubigt: »Maître Jean de Meun ce roman / Parfit, ainsi comme je treuve.« Doch die »Vollendung« des Fragments täuscht den Leser. Zum Schein wird der ritterliche Wertekanon, wonach Bel Accueil dem Amant den Zugang zur Rose ermöglicht, fortgeschrieben, während die Serie der eingelegten Episoden dessen spiritualistische Ethik verrät und konterkariert. Hier triumphiert zusammen mit der Misogynie die Arroganz der bürgerlichen Intelligenz, die Ansprüche des Geistadels gegenüber dem Geburtsadel anmeldet.

Die Traumfiktion des *Rosenromans* wurde u. a. im *Roman de Fauvel* (1310–14) von **Gervais du Bus** sowie im anonymen *Songe du vergier* (1378) und in den Werken von **Guillaume de Digulleville** (um 1295 – nach 1358) aufgegriffen. Das vielgelesene Werk war vor der Drucklegung in

Lyon 1481 in ca. 300 Hss. verbreitet, es wurde bis 1528
14mal aufgelegt, eine Textbearbeitung von Clément Marot
erschien 1526 und wurde u. a. von Ronsard benutzt. Der
Rosenroman löst in Frankreich die erste literarische »querelle« aus, als sich Christine de Pizan und Jean Gerson seit
1401 gegen die Verteidigung des hier propagierten Hedonismus durch Jean de Montreuil wenden.

Lit.: P. Potanski, Der Streit um den R., 1972; D. Brüning, C. Marots
Bearbeitung des R. (1526), 1972; E. Hicks (Hrsg.), Le débat sur le R.,
1977; P.-Y. Badel, Le R. au XIVe siècle, 1980; K. A. Ott, Der R., 1980;
J. Dufournet (Hrsg.), Études sur le R., 1984; P. Nykrog, L'amour et la
rose, 1986; P. F. Dembowski, Le faux semblant, 1988.

11. Prosa

Zwei Autoren des 11. und 12. Jh.s haben Texte hervorge-
bracht, die, obgleich sie im modernen Sinne nicht literarisch
sind, aufgrund ihrer Sprachphilosophie und Schreibweise
Modellcharakter für die Dichtung erlangten. Der Dialektiker
Pierre Abélard (1079–1142), unvergessen durch seine tragische Liebesbeziehung zu seiner Schülerin Héloïse, plädiert
gegen die zeitgenössischen Realisten in der Semantik für einen dezidiert nominalistischen Standpunkt, wonach sprachliche Benennungen nicht mit den benannten Dingen zusam-
menfallen. Identische Bezeichnungen können verschiedene
Sachverhalte belegen unter der Bedingung, daß derselbe »Status« aufgerufen wird. Allerdings entwickelt Abélard seine
Theorie, noch ehe die einschlägigen Schriften des Aristoteles
an französischen Universitäten bekannt geworden sind. Ein
Beginn der autobiographischen Literatur liegt in seiner an einen Freund gerichteten Schrift *Historia calamitatum*.

Der Verfasser der *Conquête de Constantinople*, **Geoffroi
de Villehardouin** (um 1150 – 1218), frz. Heerführer, beendet

die Tradition der Verschroniken und legitimiert die Wahl
der Prosa durch seinen Gegenstand, die Retrospektive auf
die Ereignisse der Jahre 1198–1207, als die religiösen Ziele
des Vierten Kreuzzuges verraten wurden und die Expedi-
tion in der kurzzeitigen Errichtung des lateinischen Kaisertums endete. Geoffroi privilegiert die Strukturgeschichte als
Analyse der frankovenezianischen Abmachungen zugunsten der chronikalisch üblichen Ereignisgeschichte. Sein
Opus, wenngleich sprachlich noch nicht geschliffen formuliert, wird bis ins 16. Jh. von Autoren, die die Prosa verfei-
nern, zur Kenntnis genommen, ins Lateinische und 1585 ins
Mittelfranzösische übertragen.

Welche Ausdrucksformen die geschichtsphilosophische
Prosa bis ans Ende des 15. Jh.s entfaltet, belegt **Philippe de
Commynes** (1447–1511) mit den *Mémoires* (1489–98, ED
1524–28; Ausg. J. Calmette, 3 Bde., 1924–25), seinem einzigen Werk. Im Dienst Karls des Kühnen von Burgund, den
er 1468 an den französischen König verrät, als Diplomat
unter Ludwig XI., Ludwig XII. und Karl VIII., beobachtet
er einerseits die Zielsetzungen zur Sicherung eines politischen Sonderstatus in Burgund und andererseits die vasal-
lenfeindliche, nicht nur zentralistische, sondern bereits he-
gemoniale Politik der frz. Krone.

Lit.: K. Bittmann, Ludwig XI. u. Karl der Kühne, 1964; J. Dufournet,
Études sur C., 1975; P. Dromke, Intellectuals and Poets in Medieval Europe, 1992.

Antoine de La Sale (1385/86 – um 1460), Sohn eines gaskognischen Condottiere, seit 1434 im Dienst von René
d'Anjou und am Hof von Neapel mit der Erziehung des
Kronprinzen beauftragt, 1448 beim Konnetable Ludwig
von Luxemburg, 1458 am burgundischen Hof, schreibt außer kleineren pädagogischen Schriften (*La Salade*, 1444; *La
Sale*, 1451) den desillusionierenden Entwicklungsroman *Le
Petit Jehan de Saintré* (1456–61, Ausg. J. Misrahi / C. A.
Knudson, 1965) im Stil der Fabliaux und des *Roman de Re-*

nart als Entlarvung klischeehaft gewordener Minneideale (die Dame betrügt den jungen Ritter mit einem schlauen Kleriker). Weiterhin verfaßt er die Traumallegorie *La Journée d'honneur et de prouesse* (1447), den Kreuzzugsbericht *Le Réconfort de Madame de Fresne* (1457), eine Abhandlung über Waffenspiele sowie wahrscheinlich die *Cent nouvelles nouvelles* (1462). Ob er auch der Autor der *Quinze joyes de mariage* (ED 1480–90, zahlreiche Neuausg. bis ins 18. Jh.) ist, bleibt fraglich. Hinter dem ironischen Titel, der sich auf das Gebet von den 15 Freuden der heiligen Jungfrau bezieht, verbirgt sich eine Ehesatire, in der Konflikte zwischen den modischen Bedürfnissen der Frau und der wirtschaftlichen Not der Familie, Schwierigkeiten der Kindererziehung, Enttäuschung des heimgekehrten Soldaten und Betrugsmanöver schwangerer Frauen episodisch aneinandergereiht werden.

Lit.: A. Coville, *Le Petit Jehan de Saintré*, 1937; F. Desonay, A., aventureux et pédagogue, 1940; J. Kristeva, Le texte du roman, ²1976; M. Zimmermann, Vom Hausbuch zur Novelle, 1989.

12. Dramatik

Das mittelalterliche Theater beginnt – was die schriftliche Überlieferung betrifft – als religiöses Theater, als szenische Gestaltung biblischer Themen in lateinischer Sprache. Daß daneben und schon seit dem Ausgang der Antike Gaukler, Musikanten und Akrobaten auf Jahrmärkten Stücke aufführten, die zur Belustigung des Volkes bestimmt waren, ist durch kirchliche Verdammungsurteile bezeugt. Diese Stücke waren weltlichen Inhalts und wurden in der Volkssprache gespielt, aber sie fanden eben deshalb erst später den Weg aufs Pergament. Am Anfang stand sichtbar zunächst das religiöse Drama. Es entstand aus dem Responsorium, dem Wechselgesang zwischen Priester und Chor bzw. Gemeinde, bei dem der Inhalt – zunächst mimisch – parallel dargestellt wurde, bis die stummen Darsteller selbst die Texte oder Teile davon übernahmen und dieser Aspekt in der Liturgie immer breiteren Raum einnahm. Ausgangspunkt waren besondere kirchliche Feste, zunächst vor allem das Osterfest.

Das erste wirkliche Theaterstück ist das zwischen 1150 und 1170 entstandene anonyme *Jeu d'Adam*. Es stellt in drei Teilen den Sündenfall und die Vertreibung aus dem Paradies, die Geschichte von Kain und Abel und ein Prophetenspiel dar, in dem Gestalten aus dem Alten und dem Neuen Testament auftreten. Es bedient sich in den umfangreichen szenischen Anweisungen und in den Chorpassagen noch der lateinischen Sprache; der von den Protagonisten gesprochene Text ist dagegen frz. geschrieben und besteht in der Mehrzahl aus paarreimigen Achtsilbern. Auch findet die aufwendige Aktion nicht mehr im Kirchenraum statt, sondern vor dem Hauptportal. Mit dem Auftreten der Teufel ist ein derb-komisches Element enthalten, mit dem zusammen in der Folgezeit die realistische, weltliche Thematik in das Theater einbricht.

Dies zeigt deutlich das wohl im Jahre 1200 zum ersten Mal aufgeführte *Jeu de Saint-Nicolas* von **Jean Bodel d'Arras** (2. Hälfte 12. Jh. – 1210). Es handelt von einem heidnischen König, der nach dem Sieg über ein Kreuzfahrerheer den heiligen Nikolaus auf die Probe stellt, indem er seine geöffnete Schatztruhe von einem kleinen Standbild des Heiligen bewachen läßt. Das Experiment geht nach einigen Wirren auf wundersame Weise gut und endet mit dem Übertritt der Heiden zum Christentum.

Der Autor nennt sein Stück ein »essemple«, aber dies kontrastiert mit der genüßlichen Darstellung von Wirtshausszenen, in denen Halunken aller Couleur sich vergnü-

gen (und – zum ersten Mal literarisch bezeugt – Argot sprechen). Mit dem Nebeneinander aus Sakralem und Profa-
nem, der Mischung aus Elementen des Mirakelspiels, der
Chanson de geste und der burlesken Erzählung markiert
das Stück deutlich die Abkehr vom rein geistlichen Schauspiel.

Diese ist mit den Stücken von **Adam de la Halle** (um
1235 – nach 1285; Ausg. D. H. Nelson / H. van der Werf,
1985) dann endgültig vollzogen. Sein *Jeu d'Adam*, in seiner
Heimatstadt Arras zu Johannis 1276 aufgeführt, wird – weil
diese Aufführung unter einem Laubendach stattfand – auch
als *Jeu de la feuillée* bezeichnet. Damit soll der Verwechs-
lung vorgebeugt werden. Allerdings ist der Titelheld ein
sehr weltlicher Adam, nämlich der Autor selbst. Er verkündet seinen Entschluß, nach Paris zu gehen, um dort seine
abgebrochenen theologischen Studien wieder aufzunehmen,
wird daran aber von seinem Vater gehindert, der unter
schwerem Geiz leidet. Von dieser Krankheit sind auch die
Bewohner von Arras befallen, die sich darüber hinaus noch
viele unangenehme Dinge sagen lassen müssen. – Das Stück
ist bis auf die ersten 12 Verse (Zwölfsilber) in Achtsilbern
verfaßt und ist die älteste satirische Komödie der frz. Literatur.

Le Jeu de Robin et de Marion hat Adam de la Halle um
1285 wohl am Hof der Anjou in Neapel verfaßt, wohin er
dem Herzog von Artois gefolgt war. Das Stück dramatisiert
im ersten Teil eine Pastourelle (Zusammentreffen eines Ritters mit der Hirtin Marion, die ihren Freund Robin zu
Hilfe holt), im zweiten eine Bergerie (Schilderung einer
ländlichen Idylle) und ist so das erste und einzige Schäferspiel der frz. Literatur vor der Renaissance.

Das Heraustreten des Theaters aus dem sakralen Raum
und die Verweltlichung und zunehmende Differenzierung
seiner Thematik verweisen auf die Existenz eines interes-

sierten städtischen Publikums, das aus Anlaß großer Feste Theater verlangt. Die Aufführungen werden realisiert von Laienschauspielern, die sich zu Berufsvereinigungen und Bruderschaften zusammenschließen: so entstehen die berühmte »Confrérie de la Passion« (Paris), die sich auf Mysterienspiele spezialisiert hat, oder die »Enfants sans souci« die Farcen und Sottien aufführen. Sie spielen auf Simultanbühnen, bei denen alle Akteure und Schauplätze zugleich sichtbar sind. Bevorzugte Gattungen seit dem 13. Jh. sind neben dem religiösen Mysterienspiel die Moralité (mit szenischen Allegorien religiösen, aber auch zeitbezogenen Inhalts), die Sottie (Narrenspiel mit ausgeprägtem Zeitbezug) und die Farce (kurze Szenenfolge von 300–400 Versen mit wenigen, typenhaften Figuren und einer einfachen Handlung, meist um die Themen Betrug und/oder Liebe). Vieles aus dieser Tradition wirkt bis zu Molière.

Bekanntestes Beispiel und Höhepunkt dieser dramatischen Form im Mittelalter ist die um 1464 entstandene anonyme Farce *Maistre Pierre Pathelin*. Sie zeigt einen Advokaten, der einen reichen Tuchhändler prellt, um am Ende selber als betrogener Betrüger dazustehen. Das Stück ist mit 1600 Versen ungewöhnlich lang; es erzielt seine komische Wirkung vor allem mit sprachlichen Mitteln.

Lit.: R. Garapon, La fantaisie verbale et le comique dans le théâtre français, 1957; H. Lewicka, Études sur l'ancienne farce française, 1974; H. Rey-Flaud, La farce ou la machine à rire, 1984.

II

Renaissance

Historischer Überblick

1504 Frankreich verliert Neapel und 1521 den südlichen Teil von Navarra an die Krone von Aragón.

1515–47 Franz I.

1515 Rückeroberung Mailands (Verlust 1521).

1516–19 Leonardo da Vinci arbeitet bis zu seinem Tod in Frankreich.

1518–25 Reformiertes Bistum Meaux.

1519 Franz I. unterliegt Karl I. von Spanien bei der Kaiserwahl.

1521 Verurteilung der Lehren Luthers durch die Sorbonne; Bestätigung der Zensur der Sorbonne über den Buchdruck.

1525 Niederlage von Pavia; Franz I. bis 1526 in spanischer Gefangenschaft.

1529 Paix des Dames von Cambrai (Louise von Savoyen und Margarete von Österreich): Burgund bleibt französisch, Haftentlassung der Söhne Franz' I., die im Austausch gegen den König in Madrid gefangengehalten werden.

1530 Einrichtung des Collège des lecteurs royaux (Collège royal, heute Collège de France).

1534 Beginn der Protestantenverfolgungen in Frankreich.

1537 Einrichtung des »dépôt légal«, der Hinterlegung eines Pflichtexemplars in der königlichen Bibliothek, später Nationalbibliothek.

1539 Ordonnanz von Villers-Cotterêts: Frz. wird Gerichts-
und Verwaltungssprache.

1542, 1548 Bauernrevolten gegen die Salzsteuer.

1547–59 Heinrich II.

1552 Vertrag von Chambord, durch den Metz, Toul und
Verdun frz. Reichsvikariat und praktisch in das
Königreich integriert werden.

1555 Koloniestützpunkt in Brasilien.

1557 Androhung der Todesstrafe für alle Protestanten.

1559 Friedensvertrag von Cateau-Cambrésis: vorläufiges
Ende der frz.-habsburgischen Auseinandersetzung;
Sicherung der spanischen Vorherrschaft über Italien und
Scheitern der von Franz I. eingeleiteten Europa-
politik.

1560–63 Regentschaft der Katharina von Medici für Karl IX.

1562 Erstes eingeschränktes Toleranzedikt von Saint-
Germain. Massaker von Vassy. Ausbruch der Religions-
und Bürgerkriege. Die Hugenotten liefern den
Engländern Le Havre aus.

1563 Ermordung des katholischen Herzogs von Guise durch
einen Protestanten.

1567 Massaker an Katholiken in Nîmes.

1569–72 Admiral Coligny politischer Führer der Hugenotten.

1570 Zweites eingeschränktes Toleranzedikt von Saint-
Germain.

1572 Heirat Heinrichs von Navarra und Margaretes
von Valois, Schwester Karls IX. (18. August),
fehlgeschlagenes Attentat auf Coligny (22. August),
Präventivschlag gegen die anläßlich der Hochzeit
in Paris versammelten Hugenotten: Massaker der
Bartholomäusnacht (23./24. August).

1574–89 Heinrich III. (letzter Valois, ermordet).

1576 Gründung der Heiligen Liga durch das Haus Guise,
u. a. zur Verhinderung der möglichen Thronfolge
Heinrichs IV.

1578–93 Bauernrevolten.

1589–1610 Heinrich IV., nach militärischen Auseinandersetzungen 1594 Krönung und Einzug in Paris.

1598 Toleranzedikt von Nantes: zivilrechtliche Gleichstellung
der Hugenotten, jedoch räumlich eingeschränkte
Kultausübung.

1600 Heinrich IV. heiratet nach seiner Scheidung Maria von
Medici.

1608 Gründung der Kolonie Quebec.

1. Einleitung

Begriff und Mythos

Seit dem 14. Jh. bezeichnet »renaissance« (nach italienisch
»rinascita«, »rinascimento«) kulturelle Erneuerung durch
pragmatische Orientierung an der Antike. Der gebildete
Mensch wird als Mittelpunkt und Maß des Kosmos bestimmt. Dabei nimmt dieser antikisierende Ansatz die intensive Auseinandersetzung mit dem lateinischen Erbe
nicht zur Kenntnis, die in der karolingischen Ära und im
14. Jh. bereits Höhepunkte erreicht hat. Originäre Beiträge
der Renaissance des 16. Jh.s sind die Erweiterung des Anti-
kebildes von Rom nach Athen, die Wissensaneignung durch
möglichst umfassende Lektüre der Originale, auch ihrer
Kommentierung (namentlich der Aristotelischen Poetik),
und schließlich die Gestaltung als Nachahmung von Modellen. Die Hierarchie der Vorbilder wird erst allmählich fest-
geschrieben.

Die Könige Franz I. und Heinrich IV., die Autoren Rabelais und Montaigne markieren das 16. Jh. als Zeitraum der
sowohl optimistischen als auch zuletzt skeptischen Umgestaltung der Welt- und Textbilder. Die antikisierende Eu-
phorie hält Rabelais und Montaigne nicht davon ab, Prosa

in frz. Sprache zu schreiben; der neue Bildungshumanismus
verpflichtet sie nach ihrem Verständnis zu dieser Art der
Wissensverbreitung im Zeitalter des jungen Buchdrucks.
Daß an der Sorbonne im ausgehenden 15. Jh. zunächst
daran gedacht wird, den Buchdruck in Frankreich nicht zu-
zulassen, ist ein Zeichen der elitären Verweigerung angesichts sich abzeichnender kultureller Breitenwirkung.

Solche Widersprüche, in der 2. Hälfte des 16. Jh.s durch
konfessionelle Oppositionen noch verhärtet, erklären die
unvergleichliche Diskursvielfalt in der Renaissanceliteratur.
Daß humanistische Privilegierung des Geschriebenen und
das Kompositionsideal humanistisch gebildeter Autoren
Marguerite de Navarre, Rabelais und Montaigne nicht
daran hindern, die Mündlichkeit in Schriftlichkeit umzusetzen, auch mit volkstümlichen Welterklärungen zu operie-
ren, zeigt an, daß vom Status der Autoren in der »République des Lettres« nicht eindimensional auf ihre Schreibma-
nier geschlossen werden darf.

Erst der Geschichtsphilosophie des 19. Jh.s ist seit den
Arbeiten von Michelet (*Histoire de France au 16ᵉ siècle*,
1855) die Bestimmung des Mythos »Renaissance« als europäischer Epoche des geistigen Fortschritts vor der Aufklärung des 18. Jh.s zu verdanken. Diese Definition, die nicht
ohne problematische Zäsursetzungen und teleologische
Kombinationen zustande kommt, behauptet den Sieg des in
Kürze hochentwickelten Humanismus über die mittelalterliche Anthropologie und isoliert so ein ganzes, als homogen
und beispielhaft begriffenes 16. Jh. um den Preis der Ge-
schichtskontinuität und der kulturellen Vielfalt. Sie legitimiert unkritisch die Eigendefinition der Renaissance durch
Erasmus und Rabelais, deren Lichtsymbolik den intellektuellen Tiefstand des Mittelalters insinuiert.

Orientierung nach Italien hin

Durch die 1494 eingeleiteten Italienfeldzüge gewinnt Frankreich engere Beziehungen zur gotikabgewandten Architektur, antischolastischen Philosophie und individualistischen Lebensform, die sich zwischen Venedig und Neapel bereits manifestiert hat. Langfristig entsteht durch das italienische Abenteuer ein neues europäisches Staatensystem, kurzfristig konstituiert es eine neue kulturelle Orientierungsinstanz und eröffnet den Franzosen unbekannte Wissenshorizonte.

Byzantinische Gelehrte, die in der Mitte des 15. Jh.s angesichts der türkischen Bedrohung Konstantinopel verlassen haben, verbreiten zunächst in Italien vertiefte Kenntnisse vor allem der griechischen Philosophie; Übersetzungen und Kommentare bestimmen Platon, Plotin und Aristoteles zu Autoritäten in Fragen der Metaphysik, Ethik und Ästhetik.

Die Collèges

Franz I., Frankreichs erster Renaissanceherrscher und Beispiel eines königlichen Mäzens, ist in Kastilien, dessen Kultur er als Gefangener nach der Niederlage von Pavia kennenlernt, beeindruckt von der 1498 gegründeten Universität von Alcalá de Henares. Der humanistische Gelehrte Guillaume Budé bestärkt ihn in der Absicht, eine von der Sorbonne unabhängige, von Laien geleitete Forschungsstätte einzurichten und den Humanismus durch diese Wissenschaftsalternative zu fördern. 1530 wird das Collège des lecteurs royaux gegründet; die Laienprofessoren werden, ohne Kontrolle durch die Sorbonne, vom König berufen und aus der königlichen Schatulle besoldet. Zu den ursprünglich drei Lehrstühlen (Hebräisch, Griechisch, Latein) kommen weitere für Philosophie, orientalische Sprachen und Medizin hinzu; die Bibelwissenschaft wird modernisiert.

Mitte des 16. Jh.s gestaltet der neue Jesuitenorden, gegen
den juristischen Widerstand der Sorbonne, das frz. Bil-
dungssystem um und richtet bis 1610 etwa 100 Collèges im
Königreich ein. Da Studenten, die an den im 16. Jh. zwölf
frz. Universitäten immatrikuliert sind, in den Collèges
wohnen und hier ihre praktischen Studien absolvieren,
kommt dieser Wissenschaftsinstitution bei der Verbreitung
neuen Wissens und neuer Methoden immer mehr Bedeutung zu als den Fakultäten.

Die Studien in den Collèges konzentrieren sich auf die
unmittelbare Arbeit an Texten. Das Eindringen in philosophische und poetische Textinhalte der Antike verspricht einen doppelten Gewinn: die Bestätigung der Verherrlichung
der Natur als höchster Lebenskraft und davon abgeleitet
das freie Denken sowie die erotische Emanzipation, die von
der Laienintelligenz, den »clercs«, die nicht in kirchliche
Dienste treten, seit Generationen als ihr Adelsbrief eingefordert wird. In diesem Kontext werben sie für Akzeptanz
der Lehre von den zwei Wahrheiten, derjenigen der Vernunft und derjenigen des Glaubens, die, wie Montaigne es
praktiziert, nicht mehr vereinbar gemacht und als solche
nicht mehr öffentlich begründet werden müssen.

Sprachpolitik

Das Französische, zunächst Regionalsprache wie andere
Idiome auch, wird zur Nationalsprache. Die königliche Or-
donnance de Villers-Cotterêts macht es zur Amtssprache.
Das Lateinische und die Regionalsprachen, vor allem das
Okzitanische und das Bretonische, sind nicht weiter bei
Gericht und in der Verwaltung zugelassen.

Im 16. Jh. entwickelt das Frz. eine hohe Dynamik. Lehn-
wörter aus dem Griechischen und Stilanleihen bei den alten
und den romanischen Nachbarsprachen, vor allem dem Italienischen, tragen zu seiner Bereicherung bei. Gleichzeitig

fordern sie jedoch bald zur Verteidigung einer selbständig und selbstbewußt gewordenen Sprache heraus, mit der Du Bellay in der Jahrhundertmitte die Diskussion um die kulturelle Identität exemplarisch verbindet.

Lit.: Ch. Terrasse, François Ier, 3 Bde., 1970; C. Pichois (Hrsg.), Littérature française, Bd. 3–5, 1973–74; M. Fumaroli, L'âge de l'éloquence, 1980; L'automne de la R., Colloque 1979, 1982; R. J. Knecht, Francis I, 1982; I. Mieck, Die Entstehung des modernen Frankreich, 1982; A. Castelot, François Ier, 1983; K. W. Hempfer / G. Regn (Hrsg.), Interpretation. Das Paradigma der europäischen R., 1983; J.-Y. Boriaud, La littérature française du XVIe siècle, 1995; H. Campangne, Mythologie et rhétorique au XVe et XVIe siècles en France, 1996; F.-R. Hausmann, Frz. R., 1997; J. Trabant, Von der Xenophobie zur Philadelphie, in: W. Engler (Hrsg.), Frkr. an der FU, 1997; F. Higman, Lire et découvrir (Réforme), 1998; M. Lion-Violet (Hrsg.), Les origines du Collège de France, 1998.

2. Rezeption italienischer und spanischer Literatur

Differenzen im Renaissancediskurs erklären sich aus der geschichtsphilosophischen Bewertung der Antike und ihrer Aristoteles und Horaz zugeschriebenen Gattungshierarchie sowie der gleichzeitigen Rezeption italienischer und spanischer Literatur. Im Hinblick auf den Vorrang Italiens in der Romania kommt es zu kulturpolitischen Kontroversen, die sich aus dem gewachsenen Selbstbewußtsein des Königreichs Frankreich ergeben. Unbelastet vom Prinzipienstreit um Parameter verläuft die Rezeption spanischer »libros de caballería« und später der unklassischen »comedia«. Die Abgrenzung gegenüber dem Rang der italienischen Dichtung betrifft weniger die Novellistik, wie sie in Boccaccios *Decameron* ausgebildet ist, als die petrarkistische Mythologie, die bewundert und schließlich entwertet wird.

Auf Veranlassung Franz' I., der das Werk während seiner

Gefangenschaft in Spanien 1525/26 entdeckt hat, übersetzt
Nicolas Herberay des Essarts 1540–48 die ersten acht Teile
des *Amadisromans* (1508; portugiesischer oder spanischer
Ursprung; Zusammenhang mit dem arthurischen Stoffkreis): Amadis, gen. Damoisel de la mer, der ausgesetzte il-
legitime Sohn des Königs Périon, verliebt sich in die kind-
liche Oriane, Prinzessin von Britannien; er wird – mit Unterstützung von Feen – ihr Liebhaber, galanter Beschützer
und Gemahl. Dieses an abenteuerlichen, auch unwahrscheinlichen Episoden reiche Ritterbuch wird vom frz. Publikum als Kompendium höfischer Gesinnung aufgenommen. Noch die galanten Romane des 17. Jh.s (Scudéry, La
Calprenède, Gomberville) orientieren sich an seiner Liebesthematik sowie der barocken Erzählstruktur.

3. Orientierung der Poetik
an der Antike

Die Jahrhundertmitte setzt eine Zäsur durch zwei manifest-
artige Schriften, die die bis Aristoteles zurückreichende
Poetikrezeption popularisieren und die gebildete junge Generation ansprechen. So wenig originell sie vom historischen Standpunkt als Bestandsaufnahmen auch erscheinen,
so publikumswirksam ist bei aller Divergenz ihr Moderni-
sierungsehrgeiz.

   Thomas Sebillet (1512–89) setzt in seinem *Art poetique
françoys pour l'instruction des jeunes studieus et encore peu
avancez en la Poesie françoyse* (1548) mit dem horazischen
Titel (*Ars poetica*) voraus, daß die antike Poetik in Grund-
zügen bekannt ist, wobei er in scheinbarem Widerspruch
zur Antikeneuphorie Autoren auffordert, aus mittelalterlichen Dichtungsformen wie der Moralité ein renaissancege-
rechtes Gattungssystem zu entwickeln.

Dem widerspricht **Joachim Du Bellay** (1522–60), Autor der einzigartigen *Antiquitez de Rome* (1558) und der *Regrets* (1558; Ausg. H. Chamard / Y. Bellenger, 1982). Der Schüler des Hellenisten Jean Dorat am Pariser Collège de Coqueret verfaßt, wahrscheinlich in Absprache mit Pierre de Ronsard, seine *Deffence et illustration de la langue françoyse*, die er 1549 signiert veröffentlicht, gleichzeitig mit der ersten frz. Sonettfolge, *L'Olive*. Die Schrift (Ausg. H. Chamard, ²1948; L. Terreaux, 1972; Konkordanz S. Hanon, 1974) wird das zentrale Manifest des von Ronsard organisierten Dichterzirkels der Pléiade. Gegenstand sind die frz. Sprache und Literatur; die Apologie der Volkssprache schlägt zwangsläufig in die Aufhebung einzelner humanistischer Normen um. Der erste Teil verteidigt die frz. Sprache gegen die Kulturprivilegien der griechischen und lateinischen und bestreitet den Vorrang neolateinischer Werke; der zweite Teil schreibt eine normative Poetik fest, die die mittelalterlichen Gattungen zugunsten antiker, aber auch italienischer Formen verwirft: Epigramm, Elegie, pindarische und anakreontische Ode, Epistel, Satire, Tragödie und Epos sowie das Sonett werden zur ausschließlichen Imitatio empfohlen.

Jacques Peletier du Mans (1517–82) betont ergänzend zur *Deffence* die am Platonismus ausgerichtete Erneuerung der Poetik (*Art poétique*, 1555; Ausg. A. Boulanger, 1930).

Lit.: H. Staub, Le curieux désir. Scève et P., poètes de la connaissance, 1967; Y. Bellenger, D. B. Ses *Regrets* qu'il fit dans Rome, 1975; G. Gadoffre, D. B. et le sacré, 1977; R. A. Katz, The Ordered Text, 1985; K. Meethoff, Rhétorique et poétique au 16ᵉ siècle ou D. B., Ramus et les autres, 1986; K. Cameron, Concordance des œuvres poétiques de D. B., 1988; J. Rieu, L'esthétique de D. B., 1995; G. Demerson, D. B. et la belle romaine, 1996.

4. Gelehrte und Reformatoren

Die humanistische Intelligenz versteht in Frankreich unter der Erneuerung der Kirche, daß die Evangelien in den Mittelpunkt gestellt, die Frömmigkeit gefördert und Vorschriften, die nicht biblisch begründet sind, zurückgenommen werden. Trotz der Verbreitung der Lehren Martin Luthers prägen zunächst die Theorien des Erasmus von Rotterdam die Diskussion. Dieser drängt auf keine konfessionelle Spaltung, sondern will die Regeneration durch Besinnung der Institution auf die Pflichten des Klerus und der Gläubigen herbeiführen.

Zum Kreis der Marguerite de Navarre zählt der Humanist **Jacques Lefèvre d'Étaples** (um 1450–1536), Italienkenner, Herausgeber klassischer und mittelalterlicher Autoren (darunter des mallorquinischen Philosophen Ramon Llull), von Luther und Erasmus beeinflußter Autor von Bibelkommentaren sowie einer epochalen, auf der *Vulgata* basierenden Bibelübersetzung (*La Saincte Bible en françoys translatee selon la pure et entière traduction de Sainct Hierosme*, Antwerpen 1530), die 1546 auf den Index gesetzt, 1550 jedoch wieder freigegeben wird. Franz I. ernennt ihn zum Prinzenerzieher und Bibliothekar in Blois. Lefèvre und Guillaume Budé schaffen gegen den Widerstand der Sorbonne die geisteswissenschaftlichen Grundlagen sowohl der frz. Renaissance als auch des frz. Protestantismus.

Lit.: J. Dagens, Humanisme et évangélisme chez L., 1959; G. Bedouelle, L. et l'intelligence des Écritures, 1976; L., Colloque 1992, 1995.

In den späten dreißiger Jahren verändert sich durch eine aufkommende Endzeitstimmung die Systemkritik. Seit Extremisten gegen die Messe polemisieren und Franz I. den Reformierten 1534 seine Protektion entzieht (der kompromißfähige Erasmismus war ein Jahrzehnt zuvor bereits in Spanien als Häresie angegriffen worden), ist die radikale

Ablehnung der Institution Kirche vorhersehbar. **Jean Calvin** (1509–64) vollzieht diesen Schritt, allerdings in Genf, wo er sich dem Zugriff der französischen Krone entzieht, um ein beispielhaftes protestantisches Gemeinwesen aufzubauen. Grundlage seines Modells ist die Prädestinationslehre, maßgebend sind weiterhin die ausschließliche Verwendung der frz. Sprache bei Zeremonien und das Bilderverbot in den Gotteshäusern. Seine zunächst lateinisch geschriebene Darlegung der Prädestinationslehre publiziert er auch in einer französischen Version; mit dieser *Institution de la religion chrétienne* (1541), die er aus dem Exil Franz I. widmet, leistet er indirekt einen entscheidenden Beitrag zur Literaturgeschichte. Er schafft ein Prosamodell, das der Rhetorik präzisierende, nicht mehr nur schmückende Funktion zuspricht. Seine mit der Zentralidee der Gnadenwillkür Gottes verbundene pessimistische Anthropologie steht in prinzipiellem Widerspruch zu Rabelais' Epikureismus und wird in ihrer Strenge später von Montaigne mißbilligt.

Lit.: R. C. Wallace, C., Geneva and the Reformation, 1988; G. A. Pérouse (Hrsg.), Ordre et désordre. Renaissance, Humanisme, Réforme, 1996.

In die erste Hälfte des bereits ideologisch angespannten 16. Jh.s fallen auch die durch die Sprachpolitik von 1539 fälligen Anfänge der Grammatikdiskussion. **Louis Meigret** (um 1510 – nach 1557) tritt im *Traité de l'escriture françoise* (1542) für die phonetische Schreibung ein und löst damit eine ergebnislose Polemik aus (Guillaume Des Autelz, *Traité touchant l'ancien orthographe françois;* 1548, und *Réplique*, 1551; Jacques Peletier du Mans, *Apologie à Meigret*, 1550). 1550 folgt der *Traité de la grammere françoeze*, die erste frz. geschriebene Grammatik, ein halbes Jh. nach der ältesten spanischen Grammatik von Nebrija. Die Überlegenheit des Französischen über das Italienische, die Du Bellay in die Debatte geworfen hat, wird schließlich in Henri

Estiennes *De la precellence du langage françois* (1579) zum
Axiom erhoben.

Lit.: F. Brunot, Histoire de la langue française, Bd. 2, 1960; G. Zink, Le
moyen français, 1990; L'Information grammaticale, Juni–Oktober 1997.

Die Humanisten, in der Rolle von Lehrern, Kommentatoren, Übersetzern und Buchdruckern, genießen in Frankreich vor dem Ausbruch der Religions- und Bürgerkriege
1562 relative Gedankenfreiheit für ihre lateinisch oder frz.
verfaßten Bildungsprogramme, ästhetischen Theorien und
immer deutlicher antikisierenden Dichtungen.

Von dieser relativen Toleranz profitieren anfänglich die
Kommentatoren und Übersetzer wie **Jacques Amyot**
(1513–1593), der als Kenner der hellenistischen Literatur
(Euripides, Plutarch, Heliodor) auf die Medias-in-res-Technik für die Eröffnung dramatischer wie narrativer Aktionen
hinweist, und der Buchdrucker **Étienne Dolet** (1509–46;
u. a. *Commentarii linguae latinae*, 1536–38). Dolet ist wegen seiner Platonübersetzung, die als Bekenntnis zum Nihilismus verleumdet wird, einer der ersten juristisch identifizierten Freidenker; 1546 wird er zum Tode verurteilt und
auf dem Scheiterhaufen verbrannt.

Lit.: R. Aulotte, Plutarque en France au 16ᵉ siècle, 1971; C. Longeon,
Bibl. des œuvres de D., 1980; G. A. Pérouse (Hrsg.), Études sur D., 1993.

5. Lyrik:
»Style marotique« und Lyoner Dichterschule

Clément Marot (1496–1544), Sohn eines Rhétoriqueurs,
Kammerherr und zeitweiliger Sekretär der Marguerite de
Navarre, als Häretiker in Abwesenheit zum Tode verurteilt,
Höfling in Ferrara, ist als Liebeslyriker ein Meister der ele-
ganten Nonchalance. Der Übersetzer römischer Klassiker

und Petrarcas respektiert gleichwohl die spätmittelalterliche
Dichtung. Er ediert den *Roman de la Rose* (1527), Villons
Testament (1532), die *Epîtres de l'amant vert* von Lemaire
de Belges (1537) und aktualisiert das gesamte Repertoire der
vorliegenden Metrik, mit Vorliebe allerdings den Acht- und
den Zehnsilber. Die Psalmennachdichtungen des bekennen-
den Protestanten gehen 1562 in den protestantischen Psalter
ein. Für den Sprachforscher Sebillet ist 1547 Marots Poesie
(*L'Adolescence clémentine*, 1532; Werkausgaben, die seine
Freunde Dolet und Constantin 1538 und 1544 besorgen)
eine Fundgrube von Beispielen. Marots »Blason du beau té-
tin« (1536) veranlaßt Scève, die sinnliche Thematik dieser
Form in den »Contre-Blasons« bis zur Obszönität zu steigern. Elegien sind bei Marot noch reine Liebesgedichte,
ebenso wie die Ekloge, die lyrische Epistel und das Madri-
gal. Er kultiviert das Epigramm, und 1536 hat wahrscheinlich er (wenn nicht Mellin de Saint-Gelais) das Sonett in die
frz. Lyrik eingeführt.

Werkausg.: C. A. Mayer, 1964.
Lit.: J. Plattard, M., 1939; P. Leblanc, La poésie religieuse de M., 1955;
E. J. Campion, Montaigne, Rabelais and M. as Readers of Erasmus, 1995;
G. Defaux, Le poète en son jardin, 1996.

Die gängige Bezeichnung »Lyoner Dichterschule« ist insofern ungenau, als außer der räumlichen Bindung an das
neben Paris bedeutendste Wirtschafts- und Kulturzentrum
Lyon weder eine einheitliche Poetik noch eine kohärente
Lyriksprache gegeben sind. Seit den dreißiger Jahren orien-
tieren sich einzelne Autoren am Petrarkismus von **Maurice
Scève** (1501–60). Dessen Petrarcabewunderung gipfelte
1534 in der angeblichen Entdeckung des Grabs von Petrar-
cas Ikone Laura in Avignon. Ausgeprägter als Marot ist
Scève ein für die Renaissance beispielhaftes Universaltalent:
Poet, Maler, Musikkenner, Architekt, Übersetzer aus dem
Italienischen und Spanischen. Als Autor der *Délie, object de*

plus haulte vertu (nach 1536, ED 1544; Ausg. F. Joukovsky, 1996) bestimmt er die Ausrichtung der Lyoner Autoren. Mit Blick auf die kohärente Bauform von Petrarcas *Canzoniere* besingt Scève in 449 Dizains die Phasen einer heftigen und unerwiderten Liebe; »Délie« kann im Stil der Trobadors als »senhal« für die Geliebte (die Dichterin Pernette Du Guillet) oder als geläufige Apposition für Diana gelesen werden. Die Umwandlung emotionaler in rationale Motive ist dabei ebenso kennzeichnend wie die Konfiguration der Antithese. Ausführlicher als Petrarca integriert Scève mythologische Anspielungen. Spätere Werke: die Ekloge »La Saulsaye« (1547), die nach dem Vorbild Marots den Abstand der neuen Poetik zur Pastourelle markiert, und das Lehrgedicht *Microcosme* (1562; Ausg. E. Giudici, 1976). Während Scève in weit höherem Maße als Marot und Mellin de Saint-Gelais die Rezeption des Petrarkismus zu verdanken ist, hat er bei der Durchsetzung antiker Gattungsmuster keine maßgebende Rolle gespielt.

Werkausg.: H. Staub, 2 Bde., 1971.
Lit.: A.-M. Schmidt, La poésie scientifique en France au XVIᵉ siècle, 1939; H. Staub, Le curieux désir. S. et Peletier du Mans poètes de la connaissance, 1967; J. Risset, L'anagramme du désir, 1971; P. Ardouin, S., l'amour à Lyon au temps de la Renaissance, 1981; J. C. Nash, The Love Aesthetics of S., Cambridge 1991.

Zum Kreis von Scève zählt die Lyrikerin **Louise Labé** (1525/26–66), genannt »la belle cordière« (nach dem Seilerhandwerk ihres Vaters oder ihres Mannes), aus wohlhabender Familie, die ihr eine ausgezeichnete Erziehung gewähren konnte. Lyrisches Werk: drei Elegien und 24 Sonette, davon eins in Italienisch (um 1548, ED 1555). In diesen Gedichten äußert sich ein selbstbewußtes weibliches Subjekt, das in der Liebe die Initiative ergreift; den wechselnden Gefühlslagen, die von sinnlicher Freude bis zur Depression reichen, paßt sich die Sprache geschmeidig an. Die ungestillte Sehnsucht drückt sich häufig paradox aus (»Bien je

morrois, plus que vivante, heureuse«). Petrarkistische To-
poi, etwa das blonde Haar der Geliebten oder das Pfeil-
motiv in der Kontamination Diana-Amor, erscheinen bei
Louise Labé als Stilmittel einer über Petrarca in die höfische Minnekasuistik zurückreichenden Texttradition. Rilke
(1917) u. a. hat die Sonette übersetzt. Im Dialog *Débat de
folie et d'amour* (1555) wird die Torheit zur Führerin des
blinden Amor bestellt.

Werkausg.: E. Giudici, 1981.
Lit.: E. Schulze-Witzenrath, Die Originalität der L., 1974; K. Cameron, L., 1990; F. Rigolot, L., 1997.

Zum Kreis von Scève und später von Ronsard gehört
Pontus de Tyard (1521–1605), ab 1578 Bischof von Chalon-
sur-Saône. Seine Dichtung (*Erreurs amoureuses*, 1549–53)
zeichnet sich durch formale Vielfalt aus (Ode, Sonett, Ter-
zine, Sextine). Später wendet er sich dem philosophischen
Dialog zu (*Discours philosophiques*, 1587) und gewinnt auch
Montaigne als Leser.

Werkausg.: J. C. Lapp, 1966.
Lit.: F. Flamini, Du rôle de T. dans le pétrarquisme français, 1901;
S. F. Baridon, T., 1950; K. M. Hall, T. and His *Discours philosophiques*,
1963; L. K. Donaldson-Evans, Love's Fatal Glance, 1980.

6. Novellistik und Roman

Marguerite de Navarre

Gleichzeitig mit dem Interesse am episodenreichen spanischen Ritterroman intensiviert sich die Rezeption der italienischen Novellistik, besonders des *Decameron* (1349–51)
von Giovanni Boccaccio (1313–75). Die Fiktion erscheint
hier wahrscheinlich: Eine Gesellschaft junger adliger Flo-

rentiner, die vor einer drohenden Epidemie die Stadt verlassen hat, unterhält sich mit erotikgeladenen und antiklerikalen Geschichten. Zum streng gegliederten Paradigma des ›Zehntagewerks‹ gehören eine Rahmenerzählung, die Einteilung in 10 Erzähltage zu je 10 Novellen, von 7 Erzählerinnen und 3 Erzählern vorgetragen und samt der Reaktion des Zuhörerkreises mitgeteilt. Boccaccios ausdrückliche Absicht ist es, mit seinem Zyklus »die Schwermut der Frauen zu vertreiben«. Damit verabschiedet er die im Spätmittelalter grassierende Frauenfeindlichkeit gerade in der Narrativik und verteidigt darüber hinaus die Diskrepanz von edlem Textmodus und, wenn nötig, unehrenhaften Sachverhalten. Sowohl Boccaccio als Marguerite de Navarre lassen reihum Geschichten vortragen, in denen die Erzähler als Figur selbst nicht auftreten. Wohl aber fingieren sie, daß sie Geschichten nacherzählen, sie nicht ad hoc erfinden. Darin unterscheiden sie sich von **Hélisenne de Crenne** (1510 – nach 1552), die den kaum verhüllten autobiographischen Eheroman *Les Angoysses douloureuses qui procedent d'amours* (1538) schreibt.

Marguerite (1492–1549), Herzogin von Alençon und in zweiter Ehe mit Henri d'Albret Königin von Navarra, die ältere Schwester Franz' I. und Großmutter Heinrichs IV., beeindruckt durch Erziehung und politisches Wirken im europäischen Rahmen wie durch ihr literarisches Werk. Dem Humanismus und der italienischen Kultur zugeneigt, veranlaßt sie 1544 eine Boccaccio-Übersetzung (nach ersten Übertragungen ins Frz. seit 1414). Aus dem Kreis der Dichter, die sie an ihren Hof zieht, stammen die epochalen Veröffentlichungen zur Umgestaltung der religiösen und ästhetischen Normen; lange beschützt sie auch den jungen Calvin. Marguerite selbst sieht in der neuen, vor allem auf der Platonismusrezeption gründenden Philosophie die idealistische Lösung auch eigener, bis 1545 mit reformatorischen Prinzipien verbundener Fragen an die Metaphysik (*Dialogue en forme de vision nocturne*, 1525; *Miroir de l'âme* *pécheresse*, 1531, von der Sorbonne als häretisch verbrannt; *Prisons de la Reine de Navarre*, postum; Ausg. S. Glasson, 1978), die auch in ihrer Lyrik (*Les Marguerites de la Marguerite des princesses*, 1547; Ausg. R. Thomas, 2 Bde., 1970) und in Mysterienspielen (Ausg. V.-L. Saulnier, 1946) ihren Niederschlag finden.

Ihre Novellensammlung *L'Heptaméron des nouvelles* entstand zwischen 1540 und 1549. 1558 erschien eine verfälschte Teilausgabe von 67 Novellen u. d. T. *Histoire des amans fortunez*; 1559 gab der Kammerdiener der Autorin, Claude Gruget, 72 Geschichten u. d. T. *L'Heptaméron des nouvelles* heraus. Ob der Zyklus unvollendet geblieben ist oder ob Manuskripte verlorengegangen sind, konnte bisher nicht geklärt werden.

Die Rahmenhandlung ist in die Pyrenäen verlegt; fünf Damen und fünf Herren vertreiben sich die Zeit einer erzwungenen Reiseunterbrechung durch Geschichtenerzählen. Anders als bei Boccaccio wird täglich ein Thema festgelegt und der Wahrheitsanspruch des Erzählten angemeldet. Hinter den zehn Erzählern verbergen sich die Autorin (Parlamente), ihr Gatte (Hircan) sowie Personen ihrer Umgebung, von denen einzelne noch die mittelalterliche Misogynie vertreten, während der Standpunkt der Prinzessin sowohl mit dem Minneideal als auch dem platonischen Idealismus zusammenfällt. Inhaltlich reichen die Novellen von erotischen Fabliaumotiven bis zu feministischen Themen, ideell sind es überwiegend tragische Bilder von der Veränderung der Existenz durch die Liebe als fataler Leidenschaft.

Werkausg.: H. P. Clive, 2 Bde., 1968.
Lit.: L. Febvre, Autour de l'*Heptaméron*. Amour sacré, amour profane, 1944, ²1971; P. Brockmeier, Lust u. Herrschaft, 1972; W. Wehle, Novellenerzählen, 1981; M. Cuénin, L'idéologie amoureuse en France 1540–1627, 1987; M. Bideaux, M. De l'enquête au débat, 1992; G. Mathieu-Castellani, La conversation conteuse, 1992; N. Cazauran (Hrsg.), Conteurs et romanciers de la Renaissance, 1997.

Rabelais

Bei der Einordnung der Narrativik von Rabelais fällt auf, wie isoliert sie zwischen der umfangreichen Boccaccio-Nachahmung in Novellenzyklen und der zeitgenössischen episodischen Prosa von **Noël Du Fail** (um 1520–91; *Propos rustiques*, 1547) oder **Bonaventure Des Périers** (um 1510–1543/44; *Les Nouvelles Récréations et joyeux devis*, ED 1558) steht. François Rabelais (1494–1553), Mönch verschiedener Orden, praktizierender Mediziner, undogmatischer Denker und dadurch idealtypischer Gegner aller Konfessionen, wirkt auf direktere Weise mittelalterkritisch als Marguerite de Navarre. Sein Ruhm gründet sich auf einen Romanzyklus: *Les horribles et espouvantables aventures de Pantagruel, roy des Dipsodes* (1532), *Vie inestimable du Grand Gargantua, père de Pantagruel* (1534), *Le Tiers Livre* (1546), *Le Quart Livre* (1552); seine Autorschaft des *Cinquième Livre* (1564) ist umstritten. Nach der Vorlage eines Volksbuches (1532), die die marktschreierische Titelgebung legitimiert, repliziert Rabelais in der Form einer Parodie auf die Konfliktstruktur der Chansons de geste und fabuliert in Anlehnung an Märchengestalten im arthurischen Stoffkreis und in den spanischen »libros de caballería« über Geburt, Kindheit, Jugend und Abenteuer zweier Riesen.

Zuerst erscheint die Geschichte des Pantagruel, dann holt der Autor das Lebensbild von dessen Vater Gargantua nach. Von der Fiktion wie vom freizügigen Diskurs her ist das Fortsetzungswerk der mittelalterlichen Tradition der Misogynie, Mönchs-, Gelehrten- und Heldenburleske verpflichtet, doch werden andererseits die unwahrscheinlichsten Episoden und Geschehnisketten wiederholt in den Dienst einer humanistischen Aufklärung gestellt. Die Gier der Riesen mit den sprechenden Namen ruft einerseits die Tradition der fröhlichen Freßkomik und ein Detailchaos an Quantitäten auf, konnotiert gleichzeitig jedoch unbändigen Hunger nach Information und Wissensdurst. Im Bibliothekskatalog von Sankt Victor, den Pantagruel, als er an der Pariser Artistenfakultät studiert, farcenhaft repetiert bzw. mit Einträgen noch nicht gedruckter Werke anreichert, mischen sich erfundene Standardwerke von Justinian oder Ramon Llull und ein echter Titel von Jean Gerson mit unsäglichen, obszönen Phantasietiteln (*Bragueta iuris, Ars honeste pettandi in societate* usw.). Wenigstens ist der Bestand an mittelalterlichen Texten nicht langweilig, dafür sorgen die Drucker »en ceste noble ville de Tubinge«.

Die Gründung der utopischen Abtei Thélème durch Gargantua setzt an die Stelle mönchischer Askese christianisierten Epikureismus und propagiert für eine Elite die komplexen Renaissanceprinzipien Selbstbewußtsein, Lust und Universalbildung. Der Leitsatz: »Fay ce que vouldras«, entspringt einer Anthropologie, die das Verhältnis des Menschen als Maß aller Dinge zur Metaphysik neu regelt. Die klösterliche Geschlechtertrennung, deren Übertretung seit dem Mittelalter (bis ins 18. Jh.) in Farcen und Fabliaux Anlaß zu erzählten und gespielten Sexualwitzen geworden ist, wird hier provokativ außer Kraft gesetzt.

Ihre Ordensregel bestand nur aus dieser Vorschrift:

TU, WAS DU WILLST,

denn freie Menschen, von Stand und gebildet, die ehrbaren gesellschaftlichen Umgang pflegen, haben von Natur aus einen Antrieb und Ansporn, den sie Ehre nennen, der sie dazu bewegt, allezeit tugendhaft zu handeln, und sie vom Laster abhält. [...]

Diese Freiheit ließ sie in den üblichen Wettstreit eintreten, daß alle das taten, was einem einzigen gefiel. Wenn einer oder eine von ihnen sagte: »Laßt uns trinken«, dann tranken alle; sagte jemand: »Laßt uns spielen«, dann spielten alle; und sagte jemand: »Kommt, wir gehen uns auf den Feldern vergnügen«, dann gingen alle mit.

Gargantua, übers. und komm. von Wolf Steinsieck, Stuttgart: Reclam, 1992, S. 178 f.

Entsprechend heben die in den vier Romanen erzählten pädagogischen Programme das scholastische Wissenschaftsverständnis auf. Rabelais integriert den Diskurs des Dit in den episodisch üppigen Erzählfluß. Simulierte mittelalterliche Welterklärung steht neben humanistischer Erneuerung. Dies betrifft auch das Eheproblem, das sich Panurge stellt, als er alle möglichen Instanzen um Rat bittet. Daß Panurge und Pantagruel in ihrer Not schließlich eine Wallfahrt zum Orakel der Göttlichen Flasche antreten, Karikatur der Abenteuersuche von Artusrittern, demonstriert mit Anspielungen auf das *Lob der Torheit* des Erasmus von Rotterdam das Ausmaß der institutionellen Konfusion seit dem Kirchenstreit. Die in der mittelalterlichen Literatur topisch vermittelte Sorge des Ehemanns, betrogen zu werden, kann auch die Renaissance nicht entkräften. Die Göttliche Flasche fällt dementsprechend ihren Spruch: »Buvez!«

Von diesen Phantasmagorien an löst sich die Romanhandlung immer mehr in Einzelepisoden auf; Leser des 17. und 18. Jh.s fühlten sich vom Mangel an Glaubwürdigkeit und Schicklichkeit abgestoßen. Die Untaten, Ruhmesgeschichten, kosmischen Reisen von Riesen sind in imaginären Dimensionen angesiedelt; geographische Daten – Languedoc, Loiretal oder Île-de-France – dienen nicht der Steigerung der Glaubhaftigkeit durch Wiedererkennen des Abgebildeten, sondern einer polyphonen Intention. Wortlawinen, irreale Digressionen, chaotische Deskriptionen bilden den zugleich hymnischen und satirischen Idiolekt. Er entlarvt eine Wirklichkeit, die in der Lebenspraxis des 16. Jh.s auch sprachlich inkohärent geworden ist; lexikalische Deformationen, stilistische Akkumulationen von hoher komischer Wirkung akzentuieren diesen Verfall.

Werkausg.: J. Boulenger, ²1959; J. Plattard, 5 Bde., 1949–59; P. Jourda, 2 Bde., 1962.

Lit.: J. Plattard, L'œuvre de R., 1967; L. Thuasne, Étude sur R., 1969; Th. M. Greene, R., 1970; J. Paris, R. au futur, 1970; D. G. Coleman, R. A Critical Study in Prose Fiction, 1971; R. Weimann (Hrsg.), Realismus in der Renaissance, 1977; F.-R. Hausmann, R., 1979; V. L. Saulnier, R., 1983; G. Henry, R., 1988; W. Stephen, Giants in Those Days, 1989; M. Lazard, R., l'humaniste, 1993; F. Gray, R. et le comique du discontinu, 1994; G. Demerson, L'esthétique de R., 1996; F. Rigolot, Les langages de R., ²1996; B. Rommel, R. zwischen Mündlichkeit und Schriftlichkeit, 1997; T. Cave, Pré-Histoires, 1999.

Liebesgeschichten

Die erzählende Literatur an der Wende des 16. zum 17. Jh. markiert gattungsintern gegenläufige Tendenzen: **Pierre de Bourdeille, seigneur de Brantôme** (um 1540–1614) überzeichnet in seiner panoramahaften »chronique scandaleuse« *Vies des dames galantes* (nach 1598, ED Leyden 1665–66) die Sittenlosigkeit der Prinzessinnen aus dem Hause Medici und Valois, während **Béroalde de Verville** (1558 – nach 1623) erotische und psychologische Erzählungen verfaßt.

7. Frankreich im Zeichen der Religions- und Bürgerkriege

Die Auseinandersetzungen um die Reform oder Abschaffung der kirchlichen Institutionen werden in Frankreich, seit sich die politischen Anstrengungen nach dem Friedensschluß von Cateau-Cambrésis (1559) nicht mehr auf die ruinöse Auseinandersetzung mit dem Kaiserreich und Spanien konzentrieren, von 1562 bis 1598 – mit Unterbrechungen – als Bürgerkriege ausgetragen. Dazu kam es zwangsläufig, weil die nach politischer Vormacht strebenden Adelsfamilien (Valois, Bourbon-Navarra, Guise, Coligny) sich bei ihren politischen Ansprüchen der religiösen Opposition bedienen, auf die Evangelien oder die päpstliche Lehrmeinung schwören, tatsächlich, auch in Koalitionen mit den

Spaniern oder Engländern, Frankreich spalten. Die spätere Ideologiegeschichte sieht in dieser Auseinandersetzung den gerechten Kampf der intelligenten Gläubigkeit mit altmodischer Frömmigkeit. Im kollektiven Gedächtnis Frankreichs ist die Bartholomäusnacht von 1572 als mörderischer Höhepunkt dieser Intrigen haftengeblieben.

Wahrscheinlich auf Betreiben Katharinas sollten alle in Paris zur Fürstenhochzeit versammelten Hugenotten aufgespürt und auf einen Schlag ermordet werden. Da am 22. August ein Attentat auf Admiral Coligny, den Führer der protestantischen Partei und gleichzeitig Mitglied des Staatsrats, scheitert, befürchten Katharina und ein Teil der Familie einen Gegenschlag, dem sie zuvorkommen wollen. König Karl IX. läßt das Blutbad zögernd geschehen, die u. a. von den Spaniern durch Predigten manipulierte Pariser Bevölkerung beteiligt sich am Gemetzel; Coligny kommt um, Heinrich von Navarra wird geschont.

Marie-Joseph Chénier übersetzt das Sujet der Bluthochzeit in Monarchiekritik (*Charles IX ou l'école des rois*, 1789), während Alexandre Dumas (*La Reine Margot*, 1845; verfilmt von Patrice Chéreau, 1994) Karl IX. als eher tragische Figur zeichnet. Mérimées *Chronique du règne de Charles IX* (1829) ironisiert mit dem Stoff die Struktur des historischen Romans à la Walter Scott; Scribe und Meyerbeer schaffen die Oper *Les Huguenots* (1836).

Lit.: Ph. Erlanger, Le massacre de la Saint-Barthélemy, 1960; Sonderh. RhlF 1973; I. Mieck, Die B. als sozialer Konflikt, in: K. Malettke (Hrsg.), Soziale u. polit. Konflikte im Frkr. des Ancien Régime, 1982; W. Engler, Die Bartholomäusnacht im frz. Roman, ZfSL 1998.

Heinrich IV. (1533–1610) ist schon zu Lebzeiten, vor allem aber durch die Glorifizierung in Voltaires Epos *La Henriade* (1723) Legende. Bourbone durch den Vater, hugenottisch erzogen, König von Navarra, Schwager Karls IX. – die bewegte Biographie verbirgt die politische Strategie, die seine Mutter, Jeanne d'Albret, und Katharina von Medici 1572 mit der Verheiratung ihrer Kinder und damit dem Ausgleich der »deux France« verfolgt haben. Zunächst geht die Rechnung nicht auf, Heinrich muß um sein Leben fürchten und zweimal zum Katholizismus konvertieren. Seit dem Hundertjährigen Krieg hat sich kein frz. König sein Reich und die Hauptstadt derart militärisch erobern müssen wie er. In der kurzen Regierungszeit bis zu seiner Ermordung vermag er seine großen Pläne zur nationalen Befriedung, wirtschaftlichen Entwicklung und europäischen Aufwertung Frankreichs nur zum Teil zu realisieren; sein Attentäter Ravaillac beruft sich auf Theorien des Tyrannenmords.

1605, noch zu Lebzeiten, nennt Malherbe ihn in Anspielung auf den makedonischen Alexander »Henri le Grand«. Den toten König bewundert die Nation als Staatsmann, Helden, volkstümlichen Bonvivant und generösen Liebhaber. Mit Heinrichs Erfolgen verbunden bleibt das Edikt von Nantes (13. April 1598), das den frz. Reformierten gewisse Kultfreiheiten gewährt, wobei die katholische Konfession ausdrücklich als Staatsreligion bestätigt wird. Den Hugenotten soll von nun an der Zugang zu öffentlichen Ämtern nicht weiter versagt werden, was bereits Karl IX. vorgesehen hat; ihrem Sicherheitsbedürfnis entspricht die Zuweisung befestigter Plätze, darunter La Rochelle, was ihnen Richelieu 1628 wieder streitig macht, um das Königreich konfessionell zu vereinheitlichen und partikulare Rechtstitel abzuschaffen. Die Aufhebung des Toleranzedikts durch Ludwig XIV. am 18. Oktober 1685 entzieht den Hugenotten die bürgerlichen wie die konfessionellen Rechte; um ihres Glaubens willen Verfolgte emigrieren in großer Zahl und lassen sich u. a. auf Einladung des Großen Kurfürsten, der selbst Calvinist ist, im bevölkerungsarmen und seit dem Dreißigjährigen Krieg wirtschaftlich schwach entwickelten Brandenburg nieder.

Lit.: Ph. Erlanger, La vie quotidienne sous Henri IV, 1958; M. Reinhard, Henri IV, ²1958; R. Mousnier, L'assassinat de Henri IV, 1965; J. Hennequin, Henri IV dans ses oraisons funèbres ou la naissance d'une légende, 1977; J. Garrison, Henri IV, 1984; La légende d'Henri IV, Colloque 1994, 1995; A. Becherer, Das Bild Heinrichs IV. in der frz. Versepik, 1996.

8. Die Codifizierung der Poetik

Der seit 1528 naturalisierte Franzose aus Riva (Gardasee), **Julius Caesar Scaliger** (1484–1558), richtet die antikisierende Literatur an der durch italienische Kommentare gefilterten und teilweise mißverstandenen aristotelischen Autorität aus. In seiner lateinisch geschriebenen und folglich europäisch rezipierbaren Dichtungslehre, *Poetices libri septem* (Lyon/Genf 1561), schreibt er Stiltrennungsregeln, Anforderungen an den Diskurs der privilegierten Gattungen sowie eine dramatische Ständeklausel fest. Als oberste Gattung nennt er die Hymne, gefolgt von der Ode, dem Epos, der Tragödie und der Komödie. Seine Aristoteles-Paraphrasen zur kategorischen Unterscheidung von tragischer und komischer Mimesis bleiben bis ins 18. Jh. normativ.

Lit.: A. Buck, / K. Heitmann / W. Mettmann, Dichtungslehren der Romania (Renaissance u. Barock), 1972; A. Grafton, S., 1983.

9. Die Pléiade

Als Pléiade (›Siebengestirn‹) bezeichnet Ronsard, in Erinnerung an eine Gruppe alexandrinischer Tragödienautoren (3. Jh. v. Chr.), den Pariser Literaturzirkel, der sich in den Collèges de Coqueret und Boncourt zusammengefunden hat und den er an sich bindet. 1552 nennt Ronsard die Gesinnungsgenossen noch »brigade«, 1553 schränkt er die Zahl auf sechs ein (Du Bellay, Tyard, Baïf, Des Autelz, Jodelle, La Péruse), 1555 sind es Du Bellay, Jodelle, Baïf, Peletier du Mans, Belleau und Tyard. Erstmals 1556 gebraucht Ronsard die Benennung »Pléiade«, die zuvor der Humanist Muret aufgebracht hat. 1582 tritt Ronsards Lehrer Dorat an die Stelle des verstorbenen Peletier du Mans.

Gemeinsam ist den Autoren die Bewunderung für die als modellhaft verstandene antike und italienische Poesie, die Auseinandersetzung mit der petrarkistischen Liebestheologie, die Idealisierung der platonischen Konzeption der Inspiration sowie der Verewigung flüchtiger Jugend und Schönheit durch die poetische Leistung, schließlich die Erfahrung mit der renaissancetypischen Fortuna-Philosophie. Die topische Lichtsymbolik weist das Frühere als finster und die eigene Zeit als strahlend und verheißungsvoll aus.

Im Bewußtsein der gemeinsam zu leistenden Modernisierung der Literatur durch Anleihen bei der Antike und Petrarca reproduzieren die sieben Dichter in kurzen intertextuellen Umformungen Ausdrucksweisen, die kein eindeutiges Resultat subjektiver Empfindung sein sollen.

»Mignonne, allons voir si la rose / Qui ce matin avait déclose / Sa robe de pourpre au soleil« – diesen Auftakt einer Odelette aus dem Zyklus *L'Amour de Cassandre* von Ronsard, die ihrerseits das horazische Thema »nutze den Tag« formuliert, steigern Belleau und Baïf zu entsprechender Rosensymbolik, wobei Baïf Ronsards lebensfrohe Lektion vom Zyklus der Jahreszeiten korrigiert:

> Las hélas! chaque Hyver les ronces efeuilhissent
> Puis de feuille nouvelle au printemps reverdissent,
> Mais sans revivre plus une fois nous mourrons.

> Zit. nach: Marcel Raymond, L'influence de Ronsard sur la poésie française, Bd. 1, Genf: Droz, 1965, S. 152.

Ach, jeden Winter verliert der Rosenstock seine Blätter / und
begrünt sich im Frühling mit neuem Blattwerk. / Wir aber
werden sterben, ohne noch einmal wiederaufzuleben.

Politische Gründe führen nach 1562, als jeder einzelne
des Zirkels im Stadium der »deux France« seine Position
zum Streit der Konfessionen bezieht, zum Zerfall der
Gruppe. Ronsard, der beim Ausbruch der Religionskriege
den *Discours sur les misères de ce temps* veröffentlicht, engagiert sich antiprotestantisch und antisemitisch.

Lit.: H. Chamard, Histoire de la P., 4 Bde., 1939–40; H. W. Wittschier,
Die Lyrik der P., 1971; Y. Bellenger, P., 1978.

Pierre de Ronsard (1524–85) verkörperte für begeisterte
Zeitgenossen die Wiedergeburt von Homer, Vergil, Horaz
und Petrarca zugleich. Page am Hof mit glänzender Zukunft, 1542 von Taubheit befallen und zur Resignation gezwungen, verschafft er sich, ohne je die Weihen zu empfan-
gen, einträgliche kirchliche Pfründen (Priorate im Ven-
dômois und in Saint-Cosme-lez-Tours). Als er Verse zu
schreiben beginnt, rivalisiert er mit Clément Marot und
schließt sich gleichgesinnten gleichaltrigen Humanisten an
(»Ode à Peletier«, 1547). Eher Autodidakt als Kollegiat mit
ernsthaften Studienzielen, interessiert er sich für den Unter-
richt des Archäologen und Literaten Lazare de Baïf sowie
des Hellenisten Jean Dorat am Collège de Coqueret, wo er
Du Bellay trifft. 1545 begegnet er in Blois Cassandra Salvia-
ti. Für die daraus entstandenen Liebessonette (*Les Amours*,
1552–56) aktualisiert er bis in motivische Details der Haar-
farbe das petrarkistische Inventar der Personenbeschrei-
bung und kontaminiert es, freilich in Abweichung von der
klassischen Ikonographie, mit dem Mythos der schaumgeborenen Aphrodite, die jetzt braunes Haar trägt:

Quand au matin ma déesse s'habille,
D'un riche or crespe ombrageant ses talons,

Et les filets de ses beaux cheveux blonds
En cent façons enonde et entortille,

Je l'accompare à l'écumière fille
Qui, or' peignant les siens brunement longs,
Or' les frisant en mille crespillons,
Nageait à bord dedans une coquille.

Wenn sich am Morgen meine Göttin kleidet / in reiches krau-
ses Gold, das die Fersen umschattet, / und sie die Fäden ihrer
schönen blonden Haare / auf hundert Arten wellt und
schlingt, // vergleiche ich sie der schaumgeborenen Jungfrau, /
die, bald ihre langen braunen Haare kämmend, / bald sie in
tausend Locken kräuselnd, / in einer Muschelschale ans Ufer
schwamm.

Poesie der Welt. Renaissance-Sonette, übers. von
Hans Staub, Berlin: Propyläen Verlag, 1980, S. 80 f.

In einem Opus von 50 000 Versen beherrscht er die zeitgenössischen Register, von der epigrammatischen Kürze des
Sonetts bis zur Ode, Odelette, Hymne und Ekloge (*Les
Odes*, 1550; *Les Bocages*, 1554; *Les Hymnes*, 1555–56; *Églo-
gues*, 1560–67). Sein Werk soll sich von der mittelalterlichen
Dichtung dadurch unterscheiden, daß die Poesie die Theologie profaniert und große Schicksalsfragen nach Leben,
Liebe, Natur, Vaterland und Tod systematisch darstellt. Zu
dieser Rolle des Dichters passen seine hohen Ansprüche auf
öffentliche Ehrung und Entlohnung: 1560 wird Ronsard
zum Hofdichter berufen (*Institution pour l'adolescence de
Charles IX*, 1562; *Discours*, 1560–70; *Abrégé d'art poétique*,
1565). Er nimmt an den Sitzungen der Académie du Palais
teil. Nach dem Tod Karls IX. verdrängt ihn Desportes aus
der königlichen Gunst. Zu Lebzeiten publiziert Ronsard
wiederholt Gesamtausgaben, eine Ausgabe letzter Hand erscheint postum 1586, sie erlebt bis 1630 sieben Neuauflagen.
Erst unter dem Eindruck von Malherbes negativer Beurteilung wendet sich das Publikum von Ronsard ab, bis im

19. Jh. der junge Sainte-Beuve und Nodier ihn mit der Renaissance, mit der sie in einer typologischen Parallele der Cenacle von Victor Hugo vergleichen, erneut feiern. Nerva rekurriert auf seine bukolischen Motive.

Ronsards Epos *La Franciade* blieb Fragment (4 Gesänge, Zehnsilber). Nach dem Vorbild antiker und mittelalterlicher Heldengedichte formuliert Ronsard auf Anweisung Karls IX. erneut die Legende von der trojanischen Abstammung der frz. Könige; aus ideologischen Rücksichten übergeht er die Bartholomäusnacht.

Werkausg.: I. Silver / R. Lebègue, 20 Bde., 1966–76.
Lit.: K. Maurer, R. u. die dunklen Dichter, in: F. Schalk (Hrsg.), Ideen und Formen, Fs. H. Friedrich, 1965; E. Armstrong, R. and the Golden Age 1968; D. Janik, Gesch. der Ode u. der »Stances« von R. bis Boileau, 1968; M. Dassonville, R., étude historique et littéraire, 3 Bde., 1969–76; A. Gendre, R., poète de la conquête amoureuse, 1970; A. L. Gordon, R. e rhétorique, 1970; J. Pineaux, La polémique protestante contre R., 1973; M. Glatigny, Le vocabulaire galant dans les *Amours* de R., 2 Bde., 1976; D. Ménager, R., 1979; R. Garapon, R., chantre de Marie et d'Hélène, 1981; I. Silver, R. and the Hellenic Renaissance in France, 1981; Le cas R., in Œuvres et Critiques 6,2, 1982; A. Nilges, Imitation als Dialog. Die europäische Rezeption R.s, 1988; Y. Bellenger (Hrsg.), R. en son IVe centenaire, 2 Bde., 1989; R. Campo, R.'s Contentious Sisters, 1999.

Jean-Antoine de Baïf (1532–89), der Ronsard am Collège de Coqueret begegnet, beginnt 1549, Gelegenheitsgedichte zu verfassen (*Poème sur la paix avec les Anglois*); Mitarbeit am *Tombeau de Marguerite de Navarre*. Nach dem Vorbild der *Amours de Cassandre* fügt Baïf Oden, Odelettes, Chansons und Sonette zu zwei Zyklen Liebeslyrik zusammen: *Amours de Méline* (1552) und *Amours de Francine* (1555). Baïf setzt den Alexandriner durch, er tritt wie Meigret für eine phonetische Graphie des Französischen ein und ebenso vergeblich für die Anlehnung an die quantitierende lateinische Metrik.

Lit.: Traduction et adaptation à la fin du Moyen Age et à la Renaissance, Colloque 1995, 1997.

An derartigen Reformdiskussionen beteiligt sich auch **Guillaume Des Autelz** (1529–81), Lyriker (*Le Moy de may*, 1549; *Le Repos de plus grand travail*, 1550; *L'Amoureux Repos*, 1553) und Grammatikerneuerer (*Traité touchant l'ancien orthographie françois*, 1548). Ronsard schätzt seine Epigramme und Sonette.

Ronsards und Baïfs Kommilitone **Remy Belleau** (1527–1577) orientiert die amouröse Standardthematik der Pléiade deutlicher an Anakreon als an Petrarca; von ihm stammt ein Kommentar zu Ronsards *Amours de Marie* (1560). Seine eigene deskriptive Lyrik verarbeitet auch idyllische Motive (*Petites Inventions*, 1556; *Bergerie*, 1565). Nach dem Bühnenerfolg von Jodelle schreibt auch er eine antikisierende Komödie, *La Reconnue* (um 1563, ED 1578), im Stil der Plautus-Bearbeitung von Machiavelli. Im Jahr vor seinem Tod veröffentlicht Baïf seine letzte Lyriksammlung, *Les Amours et nouveaux eschanges de pierres précieuses*, z. T. Bibelübertragungen.

Werkausg.: G. Demerson, 1995 ff.

Lit.: M. Jeanneret, Les œuvres d'art dans la Bergerie de B., RhlF 1970; A. Niderst (Hrsg.), La pastorale française, 1991.

Bis zuletzt erscheint im 16. Jh. die Bildungsreise nach Italien als wesentliche biographische Komponente. So noch bei **Philippe Desportes** (1546–1606), der als Sekretär seinen Bischof über die Alpen begleitet, von Heinrich III. zum Hofdichter ernannt wird und seitdem erfolgreich mit Ronsard rivalisiert. Höchst erfolgreich sind seine *Premières Œuvres* (1573). Die erkennbare Nachahmung des Stils von Petrarca, Ariost und Ronsard reizt den Panegyriker **François de Malherbe** (1555–1628) zur Kommentierung dieses Diskurses und Formulierung einer entgegengesetzten, rationalistischen Poetik.

10. Antikisierende Dramatik

Vom Resultat her gesehen, erreichen die Zahlen der Aristo-
teles-Kommentare sowie der nach antikisierenden Normen
geschriebenen Stücke, Komödien und Tragödien, erst in der
Klassik des 17. Jh.s ihren Höhepunkt. Als diese Aktivitäten
einsetzen, ist keineswegs abzusehen, wie die Alternative
zwischen eingespieltem, »vitalem« (Lazard) mittelalter-
lichem Theater, das ein Massenpublikum befriedigt, und
dem neuen Stil, den in den Collèges Kenner der Materie
und des Modus schätzen, entschieden wird. Seit 1548 ist das
Mystère zwar mit Aufführungsverbot belegt, doch sind
Moralité und Miracle weiterhin erlaubt. Die aufgeklärte
Gläubigkeit wendet sich allerdings vom Miracle ab, da es
den Aberglauben begünstige.

Ein origineller Ansatz, den der militante Hugenotte
Théodore de Bèze (1519–1605) mit *Abraham sacrifiant*
(1550), der Darstellung eines bekannten biblischen Stoffs in
der noch kaum vertrauten Form der griechischen Tragödie
(ohne Akteinteilung, Andeutung der Chorfunktion), vor-
legt, ist vorübergehend maßgebend für die engagierte prote-
stantische Dramatik. Katholische Bibeldramatisierungen erscheinen nicht vor 1576 und bleiben ohne Einfluß auf die
dominante Ästhetik.

Den an der Erneuerung des Theaters interessierten Autoren stehen seit 1504 Texte von Terenz (176 Ausgaben zwischen 1470 und 1600), Seneca, Euripides sowie seit 1524 der
italienischen Tragödien zur Verfügung. Die Horaz-Rezep-
tion geht der erst seit 1561 nachgewiesenen Kenntnis der
Poetik des Aristoteles voraus (Jacques Grévin, *Bref discours
pour l'intelligence de ce théâtre*, Einleitung zur Druckaus-
gabe seiner zwei Komödien und der Tragödie *César*).

Der bedeutendste Dramatiker in der Pléiade ist **Étienne
Jodelle** (1532–73), 1553 Begründer der klassischen Tragödie.
Nach einer umfangreichen lyrischen Produktion um 1549

ind einem Schweizaufenthalt 1551, wo er mit Théodore
de Bèze zusammentrifft, widmet er sich der Bühnendich-
tung: *Eugène* (1552), erste in der Tendenz regelmäßige frz.
Komödie, stoffreich jedoch im Stil der erotischen Farce,
mittelalterlich auch im Metrum, dem paarweise gereimten
Achtsilber; *Cléopâtre captive* (1553, ED 1574), Tragödie
in Zehnsilbern und Alexandrinern; *Didon se sacrifiant*
(1555?), Tragödie in Alexandrinern; *La Rencontre* (1553?),
verlorengegangene Komödie, die Étienne Pasquier erwähnt. *Cléopâtre captive*, im Beisein von Heinrich II. ur-
aufgeführt, wird schließlich zum erfolgreichen Prototyp
der klassischen Tragödie, in der die soziale Fallhöhe, die
Distanzklausel, die Einheit der Zeit, die Einteilung in
5 Akte und die Erwartung an einen würdigen Diskurs eingeführt werden. Der Untergang der Kleopatra, aus der Todessehnsucht der Protagonistin motiviert, ist allerdings
noch elegisch formuliert. Der angekündigte, wieder zurückgenommene, schließlich vollzogene und als Erzählung
vermittelte Selbstmord bildet die Zielrichtung des Geschehens, dessen Dramatik durch die vorherrschende Schick-
salsgläubigkeit abgetönt ist.

Werkausg.: E. Balmas, 2 Bde., 1965–68.

Lit.: K. A. Horvath, J., 1932; T. Sankovitch, J. et la création du
masque, 1979; M. Lazard, Le théâtre en France au XVIe siècle, 1980;
P. Brunel, Mythocritique, 1992.

Jean de La Taille (um 1535 – um 1617) kommt durch
Ronsard zur Dichtung und konzentriert sich auf die von
der Pléiade eher vernachlässigte Dramatik. Er versteht die
Tragödie wie Scaliger als pathoshaltiges Bild großer historischer Unglücksfälle und fordert in Anlehnung an Aristote-
es die moralische Mittellage für den Protagonisten sowie
den homogenen Zeitraum für die Lösung der Konflikte.
Die Einheit der Handlung ist ihm ohnehin selbstverständ-
lich, allerdings nicht die Distanzklausel (*L'Art de la tragédie*, 1572; Ausg. Ch. Bataud, 1998). Offensichtlich orientiert

er sich am religiösen Schauspiel von Bèze. Sein *Saül le furieux* (um 1562, ED 1572; Ausg. G. Spillebout, 1998) ist auch begünstigt durch den alttestamentlichen Konflikt, die am deutlichsten dramatische (d. h. weder lyrische noch elegische) Tragödie des 16. Jh.s. Nach italienischer Schauspielpraxis (Stoff: Boccaccio) schreibt La Taille die Komödie *Les Corrivaux* (1562; Ausg. G. Macri, 1974), einen der ersten Bühnentexte in Prosa. Erst Jahrzehnte später optieren, wenngleich nicht für ihr ganzes Œuvre, die meisten Autoren für die Prosakomödie, die weder Aristoteles noch Horaz ausgeschlossen haben (Odet de Turnèbe, *Les Contents*, 1581; François d'Amboise, *Les Napolitaines*, 1584).

Lit.: T. A. Daley, L. T., ²1980; H. Ingman, Machiavelli in 16th Century French Fiction, 1988; M.-M. Fragonard (Hrsg.), L. T., 1998.

Robert Garnier (um 1545–90), Jurist in hohen Funktionen, erfolgreicher Lyriker (Elegien, Episteln, Sonette) bei den Jeux Floraux in Toulouse, vielgelesener Tragödienautor, verpflichtet sich dem poetischen wie dem dramatischen Stil, wobei das Pathos nicht aus der Intrige, sondern aus der Verfassung der Protagonisten hervorgeht. Die poetische Ausdrucksform prägt vor allem seine Römerdramen (*Porcie* 1568; *Cornélie*, 1574; *Marc-Antoine*, 1578) und das biblische Spätwerk *Les Juives* (1583), wo auch Zeitpolitik in poetischer Manier durchleuchtet wird. Mit *Bradamante* (1571–73, ED 1580), nach der Schlußepisode von Ariosts *Orlando furioso*, durchbricht Garnier die grundsätzliche Stiltrennung der Gattungen und inauguriert im Wechsel von tragisch-romanesken und komischen Sequenzen eine Mischgattung von künftig hoher Publikumsakzeptanz, die Tragikomödie.

Lit.: D. Frick, G. als barocker Dichter, 1951; G. Jondorf, G. and the Themes of Political Tragedy in the 16th Century, 1969; L. Wierenga, La Troade de G. Cosmologie et imagination poétique, 1970.

Die in der zweiten Hälfte des 16. Jh.s forcierte Entitalianisierung der frz. Sprache und Literatur erfaßt die Komödienrezeption kaum, auch deswegen nicht, weil italienische Truppen und ihr Repertoire in Frankreich Beifall finden. Pierre de Larivey (1536 oder 1540 – 1619) bearbeitet neun italienische Prosakomödien und bestätigt damit La Tailles Innovation. Seine Stücke, namentlich *Les Esprits* (1579), die Überlistung eines geizigen Alten durch eine fingierte Geistererscheinung, für Molière ein Impuls zum *Avare*, kombinieren die Handlungsdynamik der mittelalterlichen Farce mit der regelmäßigen Bauform.

Lit.: M. Amato, La comédie italienne dans le théâtre de L., 1900; L. Morin, Les trois L., 1937.

11. Politik und Anthropologie

Die ideologische und ästhetische Vielstimmigkeit während der Renaissance, die beiden gegensätzlichen Zielgruppen, die durch die Wahl von Latein oder Französisch als Literatursprachen militante Fronten bilden, koordinieren allenfalls noch einzelne Autoren durch übergreifende Fragestellungen der Wissensvermittlung. **Henri Estienne** (1531–98) zählt dazu mit seinen Traktaten über die Hierarchie des Italienischen und Französischen oder **Claude Fauchet** (1530–1602) als Sprachforscher und wegen seiner Chronik der Ursprünge des Feudalismus (*Les Antiquitez gauloises et françoises*, 1599). Étienne Pasquiers (1529–1615) Hauptwerk, die *Recherches de la France* (ED 1560–1643), ist ein Kompendium der Renaissancebildung und Spiegel neuer Wissenschaftsmethoden.

Lit.: Henri Estienne, Colloque 1987, 1988.

Die zahlreichen Übersetzungen antiker Autoren, des
vielbeachteten Platon-Kommentars von Marsilio Ficino
(1546) sowie mythologisch fundierte Chroniken und Genealogien der fränkischen Herrscher seit den sechziger Jahren des 15. Jh.s (Claude de Seyssel, Claude Fauchet, Jacques
Amyot, Ronsard) verhindern nicht, daß **Jean Vauquelin de
la Fresnaye** (1536–1606), aus dem Freundeskreis von Ronsard, in seiner 1574 begonnenen *Art poétique* (1605) eine
christliche Ästhetik entwirft, die das Mittelalter vorurteils-
los akzeptiert und den geläufigen literarischen Paganismus
problematisiert.

Lit.: P. Schunk, Um den zeitl. Vorrang bei der Gattungsnachahmung
Zum Werk von V., ZfSL 1969.

Stellungnahmen für und gegen das Mittelalter, Oppositionen zwischen der neuen, reformierten und der alten,
römisch-katholischen Weltanschauung verhindern die Bildung einfacher Parameter, die die Wahl der Gattungen bestimmen. Ein Beispiel ist der Apologet des Protestantismus,
Théodore Agrippa d'Aubigné (1552–1630), Autor einer
Histoire universelle (1616–20), die öffentlich verbrannt
wurde, und des geschichtsphilosophischen Epos *Les Tragiques* (1616), an dem er vier Jahrzehnte gearbeitet hat. Hier
findet das satirische Temperament des Calvinisten einen
überzeugenden und zugleich dichterisch unzeitgemäßer
Ausdruck. Der Text, ideologisches Spiegelbild der Romane
Rabelais', bewahrt von der mittelalterlichen Epik allegorische Bilder, mißachtet Anforderungen des adäquaten Diskurses und koordiniert die Fülle der Teile der Fiktion nicht
zum stringenten Ganzen, so als befürchte der Autor, durch
den glänzenden neuen Stil die Thematik der Glaubensver-
folgung zu beschönigen.

Lit.: A. Garnier, A. et le parti protestant, 3 Bde., 1929; J. Plattard, Une
figure de premier plan dans nos lettres de la Renaissance, A., 1931; H. A
Sauerwein, A.s *Les tragiques*, 1953; J. White, A. and French Epic Poetry
1957.

Guillaume de Salluste, seigneur Du Bartas (1544–90), Soldat und Diplomat im Dienst Heinrichs IV., liefern von den Leistungen der Pléiade besonders Ronsards Hymnen Anregung zur eigenen protestantischen Dichtung (*La Muse chrestienne*, 1574, Lyrik; *Judit*, 1573, Epos). Das siebenteilige Epos *La Sepmaine ou Création du monde* (1572–78, ED 1578 oder 1579; Ausg. Y. Bellenger, 2 Bde., 1981) folgt der *Genesis*.

Lit.: M. Braspart, D. B., poète chrétien, 1947; K. Reichenberger, D. B. u. sein Schöpfungsepos, 1962; D. Seidmann, Montchrestien et D. B., RSH 1970; J. Dauphiné, D. B., 1988.

Staatstheorien

Die angestrebte Entitalianisierung der Literatur findet ihre Grenzen, wenn in Frankreich Staatstheorien mit den zentralen Aspekten der Staatsräson und des Tyrannenmords sowie die gesellschaftliche Definition des Individuums diskutiert weden. Die ungebrochene Geltung der Paradigmen, die in italienischen Stadtstaaten und an Höfen wie Urbino funktionieren, erklärt sich hier aus dem entsprechenden Ideenvakuum auf frz. Seite. Italien ist und bleibt seit 1494 ideologisches Geberland. Beeinflußt von Machiavelli, dem Vordenker der Machtpolitik, und Castiglione werden pragmatische Staatstheorien und höfische Persönlichkeitsideale reflektiert. So entsteht gegen Ende des 16. Jh.s ein sich theoretisch verfeinernder und statusübergreifender Bildungshorizont. Bürgerliche Aufsteiger, die legitimerweise Ämterkauf praktizieren und bald einen geschlossenen Kreis, die »noblesse de robe«, bilden, vermögende und damals noch unabhängige Landadlige sowie auf der anderen Seite die neue Kaste der aristokratischen Höflinge, die Funktionen im Repräsentationsmodell der erstarkenden Monarchie übernehmen, entwickeln, jenseits der Berufsprofile (»homme de métier«) und exklusiver Distinktion, einen

neuen Gesellschaftsstil. Neu daran ist, daß eine universalistische Konversationskultur der universitätsspezifischen
oder enzyklopädischen Einzelkenntnisdemonstration vorangestellt wird. Anmutige Lässigkeit hat den Vorzug vor
pedantischem Besserwissen.

Jean Bodin (1530–96) erörtert im ersten staatsrechtlichen
Traktat, *De la République* (1576), das Problem der Souverä-
nität und lehnt kategorisch den vieldiskutierten Tyrannen-
mord ab. Gegenüber Machiavelli vertritt Bodin die absolute
Legalität; lange vor Montesquieu diskutiert er die Abhängigkeit des menschlichen Handelns von klimatischen Bedingungen.

Lit.: U. Lange, Unters. zu B.s Demonomanie, 1970.

Montaignes Freund **Étienne de La Boétie** (1530–63) verfaßt gleichfalls 1576 die Denkschrift der verfolgten Hugenotten, *Le Discours de la servitude volontaire*, ohne jedoch,
wie Bodin, zwischen Tyrannei und legaler Autorität zu
unterscheiden.
Pierre Charron (1541–1601), Autor einer Apologie der
katholischen Staatsreligion gegen die Freidenker, *Les Trois
Vérités contre tous athées, idolatres, juifs ...* (1593), und später der in direktem Widerspruch dazu stehenden Schrift *De
la Sagesse* (1601), hebt hervor, daß wahre Frömmigkeit weder ethnisch noch konfessionell zu fixieren ist. Im Gegensatz zu Montaigne strebt der Skeptiker Charron eine systematische Darlegung und die höchstmögliche Verallgemeine-
rung der Aussagen an.

Lit.: G. Schneider, Der Libertin, 1970; M. Adam, Études sur Ch.,
1991; Ch. Belin, L'œuvre de Ch., 1995.

Als Diplomat wirkt **Guillaume Du Vair** (1556–1626) für
den politischen und konfessionellen Ausgleich, als Moralist
verficht er den Stoizismus (*Philosophie morale des stoïques,*

1585; *Traité de la constance et consolation ès calamités publiques*, 1593, in Dialogform) und verselbständigt die Ethik gegenüber der Religion. Fragen nach der ausgeglichenen Existenz in chaotischen Zeiten und dem Ideal der Seelenruhe sind typisch für den nostalgischen Rückblick des späten 16. Jh.s auf versunkene Ideale der Renaissance. Montaigne stellt sie intensiver und formuliert sie lesenswerter als die Zeitgenossen.

Montaigne

Michel de Montaigne (1533–92), das älteste von sieben Kindern einer gaskognischen Kaufmannsfamilie (Handel mit Wein und Fisch), wird nach extrem humanistischen Prinzipien in Latein als Umgangssprache erzogen; Jurastudium in Toulouse und Bordeaux, 1554 Richter in Périgueux, 1557 Conseiller am Parlement von Bordeaux. La Boétie und Charron zählen zu seinem Freundeskreis. 1568 übersetzt er die *Theologia naturalis* des Katalanen Raymundus Sebundus ins Französische. 1571 zieht er sich aus dem Justizdienst zurück, schreibt die ersten beiden Bücher der *Essais*, reist durch Frankreich, Deutschland, die Schweiz und Italien, wird in Abwesenheit zum Bürgermeister von Bordeaux (1582–85) gewählt und macht in Paris seinen Einfluß für die Konversion Heinrichs IV. geltend; ein Amt bei Hofe lehnt er jedoch später ab. 1588 lernt er Marie de Gournay, seine »fille d'alliance« und Hüterin seines Werks, kennen.

Als Montaigne sich an seinem 38. Geburtstag weltflüchtig, für den »Rest seines Lebens« in seine Bibliothek zurückzieht, erwartet er Anregungen aus den Lehren vor allem antiker Philosophen und italienischer Humanisten. Bei seinem moralistischen Projekt, d. h. der Beschreibung von Sitten und Gebräuchen (»mœurs«), gedenkt er, die humanistische Bildung zu überprüfen und dabei das Bücherwissen zu relativieren: Er bemerkt, daß von Aristoteles bis Augu-

stinus kein Philosoph einen systematisch abrufbaren Vorrat
an Sinnverarbeitungsregeln, wie sie seiner neuen Anthropologie entsprächen, bereithält. – Neu an seinem Werk ist
schon die Bezeichnung der Textsorte, *Essais*, sodann das
Veröffentlichungsverfahren. 1580 erscheint die erste Fassung, 1582 die zweite; 1586 beginnt er mit der Arbeit am
dritten Buch, das 1588 erscheint (Ausg. A. Tournon, 1998).
Bis zu seinem Tod macht er Eintragungen für eine verbes-
serte Fassung im Handexemplar. 1595 erscheint postum die
von Marie de Gournay besorgte Ausgabe, davon 1635 ein
Nachdruck. Zwischen 1669 und 1724 werden dann keine
weiteren Editionen besorgt. Die ideologische Konjunktur
des Absolutismus sperrt sich gegen die Auseinandersetzung
mit dem undogmatischen Montaigne, die zuletzt Pascal geführt hat, zudem werden die *Essais* auf den kirchlichen Index der verbotenen Bücher gesetzt.

Was Montaigne unter der neuen Gattung »Essai« ver-
steht, einer synkretistischen Prosa zwischen skeptischer
Selbstanalyse, episodischer Erzählung und axiomatischer
Formulierung von Lebenshilfen, in der Widersprüche zwischen Fremdbestimmung und Selbstverfügung Grenzmar-
ken bilden, belegt im ersten Buch beispielhaft das Kapitel
»Du pédantisme«. Der Autor stellt sich die Frage nach der
Konstituierung bzw. Zerstörung des Subjekts durch Fremd-
erfahrungen. Demnach genügt es nicht, Meinungen und
Wissen Dritter in geistige Verwahrung zu nehmen: »Il les
faut faire nostres.« Derartige maximenhafte Kurzformeln
lösen vorübergehend die methodische Oppositionsstruktur
des Textes auf, vermitteln Wissen und Beurteilen, Erinnern
und Handeln. Alternierende Einsichten werden nicht systematisiert, sondern von Fall zu Fall versuchsweise durchge-
sprochen, wie er im Kapitel »Du repentir« ausführt:

> Die Welt ist nichts als eine nimmer ruhende Schaukel. Alle
> Dinge in ihr schwanken fort und fort. [...] Ich kann meinen
> Gegenstand nicht festhalten. Er geht taumelnd und wankend

in natürlicher Trunkenheit einher. Ich ergreife ihn in diesem Zustand, wie er ist, in dem Augenblick, in dem ich mich mit ihm beschäftige. Ich zeige nicht das Sein, ich zeige den Übergang; nicht einen Übergang von einem Alter zum andern, oder, wie das Volk sagt, von sieben zu sieben Jahren, sondern von Tag zu Tag, von Minute zu Minute. Ich muß meine Erzählung nach der Stunde richten. Ich könnte alsbald ein anderer werden, nicht nur äußerlich, sondern auch anderen Sinnes. Es ist eine Aufzeichnung verschiedener und veränderlicher Zufälle, unbestimmter, und wenn es sich trifft, auch gegensätzlicher Einfälle: sei es, daß ich selber anders geworden bin, sei es, daß ich die Dinge unter andern Umständen und anderem Winkel betrachte. Indessen gilt, daß ich mir wohl mitunter widerspreche, der Wahrheit aber, wie Demades sagte, widerspreche ich nicht.

Essais, ausgew. und übers. Herbert Lüthy, Zürich: Manesse, 1953, S. 623.

Der humanistische Individualismus, der schon zuvor durch die ideelle Vielstimmigkeit der Renaissance nicht eindeutig zu bestimmen war, tritt mit den *Essais* in seine skeptische Phase. Kenntnis der Tendenzen antiken Denkens, aber auch schon andeutungsweise der Kulturen der Neuen Welt, Bewunderung der italienischen Konzeption des »uomo universale«, eine einzigartige Mischung von Wissenspathos und dem Eingeständnis, daß offensichtlich Zufall und Nichtigkeit den Lauf der Welt bestimmen, formen in Montaignes »science morale« ein Menschenbild ohne Anspruch auf ethische Unbedingtheit. Die Ausdrucksform der *Essais* ist Paradigma der Denkweise des Autors, der sprunghafte Argumentation der Systematik vorziehen muß, wenn er nicht die Universalien des Seins, sondern die ständige Umformung des Kontingenten darstellen will. Reisen wird zum Sinnbild der Lebensführung, die den freien Geist bereichert.

Montaigne setzt voraus, daß der Mensch als ein »subject divers et ondoyant« mit allen individuellen Merkmalen zum Gegenstand einer aussagekräftigen Anthropologie genommen werden muß. Dies erlaubt als zweiten Schritt die Annahme einer Gesetzmäßigkeit, wonach jeder Mensch in sich die Gesamtheit des Menschseins trage. Montaignes Rückzug in die Privatheit und die Zentrierung des Erkennens auf sich selbst als Gegenstand seines Buchs bringen die Weltsicht eines Epikureers und zugleich Stoikers zur Geltung. Montaigne erweist sich im gesamten Text sowohl als existenzvergnügter und gebildeter Humanist wie auch als gefaßter Denker, der empfiehlt, durch Philosophieren sterben zu lernen.

Die Abkehr vom Chaos des ausgehenden 16. Jh.s bietet einerseits dem vermögenden Landedelmann die Chance zur Seelenruhe und kulturell genutzen Muße. Sie konfrontiert das sich betrachtende Subjekt jedoch immer deutlicher mit seinem uneinheitlichen Selbst, einer rational und zugleich emotional registrierten Unbeständigkeit, der im Extremfall Visionen von Ungeheuern und Trugbildern entspringen können. Ohne das Werk, von dem gesagt wird, es bilde seinen Autor ebenso, wie dieser es komponiere, würde die Eigenkonstruktion des empfindenden und denkenden Ich aussichtslos bleiben. Solche Kategorien verhindern im 17. Jh. eine breite Rezeption; nur Pascal, aus Glaubensgründen, und die philosophische Libertinage mit ihren prekären Paradigmen denken »undiszipliniert« wie Montaigne weiter.

Lit.: A. Gide, Essai sur M., 1929; H. Friedrich, M., 1949, ²1967; B. Winklehner, Die Tugenden der antiken Philosophenschulen bei M., 1980; J. Brody, Lectures de M., 1982; J. Starobinski, M. en mouvement, 1982; P. Bonnet, Bibl. méthodique et analytique, 1983; W. Mueller-Pelzer, Leib und Leben. Unters. zur Selbsterfahrung in M.s *Essais*, 1983; R. Aulotte, *Essais*, 1988.; Y. Bellenger, M., 1988; H. P. Clive, Bibl. annotée, 1990; M. Lazard, M., 1992; A. Enders, Die Legende von der Neuen Welt, 1993; J. Y. Pouilloux, M., 1995; Éditer les *Essais* de M., Colloque 1995, 1997; J. Laurent, L'expérience de la chute, 1997; A. Conche, M. et la philosophie, 1997.

III

17. Jahrhundert

Historischer Überblick

1638   Die beiden Klöster Port-Royal entwickeln sich zu
        Zentren jansenistischer Reformtheologie (abweichende
        Gnadenlehre).

1640   Postum erscheint Jansenius' *Augustinus* (Darstellung
        der gegen Rom und die Jesuiten gerichteten
        Einschätzung der Gnadenwahl und Bedeutung der
        »Werke«).

1642–61 Mazarin Erster Minister.

1643–1715 Ludwig XIV.

1643–51 Regentschaft Annas von Österreich für ihren unmün-
        digen Sohn.

1648–52 Fronde (letzte Adelsrevolte gegen den Zentralismus
        und Opposition der Gerichtshöfe gegen die königliche
        Steuerpolitik); Niederschlagung mit Hilfe von
        Financiers, die Mazarin unterstützen.

1661   Ludwig XIV. erklärt seinen Ministern den Beginn des
        absolutistischen Systems; Verhaftung und Verurteilung
        des Oberintendanten der Finanzen Fouquet unter dem
        Vorwurf der Veruntreuung.

1661–83 Colbert Generalkontrolleur der Finanzen und
        Minister.

1663   Gründung der Académie des inscriptions et belles-
        lettres.

1666   Gründung der Académie des sciences.

1672   Beginn wirtschaftlich ruinöser europäischer Feldzüge
        Ludwigs XIV.

1678   Franche-Comté und Elsaß fallen an Frankreich.

1680   Gründung der Comédie-Française.

1682   Verlegung des Hofs nach Versailles.

1685   Revokation des Edikts von Nantes, Emigration der
        Hugenotten oder Rückzug in unzugängliche Gebiete
        im Südwesten.

1687   »Querelle des anciens et des modernes« (kultur-
        philosophische Debatte um die geschichtliche Vervoll-
        kommnung).

1694   Wörterbuch der Académie française.

1702–05 Aufstände der Hugenotten (»camisards«) in den Cevennen niedergeschlagen.

1709 Vertreibung der Nonnen von Port-Royal-des-Champs, 1711 Zerstörung ihres Klosters.

1715 Volksfeststimmung in Paris bei der Nachricht vom Tod Ludwigs XIV.

1. Einleitung

»Grand Siècle«

In seiner Schrift *Le Siècle de Louis XIV* (1752) zeichnet Voltaire ein idealtypisches Bild der absoluten Monarchie und ihrer klassischen Ästhetik. Die Nachwelt leitet daraus ein praktisch unantastbares Modell von der geistigen Größe Frankreichs und den normativ gesetzten Parametern ab. An dieser Hochschätzung ändert auch die nach 1815 von der frz. Romantik eingeleitete Debatte um museale Tradition und postrevolutionäre Modernität nichts. Die frz. Schulbuchpolitik schreibt seit dem 19. Jh. die Höhenkammliteratur der Regierungsepochen Ludwigs XIII. und Ludwigs XIV. als Arsenal unstrittiger Normen fest.

»La cour et la ville«

Mit der Formel »la cour et la ville« wird der Konsens von Hof und Stadt als maßgebender Öffentlichkeit und Träger der klassischen Ästhetik vorausgesetzt. Dabei bezeichnet »Hof« den alten Schwertadel, der – im Zuge der Zentralisierung des Staates – politisch entmachtet, von seinen Ländereien weg an den Hof gezogen wird und dort eine reine Repräsentationsfunktion übernimmt; während »Stadt« die reich gewordene, kultivierte Oberschicht des Bürgertums meint, an ihrer Spitze die »noblesse de robe«, der Amtsadel, der seine Nobilitierung mit dem Kauf eines Amtes in Verwaltung oder Gerichtshöfen (Parlements) erlangt hat. Beide Kreise schließen sich in dem Maße zusammen, wie das Königtum sich gegen den Adel (Niederschlagung der Fronde) und gegen die Ansprüche des Bürgertums durchsetzt und einen vollkommenen Absolutismus etabliert, der nur gesellschaftliche Verlierer zurückläßt. Andererseits hat der Absolutismus – als Kompensation – die Entfaltung kultureller Größe durch eine aktive Kulturpolitik bewußt gefördert. Dabei gehen zunächst starke kulturelle Impulse von der städtischen Gesellschaft aus: von der von Richelieu gegründeten und protegierten Académie française, von den jansenistischen Klöstern Port-Royal, von Autoren wie Corneille oder Descartes, die keine engen Beziehungen zum Louvre unterhalten, und von den Salons. Im Hôtel de Rambouillet führt Catherine de Vivonne Hochadlige, die Damen Chevreuse, Condé, Rohan und Sévigné, und bürgerliche Autoren, Chapelain, Conrart und Voiture, zusammen. Conrart verkehrt auch im Salon der Madeleine de Scudéry; der Zirkel bei der Du Plessis-Guénégaud versammelt Gegner Kardinal Mazarins und Anhänger von Port-Royal.

Bald aber entwickelt sich der Hof, d. h. die Umgebung des Königs zum Zentrum geistiger Kräfte: er ist für die Akzeptanz der zeitgenössischen Literatur berechenbarer als die heterogene Stadtgesellschaft.

»Honnêtes gens«

Schon in den dreißiger Jahren beginnt eine breite moralistische Diskussion im Zeichen Montaignes und des Italieners Baldassare Castiglione (*Il cortegiano*, 1528), der die Höflingskultur codifiziert und die Normierung der »honnêteté« vorbereitet hat. Durch die Umgestaltung der höfi-

schen Welt im Zeichen der Zentralgewalt bildet sich in
Frankreich dann ein neues Menschenbild heraus, das vor allem Nicolas Faret und der Chevalier de Méré konturieren.
Dieses Ideal der »honnêteté« ist – seiner sozialen Grundlage entsprechend – vor allem dadurch charakterisiert, daß
es nicht nur von allem Ständischem absieht, sondern auch
alle lebensmäßigen Bindungen rigoros ausblendet. Sie ist
ein abstraktes, allgemeinmenschliches Ideal, das den einzelnen zu einem Individuum bildet, das sich durch Anstand,
Schicklichkeit, Unaufdringlichkeit auszeichnet und durch
den Verzicht auf seine Individualität zu einem liebenswür-
digen Gesellschaftsmenschen wird.

Der angewachsene Leserkreis der »honnêtes gens« in Paris verkraftet im 17. Jh. bereits Auflagen von bis zu 3000
Exemplaren; Romane sind ebenso beliebt wie Memoirenliteratur und Reiseberichte, die gelegentlich zur Utopie ten-
dieren. Die Verbreitung von Informationen über die fremde
Neue Welt fördert Colbert, der im Hinblick auf überseeische Unternehmungen die Lust am Risiko und die Investi-
tionsbereitschaft beim Adel wie bei der Handelsbourgeoisie
gesteigert und legitimiert sehen will.

Der Marquis Jean-Baptiste Colbert (1619–83), Direktor
der Staatsbibliothek, Generalkontrolleur der Finanzen und
1669 Minister, begründet die Zentralverwaltung, ohne die
der Absolutismus nicht zu verwirklichen wäre, betreibt den
Abbau der Binnenzölle und kämpft für eine überseeische
Machtstellung des Königreichs. Er versorgt seit 1663 zahlreiche Autoren, darunter Corneille, Molière und Racine,
mit königlichen Pensionen und veranlaßt die Einrichtung
mehrerer Akademien, denen er Aufgaben der Architektur,
der künstlerischen Gestaltung von Fassaden sowie der naturwissenschaftlichen Forschung überträgt.

Die Situation der Schriftsteller

Der Tiers État signiert in der Regel seine Publikationen, der Adel veröffentlicht anonym. Diese vereinfachende Formel impliziert außer Statusproblemen auch Aspekte des Marktwerts von Autoren und Werken. – Während von Wissenschaftlern publizierte Erkenntnisse vor Plagiat geschützt sind, werden Dichtungen stofflich und stilistisch geplündert, verfälscht wiedergegeben und ohne Honorierung nachgedruckt. Davor bietet das königliche Privilège, das 1566 allerdings als ideologische Kontrollmaßnahme eingeführt worden ist, dem Drucker und Buchhändler einen gewissen Schutz. Das Privilège gilt nur für wenige Jahre (z. B. 5 Jahre für Pascals *Pensées*) und muß gegebenenfalls neu beantragt und bezahlt werden. Der Handel profitiert davon, der Autor nicht, da er sein Manuskript für einen Festbetrag vergeben hat. Nicht genehmigte Veröffentlichungen können andererseits selbst einen Autor wie Boileau in Rechtfertigungszwänge bringen: 1666 muß er eine Ausgabe seiner *Satires* desavouieren.

Auch Dramatiker verkaufen ursprünglich einem Theaterbetreiber den Text ihrer Stücke. Das Recht, ihre Werke drucken zu lassen, müssen sie sich in Auseinandersetzungen mit dessen Bühnenmonopol sichern. Da das nicht der Regelfall ist, entschuldigt sich selbst Molière, er gehe »unter die Autoren«, um sich vor Raubdrucken und Verstümmelungen seiner Komödien zu schützen. Aber auch er bleibt, trotz Abendkasse und Veröffentlichungshonoraren, auf Gratifikationen angewiesen, die er zunächst vom Oberintendanten der Finanzen Fouquet und nach dessen Verhaftung und Verurteilung aus der königlichen Schatulle empfängt. Nach der Fronde spielen die Financiers als Mäzene eine bisher unbekannte kulturpolitische Rolle. Colbert zentralisiert seit 1663 mit Hilfe von Chapelain auch das Vergütungswesen für die staatstragenden Künste. Corneille empfängt anfangs mehr als Molière, der junge Racine zunächst wenig und Boileau nichts.

Lit.: R. Bray, La formation de la doctrine classique, 1963; A. Adam / P. Clarac, L'âge classique I–II, 1968–69; N. Elias, Die höfische Gesellschaft, 1969; K. Malettke, Opposition u. Konspiration unter Ludwig XIV., 1976; M. Fumaroli, L'âge de l'éloquence, 1980; E. Köhler, Vorlesungen zur Gesch. der frz. Lit.: Vorklassik, Klassik I, Klassik II, 1983–85; F. Nies / K. Stierle (Hrsg.), Frz. Klassik, 1985; M. Senellart, Machiavélisme et raison d'État, 1989; R. Mousnier, L'homme rouge ou la vie du cardinal de Richelieu, 1992; W. Voßkamp (Hrsg.), Klassik im Vergleich, 1993; H. Merlin, Public et littérature en France au XVIIᵉ siècle, 1994; A. Blanc, Lire le classicisme, 1995; H. Stenzel, Die frz. »Klassik«, 1995; J. Rohou, Le classicisme 1600–1700, 1996; J. v. Stackelberg, Die frz. Klassik, 1996; A. Adam, Histoire de la littérature française au XVIIᵉ siècle, 1997; J.-P. Chauveau, Lire le baroque, 1997; R. Zuber, Les émerveillements de la raison, 1997; J. Rousset, Dernier regard sur le baroque, 1998; R. Baader (Hrsg.), 17. Jh., Roman. Fabel. Maxime. Brief, 1999; M. Zimmermann / R. Böhm (Hrsg.), Frz. Frauen der Frühen Neuzeit, 1999; Ch. Jouhaud, Les pouvoirs de la littérature, 2000.

2. Diskurse über die Methode, die Kunst und den Menschen

Das absolutistische Kontrollsystem entläßt Kunstgenuß und Ethik nur scheinbar in die Freiheit autonomer Manifestationen. Ansätze zur Entwicklung intellektueller und künstlerischer Praxis, wie sie das 16. Jh. gelten ließ, enden im 17. Jh. dort, wo Kulturpolitik Akademien einrichtet und sie mit normativer Vollmacht ausstattet. Entsprechend werden hugenottische und jansenistische, auch freidenkerische Tendenzen mit Strafmaßnahmen überzogen. Davon verschont bleiben die elsäßischen Protestanten, die erst seit 1678 Franzosen sind.

Philosophische Diskurse

Parallel zur oppositionellen Philosophie mit den Schwerpunkten Metaphysik, Physik und Epistemologie thematisieren polemische Dispute die Frage nach dem freien Willen im Zusammenhang mit der göttlichen Gnade; programmiert ist damit der Streit zwischen der pessimistischen, weltflüchtigen Haltung der Jansenisten, für die Pascal Partei ergreift, und den Jesuiten, seitdem Antoine Arnauld, ein prominentes Mitglied von Port-Royal, aus dem Lehrkörper der Sorbonne entfernt worden ist und als »solitaire« lebt.

Libertinistische Ansätze (Naudé, Viau, Foigny, Cyrano de Bergerac) müssen die öffentliche Argumentation scheuen, sowie über die religiöse Indifferenz hinaus, die schon verdächtig wäre, deistische oder atheistische Akzente zu erkennen sind. Die antikisierende Kultur der Humanisten endet auch an diesem prekären Punkt.

Im Mittelpunkt der Philosophenkontroverse steht in den dreißiger und vierziger Jahren **René Descartes** (1596–1650), dessen gegen die scholastische Auslegung aristotelischer Positionen gerichtete mathematische Welterklärung heftige Reaktionen auslöst. Anders als die Sorbonne denkt Descartes das Universum unendlich und verwirft die traditionelle Annahme eines sicheren Orts des Menschen im endlichen, durch Transzendentalien gesicherten Kosmos. Mit der Anwendung des methodischen Zweifels im *Discours de la méthode* (1637) und seiner Theorie der zweigeteilten, denkenden und materiellen Welt entwirft Descartes einen eigenen rationalistischen Idealismus. Für die Literatur wird sein *Traité sur les passions de l'âme* (1649) zum Markstein. In dieser streng gegliederten Abhandlung über die Leidenschaften revidiert er die Anthropologie Montaignes und formuliert, jenseits individueller Beglaubigung, die die *Essais* prägt, einen universalen Optimismus, der im Sieg des Willens über die anderen menschlichen Grundaffekte gipfelt.

Weitere Wissenschaftsphilosophen dokumentieren die Vielfalt des Denkens seit der Regierungszeit Ludwigs XIII.: **Marin Mersenne** (1588–1648) lehnt wie Descartes Montaignes Skeptizismus ab, veröffentlicht 1624 eine Streitschrift gegen das Freidenkertum und verteidigt als Mathematiker Galilei. **Pierre Gassendi** (1592–1655) verwirft sowohl Aristoteles als auch Descartes' Voluntarismus und propagiert eine kompromißfähige und genußfreudige Sozietät. Darin ist er sich mit Molière einig.

Lit.: T. Gregory, Genèse de la raison classique de Charron à Descartes, 1998.

Blaise Pascal (1623–62) diskutiert auf singuläre Weise im 17. Jh. die Frage, ob der Mensch von sich selbst absehen muß, um das jenseitige Heil zu finden, das nicht, wie die Jesuiten meinen, durch bewußte, zielgerichtete Anstrengung zu erwerben sei. – Er wird als Sohn eines Präsidenten der Cour des Aides und Steuereinnehmers in Rouen geboren; mathematisch hochbegabt, entdeckt er u. a. das Prinzip der kommunizierenden Röhren und konstruiert eine Rechenmaschine. 1646 bekennt er sich zur Theologie des Jansenismus. Wahrscheinlich 1652 lernt Pascal in einem hochadligen Salon in Paris, wo er physikalische Experimente vorführt, den Chevalier de Méré kennen. Montaignes und Mérés Darstellung des Einzelnen als Beobachter und beobachtetes Element der guten Gesellschaft beschäftigen ihn ein Leben lang. Außer mit Méré verkehrt Pascal im Kreis der Cartesianer, bis er 1654, nach einem Unfall in einer Kutsche, seine bisher mondänen Lebensgewohnheiten radikal ändert (mystischer Bekenntnistext *Mémorial*) und sich der dem Jansenismus verpflichteten Klostergemeinschaft von Port-Royal anschließt.

Nachdem die Sorbonne fünf Kernsätze der Augustinus-Monographie des Bischofs Jansenius als ketzerisch angeprangert und ein akademisch formulierter Gegenbeweis von Antoine Arnauld kaum Wirkung gezeigt hat, greift Pascal mit Unterstützung von Pierre Nicole unter Pseudonym in den Disput ein: Von Januar 1656 bis Mai 1657 erscheinen *Les Provinciales ou les lettres écrites par Louis de Montalte à un provincial de ses amis et aux RR.PP Jésuites* (Ausg. M. Le Guern, 1987). Pascal zwingt den Leser, anhand der vorgetragenen Argumente selbst die Entscheidung zu treffen gegen die offizielle Doktrin, die ihren Standpunkt mit langatmiger Kasuistik, aber auch Verbalinjurien verteidigt.

Pascals jahrzehntelange Arbeit an einer Apologie des christlichen Lebens im Zeichen einer jansenistischen Neuorientierung der Anthropologie ist Fragment geblieben. Der Montaigne-Leser Pascal forciert zunächst, wenn er vom Menschen handelt, die den *Essais* zugrundeliegende Erkenntnisskepsis, bevor er ihr selbst die Garantie für das angemessene Erfassen der Natur entzieht. Allein das Vertrauen in den verborgenen Gott, den Spender der »grâce efficace«, rettet den Einzelnen, der im Zeichen des gesellschaftlichen Sinnverlusts sonst orientierungslos ist.

Entsprechend stellt Pascal dieses Subjekt in den *Pensées sur la religion* (Ausg. L. Lafuma, 1952; Ph. Sellier, 1976; F. Kaplan, 1982), wie die Textsammlung bei der Publikation 1670 heißt, in paradoxen Formulierungen dar. Der irreguläre (und dadurch unklassische) Textmodus, seine scheinbare Inkohärenz, ist gerade eine intendierte Struktur. In einem dialektischen Prozeß irritiert Pascal den fiktiven Dialogpartner, er suggeriert ihm die Ohnmacht der Vernunft, die keine Erklärung findet für die von Giordano Bruno beispielhaft formulierten maximalen wie minimalen Unendlichkeiten des Kosmos. Allein das Herz kennt Argumente, die dem Verstand unzugänglich sind; es setzt intuitiv auf Gott und läßt sich auf eine paradoxe Wette ein. In der Perspektive eines Selbstgesprächs werden zwei Möglichkeiten genannt: die Existenz Gottes oder seine Nichtexistenz. Die Vernunft löst das Dilemma nicht; andererseits liefert sie keinen hinreichenden Grund, die Frage nicht spielerisch anzugehen: »Ja, man muß wetten. Das geschieht nicht freiwillig:

Ihr könnt gar nicht anders [...]. Schätzen wir diese beiden Fälle ein: Wenn Ihr gewinnt, so gewinnt Ihr alles; wenn Ihr verliert, so verliert Ihr nichts.« Da die Vernunft den Kosmos nicht definieren und Gottes Wesen nicht begrenzen kann, wozu Descartes neigt, muß das Problem irrational aufgegriffen werden. Durch die Leugnung einer Erfolgs- und Belohnungsethik wirken die *Pensées* auf Rousseau, Kant und namentlich auf den christlichen Existentialisten Gabriel Marcel.

Lit.: H. Weinrich, Polemik u. Kunst der Prosa in P.s *Lettres provinciales* (Lit. für Leser), 1971; P. Kuentz, Un discours nommé Montalte, RhlF 1971; L. Marin, La critique du discours, 1975; S. F. Melzer, Discourses of the Fall, 1986; L. M. Heller / I. M. Richmond, P., thématique des *Pensées*, 1988; D. Descotes, L'argumentation chez P., 1993; D. Leduc-Lafayette, P. et le mystère du mal, 1996; P. Bourdieu, Méditations pascaliennes, 1997.

Antoine Arnauld (1612–94), Bruder der Äbtissin Angélique von Port-Royal, den die Sorbonne aus der theologischen Fakultät ausgeschlossen hat, verfaßt 1660 zusammen mit **Claude Lancelot** (1615–95) die *Grammaire générale et raisonnée*, zwei Jahre später mit **Pierre Nicole** (1625–95) *La logique ou l'art de penser*, ein Kompendium der cartesianischen Methodik. Nicole, auch als elegant schreibender Literaturtheoretiker seit den fünziger Jahren beachtet, ist der Autor heftiger Polemiken gegen die Hugenotten (*Préjugés légitimes contre les calvinistes*, 1671). Seine *Essais de morale* (1671–78), Kritik am weltlichen Ideal des »honnête homme«, stellen wie die Maximen La Rochefoucaulds die verderbliche Eigenliebe des Menschen in den kritikwürdigen Mittelpunkt sittlichen Handelns; der 3. Band der Schrift erhebt religiöse Einwände gegen das Theater (*Traité de la comédie*).

Lit.: J.-Cl. Pariente (Hrsg.), A., 1995.

Poetologische Diskurse

Im gedanklichen Umfeld der nationalstaatlichen Akademie-
gründung entstehen epochale Schriften zur Festlegung der
Sprach- und Literaturfunktion, des korrekten »usage« in
praktischer wie ästhetischer Kommunikation. Mögliche
Autonomieansprüche der literarischen Arbeit sind durch
pragmatische Vorgaben der Regelsysteme eingeschränkt.
Andererseits bestätigt sich sogleich der Verdacht der Sorbonne, die Académie française werde linguistische Themen
usurpieren, und des Gerichtshofs, seine Zensurgewalt
werde eingeschränkt. Tatsächlich befinden seit den dreißiger
Jahren arbeitsteilig die Akademiemitglieder über poetische
Qualitäten, die Sorbonne über theologische und das Parlement über juristische Verstöße in einem Text.

Aus dem Zirkel, den **Valentin Conrart** (1603–75) seit
1629 bei sich versammelt hat, ist mit Privilège vom Januar
1635 die Académie française entstanden; Conrart, der weniger für seine Verskunst als für seine puristischen Überlegungen zur Grammatik beachtet wird, amtiert seit 1634 als
erster Ständiger Akademiesekretär.

Claude Favre de Vaugelas (1585–1650), dessen Schüler,
der Jesuit **Dominique Bouhours** (1628–1702), und **Jean
Chapelain** (1595–1674) illustrieren die Funktion einer modernen Instanz wie der Akademie für die Entwicklung des
bereinigten sprachlichen Ausdrucks. Von Vaugelas stammt
der Plan für das erste, normative Wörterbuch der Académie
française, mit dem die Veröffentlichung seiner *Remarques
sur la langue française* (1647) zusammenhängt. Er argumentiert von Maßstäben der Sprachverwendung der sich am
Hof und in Paris formierenden Eliten her. Bouhours, puri-
stischer Theoretiker und Verkünder des »bel esprit« am
Collège Louis-le-Grand, setzt für die ideale Literaturrezep-
tion den geschulten »bon sens« in der gesellschaftlichen
Oberschicht voraus (*La Manière de bien penser dans les
ouvrages de l'esprit*, 1687).

Die von Richelieu politisch gestützte Regelpoetik ist das Resultat der Anverwandlung antiker Kunstprinzipien und italienischer Vorgaben seit den siebziger Jahren des 16. Jh.s. Neu ist die universalistische Legitimation der aristotelischen Dichtungslehre durch ihren angenommenen rationalistischen Kern und ihre Billigung durch den »bon sens« der Autoren wie des Publikums. Dies ist der entscheidende erste Schritt zur Enthistorisierung des sich formierenden klassischen Stils bereits durch Chapelain und Corneille. Die Ideen vom Reich, der Staatsräson, der absolutistischen Herrschaft, höfischen und urbanen Kultur werden wiedererkennbare positive Elemente, weil sie im Schauspiel, Epos und in den Fabeln, gereinigt von jeder Kontingenz, vorgeführt werden.

Chapelain, eine bürgerliche Figur im Mittelpunkt des Salons vom Hôtel de Rambouillet, Kenner der spanischen und insbesondere der mittelalterlichen italienischen Literatur, begründet die neue Poetik in dem genannten philosophischen Anspruch. Dadurch wird er zur Orientierungsinstanz. In der *Lettre sur la règle des vingt-quatre heures* (1630) verteidigt er die Einheit der Zeit, die Aristoteles in solcher Einschränkung nicht gefordert hat, als Grundlage der Dramatik. Deren Zeitkomponente hebt er von derjenigen des Epos ab, dessen Merkmale er 1623 mit Blick auf den *Adone* des Italieners Marino darstellt. Chapelain nennt den zeitlichen Umfang dramatischer Ereignisse, die 24 Stunden überschreiten, »gotisch«; seit der Renaissance ist damit ein für barbarisch gehaltener mittelalterlicher Stil gemeint. Folgerichtig wird Chapelain ein Wortführer der Akademie bei der Auseinandersetzung um die Regelverstöße von Corneilles *Cid* (*Sentiments de l'Académie française sur la tragicomédie du Cid*, 1638).

In seiner Abhandlung *De la poésie représentative* (1635) systematisiert er seine Konzeption. Er wiederholt dabei in Vergessenheit geratene Argumente aus La Tailles *Art de la tragédie* (1572) zur Verdeutlichung der Stiltrennungsregeln

und erinnert an Aristoteles' Annahme der Identifikations-
begünstigung durch einen »gebrochenen« Charakter des
Protagonisten. Die Regelpoetik wird durch das übergeord-
nete Wahrscheinlichkeitsprinzip sanktioniert; dabei rekurriert Chapelain mit seinen Normen deutlicher auf Baufor-
men der römischen als der griechischen Dramatik (Akt-
und Szeneneinteilung). Sein Epos, mit dem er höchsten
Ruhm zu erringen hofft, *La Pucelle d'Orléans* (1656), wird,
trotz eigenhändiger Verbesserungen durch Richelieu, kein
Erfolg.

Lit.: A. C. Hunter, Lexique de la langue de Ch., 1967; R. Grimm,
MA-Rezeption, 1991.

Die Literaturgeschichte situiert **Nicolas Boileau-Despréaux**
(1636–1711) als letzten Theoretiker der Klassik. Er ist ihr
Dogmatiker, der codifiziert, was Chapelain oder der **Abbé
d'Aubignac** (d. i. François Hédelin, 1604–76) mit wech-
selnder Gewichtung zuvor vorgetragen haben. 1674 veröffentlicht er die Zusammenfassung der Regelpoetik und
der davon abzuleitenden rhetorischen Codifizierung unter
einem prestigereichen Titel: *L'Art poétique* (Ausg. S. Menant, 1998). Daran entzündet sich eine spezielle Epos-De-
batte (Jean Desmarets de Saint-Sorlin, *Défense du poème
héroïque*, 1675). Boileaus dem Prinzip der »bienséance« fol-
gende Einschränkung auf ein gutes Dutzend Gattungen ist
ein weiteres Merkmal der klassischen Reaktion auf die dichterische Fülle und Ungebundenheit der Renaissance. Entsprechend tadelt er Molière, wo dieser als Lustspieldichter,
nicht als Autor ernsthafter Komödien, hervortritt. Boileaus
poetologisches Bemühen gilt zentral der Tragödie, die er im
3. Gesang des *Art poétique* nicht mimetisch, sondern pragmatisch definiert, als er Lope de Vegas Ansprüche auf Ausrichtung des Schauspiels an der komplexen Natur für das
frz. Geschmacksideal ablehnt:

Un Rimeur, sans peril, delà les Pirenées
Sur la scene en un jour renferme des années.
Là souvent le Heros d'un spectacle grossier,
Enfant au premier acte, est barbon au dernier.
Mais nous, que la Raison à ses regles engage,
Nous voulons qu'avec art l'Action se ménage:
Qu'en un Lieu, en un jour, un seul Fait accompli
Tienne jusqu'à la fin le théâtre rempli.
Jamais au Spectateur n'offrez rien d'incroyable.
Le Vrai peut quelquefois n'estre pas vraisemblable.

(III,39–48)

Texte zur französischen Dramentheorie des
17. Jh.s, hrsg. von Wilfried Floeck, Tübingen: Nie-
meyer, 1973, S. 93.

Ein verwegener Reimeschmied jenseits der Pyrenäen /
Schließt auf der Bühne Jahre in einem Tag ein. / Da erscheint
der Held eines groben Spektakels, / der im ersten Akt Kind
ist, im letzten als Greis. / Wir aber, die uns die Vernunft auf
ihre Regeln verpflichtet, / Wir wollen, daß die Handlung
durchdacht voranschreite: / Daß eine einzige an einem Ort
und an einem Tag vollendete Begebenheit / das Publikum bis
zum Schluß im Theater halte. / Bietet dem Zuschauer nie etwas Unglaubwürdiges, / Auch das Wahre kann einmal nicht
wahrscheinlich sein.

Lit.: D. Janik, Geschichte der Ode u. der »Stances« von Ronsard bis
B., 1968; M. Descotes, Le cas B., 1986; P. Joret, B., 1989; U. Schulz-
Buschhaus, Moralistik u. Poetik, 1997.

Höfischer Diskurs

In einer umfangreichen Traktat- und Epistolarliteratur sowie in der Aphoristik werden Neuentwürfe, die sowohl die
Erkenntnistheorien als auch die Menschenbilder betreffen,
programmiert und relativiert. – Nach der Ermordung
Heinrichs IV., der den Herzog von Guise noch zum Zweikampf fordern wollte, um einen nationalen Konflikt sym-

bolisch auszufechten, manifestieren sich Rittertugenden nurmehr im rituellen Ort der Turniere; Richelieus striktes Duellverbot gilt der Sorge um die Dezimierung der Oberschicht und noch mehr der Zähmung des Adels innerhalb der neuen absolutistischen Herrschaftsstruktur. Die aristokratische Fronde ist nur scheinbar ein Rückschlag. Die Umwandlung des adligen Kriegers in den Höfling und die Veränderung der Mentalität nicht *der* Franzosen, sondern der Träger einer neuen höfischen und damit auch klassischen Gesinnung werden von der Mehrzahl der privilegierten Stände als Mittel der gesellschaftlichen Eingliederung bedingungslos akzeptiert. Eine vor allem jansenistisch argumentierende Minderheit, eher beim Amts- als beim Schwertadel, lehnt die neue Sozialisation als Maskierung und Abkehr vom tieferen Sinn des Lebens ab: subversives Denken am Rande der Machtverhältnisse, wohin sich auch die intellektuelle Libertinage manövriert.

Baldassare Castigliones (1478–1529) *Il cortegiano* (Venedig 1528) und Montaignes Selbstbezogenheit in den *Essais* sind zugleich historische Folie und Antipoden für die seit Beginn des 17. Jh.s erscheinende Höflingsliteratur (Eustache de Refuge, *Traité de la cour*, 1616; Nicolas Faret, *L'Honnête Homme ou l'art de plaire à la cour*, 1630; Chevalier de Méré, *Les Conversations*, 1668–69). Castigliones Brevier des Hofmanns wie der Hofdame unterrichtet, ausgehend von Erfahrungen am Hof von Urbino, in der Kunst des universellen, nicht fachlich detaillierten Wissens und sozialer Qualitäten, die jede Situation im Gespräch konfliktfrei lösen. Der Geburtsadel allein leistet dies nicht, solange nicht Bildung einen ergänzenden und übertragenen Adelsbrief verleiht. Die weitere frz. Diskussion konzentriert sich auf die »honnêtes gens«. Diese wünscht sich **Antoine Gombaud, chevalier de Méré** (1607–84) orientiert am »bon sens«, und das impliziert andererseits: »Ce qu'on appelle estre sçavant n'y sert que bien peu« – diese Lektion enthält die Abkehr vom pedantischen Fachwissen, dem der Aspekt des

Gefälligen und Angenehmen, der gesellschaftlichen Verwendbarkeit von Kenntnissen fehlt.

Jean-Louis Guez de Balzac (1597–1654) versteht in seinen *Lettres* (1624) literarische Neuerungen keineswegs als politische Systemfeindlichkeit, im Gegenteil: seine Verteidigung des Absolutismus und damit das Herrscherlob sind eindeutig; dies gestattet ihm, sich von jeder humanistischen Ergebenheit gegenüber der antiken Kultur zu emanzipieren. An Balzacs Lehrbuch *Du Prince* (1631) mißfiel Richelieu die lediglich pragmatische Herleitung des Absolutismus, dennoch zählt Guez de Balzac zu den ersten Mitgliedern der Académie française.

Lit.: J. Jehasse, B. et le génie romain, 1977; Fortune de B., Colloque 1997, 1998.

Die Briefe (Ausg. R. Duchêne, 3 Bde., 1972–78) der **Marquise de Sévigné** (1626–96, seit 1651 verwitwet und alleinstehend), zumeist an ihre Tochter Françoise (1669 Heirat mit dem Grafen von Grignan) gerichtet, wurden unmittelbar nach ihrem Tod veröffentlicht. Sie gelten in ihrer Art als kulturhistorisch wertvollstes Dokument der Epoche. Der Salon der Sévigné, die ihre Zeitgenossen »Meisterin der Redekunst« nannten, gehört seit dem Regierungsantritt Ludwigs XIV. zu den zwanzig bedeutendsten Zirkeln in Paris; Chapelain, Conrart, Ménage und Mme de Lafayette sind ihre Vertrauten. Die Leichtigkeit ihres Briefstils lernt sie bei ihrem Lieblingsautor, dem Spötter Voiture. Die Schreiben geben, häufig in parataktischen Sequenzen, vor allem Eindrücke wieder; Ursachen aufzuspüren und zu explizieren ist kaum beabsichtigt. In der Epistolarliteratur des 17. Jh.s (Balzac, Voiture, Chapelain, Peiresc, Mme de Sablé, Mme de Maure) ist ihr kein Autor ebenbürtig; sie weist mit ihrem spontanen, anspielungsreichen Stil und den witzigen Aufzählungen (vielbeachtete deutsche Übersetzung, 1761) auf den Briefeschreiber Voltaire voraus.

Lit.: R. Duchêne, S. et la lettre d'amour, 1970; E. Gérard-Gailly, Mme de S., 1971; F. Nies, Gattungspoetik u. Publikumsstruktur. Zur Gesch. der Sévignébriefe, 1972; La lettre au 17ᵉ siècle, Sonderh. RhlF 1978; Ch. G. S. Williams, S., 1981; C. M. Howard, Les fortunes de S. au 17ᵉ et au 18ᵉ siècles, 1982; Ch. G. S. Williams, S. ou la chance d'être femme, 1982; R. Duchêne, Naissance d'un écrivain. S., 1996.

Zwischen 1673 und 1676 verfaßt **Jean François Paul de Gondi, cardinal de Retz** (1613–79) seine *Mémoires* (ED Amsterdam 1717). Der ruhmsüchtige und lebenslustige Prälat gehört zu den führenden politischen Köpfen der Fronde; 1652 erhebt ihn Rom, gegen den Widerstand des Ministers Mazarin, in den Kardinalsrang. Nach seiner erzwungenen Resignation als Bischof 1662 zieht er sich in mehrere Klöster zurück, zuletzt nach Saint-Denis. Der Stil seiner Memoiren orientiert sich an Wendungen des gesprochenen Französisch, operiert mit lakonischen oder sentenziösen Satzmitteln; die Entsprechung zur ironischen und polemischen Textform Pascals ist deutlich.

Werkausg.: M.-Th. Hipp / M. Pernot, 1984.

Lit.: D. A. Watts, Cardinal de R., 1980; S. Bertière, R., 1990; U. Michalowsky (Hrsg.), Sur la plume des vents, 1996.

Als »mémoires« wird sowohl Fiktives (Gatien de Courtilz, *Mémoires de d'Artagnan*, 1700; Antoine Hamilton, *Mémoires de Grammont*, 1713) als auch Wissenschaftliches (*Mémoires de Trévoux*, 1701 ff.) und immer wieder Berichtliteratur (*Nouveaux Mémoires sur l'état présent de la Chine*, 1696) deklariert. Dazu kommen Textformen wie die »historiettes«.

Den polyphonen moralistischen Diskurs ergänzt **Gédéon Tallement de Réaux** (1619–90), konvertierter Hugenotte aus der Hochfinanz, zeitweilig verheiratet mit einer Rambouillet, in *Les Historiettes* (nach 1657; Ausg. A. Adam, 1960) durch Anekdoten aus der Skandalchronik. In dem eher respektlosen Bild der Zeit kommt die Rede außer auf heikle Statusprobleme der Aristokratie seit Heinrich IV. vor allem auf Detailbeobachtungen ökonomischer Entwicklungen. Anders als in der gleichzeitigen Dramatik und Narrativik tritt Körperlichkeit bis in die Bereiche der Skatologie und Sexualität vor die psychologisierend verhüllende Erotik.

Lit.: A. Cullière (Hrsg.), Aspects du classicisme et de spiritualité, 1996.

Den umfangreichsten Memoirentext, der von den letzten 20 Jahren der Regierungszeit Ludwigs XIV. und der Régence handelt, verfaßt **Louis de Rouvroy, duc de Saint-Simon** (1675–1755). Seine *Mémoires* (ED 1829) sind ohne literarischen Anspruch als Niederschrift von intimen Beobachtungen der Hofkultur entstanden. Aus persönlicher Anschauung und zeitgenössischen Quellen formt Saint-Simon, gestützt auf eigene Notizen, eine Zeitgeschichte aus der Perspektive des Feudaladels, die dem politischen Prozeß seit 1661 nicht mehr entsprach. Die *Mémoires* handeln, ohne die üblichen idealtypischen Prädikate, von Versailles, Aristokraten, hohen Klerikern, cholerischen und hysterischen Damen der feinsten Gesellschaft, Heerführern, dem Architekten Vauban, den Mätressen Ludwigs XIV., der Ninon de Lenclos, der Aufhebung des Edikts von Nantes 1685, der Zerstörung des Klosters Port-Royal sowie wiederholt vom Tod hochgestellter Persönlichkeiten. Bei aller dezidiert antiabsolutistischen Argumentation sind die Bilder ein singuläres Dokument der politischen Zeitgeschichte.

Lit.: Y. Coirault, L'optique de S.-S., 1965; Y. Coirault, Les manuscrits du duc de S.-S., 1970; D. van der Cruysse, Le portrait dans les *Mémoires* du duc de S.-S., 1971; D. van der Cruysse, La mort dans les *Mémoires*, 1981; F. Formel, Bibl. des éditions des *Mémoires*, 1982; C. Guilbert, S.-S. ou l'encre de la subversion, 1994; E. Le Roy Ladurie, S.-S. ou le système de la cour, 1997.

Moralistische Diskurse seit der Fronde

Ein Hochadliger, **François VI, duc de La Rochefoucauld** (1613–80), in der Fronde engagiert, weil Mazarin ihn brüskiert hat, 1652 bei den Straßenkämpfen im Pariser Faubourg Saint-Antoine schwer verwundet, bis 1656 in die Provinz verbannt, danach Gast in den maßgebenden Salons der Damen Montpensier, Sablé, Sévigné und Lafayette, wird zum verbitterten und dennoch hellsichtigen Beobachter der neuen gesellschaftlichen Elite. Seine Ausdrucksform ist der Aphorismus. Ausgehend von der Bewertung der formalen »politesse« in der Gesellschaft der »honnêtes gens« formuliert La Rochefoucauld in seinen *Réflexions ou sentences et maximes morales* (1664–78; Ausg. J. Truchet, 1972) mit erkennbar jansenistischer Orientierung Verhaltensanalysen, die selbst die Freundschaft aus egoistischen Motiven, vor allem der Eigenliebe, erklären. Tapferkeit, Güte, Milde folgen nicht minder heuchlerischem Antrieb; alle sogenannten angeborenen Tugenden sind in Lastern verwurzelt: »Unsere Tugenden sind zumeist nur verkappte Laster.« Und: »Der Eigennutz spricht jede Sprache und spielt jede Rolle, selbst die der Uneigennützigkeit.« La Rochefoucaulds Einsicht in den moralischen Niedergang ist zugleich das Resultat philosophischer Studien und eigener politischer Fehleinschätzungen. Als Moralist teilt er nicht Descartes' kategorischen Voluntarismus, wenn er, wiederum im verallgemeinernden Plural der ersten Person, bemerkt: »Wir haben mehr Kraft als Willen, und nur um uns vor uns selbst zu entschuldigen, halten wir Dinge oft für unmöglich.« In solchen Selbsttäuschungen enthüllt sich das Wesen des Menschen; La Rochefoucauld thematisiert die Verheimlichung und Verdrängung individueller Neigungen, wo sie im Widerspruch zu sozialen und moralischen Tabus stehen. Die Innovation seiner Sentenzen liegt aber nicht in einer vom Textmodus ablösbaren Ideologie, sondern im schriftstellerischen Vermögen, einen Gedanken auf eine konzise Formel zu bringen. Der kompetente Chevalier de Méré warnt 1677 vor der Verwendung von Maximen in der Unterhaltung, es sei denn in parodierender Absicht.

Lit.: G. Hess, Zur Entstehung der *Maximen* L. R.s, 1957; M. Kruse, Die Maxime in der frz. Lit., 1960; A. Bruzzi, La formazione delle *Maximes* di L. R. attraverso le edizioni originali, 1968; Ph. Sellier, L. R., Pascal, Saint Augustin, RhlF 1969; L. Ansmann, Die *Maximen* von L. R., 1972; O. Roth, Die Gesellschaft der »honnêtes gens«. Zur sozialethischen Grundlegung des honnêteté-Ideals bei L. R., 1981; H. C. Clark, L. R. and the Language of Unmasking in Seventeenth-Century France, 1994; R. G. Hodgson, Falsehood Disguised, 1995; Ch. Schapira, La maxime et le discours d'autorité, 1997; P. Toffano, Poétique de la maxime, L. R., 1998.

Den tiefgreifenden Wandel der Gesellschaft der »honnêtes gens«, über den La Rochefoucauld nur sarkastisch urteilen kann, nimmt **Jean de La Bruyère** (1645–96) zum Anlaß, Moralistik mit Porträt-Zeichnung zu verbinden und Fragen nach der sozialen Sittlichkeit intensiver zu stellen. Ob dies als Ergebnis seines bürgerlichen Denkens zu beurteilen ist, bleibt hypothetisch. Der Finanzbeamte, Prinzenerzieher und seit 1686 Kammerherr publiziert seit 1688 sein großes Werk *Les Caractères de Théophraste, traduits du grec, avec Les Caractères ou les mœurs de ce siècle* (Ausg. R. Pignarre, 1965; P. Kuentz, 1969), das bis 1800 in zahlreichen Neuausgaben erscheint, häufig mit Anleitungen zur Entschlüsselung dargestellter Personen, wie dies für zeitgenössische moralistische Texte sonst nicht gebräuchlich war. La Bruyères typologischer Ansatz geht auf die griechische Ethik zurück, unzweifelhaft zeitnah wirkt hingegen sein antithesenhaftes Vergleichen älterer, humanistischer Wertvorstellungen mit einem modisch verdünnten Rationalismus der zweiten Jahrhunderthälfte. Auf den ersten Blick weisen die Charaktere seines gesellschaftlichen Panoramas im Zeitalter Ludwigs XIV. eine auffällige Ähnlichkeit auf mit denjenigen einzelner Komödien Molières, etwa des *Misanthrope*. La Bruyères Prosa ist weniger auf die Verkürzung zur Maxime

fixiert als La Rochefoucaulds Prosa. Parabeln mit dysphori-
scher Schlußpointe (so im Gleichnis vom prunkenden Hir-
ten und seiner armseligen Herde im Abschnitt »Du souverain ou de la république«), Dialoge, Traktate oder Perso-
nenbeschreibungen markieren Diskursvarietäten.

Lit.: R. Jasinski, Deux accès à L. B., 1971; L. van Delft, L. B. moraliste
1971; R. Garapon, *Les Caractères* de L. B., 1978; U. Schulz-Buschhaus,
Moralistik u. Poetik, 1997.

Charles de Saint-Evremond (1614–1703), der wie La
Bruyère die literarischen Menschenbilder des 17. Jh.s durch
Entgegensetzung der Tragödien Corneilles und Racines erläutert, zieht aus der fragwürdig gewordenen normativen
Ästhetik Schlüsse, die auf Gassendis Relativismus rekurrieren. Er formuliert moralische Lehren, die epikureisch fundiert sind. Kommentare zur Dramatik seiner Zeit bereiten
seine geschichtsbewußte Stellungnahme zur »Querelle des
anciens et des modernes« vor (*Sur les poèmes des anciens,*
1685). Mit seiner Absage an eine zeitlos rationalistische
Poetik, der Forderung nach Befreiung des Meisterwerks
von Modellen sowie der in Vergessenheit geratenen Respektierung der aristotelischen Unterscheidung von primä-
rem Dramenkonflikt und sekundärer Personenkonstellation unterstreicht Saint-Evremond die Notwendigkeit
geschichtliche Differenzen wahrzunehmen. Die Frühaufklärung nutzt solche Argumentationen und führt, rückhalt-
loser als er selbst, das relativistische Geschichtskonzept
schließlich gegen dogmatische Positionen der Theologie an.

Lit.: H. T. Barnwell, Les idées morales et critiques de S.-E., 1957;
M. Fumaroli (Hrsg.), Le loisir lettré à l'âge classique, 1996.

Heilsgeschichtliche oder
utopische Projekte

Montaigne hat der frz. Literatur eine Denkaufgabe hinterlassen, die er erst skizzieren konnte, über die sich mit systemkritischem Elan die Aufklärung, die Frühsozialisten des 19. Jh.s und zuletzt noch Zola in den *Quatre Évangiles* neigen, nämlich die utopische Verarbeitung von Erfahrungen mit anthropologischer Alterität.

Utopische Visionen des Freidenkers **Savinien de Cyrano de Bergerac** (1619–55), dessen Werke *L'Autre Monde ou les états et empires de la Lune* (1657; Ausg. M. Laugaa, 1970) und *Histoire comique des états et empires du Soleil* (1662) zeitgleich mit Pascals Angriffen gegen die Sorbonne entstanden sind, jedoch erst postum und purgiert veröffentlicht werden, nutzen das Traummotiv der interplanetarischen Reise, um die Bedrohung der Gedankenfreiheit, die die Jesuiten zu verantworten haben, zu verfremden und sie derart zu monumentalisieren. Von jansenistischen Grundsätzen unterscheidet seine Ethik das Lob des Hedonismus und damit die Nähe zum Freidenkertum.

Lit.: R. Pintard, Le libertinage érudit dans la première moitié du XVIIe siècle, 2 Bde., 1943; T. J. Reiss, The Discourse of Modernism, 1982; M. Cardoze, C., 1994; Ch. Zarka (Hrsg.), Philosophie et politique à l'âge classique, 1998.

In *Les Aventures de Télémaque* (1699 gegen den Willen des Autors veröffentlicht), dem utopischen Erziehungsroman, den der Prinzenerzieher und Autor von Totendialogen **François de Pons de Salignac La Mothe Fénelon** (1651–1715) als Fortsetzung von Homers *Odyssee* anlegt, sind kritische Töne leiser, obwohl sich Ludwig XIV. in der Gestalt des Tyrannen Pygmalion verzerrt wiedererkannte und den Druck untersagte. Telemach soll auf der Suche nach dem verschollenen Vater Odysseus lernen, Eroberung, Ausschweifung und Verschwendung zu verachten. Die Fiktion

liest sich als Desavouierung des Prunkstils des Sonnenkö-
nigs; den Druck auf das absolutistische Herrscherbild lös
nicht mehr wie noch in der Ära der Fronde die Restauratior
der Adelsmacht aus, sondern eher ein Komplex bürgerliche)
Tugenden, den Fénelon seinem Zögling vermitteln will.

Lit.: P. Bénichou, Morales du Grand Siècle, 1948; A. Lanavèse (Hrsg.)
Je ne sais quoi de pur et sublime, 1994; F., Colloque 1994, 1996.

Fénelon ist vom offziellen Kanzelredner und Meister de
»oraison funèbre«, **Jacques-Bénigne Bossuet** (1627–1704)
gefördert worden. Bossuet und seit 1670 **Louis Bourdalou**
(1632–1704) übertragen das bisherige Prestige der juristischen Beredsamkeit in die Entwicklung der religiöse:
Überzeugungsliteratur. Sie wird Anlaß und kultureller Or
der Rhetorik. Bossuet, selbst Prinzenerzieher, führt Glau-
bensgespräche mit den Jansenisten, wird in die Akademi
gewählt und zum Wortführer des Gallikanismus, der di
spezifischen Vorrechte der frz. Krone gegenüber der Kuri
codifiziert. Sein *Discours sur l'histoire universelle* (1681
setzt den Schlußpunkt der heilsgeschichtlichen Erklärung
der Menschheitsentwicklung bereits in der Ära Karls de
Großen. Geschichte ist das sichtbare Wirken Gottes in de
Welt. Voltaire antwortet darauf mit dem kulturgeschichtlic
angelegten *Essai sur les mœurs*. Diderot reagiert positiv au
den Jesuiten Bourdaloue und zählt ihn (im Prospekt de
Encyclopédie) zu den bedeutendsten Geistern des 17. Jh.s.

Lit.: E. J. Henry, Bourdaloue, 1957; J. Calvet, Bossuet, 1968; P. D
Laude, Approches du quiétisme, 1991; G. Couton, La chair et l'âme
Louis XIV entre ses maîtresses et Bossuet, 1995.

3. Lyrik

Die Poesie des 17. Jh.s ist dem Œuvre der Pléiade nicht zu vergleichen, kein Autor hat mehr die Ausstrahlung eines Ronsard. Die Literatursoziologie zitiert die Produktionsbedingungen des Mäzenatentums, um die thematische Einschränkung der Lyrikproduktion im 17. Jh. auf Huldigung (an Richelieu), Herrscherlob vor und nach der Fronde, damit deell verbunden auf religiöse Dichtung, der die Psalmenparaphrase des 16. Jh.s als Vorbild dient, andererseits auf galante und satirische Verse zu erklären. Die Tradition der Sonettzyklen, wie sie für die Pléiade typisch sind, bricht im 17. Jh. ab; die petrarkistische Norm gilt schließlich weder für die planmäßige Anordnung einer thematisch und leitmotivisch verbundenen Serie von Gedichten noch für die Liebestheologie. Thematisch erfolgt eine Verschiebung hin zur derberen Erotik und Burleske. An diesem Prozeß wird deutlich, daß die Kanonbildung nicht verhindert, daß Poeten unter Nachahmung je nach Textfunktion Werk- oder Wirklichkeitsabhängigkeit verstehen. Noch wird diese Alternative – imitatio auctorum versus imitatio naturae – nicht dazu verwendet, die Lyrik aus dem aristotelischen Nachahmungskonzept generell herauszulösen. Vorerst wird verhandelt, ob offizielle Poesie das höfische Publikum voraussetzt und das galante Gedicht identifizierbare Privatpersonen.

Nachvollziehbar ist eine gattungsgeschichtliche Einteilung in drei Perioden (Meyer-Minnemann): bis etwa 1635 dominiert die Auseinandersetzung um den Stil der Ode, danach erfolgt bis 1665 die Aufwertung leichter Diskurse aus der Ära vor Ronsard, und die letzte Phase bis 1680 schließlich ist von der Satire oder der Fabel markiert und baut eine eigene Tradition auf.

Lit.: D. Jańik, Gesch. der Ode u. der »Stances« von Ronsard bis Boileau, 1968; A. Kibédi Varga, Rhétorique et littérature. Études de structures classiques, 1970; A. Buck [u. a.], Dichtungslehren der Romania aus

der Zeit der Renaissance u. des Barock, 1972; A. Rothe, Frz. Lyrik in
Zeitalter des Barock, 1974; H. Lafay, La poésie française du premie
XVIIe siècle (1598–1630), 1975; F. Nies, Genres mineurs, 1978; K. Meyer
Minnemann, Die frz. Lyrik von 1610–1680, in: D. Janik (Hrsg.), Die frz
Lyrik, 1987; J. Tortel, Un certain XVIIe siècle, 1994; A. Mantero, La mus
théologienne, 1995.

François de Malherbe (1555–1628), von Heinrich IV. 160
als Autor der »Ode de bienvenue à Marie de France« lo-
bend erwähnt, demonstriert an dieser Gattung die Funktio
enkomiastischer Dichtung, deren prunkender Diskurs be
ihm vor allem auf Eindeutigkeit der Aussage hin angeleg
ist. Er hat Zugang zum Salon des Hôtel de Rambouillet un
unterstützt die Politik Richelieus. Als Dichtungstheoretike
leitet Malherbe mit der Forderung nach Verständlichkeit
logischer Folgerichtigkeit und handwerklicher Vollendun
der Poesie die Klassik ein, dementsprechend weist er di
Orientierung an Petrarca, Ronsard und Desportes zurüc
(*Commentaire sur Desportes*, 1606; Ausg. F. Brunot, 1891)
Er verwirft Doppelsinnigkeit ebenso wie Allegorie, Archa
ismen, Dialekte oder allzu kühne Metaphern. Dem Hof wi
dem gebildeten Pariser Publikum erklärt er Dichtung al
diszipliniertes Spiel. Boileaus Poetik setzt 1674 Malherbe
stilistische Leistung als Beleg einer das Jh. durchziehende
Traditionslinie voraus.

Lit.: F. Brunot, La doctrine de M., d'après son commentaire de Despor
tes, 1891, ²1969; R. Fromilhague, La vie de M., 1954; R. Fromilhague, M.
technique et création poétique, 1954; F. Ponge, Pour un M., 1965; N. Ru
wet, M., Poétique 1980; R. Baustert, L'univers moral de M., 1997.

Poetisch unregelmäßige Bildlichkeit, die Malherbe zu
rückweist, weil ihm diese Manier kommunikationswidri
erscheint, wird dennoch von Zeitgenossen in Anspruch ge
nommen. **Mathurin Régnier** (1573–1613; Ausg. G. Rai
baud, 1958), der die Satire (*Les Satyres du sieur Regnier*
1614) in den Kreis der seriösen Dichtformen einführt, in
dem er sie in paarweise gereimte Alexandriner faßt, sie abe

dabei über die ganze Skala der Stilhöhen verteilt, bekämpft Malherbes Ansprüche als unangemessen antihumanistisch und aktualisiert in seinen Gedichten über das Hofleben, die Ehre und die Liebe gezielt irreguläre Ausdrucksformen. Vor allem legt er den Textmodus nicht eindeutig danach fest, ob das Gedicht zur Lust am Text oder zu einer nützlichen Lektion einlädt.

Unter dem Eindruck Régniers entfernen sich Poeten der nächsten Generation, Viau, Saint-Amant oder Tristan l'Hermite, noch entschlossener vom kritiklosen Vertrauen in eine rationalistische Fundierung der Lyriksprache. Mit seiner Vorstellung, »modern zu schreiben«, riskiert **Théophile de Viau** (1590–1626), der aus dem calvinistischen Amtsadel kommt, auch wenn er vorderhand nur die Abkehr vom Bildinventar und der Ausdrucksform antikisierender Ästhetik ankündigt, eine umfassende Opposition, die ihn auch politisch verdächtig macht. Die Tendenz zur Ungebundenheit gegenüber Regelsystemen, die sich darin äußert, daß er Malherbe lobt und es doch ablehnt, ihm als Vorbild zu folgen (»Elégie à une dame«), versteht sich als Forderung nach inhaltlicher und sprachlicher Entgrenzung der Gedichte. 1619 erwirken die Ultramontanen seine zeitweilige Verbannung, 1623 verdächtigen ihn die Jesuiten, den obszönen *Parnasse satyrique* verfaßt zu haben. In seinen manifestartigen *Fragments d'une histoire comique* (1623) warnt er mit historischen Argumenten vor jedem unreflektierten Verhältnis zur Tradition. In Viaus Liebessonetten wird der Orpheus-Mythos zum erotisch leichtfertigen Spiel der wiederkehrenden und im Totenreich körperlich attraktiver gewordenen Geliebten verkehrt.

Werkausg.: J. Streicher, 1958; G. Saba, 3 Bde., 1979.

Lit.: A. Adam, V. et la libre pensée française en 1620, 1936; G. Müller, Unters. des poet. Stils Viaus, 1968; K. Meyer-Minnemann, Die Tradition der klass. Satire in Frankreich: Themen u. Motive in den Verssatiren Viaus, 1969; G. Saba, Fortunes et infortunes de V., 1997; G. Saba, V., 1999.

Mit Théophile de Viau verbindet **Antoine de Saint-Amant** (1594–1661) das Interesse an Montaignes Prinzip der »diversité« und dessen möglicher Transposition in einen von klassischer Normierung abweichenden poetischen Diskurs. Saint-Amant ist mit den Barockdichtungen des Italieners Marino und des Spaniers Góngora, die als »modern« gelten, vertraut. Seine Lyrik ist vornehmlich deskriptiv und konzeptistisch (*Les Visions*, 1628; *Le Passage de Gibraltar*, 1640; *Albion*, 1644; *La Solitude*, 1654; *Dernier Recueil*, 1658).

Werkausg.: L. Vérané, 1930; J. Bailbé / J. Lagny, 5 Bde., 1967–79.
Lit.: Ch. Wentzlaff-Eggebert, Forminteresse, Traditionsverbundenheit u. Aktualisierungsbedürfnis als Merkmale des Dichtens von S.-A., 1970; R. Guichemerre, Quatre poètes du XVII⁰ siècle, 1991.

François Tristan l'Hermite (1604–55) gehört gleichfalls zu den Dichtern, die abweichende Ausdrucksmöglichkeiten suchen, während die offiziellen Autoritäten seit Malherbe auf Vernunft, Logik und Abstraktion des Diskurses setzen. Mit *Plaintes d'Acante* (1633), *Amours* (1638) und *Lyre* (1641; Ausg. J.-P. Chauveau, 1977) schreibt er die bedeutendste Lyrik der Epoche Ludwigs XIII.; darin gehen verschiedene Strömungen wie der Petrarkismus, die barocke Sinnenhaftigkeit des Italieners Marino und der Einsamkeitskomplex Viaus eine einmalige Verbindung ein. Tristan l'Hermite konzipiert eine metonymische Form der enkomiastischen Dichtung, die Sinngebilde der Repräsentation Schlösser und Gärten preist und dahinter die politische Macht meint.

Lit.: A. Carriat, T., 1955; W. Leiner, Études sur la littérature française du XVII⁰ siècle, 1996.

Vincent Voiture (1597–1648), Conseiller du Roi, 1627 Introducteur des ambassadeurs beim Bruder des Königs, vor Anfang an Mitglied der Académie française, 1639 Maître d'hôtel des Königs, Typus des Salonlöwen, ist vermögend wie kein anderer Autor seiner Zeit. Er ist der Meister mon däner Galanterie; die spanische Poesie erscheint ihm bei der Komposition asymmetrischer Strophenfolgen hilfreicher als die italienische. Seine galanten Briefe an adlige Damen erklären die stilistische Leistung zum eigentlichen Sinn des Schreibens.

Werkausg.: H. Lafay, 2 Bde., 1971.

Lit.: R. Pouvreau, V., 1993; A. Génétiot, Poétique du loisir mondain, 1997.

Als Molière in seinen Farcen Repräsentanten der Preziosität attackiert, polemisiert er gegen Paul Pellisson und Gilles Ménage. **Paul Pellisson** (1624–93) konzipiert die erste Geschichte der Académie française und versieht eine postume Ausgabe der Gedichte **Jean-François Sarasins** (1614–1654), darunter die seltene Gattung des lyrischen »discours«, mit einem programmatischen Vorwort. **Gilles Ménage** (1613–92), der zeitweilig zum Kreis des Kardinals von Retz gehört und 1666 in einer Abhandlung Malherbe kritisiert, läßt sich zum Subdiakon weihen, ohne deswegen im Leben und in der Dichtung aufzuhören, die Frauen zu verehren (Madrigale, Eklogen, Episteln, Epigramme). In den Pariser Salons bringt er die »bouts-rimés« in Mode, ein Gesellschaftsspiel, bei dem nach vorgegebenen Endreimen ganze Gedichte zu formulieren sind. Gleichsam ein Spätgeborener des 16. Jh.s, schreibt er frz., italienisch und lateinisch. Von linguistischem Wert sind seine *Observations sur la langue française* (1672).

Lit.: A. Niderst, Madeleine de Scudéry, P. et leur monde, 1976; M., Colloque 1994, 1995.

4. Poetische Lektionen:
La Fontaine

Die Rubrizierung La Fontaines in der Literaturgeschichte ausschließlich als Fabeldichter hat vor allem moralisierende Gründe. Sie stellt den erbaulichen Erzähler, der nach antikem Modell eine neue Salongattung kreiert, vor den Gassendi-Leser und Autor freizügiger Kurzgeschichten. **Jean de La Fontaine** (1621–95), Jurist, Günstling des gestürzten Surintendant Fouquet und hochgestellter Damen, darunter der Montespan und der Sablière, seit 1683 Akademiemitglied, modifiziert in seinen ersten Idyllen und Erzählungen (*Adonis*, 1657; *Songe de Vaux*, nach 1665, ED 1729; *Les Amours de Psyché et de Cupidon*, 1669) antike Mythologie und mittelalterliche Allegorie. Undogmatisch nennt er seine Kurzprosa »ouvrage«, »conte«, »fable contée en prose«.

Themen der pessimistischen Anthropologie La Rochefoucaulds und La Bruyères werden in den Fabeln wie den Erzählungen, die z. T. gleichzeitig entstanden sind, weiterverfolgt. Die anzüglichen Stoffe der *Contes et nouvelles en vers* (1665–85; Ausg. G. Couton, 1961) stammen aus der frz. Novellistik und von erfolgreichen italienischen Erzählern wie Boccaccio, Ariost und Aretino. Sie entsprechen jenseits klassischer Regeln dem Postulat der ästhetischen »négligence« und sind für den »honnête homme« als idealen Adressaten bestimmt. Die kunstvoll herbeigeführte Leichtigkeit des Stils entspricht den dargestellten Liebesscherzen, so, wenn ein Maultiertreiber eine Königin liebt.

Weniger Nähe zu derart märchenhaften Konstellationen sucht La Fontaine in den *Fables choisies mises en vers* (12 Bücher, 1668–94). In der ersten Phase noch als Übertragung und Apologie bekannter antiker und humanistischer Werke präsentiert, verselbständigen sich die Texte durch Verschmelzung des Beispielkonflikts mit der abschließenden Lektion. Maßgebend ist die Umwandlung der traditionellen

Prosafabel in elegante Verse mit oft lyrischer Qualität; der Vergleich mit dem viel ernsthafteren Tenor in einigen Fabeln Boileaus verdeutlicht La Fontaines Tendenz, Gleichnisse als Unterhaltung zu präsentieren. Themen sind das geläufige moralistische Arsenal: Liebe und Freundschaft, die Unterlegenheit gesellschaftlich unbedeutender Personen, ausgleichende Gerechtigkeit, innen- und außenpolitische Konflikte der Gegenwart, Kritik am apathisch gewordenen Adel (»Les membres et l'estomac«), Warnung vor eitler Anpassung an mondäne Systeme (»Un fou et un sage«; »Le juge arbitre, l'hospitalier et le solitaire«), Krieg und Frieden. La Fontaine setzt mit dem Hinweis auf Prometheus' Bild vom Menschen voraus, daß die rekurrenten Tiermotive (vor allem Löwe, Wolf, Katze, Affe) deswegen leicht zu entschlüsseln und anthropologisch auszulegen seien, weil von jedem Tier die wichtigste Eigenschaft archetypisch in jedem Lebewesen erhalten bleibt, beispielsweise die Anpassungsfähigkeit des wohlgenährten Haustiers und der Freiheitsdrang des hungrigen Wildtiers (»Le loup et le chien«). Formal entfernen sich die Fabeln vom klassischen Strophenbau durch virtuose Heterometrie; gleichwohl rivalisiert der Autor, der den antiken Topos von der Komödie als Spiegel der Existenz aufruft, mit Molière, indem er, was der älteren Tierdichtung versagt war, ein kontrastives Welttheater der Eitelkeiten und Einbußen inszeniert:

> J'oppose quelquefois, par une double image,
> Le vice à la vertu, la sottise au bon sens,
> Les Agneaux aux Loups ravissants,
> La Mouche à la Fourmi; faisant de cet ouvrage
> Une ample Comédie à cent actes divers
> Et dont la scène est l'univers.
> Hommes, Dieux, Animaux, tout y fait quelque rôle.
>
> (V,1,23–29)

Ich stelle mitunter in Form eines doppelten Bildes / das Laster der Tugend entgegen, die Dummheit dem gesunden Men-

schenverstand, / die Lämmer den reißenden Wölfen, / die
Fliege der Ameise und mache aus diesem Werk / ein großes
Schauspiel mit hundert verschiedenen Akten, / dessen Bühne
das Universum ist. / Menschen, Götter, Tiere, jeder spielt dort
eine Rolle.

> Fabeln, ausgew., übers. und komm. von Jürgen
> Grimm, Stuttgart: Reclam, 1987, S. 88–91.

Werkausg.: J.-P. Collinet, 1991.

Lit.: G. Couton, La poétique de L. F., 1957; K. Stierle, Poesie des Unpoetischen, Poetica 1, 1967; J.-P. Collinet, Le monde littéraire de L. F.,
1970; H. Lindner, Didakt. Gattungsstruktur u. narratives Spiel, 1975;
J. Grimm, L. F.s Fabeln, 1976; S. Sens, L. F., 1980; M.-O. Sweetser, L. F.,
1987; R. Duchêne, L. F., 1990; E. G. Branan, L. F., 1993; M. Blancpain,
L. F. avant L. F., 1994; J. Grimm, Le pouvoir des fables, 1994; P. Dandrey,
L. F. ou les métamorphoses d'Orphée, 1995; M. Fumaroli, Le poète et le
roi. L. F., 1997.

5. Narrativik

In den klassischen Lehrgebäuden bis ins beginnende 19. Jh.
ist wohl die Epik, nicht aber die Narrativik vorgesehen;
dessenungeachtet nehmen Schreiben und Lesen von Romanen kontinuierlich zu. Beliebt sind zunächst ausufernde,
vielbändige Werke, die an Umfang Rabelais' Zyklus noch
überbieten. Zahlreiche Aristokraten bekennen sich zum
Vergnügen an erzählter Fiktion. Die von Humanisten,
Jesuiten, Hugenotten und Jansenisten – in Analogie zur
Kritik an der Komödie – vorgetragene Romanverachtung
schmälert weder die Produktion noch die Nachfrage; sie hat
freilich poetologische Rückwirkungen insofern, als die Narrativik, trotz der einzigartigen *Princesse de Clèves*, in der
Evolutionsdebatte der »Querelle des anciens et des modernes« am Ausgang der Periode ohne Beweiswert bleiben
wird.

Erzählen und Reflexion über das Erzählen begleiten sich im 17. Jh. eng und indizieren die schwierige Gattungskonstitution. Romanverachtung und Verteidigung verschiedener Textformen finden jeweils ihre Stimmen. Dabei markiert die Selbstverständigung der Autoren bereits Typologisierungen nach Subgattungen (Charles Sorel, *La Bibliothèque françoise*, 1664), die zunächst motivischen Parametern folgen: Ritterroman, Schäferroman, heroischer Roman, Komödienroman. Gleichzeitig wird die Wirkung gerade der spanischen Vorbilder überprüft und festgehalten, daß überwiegend Frauen und Höflinge sowie die Pariser Oberschicht der Juristen und Financiers in ihrer Muße zum Roman greifen.

Die rationalistisch geführte Wahrscheinlichkeitsdebatte als Teil der Konstituierung des klassischen Dramas erfaßt sekundär auch die Erzählung, wobei im Vorgriff auf Boileaus Würdigung von »vrai« und »vraisemblable« empfohlen wird, das unwahre Wahrscheinliche dem unwahrscheinlichen Wahren vorzuziehen (Daniel Huet, *Traité de l'origine des romans*, 1670).

Erzählte Idyllen und heroisch-galante Abenteuer thematisieren im 17. Jh. emotionale Konstellationen, wie sie seit dem Mittelalter für die Epik, den höfischen Roman und die noch junge Tradition der Tragödie spezifisch sind. Erzählte Banalität andererseits setzt auf die Wiedererkennbarkeit der geistigen und materiellen Gegenstände, setzt Bilder der Moralistik und Strukturen der Komödie in Narration um. Eine spezielle Stufe bilden dabei Parodie, Pastiche und Burleske.

Lit.: M. Magendie, Le roman français au XVIIe siècle, 1932, reprogr. Nachdr. 1970; H. Coulet, Le roman jusqu'à la Révolution, 1967; J. v. Stackelberg, Von Rabelais bis Voltaire, 1970; H. G. Rötzer, Der Roman des Barock, 1972; H. Wentzlaff-Eggebert, Der frz. Roman um 1625, 1973; M. Lever, Le roman français au 17e siècle, 1981; R. Zuber / M. Cuénin, Le classicisme, 1984; B. Winklehner, Legitimationsprobleme einer Gattung, 1989; La naissance du roman en France, Colloque 1988, 1990; R. Behrens, Umstrittene Theodizee, erzählte Kontingenz, 1994.

Schäferroman

Als begeistert rezipierte Summe der seit 1504 publizierten
italienischen und spanischen Pastoralgattung (Sannazaro,
Montemayor, Cervantes, Lope de Vega) erscheint 1607–27
der mehrbändige Roman *Astrée* von **Honoré d'Urfé** (1557–
1625). Romanzeit ist ein fiktives 5. nachchristliches Jh.,
symbolischer Zeitraum die Entfaltung der »honnête amitié«
an der Schwelle zum frz. Absolutismus. Die Figuren – im
Mittelpunkt das Paar Astrée und Céladon, das Proben seiner Standhaftigkeit zu bestehen hat – sind zu Prinzipienträ-
gern abstrahiert, die im Zusammenspiel unterschiedlicher
Temperamente eine verfeinerte Lebensführung demonstrie-
ren sollen. Im Vorwort läßt der Autor erkennen, daß die
handelnden Personen nur aus müßiggängerischer Neigung
als Schäfer auftreten. In der Tat hielt der Erfolg der *Astrée*
bis zum Ende des 17. Jh.s in der aristokratischen Gesellschaft an; auf der Basis eines modischen Neuplatonismus
wirkte der Roman stärker als die meisten Literaturtheorien
der Klassik bei der Ausbildung empfindsamer, allerdings
auch illusionistischer Privatheitsmythen.

Lit.: J. Ehrmann, Un paradis désespéré: L'amour et l'illusion dans A.,
1963; M. Bertraud, A. et *Polexandre*, 1986; S. Kevorkian, Thématique
de l'A., 1991; A. Sancier-Château, Une esthétique nouvelle, 1995;
J. M. Hembree, Subjectivity and the Signs of Love, 1997.

Gegenentwürfe liegen bald vor. Nach der Veröffentlichung eines lateinisch geschriebenen pikaresken Romans
veröffentlicht **John Barclay** (1582–1621), in Frankreich geborener Engländer, 1621, zunächst wiederum auf lateinisch,
einen Staatsroman, *Argenis* (frz. Übers. 1623, deutsche Version von Martin Opitz, 1644). Die Psychologie der Liebe
wird hier aus einer Ordnungsmetaphysik abgeleitet, der
staatliches wie privates Handeln unterliegen. Das Herrscherlob als Romanthema entspricht der Widmung an Ludwig XIII. Eine vergleichbare Sublimierung des Liebesthe-

mas verfolgt auch der Bischof **Jean-Pierre Camus** (1584–1652) in der Vielzahl seiner erbaulichen Romane und Novellen, die als moralisierende Exempel dezidiert gegen die verderbliche Lektüre der Ritter- und Schäferliteratur gerichtet sind.

Heroisch-galanter Roman

Eine Eigenart sowohl des Schäfer- wie des Staatsromans, Zeiträume der Fiktion in die Ferne zu rücken, bleibt nach 1620 im heroisch-galanten Roman von **Marin Le Roy du Parc et de Gomberville** (1600–74; *Polexandre*, 5 Bde., 1637), **Gautier de Coste, sieur de La Calprenède** (um 1610–63; *Faramond ou l'histoire de France*, 12 Bde., 1661–70) und den beiden Scudéry maßgebend. Analog zur Tradition des Fürstenspiegels stehen im Mittelpunkt der pseudohistorischen Fabel eine legendäre Figur, Cyrus, keltische oder germanische Fürsten, deren politische oder militärische Taten zuletzt die Angebetete überzeugen sollen – gelungene Eroberung der Welt als Voraussetzung der Eroberung der Dame. Der teilweise preziöse Diskurs aktualisiert in diesen Texten bis ungefähr 1660 Präferenzen der Salonkultur bei der Idealisierung von Stimmungen und ihres hochstilisierten Ausdrucks. Im Gegensatz zur *Amadis*-Imitation werden phantastische Motive ausgeklammert.

Madeleine de Scudéry (1607–1701) publiziert unter dem Namen ihres Bruders Georges, der vermutlich an der narrativen Bauform, den Vorreden bzw. den eingelegten Romangesprächen (*Clélie*, 10. Buch) mitgewirkt hat. Sie führt seit 1653 einen preziösen Salon, in dem u. a. Paul Pellisson, Conrart und Chapelain über Ästhetik und Liebeskasuistik diskutieren. Die Gestalten ihrer pseudohistorischen Barockromane leben nach Normen der »préciosité« (*Ibrahim ou l'illustre Bassa*, 1641; *Artamène ou le Grand Cyrus*,

1649–53; *Clélie, histoire romaine*, 1654–60; *Almahide*, 1660–63). Die *Carte de (du) Tendre*, allegorisches Dokument der »préciosité«, in *Clélie* veröffentlicht, propagiert eine psychologische Dreigliederung der Liebe, wie sie im geographischen Schema des imaginären »Royaume de Tendre« veranschaulicht wird (mit den Flüssen Inclination, Reconnaissance und Estime, an denen die Städte Tendre sur Estime, Tendre sur Reconnaissance und Tendre sur Inclination liegen; dazu der See Indifférence, das Mer dangereuse). Durch diese Art der Fiktion wird in der Rezeption der Begriff »romanesque« zum Synonym für »unwahrscheinlich«.

Lit.: R. Godenne, Les romans de S., 1983; R. Baader, Dames de lettres, 1986; E. Goldsmith, Exclusive Conversations, 1988; D. Mayer, Une amitié parisienne au grand siècle, 1990; R. Kroll, Femme poète, 1996; Ch. Morlet-Chantalat, S., 1997.

»Roman comique«

Die Koexistenz verzaubernden oder entzaubernden Erzählens seit den zwanziger Jahren belegt sowohl die Vielfalt der Produktionsästhetik, namentlich bei der unterschiedlichen Aktualisierung der Liebesthematik, als auch die undogmatische Rezeptionsbereitschaft von Romanlesern. Bei Sorel, Scarron und Furetière treten an die Stelle romanesker und psychologisch raffinierter Konflikte wiedererkennbare, da alltägliche Peripetien. Vorbild ist der seit dem 16. Jh. europaweit rezipierte Pikaroroman (Merkmale: Ich-Erzähler, »pícaro«, Subjekt und gleichzeitig Objekt der Narration, Episoden in variabler Stationenform, sozialgeschichtliche Themen von Unter- und Randschichten). Der niedere Figurenstatus mit seinen unspektakulären Konflikten entspricht dem der Komödie. Der im 17. Jh. geprägte Terminus »roman comique« bedeutet so zugleich »realistisch« und »komisch«, weil sich Wirklichkeitsnähe nur in einem komischen Geschehen unter Personen niederen Standes durchsetzen läßt.

Charles Sorel (zwischen 1599 und 1602 – 1674), Novellist (*Nouvelles françoises*, 1623) und Romancier, hat die Autorschaft von *La Vraie Histoire comique de Francion* (1623–1633) stets geleugnet. Francions Weg durch alle sozialen Schichten, wo Liebesabenteuer und Verwechslungen ihn unerwartet treffen, ist lediglich in der pikaresken Erzählstruktur vorgezeichnet. Im Gegensatz zum Protagonisten des spanischen Modells ist Francion kein Mitglied der besitzlosen Klasse, sondern Edelmann mit hochgesteckten Erfolgserwartungen. Seine Geschichte bietet Anlaß zur »peinture naïve de toutes les diverses humeurs de l'homme«. An Begegnungen Francions mit Gesprächspartnern in Schlössern, Spelunken und auf dem flachen Land, schließlich auf dem Weg nach Rom, dem Reiseziel des Helden, der sich auf ein Bild hin in eine Südländerin verliebt hat, mangelt es nicht. Sorel nimmt Diskursprobleme wichtig und begründet damit am Schluß des *Francion* eine Innovation der Romangattung: nachdem genügend Liebes- und Kriegsromane vorlägen, sollten die Erzähler alltägliche Stoffgebiete aufwerten (*L'Anti-Roman ou le berger extravagant*, 1627–28; *De la connoissance des bons livres*, 1671). Sorel wertet damit vor allem den heroisch-galanten Roman aus der Sicht der bürgerlichen Literaturansprüche ab. Allerdings eignet er sich die wirklichkeitssimulierende Ausdrucksweise z. B. der *Caquets de l'accouchée* (1622), die Pariserinnen von mittlerem Status im Gespräch vorführen, erst in Dialogpassagen seines späteren Romans *Polyandre* (1648) an.

Paul Scarron (1610–60), Sohn eines Conseiller am Rechnungshof, der gegen Richelieu opponierte, 1633–40 im bischöflichen Dienst in Le Mans, seit 1638 gelähmt, kehrt nach Paris zurück, heiratet 1652 eine schöne, jedoch mittellose Waise, Françoise d'Aubigné, die spätere Mme de Maintenon. 1643–51 publiziert er drei Bände *Œuvres burlesques*, später galante Stanzen und Satiren (1658–59) und *Le Virgile travesti* (1648–59). Er verfaßt Komödien im spanischen, d. h. unklassischen Stil. 1651 erscheint der erste Teil des *Ro-*

man comique, 1657 die Fortsetzung, ein 3. Teil bleibt unvollendet (Ausg. H. Bénac, 1951; A. Adam, 1958). Die Darstellung psychologischer Konflikte innerhalb einer Schau-
spieltruppe, die das burleske Ausmaß von Staatsaffären
annehmen, wendet sich gegen preziöse Muster des heroisch-galanten Romans und problematisiert gleichzeitig das
pikareske Modell vom aufstiegsorientierten Außenseiter.
Die Parodie des Motivs vom heraufziehenden Sonnenwa-
gen in der Exposition markiert mehr oder weniger bitter die
Tonlage des ganzen Textes und erfordert eine entsprechend
spöttische Akzeptanz. Das Mittel eingelegter Geschichten
wird von der Erzählerinstanz dazu benutzt, aus der jeweils
neuen Sprecherperspektive die Adressaten vor langweiligen
Digressionen in zeitgenössischen Romanen zu warnen. Ab-
schweifungen vermitteln systemkritische Pointen. Ein
Sprichwort wird sarkastisch zum Motto der neuen Ära ver-
dreht: »Plus de profit et moins d'honneur.«

Antoine Furetière (1619–88) versucht seine grundsätzliche Unabhängigkeit mit einem die Akademie herausfor-
dernden Wörterbuchprojekt zu dokumentieren (1684 er-
teilte Druckerlaubnis für ein Lexikon technischer Begriffe,
Druck in Den Haag postum 1690 als *Dictionnaire universel*). Seine Abneigung gegen die künstliche Gesprächskultur
in preziösen Kreisen macht er zum Thema seiner *Nouvelle
allégorique ou Histoire des derniers troubles arrivez au
Royaume d'Eloquence* (1658) und seines *Roman bourgeois.
Ouvrage comique* (1666; zahlreiche Neuauflagen im frühen
18. und in der 2. Hälfte des 19. Jh.s; Ausg. J. Prévot, 1981).
Verliebtheit in einfachen Kreisen – »de bonnes gens de mé-
diocre condition« – wird von Furetière ebenso peripetien-
üppig wie sonst im Ritter- und Schäferroman inszeniert:
eingefordertes Eheversprechen, Partnerwechsel, Mesalliance
und ledige Mutterschaft, Klosterleben, Entführung. Die
Klassifikation als realistische Narrativik würde nur einen
Teil der Diskursmerkmale, nicht die systematische Verspot-
tung berücksichtigen. Die *Æneis*-Parodie im Eingang (»Je

chante les amours et les advantures de plusieurs bourgeois de Paris«) zieht eine spaßhafte Linie zu Scarrons Anrufungen antiker Mythen. Mit dem ausdrücklichen Verzicht auf die Anwendung der Medias-in-res-Technik belegt er seine Kenntnis antikisierender Empfehlungen zum Aufbau von Spannung. Breiten Raum nimmt die Berufskomik der Juristenwelt und im 2. Teil eine Karikatur von Charles Sorel ein. Der Erzähler steigert wie Scarron seine simulierte Inkompetenz bis zur Aufforderung an das Publikum, für mißlungen gehaltene Sequenzen in besseren Büchern nachzulesen.

Lit.: G. Goebel, Zur Erzähltechnik in den »Histoires comiques« des 17. Jh.s, 1965; H. Hinterhäuser, Qui est Francion?, in: Studi in onore di I. Siciliano, 1966; E. Reichel, Gesellschaft u. Geschichte im Roman bourgeois, 1966; Y. Giraud, Classiques et burlesques, RhlF 1970; U. Krämer, Originalität u. Wirkung der Komik Scarrons, 1976; J. Serroy, Roman et réalité, les histoires comiques au 17ᵉ siècle, 1981; M. Vialet, Triomphe de l'iconoclaste, 1989; R. Martin (Hrsg.), Enée et Didon, 1990; B. L. Merry, Menippean Elements in P. Scarron's *Roman comique*, 1991; U. Döring, Furetière, 1995.

Mme de Lafayette

Zeittypisch ist, daß die Gräfin **Marie-Madeleine de Lafayette** (1634–92) bis 1671 unter dem Namen eines ihrer Vertrauten, Jean Regnault de Segrais, publiziert (*Nouvelles françoises, Zaïde*) und ihr Hauptwerk, *La Princesse de Clèves* (Ausg. R. Guichemerre, 1966), 1678 anonym veröffentlicht. Wie im Fall der Scudéry entsprechen solche Strategien dem gebrochenen Selbstverständnis des aristokratischen Autors bzw. der Adligen, die an die Öffentlichkeit geht. Segrais, aber auch der mit der Autorin befreundete La Rochefoucauld wurden von Zeitgenossen als Verfasser der *Princesse de Clèves* vermutet. Anders als Marie de Villedieu (1640–1683) in ihren Liebesromanen reduziert die Lafayette traditionelle romaneske Elemente, signalisiert nirgends, daß sie, wie im heroisch-galanten Genre üblich, einen Schlüsselroman verfaßt, und entwickelt die Seelenlage der Figuren aus tragischen Spannungen zwischen gesellschaftlicher Verpflichtung und selbstgefährdender Leidenschaft. Der Traum von der Erfüllung der Liebe, den eine Frau zwischen dem Ehemann und dem Geliebten sucht, ist romanzeitlich in der Zeit König Heinrichs II. angesiedelt. Der evozierten Welt der Valois steht noch bevor, was die zeitgenössischen Leser des Romans betrifft und womöglich bedrückt: das absolutistische Königtum, die Ablösung von Natural- durch Geldrenten, die Domestizierung des Provinzadels. Mit den Themen Pracht, Ritterlichkeit und Liebe wird das Bild eines 1678 versunkenen, nostalgisch aufgewerteten Frankreich gezeichnet, als der Hof noch im Louvre war.

Die Protagonistin wird, deutlich durch die unpersönliche Satzkonstruktion, nicht als Individuum, sondern als Inkarnation der Schönheit in das Geschehen eingeführt:

> Zu dieser Zeit erschien eine Schönheit am Hofe, die aller Augen auf sich zog, und man darf wohl glauben, daß es eine vollendete Schönheit war, da sie in einer Umgebung Bewunderung erregte, wo man so sehr daran gewöhnt war, schöne Frauen zu sehen.
>
> Die Prinzessin von Clèves, übers. von Eva und
> Gerhard Hess, Stuttgart: Reclam, 1983, S. 12.

Eine Ehetragödie nimmt ihren Anfang, als die junge Frau die Zuneigung des Prinzen Clèves, der sie in einer für ihre Reputation schwierigen Situation heiratet, nur mit »estime« und »reconnoissance« erwidern kann. Die überraschende Begegnung mit dem Herzog von Nemours bei Hofe entfacht gegenseitige Liebe. Von diesem Moment an bestimmen Irrtum, Zufall und Täuschung das emotionale Verhalten des Ehepaares. Um ihre Ruhe wiederzugewinnen, vertraut sie ihren Konflikt dem Gatten an – um der Versuchung zu entgehen, gegen ihre Ehepflichten zu verstoßen, will sie die Einsamkeit des Landlebens dem Hof vorziehen. Sie weiß, daß die Hofgesellschaft für sie moralische Gefahr bedeutet, aber auch, daß die öffentliche Meinung ihren Schritt nicht billigen wird. Dieser perfekt erzählten Geständnisszene – mit der Alternanz zwischen Offenlegung und Verheimlichung von Motivationen – folgen weitere Varianten. Für Clèves wird die Last der Vermutungen und Verdächtigungen unerträglich, er stirbt den Seelentod, sonst Attribut tragischer Romanheldinnen. Aber die Prinzessin fühlt sich damit nicht frei: als junge Witwe opfert sie ihr jetzt mögliches Liebesglück mit Nemours resignierend einer rigorosen Ethik, indem sie sich aus der Gesellschaft zurückzieht.

> »Ich beschwöre Sie, bei aller Macht, die ich über Sie habe, suchen Sie nie eine Gelegenheit, mich zu sehen. In meinem Witwenstande ist alles ein Vergehen,was zu anderer Zeit erlaubt wäre […].« Tränen traten ihr in die Augen, und sie rief aus: »Warum mußte es dahin kommen, daß ich Klage gegen Sie erheben kann wegen des Todes von Monsieur de Clèves? Warum kenne ich Sie nicht erst, seit ich frei bin? Warum habe ich Sie nicht gekannt, als ich noch nicht gebunden war? Warum trennt uns das Schicksal durch ein so unüberwindliches Hindernis?« »Es gibt kein Hindernis, Madame,« erwiderte er; »Sie allein unterwerfen sich einem Gesetz, das Ihnen weder Tugend noch Vernunft jemals auferlegen könnten.« »Es ist wahr«, entgegnete sie, »ich bringe einer Pflicht, die nur in meiner Einbildung Bestand hat, ein großes Opfer.«

> Ebd., S. 199 f.

Nicht restlos gesichert ist die Autorschaft Lafayettes für die Novelle *La Comtesse de Tende* (ED 1724; Ausg. M. Cuénin, 1979) sowie für die *Histoire de Mme Henriette d'Angleterre* (ED Amsterdam 1720) und die *Mémoires de la cour de France pour les années 1688 et 1689* (ED Amsterdam 1731). Als sich Stendhal 1830 Gedanken über aussichtsreiche Romanmodelle macht, konfrontiert er die Ausdrucksform der Lafayette mit der Schreibweise von Walter Scott.

Werkausg.: R. Lejeune, 3 Bde., 1925–30; A. Beaunier, 2 Bde., 1942; A. Niderst, 1997.

Lit.: A. Niderst, *La Princesse de Clèves*, [3]1977; O. Virmaux, Les héroïnes romanesques de L., 1981; B. Didier, L'écriture-femme, 1981; D. Steland, Moralistik u. Erzählkunst, 1984; R. Duchêne, L., la romancière aux 100 bras, 1988; M. Calle-Gruber, L'effet-fiction de l'illusion romanesque, 1989; R. Redhead, Themes and Images in the Fictional Works of L., 1990; J. Delacomptée, *La Princesse de Clèves*, 1990; K. Sung, Les récits dans la *Princesse de Clèves*, 1997; A. Green, Privileged Anonymity, L., 1998; M. Paulson, Facets of a Princess, 1998.

6. Dramatik

Die einzigartige Wirkung des Schauspiels im 17. Jh. setzt dreierlei voraus: daß aus der bisherigen Theoriediskussion im Einverständnis mit kulturpolitischen Instanzen (Richelieu, Académie française) verbindliche poetologische Parameter umgesetzt werden, daß die Inszenierungen seit den dreißiger Jahren ein neues, intellektuelles und mondänes Publikum an sich binden und daß schließlich Truppen von Berufsschauspielern von Tourneen nach Paris zurückkehren, hier Säle anmieten und in festen Häusern spielen. Das Schauspiel wird klassisch, als alle Faktoren zusammenwirken.

Seit dem frühen 17. Jh. ziehen Theatertruppen von Stadt zu Stadt, wie Scarron es im *Roman comique* darstellt; vergebliche Versuche, sich als Ensemble in Paris zu installieren, sind bekannt. Die Betreiber des Hôtel de Bourgogne, die Confrères de la Passion, vermieten seit 1624 regelmäßig ihr Theater, auch an Italiener, die die populäre Commedia dell'arte im Programm haben (Improvisationstheater, nach Kostümen und Dialekten typisierte Rollen, ausdrucksvolle Gestik und Mimik).

Die wenigsten frz. Gruppen, die sich meist für eine Spielzeit formieren und in der Provinz auf öffentlichen Plätzen oder in Scheunen auftreten, bringen es zu Ansehen und Wohlstand. Die Ausnahme ist Molière. Der Bankrott des »Illustre Théâtre« erzwingt einen Aufenthalt im Westen und Süden des Königreichs (1645–58), der vom Herzog von Épernon und vom Prince de Conti protegiert wird. Er verschafft der Truppe Spielerfahrung, einen gewissen Wohlstand und dem Prinzipal Sicherheit bei der Organisation von Spielplänen und Inszenierungen, schauspielerisches Können sowie ein Gespür für Erwartungen des Publikums. Ort seines ersten Auftritts in Paris ist 1658 der Wachsaal des Louvre; dazu bedarf es der Protektion des Bruders des Königs.

In Konkurrenz zur Bühne des Hôtel de Bourgogne, an dem seit den zwanziger Jahren bis zu acht Premieren in jeder Spielzeit herauskommen, wird 1634 in einem Ballspielsaal das Théâtre du Marais eröffnet, das Corneille als Hausautor und damit ein elegantes Publikum gewinnt. Molière wird 1658 vom König das Petit Bourbon, das zum Komplex des Louvre gehört, als Spielstätte zugewiesen. Nach Molières Tod 1673 fusionieren durch Ordonnanz von Colbert das Ensemble des »ersten Komödianten des Königs« mit der Truppe des Marais, 1680 diese vergrößerte Truppe mit dem Hôtel de Bourgogne zum Staatstheater der Comédie-Française (erste Adresse: Rue neuve des fossés-St-Germain-des-Prés, später Tuilerien, 1782 Odéon, 1799 Palais royal, 1808 Einweihung der heutigen Salle Richelieu) mit 27 Schauspielerinnen und Schauspielern.

Die Bühnenflächen sind im 17. Jh. beengt, Fauteuils für mondänes Publikum an den Seiten der Spielfläche werden als immer störender empfunden (Mitte des 18. Jh.s werden sie abgeschafft). Die Akteure, Molière z. B., wählen auch für Dienerrollen aufwendige und modische Garderobe; historisierende Kostüme sind vor dem ausgehenden 18. Jh. nicht bekannt.

Autoren wie Zuschauer achten auf die Erfüllung der Forderung nach angemessener Stilhöhe der Handlung und der
Figurenrede (»bienséance«) sowie die Respektierung der
Wahrscheinlichkeit (»vraisemblance«). Beide Prinzipien
verbürgen die Glaubhaftigkeit auch historisch nicht dokumentierter und daher über das Mimesisprinzip nicht wiedererkennbarer Motive im Text. Außerdem verhindern sie
die Darstellung von Realitätsbereichen unterhalb der ästhetischen Schwelle der »belle nature«. Weil den aufgestellten
Regeln die Vernunft zugrunde gelegt ist, verteidigen Gegner
dieser Doktrin bis in die vierziger Jahre vom Rationalismus
abweichende Konfigurationen.

Lit.: J. Scherer, La dramaturgie classique en France, 1959; R. Bray, La
formation de la doctrine classique en France, 1961; H. C. Lancaster, A
History of French Dramatic Literature in the Seventeenth Century,
1966; M. Descotes, Histoire de la critique dramatique en France, 1980;
R. Guichemerre, Tragicomédie, 1981; G. Conesa, La comédie de l'âge
classique (1630–1715), 1995; J. Rohou, La tragédie classique (1550–
1793), 1996; M. Gilot / J. Serroy, La comédie à l'âge classique, 1997;
B. Louvat, La poétique de la tragédie classique, 1997; A. Viala (Hrsg.), Le
théâtre en France, 1997.

Alexandre Hardy (um 1570–1631), wahrscheinlich Verfasser von romanesken Tragikomödien und Schäferspielen
und gleichzeitig Schauspieler, hat nur einen Teil seiner Tragödien veröffentlicht. Modern sind deren Einteilung in fünf
Akte und der Alexandriner, unmodern phantastische Motive. Die Fabel ist aktionsgeladen bis zur Unwahrscheinlichkeit, der Diskurs exzessiv. **Jean de Rotrou** (1609–50) ist
der erste von der bewußt unklassischen Stoff- und Diskursvielfalt der spanischen »comedia« beeindruckte Franzose.
Nach Hardys Tod schreibt er für die Comédiens français
ordinaires du Roi am Hôtel de Bourgogne regelfreie Tragikomödien, bearbeitet Euripides und Plautus.

Lit.: J.-C. Villemin, Baroquisme et théâtralité. Le théâtre de R.,
1994.

Jean Mairet (1604–86), von Richelieu protegiert, politischer Repräsentant der damals noch zum Reich gehörenden Franche-Comté in Paris, exponiert sich 1637 als Gegner Corneilles. Drei seiner Bühnenwerke sind für die Entwicklung des klassischen Stils maßgebend: Die »tragicomédie pastorale« *Sylvie* (1626) respektiert zwar noch nicht das Regelnetz, bereitet aber mit der Psychologisierung der Konflikte die Sittenkomödie vor. Die Tragikomödie *Silvanire* (1629), Bearbeitung eines Lesedramas von Honoré d'Urfé, entspricht schon weitgehend der Forderung nach Einheitlichkeit. Bemerkenswert ist zu diesem Zeitpunkt Mairets Unterscheidung von chronologischer und poetischer Zeit: während die eine Erinnerungsleistungen fordert, regt die andere die Vorstellungskraft an. *Sophonisbe* (1634; Ausg. Ch. Dédéyan, 1969) ist die erste regelmäßige frz. Tragödie. Bis 1640 schreibt Mairet, mit sinkendem Erfolg, wieder Tragikomödien.

Lit.: B. Kay, The Theatre of M., 1975; G. Dotoli, Matière et dramaturgie du théâtre de M., 1976.

Corneille

Pierre Corneille (1606–84), Sproß einer Juristenfamilie aus Rouen, Jesuitenschüler, nach Abschluß des Jurastudiums mit 18 Jahren Anwalt, erfüllt alle Voraussetzungen für eine typische Karriere des 17. Jh.s, die zudem in Paris im literarischen Erfolg gipfelt. Seit 1629 verfaßt er erste Komödien und Tragikomödien (*Mélite*, *Clitandre*, *La Veuve*, *La Galerie du Palais*), die dem traditionellen Schäferspiel näherstehen als dem römischen Stil von Terenz und Plautus. Alidor, die Zentralfigur in *La Place royale* (1634; Ausg. J.-C. Brunon, 1962), verwirklicht durch die Inszenierung einer grausamen Liebesprobe seine extravagante Ethik, die der gefühlvollen Liebe der Partnerin den emotionslosen Ausbruch in die Freiheit entgegensetzt. Entsprechend amora-

lisch, wenngleich in der Opferrolle, stellt Corneille in der
Bearbeitung der Seneca-Tragödie *Médée* (1635; Ausg. A. de
Leyssac, 1978) die Gestalt des Jason dar.

Anfang Januar 1637 erzielt im Théâtre du Marais *Le Cid*
einen stürmischen Publikumserfolg: »Cela est beau comme
le Cid« wird zum geflügelten Wort. Nach der spanischen
Stoffvorlage *Las mocedades del Cid* (1612) von Guillén de
Castro dramatisiert Corneille legendenhafte Teile der Biographie des Nationalhelden der Reconquista, Rodrigo Díaz
de Vivar (um 1043–99), den seine maurischen Gegner re-
spektvoll »Herr« (arab. »sayyid«) nannten. Die Konstituenten der Fabel entsprechen antikisierenden Normen: Konflikt zwischen gleichrangigen Prinzipien: Familienehre,
Liebe und Königstreue. Ort der Handlung ist Sevilla, die
Zeit ein ganzer Tag. Rodrigue wirbt um Chimène, die Tochter des Don Gomez, der sich vom König zurückgesetzt
fühlt, weil der Vater des Titelhelden, Don Diègue, Prinzenerzieher wird; darüber kommt es zur tätlichen Auseinandersetzung zwischen den alten Männern. Rodrigue soll den
greisen Don Diègue im Duell rächen. Verzweifelt wird ihm
klar, daß Chimène ihn verachten müßte, wenn er die Belei-
digung nicht sühnte, und daß er sie verliert, wenn er ihren
Vater tötet. Nachdem der ungleiche Zweikampf das vorher-
sehbare Ende gefunden hat, entwickeln die Liebenden einen
Wettstreit der Ehrgefühle, wobei die Liebe Chimène in einen tieferen Konflikt stürzt als Rodrigue, dem der Triumph
des Ehrgeizes die emotionale Tragik erleichtert. Ein plötz-
lich gemeldeter Angriff der Mauren wirkt als retardierendes
Moment; Falschmeldungen vom Tod des Kriegshelden offenbaren Chimènes unterdrückte Empfindungen. Von derartigen psychologischen Testsituationen profitiert noch Racine bei der Dialektik von Verkennen und Erkennen der
Identität der Figuren.

Corneilles Protagonisten zeigen sich extremen Schwierigkeiten gewachsen, weil sie die Wirkung ihrer von »généro-
sité« gekennzeichneten Taten und Reden auf den Partner

einzuschätzen wissen. Seelengröße, die innerhalb der Fiktion und dem Publikum Bewunderung abnötigt, nicht Gleichklang schwärmerischer Herzen, stiftet schließlich die Liebesharmonie. Die ethische Abstraktion schließt die Darstellung erotischer Wünsche kategorisch aus. Der Text ist zugleich unanschaulich und führt, im Textbeispiel durch die Binnenreime, die Sprache wie die Empfindungen als extrem formbar vor, wenn Chimène sagt:

> Ah! Rodrigue! il est vrai, quoique ton ennemie,
> Je ne puis te blâmer d'avoir fui l'infamie;
> Et de quelque façon qu'éclatent mes douleurs,
> Je ne t'accuse point, je pleure mes malheurs.
> Je sais ce que l'honneur, après un tel outrage,
> Demandait à l'ardeur d'un généreux courage:
> Tu n'as fait le devoir que d'un homme de bien;
> Mais aussi, le faisant, tu m'as appris le mien.

> (III,4)

> Ach, Rodrigue, es ist wahr: zwar bin ich deine Feindin, / aber verübeln kann ich es dir nicht, daß du der Unehre entgehen wolltest; / und wie immer auch mein Schmerz aus mir hervorbricht, / ich klage dich nicht an, ich weine nur über mein Unglück. / Ich weiß, was die Ehre nach einer solchen Schmähung / von jemand so durch und durch edel Gesonnenem verlangte: / Du tatest nur, was eines aufrechten Mannes Pflicht ist; / doch damit hast du mir auch meine Pflicht gewiesen.

Der Cid, übers. und hrsg. von Hartmut Köhler,
Stuttgart: Reclam, 1997, S. 140–143.

Richelieu und persönliche Gegner Corneilles sowie die Akademie nehmen das Stück zum Anlaß, Richtlinien der neuen Bühnenkunst zu formalisieren. Die »Querelle du Cid« stützt sich auf den Vorwurf des Plagiats (Mairet) sowie des Verstoßes gegen »vraisemblance« und »bienséance« (Scudéry). In ihrer Stellungnahme, die schon im Dezember 1637 vorliegt, moniert die Akademie die mit der Distanzklausel unvereinbare Wahl eines mittelalterlichen Gegen-

stands, tadelt einzelne mißlungene Alexandriner und die
Art der Konfliktentknotung. Wie sehr Corneille, der mit einer entsprechend sarkastischen Verteidigungsschrift bereits
auf Scudérys Einwände geantwortet hat, die Auseinandersetzung auch verletzt haben mag, gewonnen hat seine Dra-
menästhetik, und gewonnen haben auch die Institution
Theater, das bislang umstrittene Ansehen der Schauspieler
in der Gesellschaft (nicht jedoch in den Augen der Kirche)
und das gebildete Publikum als Instanz, das Corneille sich
als Versammlung der »gens de condition« wünschte.

   Horace (UA 1640 im Hôtel de Bourgogne, ED 1641), Richelieu gewidmet, eröffnet die Reihe der Römerdramen
Corneilles. Quelle ist der Bericht des Titus Livius vom archaischen Kampf um die Vorherrschaft zwischen Rom und
Alba, der nicht in einer Völkerschlacht, sondern in einem
rituellen Duell zwischen Patriziern beider Städte, den Ho-
ratiern und Curiatiern, ausgetragen wird. Die historisch
vorgegebene Konzentration auf wenige Hauptfiguren entspricht der Regelmäßigkeit der klassischen Dramaturgie
und fördert die Entfaltung eines »style noble« von hohem
Abstraktionsniveau. Der Tod von zwei Römern und drei
Albanern ist entsprechend der »bienséance« Gegenstand
des Botenberichts, der als narratives Element in die dramatische Gedankenführung eingepaßt ist. Bindungen der politisch und militärisch handelnden Protagonisten an einen geliebten Partner der Gegenseite, gleichzeitig an die eigene
Sippe und an das Vaterland, diversifizieren die Ehrbegriffe.
Horace ist mit Sabine, der Schwester der Albaner, die ums
Leben kommen, verheiratet, seine Schwester Camille mit
einem der Gefallenen verlobt. Sabine artikuliert grenzenlo-
sen Schmerz und stellt doch die Tat ihres Gemahls nicht in
Frage, während Camille sich weigert, die Tötung des Geliebten staatspolitisch zu rechtfertigen. Damit entsteht
unterhalb des Heldenkonflikts eine sekundäre tragische
Konstellation. Horace kann nicht hinnehmen, daß seine
Schwester Rom als gefühllose Autorität schmäht und aus

persönlichen Gründen den historischen Sieg über das rivalisierende Alba negativ sieht, und er tötet sie. Dieser Mord, im Zuge eines Familienkriegs zweiter Höhepunkt der Tragödie, wird dem Täter im Namen der Staatsräson vom römischen König vergeben: Helden wie Horace bildeten die Grundfesten des Staatswesens und stünden über den Gesetzen.

Cinna ou la clémence d'Auguste (UA 1641, ED 1643) handelt von der politischen Leistung des Octavian, Pflichtenkollisionen zu seinem Vorteil zu wenden und nicht als Tyrann, sondern als weiser Fürst zu erscheinen, der seine republikanischen Gegner, an ihrer Spitze Cinna, beschämt. Es folgen *Polyeucte* (1642), *La Mort de Pompée* (1643), *Rodogune* (1645), *Théodore* (1646), *Héraclius* (1647), *Nicomède* (1651) und *Pertharite* (1652). Die »comédie héroïque« *Don Sanche d'Aragon* (UA 1649, ED 1650) thematisiert in Form eines Rittermärchens seit dem Mittelalter konkurrierende Adelsbegriffe (Geburt – Leistung).

Nach Jahren des Rückzugs von der Bühne beginnt eine neue Phase mit *Œdipe* (1659), noch auf Veranlassung des Surintendant Fouquet konzipiert, und umfangreichen poetologischen Selbstverständigungen zu einzelnen Dramen (»Examens«). In der Gesamtausgabe von 1660 finden sich drei systematische Abhandlungen (»Discours«) über den Aufbau des Schauspiels, die Wahrscheinlichkeit und die Regelpoetik.

Die zehn romanesk angelegten Tragödien, die noch bis 1674 entstehen (darunter *Tite et Bérénice* und *Suréna*), sind für Corneilles Profil wie für die Orientierung des klassischen Theaters, in die jetzt Racine eingreift, kaum noch wesentlich. Entscheidend ist in den Jahren nach dem *Cid* die Befreiung des erneuerten Theaters vom Zwang der Nachahmung griechischer und römischer Autoren. Das Zusammenspiel relativ weniger Charaktere macht ethische Probleme anschaulich, bis am Schluß den Figuren innerhalb der Fiktion wie den Zuschauern verständlich ist, auf welche Person der größte Ruhm fällt. Gestalten ohne überwältigende Ich-Sicherheit wie Ödipus sind für Corneilles Dramatik eher untypisch. Mit der Konzentration auf historisch verbürgte, d. h. in kanonisierten Texten verifizierbare Konstellationen folgt Corneille jener sich im 17. Jh. verfestigenden Auffassung, Geschichte habe insoweit Gültigkeit, als sie Universalien aktualisiert.

Voltaire sichert, trotz massiver Kritik (Abbé d'Aubignac, *Dissertations contre Corneille*, 1663; Lessing, *Hamburgische Dramaturgie*, 1767–69), die Meinungsbildung im 18. Jh. mit seinem umfangreichen Corneille-Kommentar. Der Römerkult der Revolution und Napoleons rezipiert den Dramatiker als Dichter des Heroischen: David, der Revolutionsmaler, illustriert diesen Kult durch das Historiengemälde vom »Schwur der Horatier«. Die nationalistische Antiromantik bis hin zu Brasillach, der seine Corneille-Monographie 1938 mit dem damals geläufigen Filmtitel Leni Riefenstahls, *Triumph des Willens*, lanciert, setzt das eingeschliffene Rezeptionsmuster fort.

Werkausg.: G. Couton, 3 Bde., 1980–88; A. Niderst, 1985.

Lit.: W. Krauss, C. als polit. Dichter, 1936; S. Doubrovsky, C. et la dialectique du héros, 1963; S. Stegmann, L'héroïsme cornélien, 2 Bde., 1968; A. Gasté (Hrsg.), La querelle du Cid, 1970; P. Bürger, Die frühen Komödien C.s u. das frz. Theater um 1630, 1971; M.-O. Sweetser, La dramaturgie de C., 1977; Th. A. Litman, Les comédies de C., 1981; R. Garapon, Le premier C., 1982; G. Couton, Richelieu et le théâtre, 1986; M. Prigent, Le héros et l'État dans la tragédie de C., 1986; G. Mony, La chanson de Rodrigue, 1988; A. Couprie, C., Le Cid, 1989; M. Fumaroli, Héros et orateurs, 1990; W. Voßkamp (Hrsg.), Klassik im Vergleich, 1993; A. Niderst, Les comédies de C., 1998; A. Grewe, Vertu im Sprachgebrauch C.s, 1999.

Thomas Corneille (1625–1709), Pierre Corneilles jüngerer Bruder, schreibt Komödien im spanischen Stil, nimmt in Tragödien die Liebesthematik zurück (*Bérénice*, *Le Comte d'Essex*) und verfaßt zwischen 1678 und 1686 Opernlibretti für Lulli. In der Akademie widmet er sich linguistischen Fragen.

Molière

Jean-Baptiste Poquelin (1622–73), Sohn eines vermögenden
»marchand tapissier«, seit 1631 »tapissier et valet de chambre ordinaire du Roi« in Paris (Dekorationsgeschäft in der
Rue Saint-Honoré), wahrscheinlich als – unwilliger – Nachfolger im Amt des Vaters vorgesehen, erwirbt während seiner Schulzeit am Jesuitenkolleg (dem heutigen Louis-le-
Grand) Kenntnis antiker Philosophen (Epikur, Lukrez,
dessen *De rerum natura* er übersetzt) und zeitgenössischer
Querdenker (Gassendi, Cyrano de Bergerac). Seit 1639 stu-
diert er möglicherweise Jura in Orléans und ist kurze Zeit
als Anwalt tätig. 1643 gründet er wahrscheinlich mit Billi-
gung und materieller Unterstützung des Vaters das »Illustre
Théâtre«, das bis zur Überschuldung zwei Jahre besteht.
Die zehn Mitglieder entstammen bürgerlichen Familien, im
Mittelpunkt steht die damals 25jährige Schauspielerin
Madeleine Béjart, Poquelins Geliebte, deren Schwester
(Tochter?) er 1662 heiratet. Seit 1644 unterschreibt er als
»Molière«, ohne je die Namenswahl zu erklären. Mit seiner
Truppe flieht er vor den Gläubigern, das Tourneetheater ga-
stiert u. a. 1653 in Pézenas, einer französischsprachigen
Stadt im Languedoc; Mäzen ist der Prince de Conti.

1658 kehrt der inzwischen gutsituierte Autor-Schauspie-
ler-Theaterdirektor mit seinem Ensemble nach Paris zurück. Im Louvre hat er seinen ersten Auftritt vor dem jungen Ludwig XIV. und dem Hof, viel Applaus erhält er für
die eigene Farce *Le Docteur amoureux*, weniger für Corneilles Tragödie *Nicomède*. In den nächsten zehn Jahren begegnen sich der Monarch und sein bürgerlicher Hofkomö-
diant fast freundschaftlich, 1664 übernimmt Ludwig XIV.
die Patenschaft für den ersten Sohn. Molière ist sich des königlichen Beifalls sicher, wenn er Bürger verspottet, die ihr
Vermögen nicht investieren und daher als geizig gelten oder
die in den Adelsstand erhoben werden wollen, oder wenn
er Landadlige aufs Korn nimmt, die sich der zentralisti-

schen Politik entziehen. Vor allem liefert Molière dem König auch die von diesem bevorzugte Ballettkomödie (zeitweilige Zusammenarbeit mit dem Hofkomponisten Lulli).
Die Forschung erklärt aus dieser Koppelung das königliche
Wohlwollen, ohne das Molière dem Widerstand der Kirche
nicht gewachsen gewesen wäre.

Feinde macht er sich bereits 1659 mit der einaktigen Prosa-
farce, *Les Précieuses ridicules*, die der Kreis der Madeleine de
Scudéry als Satire auf die übertriebene Verfeinerung des Um-
gangstons verstehen muß. Zwei »Provinzgänschen«, die von
Gorgibus, dem Patriarchen, verheiratet werden sollen und
über die Ehe eher kritisch denken, weisen in Paris ihre Verehrer ab, weil sie nicht feinsinnig genug auftreten; diese ertei-
len ihnen eine Lektion, indem sie ihre Diener als extravagante Adlige ausstaffieren. Als der Rollentausch funktioniert
und die Situation ausweglos geworden ist, endet die fällige
Demaskierung in einer gestellten Prügelszene. Diese Lösung
entspricht keinesfalls den Gesetzen der klassischen Komödie, vor allem nicht, weil das Stück mit der Verurteilung der
romanesken Literatur endet, die den gesunden Menschenverstand ihrer Leserinnen lähme. Gorgibus wettert pauschal
gegen die Lust am Lesen, die den Beginn der weiblichen
Emanzipation anzeigt. Das erfolgreiche Stück erlebt bis 1660
mehr als 40 Aufführungen; Einwände gegen das suggerierte
Erziehungsideal erheben sowohl die Sorbonne als auch der
Gerichtshof. Die Farce *Sganarelle ou le cocu imaginaire*
(1660) ist bis 1673 Molières meistgespieltes Stück. Die erste
Ballettkomödie, *Les Fâcheux*, eine Auftragsarbeit zur Einweihung von Fouquets Schloß in Vaux-le-Vicomte, integriert Tanzelemente in den Handlungsablauf.

Das Thema der Partnerwahl für Frauen, die unter Berufung auf die menschliche Natur dagegen opponieren, daß
ihr Glück von den Patriarchen (Vater, Vormund) verhandelt
wird und sie nach deren Willen verheiratet werden, verdeutlichen noch entschiedener die farcennahen Thesenkomödien
L'École des maris (1661) und *L'École des femmes* (1662; *Cri-*

tique de l'École des femmes, 1663). Darin findet sich der Entwurf einer neuartigen und fortan molièrespezifischen Rolle, des kompromißorientierten »raisonneur«. Molières Grundidee, menschliches Verhalten am gesunden Menschenverstand zu messen und diese normsetzende Instanz in der Gesellschaft der »honnêtes gens« zu situieren, wird seit 1664 immer kühner.

Das letzte Jahrzehnt seines Wirkens steht im Zeichen zahlreicher Ballettkomödien für Hoffeste, der Farce *Le Médecin malgré lui* (1666) oder der Schlüsselkomödie *Amphitryon* (1668, nach Plautus), die Jupiter und Alkmene als den König und seine damalige Mätresse, die Marquise de Montespan, erkennen läßt.

Die fünfaktige Gesellschaftskomödie *Le Tartuffe* (Ausg. J. Serroy, 1997), von Molière als »méchante comédie« angekündigt, wird zwischen 1664 und 1669 (verschiedene Fassungen als Privataufführungen) mehrfach überarbeitet. Pariser Kritiker der kirchlichen Partei gehen so weit, die Verbrennung des Autors als Ketzer zu verlangen. Dargestellt werden in der überlieferten Fassung von 1669 die moralischen und wirtschaftlichen Intrigen eines adligen Heuchlers von angenommenem geistlichem Status, der seitdem als sprichwörtlich bigotter Betrüger zitiert wird, Tartuffe. In der ersten Fassung ruiniert er nach einer erfolgreichen Vermögensüberschreibung die Familie des Orgon, in die er sich als geistlicher Berater, »directeur de conscience«, und Schürzenjäger eingeschlichen hat. In der gedruckt vorliegenden Version wird der Verbrecher im letzten Augenblick, als er bereits die Familie mit Gerichtsbeschluß ausweisen lassen kann, durch königliche Intervention gestellt und verhaftet. Der überraschende Schluß, Abbild realer absolutistischer Machtverhältnisse, nimmt dramaturgische Unwahrscheinlichkeit in Kauf, um das Herrscherlob als Teil des Spiels vorzuführen. Der Monarch schützt auch seine leichtgläubigen, in falsche Frömmigkeit verfallenden und verführbaren Bürger vor Kriminellen, die Familienväter übertölpeln und ausplündern. Aus eigener geistiger und ethischer Kraft hätten diese sich nicht mehr gerettet.

Im *Dom Juan* (1665; 1677 ideologisch abgeschwächte Versfassung durch Thomas Corneille, die bis 1841 als einzig bekannter Text gespielt wird), einer Prosakomödie mit dialektgefärbten Passagen im 2. Akt, versagt freilich auch die weltliche Allmacht angesichts der ungeheuerlichen Unmoral und intellektuellen Libertinage des Protagonisten. Die Umstilisierung der Sünderfigur aus der spanischen Vorlage des Tirso de Molina (*El burlador de Sevilla*, 1630) ins Nihilistische und Freidenkerische verschmilzt komische Karikaturen mit libertinistischen Angriffen auf den Glauben und die religiös begründete Sittlichkeit. An der Grabstätte eines von ihm ermordeten Komturs treffen der Spötter und der Geist des Toten sich zum nächtlichen Mahl, das mit Dom Juans Höllenfahrt endet. Der feige und abergläubische Diener Sganarelle hat das letzte Wort und beklagt seinen entgangenen Lohn. – Verstöße gegen die Regelpoetik sind evident, denn keine der drei Einheiten wird in diesem Spiel respektiert, das die universelle Disziplinlosigkeit der Titelfigur dirigiert. Für die Bestrafung des arroganten Freidenkers, der sich jeder Verpflichtung entzieht und nicht zum Höfling domestiziert werden kann, konnte Molière mit dem Applaus des Königs rechnen, während der Adel überwiegend und das städtische Publikum offenbar restlos das Stück ablehnen. Nach wahrscheinlich nur zwei Abenden wird der *Dom Juan* abgesetzt.

Ebensowenig wie *Dom Juan* entspricht *Le Misanthrope* (1666) dem geläufigen Codex des Lustspiels: Alceste, ein verliebter junger Ehrenmann von Welt, wird durch seine extreme Redlichkeit zum Menschenverächter. Er kann der geliebten und koketten Célimène nicht schmeicheln und sagt einem eitlen Verseschmied statt Gefälligkeiten rückhaltlos die Wahrheit. Von seinem Freund Philinte in der Rolle des skeptizistisch argumentierenden »raisonneur« muß er sich vorhalten lassen, daß hochfahrende Kompromißlosigkeit töricht und gesellschaftlich schädlich ist und daß man Kompromisse eingehen kann, ohne seine Freiheit zu verlieren. Alceste dagegen zieht sich, als er den Stil der mondänen Konversation nicht ändern kann, in die Einsamkeit zurück – in die ihm Célimène nicht folgen mag:

CÉLIMÈNE.
 Moi, renoncer au monde avant que de vieillir,
 Et dans votre désert aller m'ensevelir!

ALCESTE.
 Et s'il faut qu'à mes feux votre flamme réponde,
 Que vous doit importer tout le reste du monde?
 Vos désirs avec moi ne sont-ils pas contents?

CÉLIMÈNE.
 La solitude effraye une âme de vingt ans:
 Je ne sens point la mienne assez grande, assez forte,
 Pour me résoudre à prendre un dessein de la sorte.

(V,4)

CÉLIMÈNE. Ich, der Welt entsagen, bevor ich alt bin,
 und mich in Ihrer Wildnis begraben!

ALCESTE.
 Und wenn meinem Verlangen Ihre Inbrunst entsprechen soll,
 was muß Sie dann die ganze übrige Welt noch kümmern?
 Sind ihre Ansprüche mit mir denn nicht befriedigt?

CÉLIMÈNE.
 Die Einsamkeit erschreckt einen, wenn man zwanzig ist,
 Ich fühle mich nicht groß, nicht stark genug,
 um mich zu einem solchen Vorhaben zu entschließen.

> Le Misanthrope. Der Menschenfeind, übers. und hrsg. von Hartmut Köhler, Stuttgart: Reclam, 1993, S. 172 f.

Célimène lehnt es ab, ihm zuliebe ihre Welt des nichtigen, aber doch schönen Scheins aufzugeben. Alcestes Gesellschaftskritik bringt den Einzelgänger schließlich um den Verstand, bis er nur noch im Affekt reagiert und auch die Redebeherrschung verliert. Vor dem Hintergrund des klassischen Menschenbildes wirkt dies unweigerlich komisch, während Rousseau darin ein tragisches Geschehen sah.

In der Prosakomödie *L'Avare* (1668) wirkt Harpagon durch seine zur Manie gesteigerte Raffgier komisch, da er ungefährlich, weil manipulierbar bleibt; politisch dagegen ist er schädlich, weil er sein Geld den dringend erforderlichen nationalen Investitionen zur Belebung des Außenhandels vorenthält.

Le Bourgeois Gentilhomme (1670), Ballettkomödie mit der Musik von Lulli, eine Auftragsarbeit, mit der Ludwig XIV. sich an der Arroganz von Diplomaten der Hohen Pforte rächen wollte, ist eine Variation des Themas vom mißglückten gesellschaftlichen Aufstieg. Allerlei Hauslehrer sollen Herrn Jourdain, der von der – möglichen – Nobilitierung träumt, auf den Adelsstatus vorbereiten. Entsprechend verbietet er die Heirat seiner Tochter mit einem Bürgerlichen, der dann als Türke verkleidet stellvertretend für einen erfundenen Herrscher um ihre Hand anhält. Sein getrübter Wirklichkeitssinn läßt den Vater einer eiligen Eheschließung zustimmen. Die Parodie des orientalischen Hofzeremoniells gipfelt in der Ernennung Jourdains, den Molière selbst spielt, zum Mamamouchi.

Die Ärztesatire *Le Malade imaginaire* (UA 1673, ED 1682) ist Molières letztes Werk, der Autor bricht während der vierten Vorstellung zusammen und stirbt in der Maske des Argan. Dieser ist ein weiterer Repräsentant in der Serie der eigensinnigen Väter, weil er seine Tochter Angélique nicht mit ihrem Freund Cléante, sondern mit einem Arzt verheiraten will. Dieser Doktor Diafoirus jun. hält in seiner Dissertation an den überlieferten medizinischen Erkenntnissen der Vorfahren fest und leugnet den 1619 entdeckten Blutkreislauf. Gefahr droht Argan außer von einer unprofessionellen Medizin von seiner Frau Bélise, die ihn beerben will, bis dem Betrogenen seine Kinder, sein Bruder und der gesunde Menschenverstand der Dienerin Toinette die Augen öffnen. Die Ballettszene zum Schluß parodiert ein Promotionsritual an der Sorbonne.

Die Molière-Rezeption stellt bis ins 19. Jh. die zentrale Frage nach dem einzigartigen Literaturprogramm, das die Geschichte des menschlichen Herzens aus der Traktatliteratur in die Dramatik überführt. Marivaux lehnt es ab, Molière zu imitieren, da ihm die manischen Verstiegenheiten in dessen Anthropologie unmotiviert erscheinen. Rousseau kritisiert mit moralischen Argumenten eine Mentalität, die außerstande ist, den Menschenfeind als Verteidiger der Ehrlichkeit und Kritiker mondäner Zwänge, somit als den wahren Menschenfreund zu schätzen. Balzacs Konzept der »histoire du cœur humain« geht von der fiktiven Rivalität mit Molière aus, um in Romantheorie wie Erzählpraxis den Nachweis zu führen, daß im Zeichen der postrevolutionären Mobilität menschliche Fehler, die Molière zentral gesetzt hat, um historisch neue Faktoren ergänzt werden müssen, deren Analyse nurmehr erzählend zu bewältigen ist.

Werkausg.: R. Bray, 8 Bde., 1935–52; R. Jouanny, 2 Bde., 1962; G. Couton, 2 Bde., 1971.

Lit.: S. W. Deierkauf-Holsboer, L'histoire de la mise en scène dans le théâtre français de 1600 à 1673, 1960; A. Adam, Les libertins au XVIIe siècle, 1964; G. Mongrédien, La vie quotidienne des comédiens au temps de M., 1966; N. Elias, Die höfische Gesellschaft, 1969; M. Descotes, M. et sa fortune littéraire, 1970; M., Sonderh. RhlF 1972; J. Hösle, M.s Dom Juan, 1978; R. Baader (Hrsg.), M., 1980; Sh. Felman, Le scandale du corps parlant (*Dom Juan*), 1981; J. Grimm, M., 1984; H. Stenzel, M. u. der Funktionswandel der Komödie, 1987; Jahrbuch Le Nouveau Moliériste, 1994 ff.; St. H. Fleck, Music, Dance and Laughter (Comedy-ballets), 1995; B. Rey-Flaud, M. et la farce, 1996; M. Baschera, Théâtralité dans l'œuvre de M., 1998; P. Dandrey, La médecine et la maladie dans le théâtre de M., 2 Bde., 1998; Ch. Rauseo, Mœurs et maximes (Gran teatro del mundo – *Malade imaginaire*), 1998.

Racine

Jean Racine (1639–99), seit 1643 Vollwaise, zeitweilig bei den Jansenisten von Port-Royal erzogen, hofft als Odendichter, der das Herrscherlob formuliert, zunächst vergebens auf eine königliche Pension und verfaßt seine ersten Tragödien anfangs noch im Zeichen Corneilles; Molières Truppe führt sie bis 1665 auf. Racine liest, was im 17. Jh. nicht die Regel ist, die griechischen Dramatiker im Original. Seit 1667 gibt er seine Werke an das Ensemble des Hôtel de Bourgogne: *Andromaque* (1667), *Britannicus* (1669), *Bérénice* (1671), *Bajazet* (1672), *Mithridate* (1673), *Iphigénie* (1674) und *Phèdre* (1677, Titel bis 1687: *Phèdre et Hippolyte*). In diesem Jahrzehnt dominiert sein Stil die Pariser Tragödie, wenngleich er nicht, wie La Bruyère angenommen hat, dezidiert gegen Corneille schreibt. Die klassische Grundstruktur von Anlaß, Ablauf und Ausgang der Aktion ist unverändert, allerdings ist die Konfliktdynamik mit der Exposition meist bereits erschöpft. Zwar sind Corneilles Heroismus und Werteskala in Racines Werk nicht mehr aktuell, zwar sind die Protagonisten eher verzweifelte Liebhaber als ehrsüchtige Kriegsherren, doch bleibt es beim Spannungsfeld zwischen öffentlichem Gesetz und der Bindung an die Familie. Dabei ist Racine als jansenistischer Tragödiendichter insofern zu verstehen, als in seiner tragischen Vision der Beziehungen zwischen dem »verborgenen« Gott, der Welt und dem Subjekt, das keine Zugeständnisse machen kann, Konflikte grundsätzlich als nicht rationalisierbar und daher unlösbar erscheinen. Daraus formt die Tragödie, anders als Pascals Traktatfragmente, eine von Anbeginn ausweglose Situation.

In *Andromaque* sind vier Personen aufs engste aneinander gebunden, so daß die Veränderung auch nur einer Figur das Quartett neu ordnen würde: Orest könnte Hermione heiraten, wenn Andromaque, um ihren Sohn Astyanax vor der Rache der Sieger zu retten, in die Ehe mit Pyrrhus einwilligte. Doch Hermione müßte in diesem Fall Orest zum Eifersuchtsmord am König anstiften. Anders als bei Corneille will hier kein Protagonist vor die Wahl zwischen zwei Werten gestellt werden. Orest scheitert ohnmächtig beim Versuch, Rache zu üben, um sich der geliebten Hermione würdig zu erweisen. Hermione, die psychologisch interessanteste Figur, wird ohne Schuld von Pyrrhus verschmäht und gibt sich den Tod, nachdem die Griechen den zaudernden König ermordet haben. Andromaque und ihr Kind sind durch diese fatale Wendung gerettet, geplant waren aber formal die rettende Heirat und der anschließende Selbstmord. Derart konstruiert Racine eine Liebeskette, in der jeder den liebt, den er besser nicht lieben sollte.

Das Publikum reagiert zunächst distanziert auf die weitere Verdüsterung der Anthropologie in *Britannicus*. Als Racine und Corneille gleichzeitig den Berenikestoff bearbeiten, wird die Eigenart des Jüngeren im Verzicht auf äußere Intrigen sowie in der Zeichnung elegischer und gleichzeitig beharrlicher Charaktere deutlich. Seine *Bérénice* begeistert ein empfindsames jüngeres aristokratisches Publikum. Zunehmend bestimmen Heldinnen Racines Dramatik. In *Iphigénie* soll nach der Deutung eines Orakelspruchs die Tochter des Agamemnon den Göttern geopfert werden, um für die festliegende griechische Flotte günstige Witterungsverhältnisse zu erlangen. Der Tod der unschuldigen Iphigénie hätte gegen die »bienséance«, ihre Errettung gegen die »vraisemblance« verstoßen: so wird auf Intervention des Odysseus hin klar, daß nicht Iphigenie, sondern ihre Halbschwester Eriphile zu töten sei; als Rivalin, der ihre Eifersucht zum Verhängnis wird, hat sie den Tod verdient. Nur noch zum Schein setzt dieser Ausgang antikisierende Vorschriften um, denn eine willkürliche Instanz verhängt den Tod: Worte, die nicht eindeutig sind, treiben Menschen ins Verderben.

In *Phèdre* ist, entgegen aristotelischer Norm, bereits die Exposition vom Unheil gezeichnet. Hippolyte sorgt sich im

Gespräch mit seinem Erzieher Théramène um den verschollenen Vater Theseus, verwünscht die Götter, die seine Stiefmutter Phädra in die Welt seiner glücklichen Jugend verschlagen haben, und will schließlich vor der Liebe zu Aricie – aus der Sippe, die Theseus bis auf das überlebende Mädchen ausgerottet hat – fliehen. Phädra ihrerseits klagt Venus an, sie in eine unselige Leidenschaft zu verstricken; sie offenbart der Vertrauten Œnone den Grund des »désordre éternel«: ihre Liebe zum Stiefsohn:

> Je le vis, je rougis, je pâlis à sa vue;
> Un trouble s'éleva dans mon âme éperdue;
> Mes yeux ne voyaient plus, je ne pouvais parler;
> Je sentis tout mon corps et transir et brûler.
> Je reconnus Vénus et ses feux redoutables,
> D'un sang qu'elle poursuit, tourments inévitables,
> Par des vœux assidus je crus les détourner:
> Je lui bâtis un temple, et pris soin de l'orner;
> De victimes moi-même à toute heure entourée,
> Je cherchais dans leurs flancs ma raison égarée.
> D'un incurable amour remèdes impuissants!

(I,3)

Ich sah ihn, errötete, erblaßte bei seinem Anblick; / Ein Taumel brach in meiner verwirrten Seele aus; / Meine Augen sahen ihn nicht mehr, ich vermochte nicht zu sprechen; / Ich fühlte meinen ganzen Körper erfrieren und verbrennen. / Ich erkannte Venus und ihr schreckliches Feuer, / Unentrinnbare Qualen, mit denen sie unser Geschlecht verfolgt. / Ich glaubte, mit beharrlichen Bitten jene abwenden zu können: / Ich baute ihr einen Tempel und schmückte ihn mit Sorgfalt; / Von Opfertieren allezeit umgeben, / Suchte ich in ihrem Inneren nach meinem verwirrten Verstand. / Wirkungslose Mittel gegen eine unheilbare Liebe!

Phädra, übers. und hrsg. von Wolf Steinsieck,
Stuttgart: Reclam, 1995, S. 38 f.

Phädra, die sich schließlich Hippolyte erklärt, kann nicht verhindern, daß ihre Dienerin Œnone, um die Herrin zu schützen, Hippolyte gegenüber dem unerwartet heimkehrenden Theseus des Inzests mit seiner Stiefmutter beschuldigt. Theseus verflucht den Sohn und muß alsbald von Théramène erfahren, daß die Götter die Verstoßung vollzogen haben; Phädra nimmt Gift. Theseus ist dazu verdammt, die Katastrophe zu überleben, um von einer Welt Zeugnis abzulegen, in der emotionale Ansprüche nicht zählen, weil die Götter von ihren Opfern Kompromißlosigkeit verlangen. Die Personen irren sich, wenn sie die Liebe als Weg beschreiten, um sich ihrer Identität zu versichern, denn jede Beziehung enttäuscht den anfänglichen Anspruch. Humanistisches Schicksalsprinzip, überlagert vom jansenistischen Glauben an die heillose Gefallenheit aller Kreatur, aus der sich kein Subjekt selbst je zu retten vermag, wirken in *Phèdre* zusammen.

Eine von Zirkeln des Hochadels gekonnt inszenierte Kampagne, die zwei Tage nach der Premiere ein stoff- und titelgleiches Stück von Jacques Pradon auf eine konkurrierende Pariser Bühne bringt, kostet Racine 1677 den erwarteten Erfolg. Er zieht sich enttäuscht vom Theater zurück, bis ihm die Mätresse des Königs den Auftrag erteilt, zwei biblische Frauenbilder zu dramatisieren (*Esther*, 1689; *Athalie*, 1691). Die neugebildete Comédie-Française eröffnet 1680 den Spielplan mit Racines *Phèdre*.

Wie Corneille schreibt Racine fünfaktige Tragödien in Alexandrinern. Sein »style noble« reduziert rhetorische Elemente, um in einem klaren Diskurs äußerste Zerrissenheit der Gefühle zu formulieren. Die Unmöglichkeit der menschlichen Verständigung über die Zukunft erscheint als Grundprinzip; der Protagonist, vor allem aber die Protagonistin verbraucht sich in der Auseinandersetzung mit dem Medium Sprache. Hier interveniert kein höheres Wesen, das innere Kohärenz und harmoniespendende Kommunikation garantieren könnte. Als Kritik am Monarchen sollen seine traumatisch düsteren Szenen einer abgestürzten Welt jedoch auch nicht verstanden worden sein, sonst wäre der Autor gewiß nicht mit offiziellen Ämtern (Historiograph, Kammerherr) ausgestattet worden.

Epigonen, deren Namen keiner mehr nennt, glauben, diesem Opus ideologische Elemente und handwerkliche Regeln entnehmen zu können: Verflechtung von Staatsaktion und Liebe, Gefährdung der Protagonisten durch ihre engsten Partner und Unwissenheit, wer wessen wirklicher Feind ist. Tatsächlich hat Racine keine Schüler, sowenig wie Molière. Marivaux räumt dies ein, als er das Bild der Komödie verändert, und Voltaire wendet in seinem Werk die Tragödie nicht gegen den willkürlichen Gott, sondern gegen das unselbständige Denken.

Werkausg.: M. Rat, 1960; J. Morel / A. Viala, 1980; G. Forestier, 1999 ff.

Lit.: L. Goldmann, Le dieu caché, 1956; R. Barthes, Sur R., 1960; B. C. Freeman, Concordance du théâtre et des poésies de R., 2 Bde., 1968; K. Biermann, Selbstentfremdung u. Mißverständnis in den Tragödien von R., 1969; M. Descotes, R., 1969; M. Eigeldinger, La mythologie solaire dans l'œuvre de R., 1969; M. Delcroix, Le sacré dans les tragédies profanes de R., 1970; A. Bonzon, La nouvelle critique et R., 1971; M. Gutwirth, R., 1971; A. Niderst, Les tragédies de R., 1975; W. Theile (Hrsg.), R., 1976; J.-L. Backès, R., 1981; M. F. Bruneau, R. Le jansénisme et la modernité, 1986; D. Maskell, R., 1991; J. Dubu, R. aux miroirs, 1992; Ch. Surber, Parole, personnage et référence dans le théâtre de R., 1992; J.-C. Joye, Méditations raciniennes, 1996; S. Koster, R., une passion française, 1998; G. Revaz, La représentation de la monarchie absolue dans le théâtre racinien, 1998.

7. Beginn einer Bewußtseinskrise

Bei der Überprüfung adäquater Periodisierungsmodelle entdeckt die neuere Forschung eine Epochenschwelle eigener Art um 1680, die als Punkt einer europäischen Bewußtseinskrise gedeutet wird; mentalitätsgeschichtliche und kultursoziologische Untersuchungen belegen neue Trends der Wissenspopularisierung und Relativierung festgeschriebener Wissenshorizonte. Es kommt zur Aufhebung des Toleranzedikts von Nantes 1685 und der Emigration der Hugenotten, der Aufdeckung des Metaphysikdilemmas im Cartesianismus, der Entwicklung einer umfassenden empirischen Beweisführung und einem neuen, nicht mehr doktrinären Denken, das die Politik mit ihrem Beharren auf der Staatsräson im harten Licht vorführt. Die minderheitenverachtende Vereinheitlichung im konfessionellen und kulturellen Bereich ist nicht mehr nachvollziehbar. Querdenker melden sich ohne Respekt, jedoch zunächst mit gebotener Taktik der Ausdrucksformen zu Wort. Staatspolitische Einwände entwickeln sich, als nach der Vereinbarkeit von Einheitsstaat und Toleranzpraxis gefragt wird.

Neue fiktionale und nichtfiktionale Ausdrucksformen, die als »Lettres« noch undifferenziert katalogisiert sind, schließen die erzählte Utopie, das politische oder erotische Märchen in amüsanter Kurzform, das Totengespräch, den Exiljournalismus, das Nachschlagewerk ein. Es sind Texte am Rand oder jenseits des Kanons. Auffallend rasch ermächtigen sich an der Wende vom 17. zum 18. Jh. Autoren einer undogmatischen écriture, die dem ästhetischen Komplex von Wahrheit, Wahrscheinlichkeit und adäquatem Modus ein neues Element hinzufügt: das Engagement für das als wahr Erkannte.

Lit.: P. Hazard, La crise de la conscience européenne, 1935, Nachdr. 1961; E. Haase, Einführung in die Literatur des Refuge, 1959; R. Koselleck, Kritik und Krise, 1959; H. Kortum, Ch. Perrault und N. Boileau, 1966; H. Mattauch, Die lit. Kritik der frühen frz. Zs., 1968; W. Krauss, Die Lit. der frz. Frühaufklärung, 1971; H. R. Jauß, Studien zum Epochenwandel der ästhet. Moderne, 1989; R. Behrens, Umstrittene Theodizee, erzählte Kontingenz, 1993; S. Neumeister (Hrsg.), Frühaufklärung, 1994; M. Fontius (Hrsg.), Die Philosophie u. die Belles-Lettres, 1997; M. Delon / J. Schlobach (Hrsg.), La recherche dix-huitiémiste, 1998.

Gabriel de Foigny (um 1630–92) und **Denis Veiras** (nach 1622 – um 1700) kombinieren in utopischen Erzählungen Motive des Reiseberichts mit humanistischen Idealvorstellungen (Thomas Morus, *Utopia*, 1516; Montaignes Kannibalen-Essay); die Subversion des Faktischen, nach der ihre Neue Welt konstruiert wird, neigt bei Foigny (*Les Aventures de Jacques Sadeur dans la découverte et le voïage de la Terre australe*, 1676) zu heterodoxen Gottesvorstellungen und einer vernunftgerechten Gesellschaft freier und gleichgestellter Menschen, bei Veiras (*Histoire des Sévarambes*, 5 Bde., 1677–79) zur Vermischung antiker, orientalischer und präkolumbianischer Gesellschaftsstrukturen.

Charles Perrault (1628–1703), in Colberts Diensten, Mitglied der Académie française seit 1671, Mitbegründer der Académie des inscriptions et belles lettres, Autor von Märchenerzählungen (*Contes*, 1697; Ausg. R. Zuber, 1987), löst mit seinem panegyrischen Gedicht »Poème sur le siècle de Louis le Grand« 1687 die »Querelle des anciens et des modernes« aus (vorausgegangen war 1671 Gabriel Guérots *La Guerre des auteurs anciens et modernes*). Perrault behauptet darin den Vorrang der Gegenwartskultur vor ihren antiken Modellen. Durch diese kulturelle Blüte, die Perrault dem Wirken des Absolutismus zuschreibt, wird die Geschichte zum ersten Mal als eine stete Vorwärtsbewegung gedacht und der Fortschrittsgedanke entwickelt (Dialog *Parallèles des anciens et des modernes*, 1688–97, Ausg. H. R. Jauß, 1964; *Les Hommes illustres qui ont paru en France pendant le 17e siècle*, 2 Bde., 1697–1701). Perrault widersprechen als Anhänger der »Alten« Boileau, Racine und La Bruyère, während ihn der junge Fontenelle (*Digression sur les anciens et des modernes*, 1688) unterstützt. 1711 entzündet sich die Diskussion erneut an der Homer-Übersetzung der Anne Dacier (1654–1720), die sich dagegen wehrt, Homer anzutasten und Odysseus zu einem Menschen des 18. Jh.s zu stilisieren. Zu bemerken ist, daß die konträren Positionen in der »Querelle« bürgerlich besetzt sind und daß die sich anschließende Vorurteilsdiskussion nicht als Bestandteil kämpferischer Auseinandersetzungen im Ständestaat zu erklären ist.

Lit.: Y. Saupé, Les contes de P. et la mythologie, 1997.

Bernard le Bovier de Fontenelle (1657–1757), Neffe Corneilles, selbst Bühnendichter, seit 1699 Ständiger Akademiesekretär, Autor bukolischer Texte, vor allem aber bedeutender Poetologe und Geschichtsphilosoph, hat eine einzigartige Wirkung als Gesprächspartner in den Pariser Salons der Lambert, Tencin, Du Deffand, Lespinasse, Suzanne Necker. Von neuen naturwissenschaftlichen Methoden überzeugt, bewegt den Skeptiker die Frage, warum in der Geistesgeschichte das Vernunftwidrige zur Norm erstarrt. In den *Dialogues des morts* (1683; Ausg. J. Dagen, 1971) fingiert er, nach Lukian, irreale Kommunikationssituationen als Lehrgespräch, um doktrinäre Urteile über die Antike sowie die eigene Ära aufzulösen. Fontenelle schlägt darüber hinaus vor, die politische Geschichte durch die Einzeldarstellungen von Denk- und Lebensgewohnheiten zu ergänzen, um so die Entstehung von Vorurteilen aus der Abhängigkeit des Verstandes von der zügellosen Phantasie zu verdeutlichen (*Histoire des oracles* und *Entretiens sur la pluralité des mondes*, 1686). Darüber hinaus dekonstruiert Fontenelle die seit 1637 vorherrschende Schauspieltheorie mit der Forderung, jede festgeschriebene Regel auf ihre Wirkung hin in Frage zu stellen und die anthropologische Diskussion über die Neugierde und die Lust am schönen Schein zu eröffnen. Später verfaßt er poetologische Schriften: *L'Origine des fables* (1724), *Sur la poésie en général* (1734).

Werkausg.: G.-B. Depping, 3 Bde., 1968; A. Niderst, 7 Bde., 1989–1996.

Lit.: W. Krauss, F. u. die Aufklärung, 1969; A. Niderst, F., 1991; R. Grimm, Poésie philosophique. Klassizismus u. Frühaufklärung bei F., in: S. Neumeister (Hrsg.), Frühaufklärung, 1994; R. Marchal, F. à l'aube des Lumières, 1997.

Pierre Bayle (1647–1706), aus calvinistischer Pfarrersfamilie, wirkt als Philosoph in Genf, Sedan und Rotterdam, wo 1684 in Konkurrenz zum älteren Salonblatt *Mercure de France* seine Zeitschrift *Nouvelles de la République des Lettres* als Rezensionsblatt zu Neuerscheinungen auf dem Gebiet der Philosophie und Geschichte, weniger der Literatur und Kunst, und als Organ der Heterodoxie herauskommt (Gegenveröffentlichung der Jesuiten: *Mémoires pour servir à l'histoire des sciences et des beaux-arts*, 1701–67). Bayle vertritt gegenüber Paris wie Genf den religionspolitischen Standpunkt, Staatskonfessionen könnten erst überzeugen, wenn auch Dissidenten zu Wort kommen dürften (*Réflexions sur la tolérance des livres hérétiques*, 1685). Als Verfechter des Erkenntnisfortschritts stellt er, wie Montaigne und Fontenelle, die Relativität der Urteilsfindung und der Urteilspraxis heraus (*Réponses aux questions d'un provincial*, 1704). Als Verteidiger des Protestantismus gegen den Staatskatholizismus und als Apologet der Gewissensfreiheit gegenüber jedem Zwang spielt er eine herausragende Rolle in der Frühaufklärung. Bayle setzt sich dem Verdacht des Atheismus aus, als er postuliert, daß Dogmen vor der Vernunft bestehen müssen und Theologie als historische Wissenschaft zu begründen sei. Tatsächlich spekuliert er darüber, ob nicht auch ein Staat aus vernunftgeleiteten, daher moralisch integeren Atheisten Bestand haben könnte.

Sein Namenlexikon *Dictionnaire historique et critique* (Rotterdam 1696, Leiden 1730; Ausg. A. Niderst, 1974) stellt er taktischerweise als Fehlerkorrektur zum *Grand Dictionnaire historique ou le mélange curieux de l'histoire sainte et profane* (1674) von **Louis Moréri** (1643–80) vor. Bayle nutzt einzelne Eintragungen, um vor allem in dem Anmerkungsteil, der oftmals umfangreicher ist als der Text selbst, gegen verbreitete Mißdeutungen und Widersprüche oft anekdotisch zu Felde zu ziehen und die Allgegenwart mythologischer und christlicher Elemente nachzuweisen. Die Pariser Gesellschaft der »honnêtes gens« empfindet das

Verfahren als störend und pedantisch. Vor dem nächsten Schritt, der prinzipiellen Erhebung der Vernunft in den Rang der einzigen Gottheit, zögert Bayle. Doch die textgeschichtliche Aufarbeitung der Mythologeme, ihrer Stoff- und Motivvarianten, als Erzählungen aus alten Zeiten zeitigt Folgen, sobald Voltaire die Toleranzdebatte publizistisch verstärkt und er selbst und Diderot im Projekt der *Encyclopédie* mit den Mitteln der Lexikographie Aufklärung betreiben. Deutsche Übersetzungen von Bayles *Dictionnaire* erscheinen seit 1732, darunter auch eine von Gottsched purgierte (4 Bde., 1741–44). Das Innovative von Bayles Nachschlagewerk wird deutlich im Vergleich mit zeitgenössischen Wörterbüchern: Das *Dictionnaire de l'Académie* (2 Bde., 1694) ist zunächst nach Wortfamilien und erst seit der Ausgabe 1718 alphabetisch angeordnet, es registriert den kultivierten Sprachgebrauch. Antoine Furetières *Dictionnaire universel* (3 Bde., Den Haag 1690, ²1701), mit einem Vorwort von Bayle, berücksichtigt einen soziologisch breiten Sprachgebrauch, es liefert Definitionen und Etymologien; von den Jesuiten umgearbeitet, erscheint es 1704 als *Dictionnaire de Trévoux.*

Ausg.: Œuvres diverses, reprogr. Nachdr. 1966.

Lit.: L. Feuerbach, B., 1848; E. Labrousse, Inventaire critique de la correspondance de B., 1961; E. Labrousse, B. Hétérodoxie et rigorisme, 1964, ²1996; J. Solé, Religion, érudition et critique, 1967; P. Rétat, Le dictionnaire de B. et la lutte philosophique, 1971; R. Cortese, B., 1981; S. Neumeister (Hrsg.), Frühaufklärung, 1994; J. Charnley, B., 1998.

IV

18. Jahrhundert

Historischer Überblick

1788 Einberufung der Generalstände (erstmals seit 1614).

1789 5. Mai: Eröffnung der Generalstände in Versailles,
17. Juni: der dritte Stand erklärt sich zur Nationalversammlung, 14. Juli: Erstürmung der Bastille,
26. August: Erklärung der Menschenrechte.

1791 Juni: Flucht der königlichen Familie nach Osten,
in Varennes entdeckt.

1792–1804 Erste Republik, 22. September: Beginn des Jahres I
der Republik.

1792–94 Jakobinerherrschaft (Convention), Krieg mit
Österreich-Ungarn und später mit weiteren
europäischen Staaten.

1793 Beginn der Terreur, 21. Januar: Hinrichtung Ludwigs XVI.,
16. Oktober: Hinrichtung Königin Marie-Antoinettes.

1794 5. April (16. Germinal II): Hinrichtung Dantons,
27./28. Juli (9. Thermidor II): Sturz und Hinrichtung
Robespierres sowie von 71 Jakobinern.

1795–99 Direktorium, Erfolge der Revolutionsarmeen,
namentlich unter Führung von Napoleon Bonaparte.

1799 9. November (18. Brumaire VIII): Staatsstreich des
Generals Bonaparte, 13. Dezember: Ernennung zum
Ersten Konsul (Titel, den er bis zur Kaiserkrönung
1804 behält).

1. Einleitung

Folgen der Hegemonialpolitik

Die Politik Ludwigs XIV. tritt bereits 1689 in ihre kritische
Phase ein, als eine erdrückende europäische Allianz von
England bis Savoyen und Portugal die frz. Krone an den
Grenzen des Reichs und in den Kolonien in Schach hält;
vorübergehend werden Gebiete in Nordfrankreich besetzt.

Allerdings gelingt es Frankreich, im Spanischen Erbfolge-
krieg, nach dem Tod Karls II., den dynastischen Anspruch
mit militärischen Mitteln durchzusetzen und in Madrid das
Haus Bourbon an die Macht zu bringen.

Die elenden Lebensbedingungen der frz. Landbevölkerung, unterhalb des Niveaus der Schweiz oder Italiens, dienen als Argument für eine fällige Staatsreform. Unerträglich
werden das System der Besteuerung und Steuereintreibung
sowie der finanziellen Privilegierung des ersten und zweiten
Standes und deren Einkünfte aus dem Grundbesitz.

Das »Siècle des Lumières«

Der Agrarstaat Frankreich ist Gegenstand einer Regimekritik, mit der frz. Intellektuelle federführend für den Fortschritt in Europa auftreten. Ihre Resonanz profitiert von einem Paradigmenwechsel der Philosophie, die den Erkennt-
niswillen aus sich selbst, nicht, wie offiziell gelehrt, aus dem
Rang ihrer Gegenstände rechtfertigt. Wenn die Neuzeit sich
selbst als »siècle des lumières« bezeichnet, knüpft sie an die
Lichtsymbolik der Renaissance und den von Descartes wie
von Leibniz verwendeten Begriff der »lumière naturelle«
zur Bezeichnung einer angeborenen Intelligenzgabe, die es
zu entdecken und entwickeln gilt, an. Damit ist die Antinomie von Offenbarung und Erklärung, scholastisch registrie-
render und vorurteilsfrei fragender Wissenschaft angesprochen. Im Sprachgebrauch der aufgeklärten Intelligenz
wandelt sich der Philosophiebegriff in Richtung auf eine
diesseitsbezogene, lebenspraktisch orientierte kritische Haltung. Die Literatur wird philosophisch, insofern sie die
Wirklichkeit analysieren und verbessern hilft. Der »philosophe« erkennt die Ursachen, kommt im Idealfall ihrer Wirkung zuvor oder fördert sie. Ort seiner Gespräche ist nicht
mehr der Hof, sondern das Café oder der Salon in Paris,
wenn er nicht aus politischen Gründen Frankreich den

Rücken kehrt, zeitweilig emigriert und in Potsdam, St. Petersburg oder Schwetzingen mit Herrschern, die er für Anhänger des freien Denkens hält, diskutiert. Mittelpunkte der Pariser Salonkultur sind die adligen Damen Lambert, Lespinasse und Tencin, der Baron d'Holbach sowie die bürgerliche Mme Geoffrin.

1746 öffnet die Zuwahl Voltaires die Académie française aufklärerischen Ideen; dies hindert die Jakobiner nicht, sie 1793 zu schließen. 1795 wird sie ein Teil des neugegründeten Institut de France.

Faktoren der Publikation

Geschrieben und publiziert wird im 18. Jh. mehr denn je, über brisante Themen, wie die Geldfrage (Steuern und Zinsen), über die Mesalliance als eine nicht standesgemäße Form der Sanierung adliger Finanzen durch Einheirat in das vermögende Bürgertum, über das Glück oder Elend von Frauen, die als »femme fatale« oder »dame d'intrigue« das Abenteuer suchen, weil sie sich mit dem Zufall der Geburt und gesellschaftlich eingeengten Chancen nicht abfinden.

Für eine legale Herstellung und Verbreitung von Büchern muß die königliche Druckerlaubnis (»privilège«) eingeholt werden. Wird sie nach entsprechendem Bescheid durch die Zensurbehörde, die Direction de la librairie de France (mit zeitweilig 100 Zensoren), erteilt, gilt sie nur für die Erstauflage; erst seit 1777 können Autorenrechte vererbt werden. Läßt die Zensur den Text nicht passieren bzw. erscheint ein Antrag von vornherein aussichtslos, gibt es die Möglichkeit der anonymen oder pseudonymen Veröffentlichung im Königreich oder an einem sicheren Druckort im Ausland (vor allem in den Niederlanden, in England, Deutschland, der Schweiz und Italien). Ein Mittelweg ist die »permission tacite«, die stillschweigende Duldung, die zwar keinen Rechtsschutz gegenüber Raubdrucken gewährt, Autor wie

Drucker jedoch nicht kriminalisiert. Vor allem für erzählende Literatur wird sie häufig genutzt.

Bei der Beurteilung einer neuen Gattung, der Reiseberichte, versagen herkömmliche Verstehensmuster oft. Einerseits veröffentlichen die Jesuiten Erbauliches über Kanada
und den Orient (*Lettres édifiantes et curieuses*, 34 Bde.,
1702–76), andererseits suggeriert der Vergleich von Kulturen
die politische oder moralische Überlegenheit des Fremdarti-
gen oder legt Parallelen zwischen exotischen Despoten und
absolut herrschenden europäischen Königen bloß. Der
Glaube an den Mythos vom lieblichen Frankreich als dem
geordnetsten aller bekannten Staaten wankt vor allem durch
eine typologische Serie überwiegend positiv angelegter
Fremder: dazu gehören der Indianer als ›guter Wilder‹ und
Bildungsträger, der weise Ägypter (während der Araber, wie
ihn Mohammed personifiziert, bei Voltaire als Fanatiker negativ besetzt ist), der hochzivilisierte Perser, der Chinese als
Repräsentant des Fernen Ostens. Derartige imagologische
Muster sind bezeichnend für das 18. Jh. und vorbildlich noch
für die Mythenbildung in der Romantik (z. B. Carmen).

1789 – geschichtsphilosophische und literar-
historische Zeitrechnung

Erst im Rückblick auf die Französische Revolution, etwa
wenn Victor Hugo als verspätete Analogie zu 1789 die Kulturrevolution fordert, werden Umbrüche, die das 18. Jh.
projektiert und vollzogen hat, vollends klar: die Kritik an
der Monarchie hat Literaturformen, die seit Richelieu in enger ideologischer Beziehung zum neuen Selbstverständnis
der Krone dominant geworden sind, in Frage gestellt, allerdings nicht kurzfristig beseitigt. Veränderungen der Schau-
spielformen durch Marivaux, die Autoren der »comédie larmoyante« und des »drame bourgeois« werden ohne königliche Protektion in Gang gebracht. Beaumarchais als Opfer

einer beispiellosen Zensurtaktik illustriert die Entzweiung
von Macht und Dichtung, aber auch die Unfähigkeit des
politischen Systems zu konsequentem Handeln. Daneben
existieren Literaturformen, die sich weiter an der klassischen Doktrin orientieren. Voltaires später Erfolg als Tragödienautor in Paris steht dafür.

Ein Teil der Geschichtsphilosophie will noch nach Ausbruch der Revolution 1789 unter Berufung auf das Prinzip
Regeneration zeigen, wie verschüttete Werte gefunden und
zur Geltung gebracht werden können. Dagegen wird im Namen des Naturrechts das geltende politische System verklagt
und seine falsche, usurpierte Begründung entlarvt. In diesem
Zusammenhang unterscheidet Robespierre 1794 in einer seiner letzten Reden vor dem Konvent die Geradlinigkeit des
utopischen Rousseauschen Denkens von der dominanten
Pseudoaufklärung, die sich kompromißlerisch in die praktische Bedeutungslosigkeit manövriert habe. Die Jakobiner
konstruieren damit keine Finalrelation zwischen der Aufklärung und der Revolution, sie mochten von der aufklärerischen Ethik, deren Konstituenten Toleranz, Wohltat (»bien-
faisance«) und Menschlichkeit sind, die Toleranz im Namen
ihrer reinen republikanischen Lehre nicht gelten lassen.

Wie sich die ideologischen Positionen verkehrt haben,
zeigt die Vorliebe der Aufklärungsgegner für Descartes,
während die Fortschrittlichen den Cartesianismus für erledigt halten. Zitiert wird dafür u. a. **Nicolas de Malebranche**
(1638–1715), der in seinem Spätwerk *De la recherche de la
vérité* (3 Bde., 1674–1715) darlegt, daß die moderne Welt,
da sie an Erfahrung reicher sei, die Antike zwangsläufig an
Aufgeklärtheit übertreffe. Als Anhänger der Modernen in
der »Querelle des anciens et des modernes« warnt er vor
dem dogmatischen Beharren auf Gedächtniswissen, das den
Übergang zur vernunftgeleiteten Gestaltung des Daseins
blockiere. Mit Montaignes Humanismus oder der Kultur
der »honnêtes gens« sei dieses Problem des 18. Jh.s nicht
mehr zu lösen.

Paris ist, trotz der Veröffentlichung der *Encyclopédie*, nicht die Hauptstadt der Aufklärung, sondern eher ihrer Kritik und Verfolgung, aber Paris wird seit der Vorbereitung der Generalstände die Hauptstadt der Revolution. Französische Geschichte heißt von 1789 an richtig: Pariser Geschichte. Am Ende des 18. Jh.s, als Frankreich, ausgenommen der Südosten, etwa die heutigen Staatsgrenzen erreicht hat, beträgt die Einwohnerzahl etwa 25 Millionen, davon etwa 22 Millionen Landbevölkerung. Paris ist mit einer halben Million Einwohner etwa so groß wie London und mehr als dreimal so groß wie Berlin. Berlin gilt den Franzosen im Prinzip als die toleranteste aller Metropolen, denn an der offenen Religionsdiskussion beteiligt sich der preußische König, Friedrich II., selbst; Prinzenerzieher sind hier Hugenotten.

1789 schlägt in Frankreich die Stunde des Tiers État. Bis zum Staatsstreich Bonapartes 1799 organisiert sich die Revolution in vier Volksvertretungen (Constituante, Législative, Convention, Directoire) mit teils kontinuierlicher, teils konträrer Zusammensetzung und Zielsetzung, eingeschlossen die Liquidierung des politischen Gegners. Der Zentralismus des Ancien régime wird durch die Einteilung des Landes in Departements gestrafft, regionale Sonderrechte entfallen. Als Folge der Verurteilung und Hinrichtung des Königs drohen der Ersten Republik 1793 Verschwörung und militärische Intervention; Armeeführer, die sie erfolgreich verteidigen, nutzen wie Bonaparte ihr Prestige zur Machtergreifung.

Die Sprache

Erst die Sprachpolitik des Konvents erklärt Französisch zum einzigen Nationalidiom und setzt die von Franz I. 1539 eingeleitete Entwicklung rigoros durch. Da es patriotisch ist, französisch zu sprechen, setzen sich die katalanisch, okzitanisch, baskisch, bretonisch, flämisch und alemannisch sprechenden Minderheiten, die insgesamt die Hälfte der Bevölkerung ausmachen, dem Verdacht vaterlandsloser Gesinnung und Verweigerung gegenüber dem Einheitsstaat aus. Der Satz: »ce qui n'est pas clair, n'est pas français«, aus Rivarols von der Berliner Akademie 1784 ausgezeichneten Abhandlung *Discours sur l'universalité de la langue française*, gibt den Jakobinern Anlaß zum sprachpolitischen Triumph. Es zeichnet sich jedoch bereits eine europäische Reserviertheit gegenüber dem internationalen Gebrauch des Französischen ab.

Lit.: W. Krauss, Stud. zur dt. u. frz. Aufklärung, 1963; F. Schalk, Stud. zur frz. Aufklärung, 1964; P. M. Conlon, Prélude au siècle des lumières en France, 1970; W. Krauss, Lit. der frz. Aufklärung, 1972; H. Dieckmann, Stud. zur europ. Aufklärung, 1974; U. Ricken, Grammaire et philosophie au siècle des lumières, 1978; E. Hinrichs, Ancien régime und Revolution, 1989; H. Reinalter, Freiheit – Gleichheit – Brüderlichkeit. Reform, Umbruch und Modernität in Aufklärung und Frz. Revolution, 1989; R. Mortier, Le cœur et la raison, 1990; Alain Touraine, Critique de la modernité, Paris 1992; G. Benrékassa, Le langage des lumières, 1995; R. Darnton, The Forbidden Bestsellers of Prerevolutionary France, 1995; M. Delon / P. Malandain, Littérature française du XVIIIᵉ siècle, 1996; B. Didier, Alphabet et raison. Le paradoxe des dictionnaires au XVIIIᵉ siècle, 1996; P. Hoffmann, Théories et modèles de la liberté au XVIIIᵉ siècle, 1996; B. de Negroni, Lectures interdites. Le traité des censeurs au XVIIIᵉ siècle 1723–74, 1996; J. Ehrard, L'invention littéraire au XVIIIᵉ siècle, 1997; K. Bauer-Funke, Die frz. Aufklärung, 1998; P. M. Conlon, Le siècle des lumières, bibl., 18 Bde., 1998; M. Delon / J. Schlobach, La recherche dix-huitiémiste, 1998; F. Piva (Hrsg.), La sensibilité dans la littérature française au XVIIIᵉ siècle, 1999.

2. Opposition und Emanzipation

Wie schon Descartes bei seiner Darlegung des methodischen Zweifels eine nicht zunftgemäße, d. h. universitäre Schreibweise entwickelt hat, arbeiten seit der »Querelle des anciens et des modernes« Aufklärer mit unkonventionellen

Diskursformen; ihre Akzeptanz, zumindest in der ersten
Hälfte des 18. Jh.s, bleibt lange schwierig, da dafür keine angemessene Verstehenstradition ausgebildet ist. Geläufig,
wenngleich nicht kanonisiert, ist der moralistische Stil der
Aphorismen Vauvenargues', Chamforts und Rivarols. Die
Polemik gegen Vorurteilsstrukturen in den theologischen,
politischen und poetischen Systemen, deren Verflechtung
immer deutlicher wahrgenommen wird und die Anlaß zu
einer umfassenden Bekämpfung von Fanatismus und Aberglauben ist, mündet aber nicht bei allen Autoren in den
Kampf gegen klassizistisch festgelegte Lese- und Schreibge-
wohnheiten.

Die Auflösung des anthropologischen Universalismus,
die historische und geographische Relativierung von Ge-
schmacksnormen, die Ableitung der Imagination zuletzt
von Klimafaktoren und das Postulat eines nur noch relativ,
nicht mehr absolut Schönen ist Gegenstand der *Réflexions
critiques sur la poésie et la peinture* (1719, erweiterte Ausg.
1770) des Abbé **Jean-Baptiste Dubos** (1670–1742). Ihr zentrales Argument, Kunst, die das Publikum anrühren wolle,
müsse das Gesetz der imitatio auctorum verwerfen und sich
an der Natur orientieren, die sie ohne Einschränkung durch
Regelsysteme in Augenschein nehme, wird erst nach 1789 in
der poetischen Praxis eingelöst. Gleichwohl fordert **Jean-
François Marmontel** (1723–99) im Artikel »Poésie« der *Encyclopédie* eine »histoire naturelle de la poésie«, die unterschiedliche Produktions- und Kommunikationsbedingun-
gen auf ihre Möglichkeiten zur Entfaltung der Dichtung hin
untersucht.

Eine entgegengesetzte Position vertritt **Charles Batteux**
(1713–80) in seinem *Traité sur les beaux-arts réduits à un
même principe* (1746), einer ahistorischen Apologie der
»belle nature« und des Geschmacksidealismus, die in der
deutschen Klassikdiskussion (dt. Übers. 1751) zunächst
interessierter aufgenommen wird als in Frankreich. Sie
wird später fortgeschrieben von **Jean-François de Laharpe**

(1739–1803), Voltairianer in seinen Tragödien und gleichwohl Kritiker einer geschichtlichen Begründung des Wissensfortschritts (*Cours de littérature ancienne et moderne*, Vorlesungen 1786–98). Laharpe nennt seinen normativen Ansatz eine »histoire raisonnée« und die Regelpoetik eine methodische Umsetzung des Schönheitskonzepts. Er konzipiert den Geschichtsverlauf als Offenbarung von Transzendentalien und popularisiert in diesem Rahmen den aufkommenden Mythos des unveräußerlichen Kulturerbes Klassik, das Chaos und Zufall bannt.

Parallel zu diesen Reflexionen entwickelt erstmals **Dom Antoine Rivet** (1683–1749) in Frankreich seit 1717 das Projekt einer Literaturgeschichte (1733, Forts. bis Bd. 40, 1969); sie ist ungewöhnlich wegen der selbstverständlichen Setzung des Neologismus »littéraire« (von Bouhours, 1701) wie durch ihr Erkenntnisziel: sie exponiert hinter der äußeren Erscheinung handelnder Figuren »tout leur esprit au grand jour«.

Taktische Gattungsetiketten entschärfen im 18. Jh. die radikale Neuheit einzelner Veröffentlichungen durch gattungskonforme Titel: »digression«, »entretien«, »essai«, »extrait«, »lettre«, »réflexion«, »relation«. Erst bei Morelly oder Holbach werden Überschriften kategorisch: »code«, »système«; Helvétius redet ohne Umschweife von »dem Menschen« oder von »dem Geist«, Rousseau ohne jede Rücksicht und Selbstschutz vom »Gesellschaftsvertrag«, einer Konfiguration, die der Absolutismus ohne Selbstaufgabe nicht zur öffentlichen Erörterung freigeben kann. Doch statt die Diskussion zu verhindern und mit Konsequenz durchzugreifen, engagiert die Krone Entscheidungsträger, die die Regimekritik tolerieren, so Chrétien de Malesherbes, 1752–63 Chef der Zensurbehörde, dessen Eingreifen die *Encyclopédie* ihr komplettes Erscheinen und Rousseau die Flucht verdanken und der gleichwohl wegen seiner Verteidigung des Königs vor dem Konvent hingerichtet werden wird. Zu diesem Kreis gehören auch der

Kriegsminister d'Argenson, dem die *Encyclopédie* gewidmet ist, die Finanztheoretiker Turgot und Necker, der Vater der Madame de Staël. Auch Mme de Pompadour, einflußreiche Mätresse Ludwigs XV., operiert in der öffentlichen Meinung gegen die Königin und unterstützt die Aufklärer.

Politische Schwäche beweist die Monarchie auch, als sie nicht verhindert, daß der Höfling, ein sozialer Typus, der im 17. Jh. aus dem domestizierten Landadligen geformt worden ist, im 18. Jh. ein mondänes Leben mit provozierender Verschwendung zu führen beginnt. Neue Vorurteile entstehen: Luxus und Amoral identifizieren den funktionslosen Aristokraten, während ökonomische Leistung, Bescheidenheit und Empfindsamkeit den Bourgeois charakterisieren, der nicht mehr hinnimmt, daß ihm der legale Ämterkauf, namentlich von Offiziersstellen, in den achtziger Jahren erschwert wird. Dennoch sieht nur ein Teil des dritten Standes, vor allem die freien Berufe, die Handeltreibenden und Handwerker, Reformen positiv und engagiert sich bei der Einberufung der Generalstände 1788 entsprechend.

An dieses Publikum aber wenden sich die »philosophes«, wie die Mitwirkenden an der *Encyclopédie* bezeichnet werden. Sie, die ersten »Intellektuellen«, säkularisieren das zeitgenössisch verfügbare Wissen; Voltaires oder Holbachs politischer bzw. moralischer Katechismus als Parodie gegenreformatorischer Unterweisung in dialogischer Kurzfassung konkurriert mit der pastoraltheologischen Rhetorik des Klerus in den Gemeinden. In zahllosen Briefen, deren Menge noch die humanistische Korrespondenzfreudigkeit des 16. Jh.s überbietet, leisten die »philosophes« die neue Seelsorge, sobald Probleme der Lebensführung an sie herangetragen werden, und mischen sich in Staatsgeschäfte oder Universitätsgründungen ein. Rousseau etwa denkt über eine Verfassung für Korsika nach.

Lit.: A. Chérel, De *Télémaque* à *Candide*, 1958; L. G. Crocker, An Age of Crisis, 1963; R. J. White, The Anti-Philosophers, 1970; G. Gusdorf, Les principes de la pensée au siècle des lumières, 1971; P. E. Knabe,

Schlüsselbegriffe des kunsttheoret. Denkens in Frkr. von der Spätklassik bis zum Ende der Aufklärung, 1972; P. Bénichou, Le sacre de l'écrivain, 1973; J. Dagen, L'histoire de l'esprit humain de Fontenelle à Condorcet, 1977; F. Wolfzettel, Einführung in die frz. Literaturgeschichtsschreibung, 1982; R. Mortier, L'originalité, 1983; B. Didier / J. Neefs (Hrsg.), La fin de l'Ancien Régime, 1991; R. L. Dawson, The French Booktrade and the »permission simple« of 1777, 1992; Éclecticisme et cohérences des Lumières. Fs. J. Ehrard, 1992; G. Schlüter, Die frz. Toleranzdebatte im Zeitalter der Aufklärung, 1992; D. Goodman, The Republic of Letters, 1994; J. Renaud, La littérature française du XVIIIᵉ siècle, 1994; E. Heckendorn Cook, Epistolary Bodies, 1996; B. de Negroni, Lectures interdites (Censeurs XVIIIᵉ siècle), 1996; J. v. Stackelberg, Humanismus u. Aufklärung, 1996; J.-J. Tatin-Gourier, Lire les Lumières, 1996; H. Lafon, Espaces romanesques du XVIIIᵉ siècle, 1997; G. Artigas / A. McKenna (Hrsg.), Censure et clandestinité, 1998.

Kritische Stimmen aus dem Klerus

Drei Vertreter der niederen Geistlichkeit, jener Gruppe, die beim Ausbruch der Revolution federführend die bäuerliche Kritik in den »cahiers de doléances« (Vorlagen, die zur Beratung in den Generalständen angefordert werden) formuliert, ergreifen noch während der Regierungszeit Ludwigs XIV. das mahnende Wort.

Jean Meslier (1664–1729), Landpfarrer in der Champagne, predigt gegen die Schloßherren als Bauernschinder und verfaßt zwischen 1716 und 1721 unter dem Titel *Mon Testament* eine Invektive gegen die Institution Kirche, deren Theorien es einer Minderheit ermöglichen, die Mehrheit zu unterdrücken. Er wiederholt die Polemik Bayles gegen die Bibel und entwickelt, von Spinoza ausgehend, bereits materialistische Argumente. Voltaire, der 1735 von diesem Text Kenntnis erhält, setzt sich für die Publikation ein, wenngleich er Mesliers Auffassungen über den Klassenkampf nicht teilt, überarbeitet das *Testament* und publiziert es um

1762 mit rückdatierter Jahreszahl (1742); Holbach, Naigeon und Sylvain Maréchal besorgen Nachdrucke.

Werkausg.: J. Deprun / R. Desné / A. Soboul, 3 Bde., 1972.

Lit.: M. et la vie intellectuelle, religieuse et sociale, Colloque 1974, 1980; B. Bräutigam, Wertung, Wertungstransfer und Möglichkeiten ihrer Beschreibung. M., 1998.

Charles-Irénée de Saint-Pierre (1658–1743), mondäner Kleriker im systemkritischen Club de l'Entresol (1730 aufgelöst), ist Autor von drei Schriften über den Ewigen Frieden (1712–17), den er durch einen europäischen Völkerbund garantiert sehen will, eine Institution, die u. a. verhindern soll, daß, wie in den aktuellen bourbonisch-habsburgischen Auseinandersetzungen, ein Fürst über zwei Territorien herrscht. Angriffe auf die Verwaltungsstruktur des Königreichs (*Discours sur la polysynodie*, 1718) kosten ihn seinen Sitz in der Akademie. Voltaire läßt den Abbé mit dessen *Pensées détachées* fiktiv zu Wort kommen im Anschluß an das *Dîner du comte de Boulainvilliers* (1767), ein an Bayle anknüpfendes Tischgespräch zur Verteidigung der Heterodoxie und Toleranz.

François Cartaud de la Villatte (um 1700–37), Anhänger der Geschichtskritik Fontenelles, radikalisiert Positionen der »Querelle des anciens et des modernes«, indem er – als Anhänger der letzteren – die geschichtliche Fortschrittsbewegung von einer als barbarisch bezeichneten Antike ausgehen läßt. Er sucht nach Möglichkeiten einer klimatisch-geographischen Determinierung von Geschmacksentscheidungen (entsprechend Dubos, Montesquieu und später Mme de Staël) zur Grundlegung einer neuen Beschreibung und Wertung von Literatur (*Essai historique et philosophique sur le goût*, 1736; Ausg. W. Krauss, 2 Bde., 1960).

Mondäne Stimmen

Autoren von Memoirenliteratur und Kulturberichten, die als vertrauliches Manuskript oder gedruckt zirkulieren, referieren Salonklatsch vermischt mit systemkritischen Mitteilungen (Marquis d'Argens, *Mémoires secrets de la République des Lettres*, 20 Bde., 1737 ff.; Charles Duclos, *Considérations sur les mœurs de ce siècle*, 1751; *Mémoires*, postum 1791; Louis Petit de Bachaumont, *Mémoires secrets*, 1762).

Anders adlige Moralisten, die den Geist des Ancien régime in der Krise und über den Zusammenbruch hinaus verteidigen. Der **Marquis de Vauvenargues** (1715–57), der aus gesundheitlichen Gründen den Dienst in der Armee quittiert und sich vergebens Hoffnungen auf eine Diplomatenkarriere gemacht hat, setzt sich von La Rochefoucaulds pessimistischen Menschenbild ab. In seinen *Réflexions et maximes* (1748; Ausg. J. Charbonnel, 1934) behandelt er im demonstrativen Rekurs auf Pascal traditionelle Themen der Aphoristik wie Kapazität des Geistes, Ruhm und Tugend, Vernunft und Empfindsamkeit. Dabei betrachtet er den Menschen vorrangig als emotionales Wesen, dessen große Gedanken dem Herzen entspringen. Vauvenargues' Verhältnis zum Fortschritt ist entsprechend zwiespältig, weil seine Anthropologie Vervollkommnung nicht zuläßt und er zur Begründung der Gesellschaftsstruktur Abhängigkeit und Unterordnung als Prinzip der Kreatur aufruft und damit die Naturrechtseuphorie konterkariert. Vauvenargues' konservative Position ist zum Zeitpunkt ihrer Formulierung bereits reaktionär.

Werkausg.: H. Bonnier, 2 Bde., 1969–70.

Lit.: F. Hinrichs, Maximenformen bei La Rochefoucauld und V., 1960; J. Vercruysse, V. trahi, 1970; D. Acke, V. moraliste, 1993.

Antoine comte de Rivarol (1753–1801), den Voltaire einen »français par excellence« nennt, ist vor allem durch seinen *Discours sur l'universalité de la langue française* (1784) bekannt. Er kritisiert die königsfeindliche Politik der Jakobiner, aber auch die Invasionspläne der Emigranten und nimmt als eleganter Moralist eine konterrevolutionäre Haltung ein (*Discours sur l'homme intellectuel et moral*, 1797; *De l'influence des passions*, 1797; *Essai sur les causes de la Révolution*, ED 1827). Ernst Jünger hat seine Maximen übersetzt.

Lit: J. Vercruysse, R., conteur philosophique, 1968; J. Lessay, R., 1989.

Bei den 34 Bänden *Mélanges littéraires, militaires et sentimentaires*, die der **Prince de Ligne** (1735–1814) von 1794 bis 1811 in Dresden drucken läßt (*Lettres et pensées*; Ausg. R. Trousson, 1989), geht es weniger um eine profilierte politische Lektion als um die Vermittlung von Konversationsqualitäten: in leichtem Gesprächston werden Anekdoten, Porträts und kritische Gedanken vorgetragen. Eine der positiv herausgestellten Eigenschaften ist die Zerstreutheit, da nur die Dummen und Bösen stets geistesgegenwärtig sein können. Den Moralisten vergleicht er mit der Gouvernante, die das Menschengeschlecht wie ein großes Kind vor Schaden bewahrt. Er korrespondiert mit der Zarin Katharina II., dem Preußenkönig, Voltaire, Rousseau, Goethe, Wieland und Mme de Staël; seine Theorie der Briefkultur läßt wegen des Anspruchs auf anmutige Genauigkeit einzig Madame de Sévigné gelten, das Dutzend Sévignés, die er persönlich kenne, hätte zuviel Esprit.

Lit.: H. Wahlbröhl, Der Fürst von L., 1965; J. Lambotte, Le Prince de L., 1990.

Sébastien Roch Nicolas Chamfort (1741–94), Waisenkind, das ein Gewürzhändler aufzieht, glänzender, dabei unbotmäßiger Schüler, 1760 Hauslehrer, Dramatiker, ein »Zyniker« (Friedrich Schlegel), der die Revolution begrüßt, und Sekretär des Jakobinerclubs, stirbt an den Folgen eines Selbstmordversuchs nach seiner zweiten Verhaftung. Für ihn ist die Moralistik ihrem Gegenstand bisher nicht gerecht geworden, weil das 17. Jh. die hassenswerten oder lächerlichen Aspekte der menschlichen Natur herausstellt, Optimisten wie Shaftesbury dagegen das vollkommen Schöne verabsolutieren. In den *Maximes et pensées* (1795; Ausg. F. Dagen, 1968) wählt er die Rolle des einsam lebenden Individuums: Chamfort leugnet wie Rousseau die Möglichkeit einer Vervollkommnung des Menschen in der ständischen Gesellschaft, denn diese fördere nicht die Entfaltung der Natur, sondern deren Auflösung. Weil die Sozietät ein Konstrukt ist, werden Äußerungen natürlicher Gefühle als störend empfunden. Chamfort empfiehlt die Verbindung nachsichtiger Verachtung mit dem Sarkasmus der Heiterkeit, eine paradoxe Denkfigur.

Lit.: D. Conejo, Problèmes chamfortiens, 1992.

Philosophen

Die Trennung der Anthropologie von der Metaphysik wird seit den späten vierziger Jahren des 18. Jh.s zum Streitpunkt. Die atheistische Position vertritt Nicolas Fréret, die klerikale vertreten Élie-Catherine Fréron, den Voltaire verspottet, und Frérons Verehrer Nicolas Gilbert, den die Restauration des 19. Jh.s zum Märtyrer der gottlosen Aufklärung verklären wird.

Julien Offray de La Mettrie (1709–51), Militärarzt, Kritiker der rückständigen Medizin, Kenner der Schriften Machiavellis, erklärt Regungen der Psyche physiologisch und verlegt die Seele in das Gehirn (*Histoire naturelle de l'âme*, 1745). Im Leidener Exil entsteht *L'Homme machine* (1747), in Potsdam, wo La Mettrie als Vorleser am Hof Friedrichs II., der eine *Éloge de La Mettrie* (1751) verfaßt, besoldet wird, *L'Homme plante* (1748). In diesen Schriften und späteren hedonistischen Apologien (*L'Anti-Sénèque ou le souverain bonheur*, 1748; *L'Art de jouir*, 1751; *Œuvres phi-*

losophiques, 3 Bde., 1796; *Discours sur le bonheur*, Ausg.
J. Falvey, 1975) entwickelt der Autor biologische Modelle
zur Erklärung des menschlichen Verhaltens. Sie fallen me-
chanistischer aus als Descartes' umstrittener Maschinenver-
gleich in den *Regulae*, der nur das Tier erklären sollte. Ein
derartiger Determinismus, der – lange vor Darwin – eine
Selektion nach dem Durchsetzungsprinzip annimmt, erklärt
die freie Willensäußerung zur Legende und konzediert, daß
das Glücksempfinden eines Kriminellen ebenso stark sein
könne wie die Belohnung der Tugend.

Lit.: J. A. Perkins, Diderot et L. M., 1959; E. Callot, La scandaleuse
originalité de L. M., 1963; L. Mendel, L. M. Arzt, Philosoph u. Schriftsteller, 1965; A. Thomson, L. M., 1981; K. Wellman, L. M., 1992; C. Morilhat, L. M., 1997.

Morelly (um 1715–?), Lehrer in Vitry-le-François, propagiert im *Code de la nature* (Amsterdam 1755, lange Diderot
zugeschrieben), entgegen Rousseaus Theorie der Ungleichheit, einen rationalistischen und patriarchalischen Sozialismus, der die politische und sittliche Entartung des Menschen verhindern soll durch Aufhebung des Privathandels
und Privateigentums, durch vorübergehende (5 Jahre) obli-
gatorische Tätigkeit in der landwirtschaftlichen Produktion
und eine situationsabhängige (nach Fähigkeit, Bedürfnis)
Entlohnung. Das Recht auf Arbeit beinhaltet die Pflicht zur
Leistung im Kollektiv.

Lit.: G. A. Kateb, Meslier und M., 1953; R. N. Coe, M., 1961; C. Rihs,
Les philosophes utopistes, 1970; N. Wagner, M. le méconnu des Lumières, 1978.

Paul Henry Thiry, baron d'Holbach (1723–89), gebürtiger Pfälzer aus Edesheim (an der Weinstraße), durch Adop-
tion (Onkel) frz. Aristokrat, bildet seit 1750 in Paris den
Mittelpunkt der atheistischen Aufklärung. Er verfaßt 376
Artikel zur Chemie und Physik für die *Encyclopédie*, übersetzt naturwissenschaftliche Werke aus dem Deutschen und

gibt 1761–70 aufklärerische Schriften von Boulanger, Du Marsais und Fréret heraus. Holbach ist der einzige Aufklärer, der den Gegensatz von Geist und Materie als Scheingegensatz aufdeckt. Entsprechend entwickelt er eine kohärente Materialismustheorie (stringenter als Buffons *Histoire naturelle, générale et particulière*, 1749–1804) und publiziert daher seine Texte fast immer anonym oder pseudonym (*Le Christianisme dévoilé*, 1761; *La Théologie portative*, 1768; *Système de la nature*, 1770; Zusammenfassung u. d. T. *Le Bon Sens*, 1772; *L'Esprit du judaïsme*, 1770). Dem Deismus hält er, eine Idee Bayles aufgreifend, entgegen, daß Religion im Staat nicht einziger Garant der Sittlichkeit sei (*La Politique naturelle*, 1773; *Le Système social*, 1773; *La Morale universelle*, 1776). Dadurch macht er sich Friedrich II., Voltaire und d'Alembert zu ideologischen Gegnern; Diderot jedoch hat am *Système de la nature* mitgearbeitet. Bewegung als Funktion der Materie schafft Anziehung oder Abstoßung, was die Psychologie als Zuneigung oder Abneigung nicht gründlich erklärt. Glück definiert Holbach als Übereinstimmung eines Wesens mit sich selbst (wie bereits Montaigne) und dem Wohlbefinden der anderen. Holbach hat die Zerstörung seiner Gesellschaftslehre durch die Revolution nicht mehr erlebt.

Lit.: P. Naville, H. et la philosophie scientifique au 18e siècle, 1943; R. Besthorn, Textkrit. Stud. zum Werk H.s, 1969; J. Vercruysse, Bibl. descriptive des écrits du baron d'H., 1971; A. Ch. Kors, D'H.s coterie, 1976.

Wie Holbach ist **Claude-Adrien Helvétius** (1715–71) pfälzischer Abstammung. Seine Familie ist drei Generationen zuvor über die Niederlande nach Paris gekommen; der Vater ist Leibarzt der Königin Maria Leszczyńska, die Claude-Adrien nach seiner Ausbildung am Collège Louisle-Grand bei Voltaires Lehrer Pater Porée, der auch ihn für die Literatur begeistert, 1738 das einträgliche Amt eines Generalsteuerpächters (Fermier Général) verschafft. Seit

1751 ist er Schloßherr, Investor und Mäzen (großzügige Pension für Marivaux). Ein Hofamt als Maître d'hôtel der Königin läßt ihm alle Freiheiten, wird ihm allerdings 1758 wieder entzogen. Er reist nach England, Berlin und Gotha. Leitsterne seiner Anthropologie sind Epikur, Lukrez und John Locke. Die anonyme Veröffentlichung seiner Theorie des Sensualismus, *De l'esprit* (1758), löst einen Skandal aus, wird von Jesuiten, Jansenisten und römischer Kurie einhellig verurteilt und auf den Index gesetzt. Der Conseil du Roi widerruft die Druckerlaubnis, das Buch wird auf Veranlassung des Parlement de Paris vor dem Justizpalast verbrannt, der Verfasser zum Widerruf genötigt, allerdings nicht verfolgt. Helvétius geht hinter den Ansatz Montesquieus, mit dem er in Verbindung steht, zurück: Die Erforschung des menschlichen Geistes hat Vorrang vor einer Darstellung des Geistes der Gesetze. Die demonstrativ ethnologischen Beweise verbergen nicht, daß die universelle Kritik an Vorurteilen die frz. Mentalität, vor allem die »corruption religieuse« sowie die »corruption politique«, treffen soll, wobei erstmals seit Montaigne Prinzipien wieder relativiert werden:

Ich habe geglaubt, man müsse die Sittenlehre ebenso behandeln wie alle anderen Wissenschaften und eine neue Moral ebenso entwickeln wie eine experimentelle Physik.

(Vorwort)

Es ist also klar, daß das öffentliche Glück oder Unglück einzig und allein von der Übereinstimmung oder Nichtübereinstimmung des Interesses der einzelnen mit dem allgemeinen Interesse abhängt und daß schließlich die religiöse Entartung der Sitten, wie die Geschichte beweist, oft vom Großmut, von Seelengröße, von Weisheit, von Talenten, ja von allen Eigenschaften begleitet sein kann, die große Männer ausmachen.

(II,14)

Philosophische Schriften, hrsg. von Werner Krauss, Bd. 1: Vom Geist, übers. von Theodor Lücke, Berlin/Weimar: Aufbau-Verlag, 1973, S. 75 und 177.

Seine Gesellschaftstheorie entwickelt er weiter in *De l'homme, de ses facultés intellectuelles et de son éducation* (1769 verfaßt, nach dem Willen des Autors postum 1773 in Den Haag gedruckt), einer individualistischen Apologie der Gewissensfreiheit und des idealen Staatsvertrags, den die Individuen vernunftgeboten schließen, um das Glück der Mehrheit zu sichern, und indirekten Verteidigung der sozialen Gleichheit, die durch entsprechende Pädagogik zu erreichen ist.

Lit.: D. W. Smith, H. A Study in Persecution, 1965.

Jean Le Rond d'Alembert (1717–83), unehelicher Sohn der Marquise de Tencin, von ihr vor der Kirche Saint-Jean-le-Rond ausgesetzt, berühmter Geometer, enger Freund Diderots, Mitherausgeber der *Encyclopédie* (bis Bd. 7, 1755), Berater Friedrichs II. in Angelegenheiten der Berliner Akademie (Anregung zur akademischen Preisfrage »Est-il utile de tromper le peuple«, 1780), wird 1754 in die Académie française gewählt, ist ab 1766 ihr Secrétaire perpétuel. Wie Helvétius kommentiert er Montesquieu und setzt sich mit Rousseau auseinander, der seinen Artikel »Genève« in der *Encyclopédie* wegen der Theaterfreundlichkeit angegriffen hat. Im »Discours préliminaire« legt er dar, daß Einzelkenntnisse, auch aus den Wissenschaften und dem Handwerk, systematisiert werden müssen, um Wissenszuwachs zu ermöglichen; dadurch ist das Projekt des methodischen Sachwörterbuchs selbst ein Paradigma des »esprit systématique«. Die naturwissenschaftliche Praxis wird gegenüber dem politischen Handeln entschieden aufgewertet. In Diderots Dialog *Le Rêve de d'Alembert* (1769, ED 1830) nimmt d'Alembert an einer Gesprächsrunde (mit Julie de Lespinasse) teil, die den Zusammenhang von Materie und Sensibilität erörtert.

Lit.: R. Grimsley, A., 1963; M. Paty, A. et son temps, 1977; Dix-Huitième siècle 16, 1984; A. Steinhauser, A. linguiste, 1995; A. Crumey, D'A.s Principle, 1996.

Die *Esquisse d'un tableau historique des progrès de
l'esprit humain* (ED 1795; Ausg. O. H. Prior, 1971) gilt als
Zusammenfassung der aufklärerischen Fortschrittsidee. Ihr
Autor ist **Marie-Jean Caritat, marquis de Condorcet**
(1743–94), Mathematiker (Abhandlung über die Integral-
rechnung, 1765) und Sensualist, den d'Alembert in den
Kreis von Diderot und der Julie de Lespinasse einführt,
Streiter gegen Aberglauben und für Toleranz (*Almanach
antisuperstitieux*; Ausg. A.-M. Chouillet, 1992), Mitarbeiter
an der *Encyclopédie*, 1776 Herausgeber einer Pascal-Aus-
gabe (mit Voltaires Kommentar), 1772 Mitglied der Académie française. Condorcet unterscheidet als Voltairianer
zehn Entwicklungsstufen, die von der primitiven zur modernen, revolutionären Gesellschaft führen. Das Mittelalter
ist in diesen kalkulierbaren und stetigen Erkenntniszu-
wachs eingeschlossen. Die Geschichte der Menschheit ist,
optimistisch gesehen, eine Geschichte des erfolgreichen
Kampfes gegen die Natur und der Vorbereitung der Vervollkommnung durch Wissen, während sich aus wissenschaftlichen Irrtümern politische und moralische Fehlentwicklungen bilden.

Lit.: G. G. Granger, La mathématique sociale du marquis de C., 1955;
A. Cento, C. e l'idea di progresso, 1956; J. Bouissonouse, C. Le philosophe dans la Révolution, 1962.

Voltaire hat die Aufklärung mit kirchenfeindlichen Ge-
meinplätzen versehen, aber erst die ikonoklastische Propaganda des Konvents eröffnet die reale Chance, mit der »in-
fâme« nicht nur in Invektiven abzurechnen. Baron **Jean-
Baptiste Cloots** (1755–94) aus den preußischen Westprovin-
zen, der sich den sprechenden Namen Anacharsis Cloots
zulegt, seit 1792 frz. Staatsbürger, revolutionärer Kosmo-
polit, Mitglied der Hébertistenfraktion des Jakobinerclubs
und deswegen hingerichtet, erinnert an den Antiklerikalis-
mus Mesliers und agitiert im Konvent für die »nullité de
toutes les religions«. An den Revolutionskritiker Burke

richtet er 1790 die *Adresse d'un Prussien à un Anglais*, 1792 veröffentlicht er *La République universelle*.

Lit.: R. Mortier, C., 1995.

Rationalismuskritik findet sich bei **Franz Hemsterhuis** (1721–90), dem Autor des utopischen Dialogs *Alexis ou l'âge d'or* (1787), und **Louis-Claude de Saint-Martin** (1743–1803), Mystiker und Theosoph, Kritiker von Rousseaus »volonté générale«, Übersetzer der Schriften des Rheinländers Jakob Böhme.

Singulär ist die Person des **François-Noël Babeuf** (1760–1797), genannt Gracchus, Geländevermesser und Grundbuchverwalter, der seine Einblicke in die Ausbeutung der Landbevölkerung durch den Landadel noch vor Ausbruch der Revolution der Akademie von Arras vorträgt. 1786 konzipiert er eine Steuerreform auf der Basis kollektivistischer Wirtschaftsmodelle (*Cadastre perpétuel*, 1789). Als Journalist (Zs. *Le Tribun du peuple*, 1794–95) engagiert er sich für die ökonomische Gleichstellung und die Einrichtung der Republik. Er wird 1790 erstmals verhaftet unter dem Vorwurf des Anarchismus. Im Directoire wendet er sich von den Zielen der bürgerlichen Aufklärung ab, formuliert das radikale *Manifeste des plébéiens* (1795) und gründet 1796 eine kommunistische Untergrundfraktion, die Buonarroti rückblickend 1828 glorifiziert (*Histoire de la conspiration pour l'égalité*). 1796 wird er erneut verhaftet, seiner Hinrichtung kommt er durch Selbstmord zuvor. Marx liest 1842 Babeuf als Vorbereiter der Diktatur des Proletariats.

Lit.: K. H. Bergmann, B., 1965; M. Dommanget, Sur B. et la conjuration des égaux, 1970; R. Babeuf Rose, B., 1978; H. Birchall, The Spectre of B., 1997..

3. Narrativik

Die Funktion erzählender Prosa im 18. Jh. ist daran zu messen, welchen Rang im Gattungssystem jenseits des klassizistischen Literaturkanons die Narrativik einnimmt, welche
Traditionsbezüge sie markiert und wie sie lebensweltliche
Erwartungen der Leserschaft orientiert. Um mit dem letzteren zu beginnen: Kein Romancier, auch Rousseau oder Voltaire nicht, kann beanspruchen, 1789 mit der destruktiven
Kraft seines Wortes das Ancien régime gestürzt zu haben;
allerdings hat seit Montesquieu auch kein Autor von Rang
mehr die frz. Version des Absolutismus verteidigt. Tatsache
ist, daß im 17. Jh. Söhnen aus der Handelsbourgeoisie der
Aufstieg in den Amtsadel leichter gelungen ist als im ausgehenden 18. Jh.; zudem sind Fälle bekannt, daß bereits 1715
Adelsbriefe, die am Ende des 17. Jh.s ausgestellt worden
waren, revoziert wurden. Mit wirtschaftspolitischen Argumenten wird seitdem der Kaufmannschaft häufig die bean-
tragte Nobilitierung verweigert. Auf Inhalt wie Form der
erzählenden Literatur wirkt sich dies darin aus, daß die Fiktion das Aufstiegs- und Mesallianceproblem auffällig oft
thematisiert und daß sie experimentierfreudig Diskursformen entwickelt. Zum zweiten Aspekt ist festzustellen, daß
nicht erst Diderot, sondern bereits Challe, Montesquieu,
Lesage, Prévost und Marivaux die Abkehr vom Roman-
typus der *Princesse de Clèves* vollziehen. Die Poetik der
aufklärerischen Kurzerzählung in Märchenform, Voltaires
Domäne, erhöht die Diskursvielfalt. Ohne Deckung durch
den Kanon produzieren Romanciers und publizieren unter
Umgehung der nationalen Zensur notfalls im Ausland; auch
frz. Drucker machen mit Romanen Geschäfte, riskieren
allerdings vorübergehend juristische Verfolgung, als 1737
ein Romanverbot erlassen wird; im verborgenen wächst
die Zahl der Romanleser und insbesondere -leserinnen. Sie
kaufen die noch teuren Titel oder nutzen seit der zweiten

Jahrhunderthälfte den Bestand der öffentlichen Lesekabinette (»cabinets de lecture«).

Wenn Erzähler ihre Texte nicht als »Roman« etikettieren, ist dies bis ins 19. Jh. hinein ein Beweis für dessen prekäres Prestige. Massiv hält die Kirche, an der Spitze Voltaires und Helvétius' Lehrer, der Jesuit Charles Porée, am Immoralismusprozeß gegen die Sittenverderbnis durch Komödie und Erzählung fest. Paradoxerweise warnt selbst Voltaire 1728 vor Romankonsum (*Essai sur la poésie épique*), doch ist das Epos damit nicht mehr zu retten. Um sowohl die Zensur, die anstößige Sachverhalte moniert, als auch die Kritik, die Komposition und Stilisierung vermißt, abzulenken, werden taktische Ersatzbezeichnungen gewählt: »histoire«, »mémoire«, »lettres«, »relation«, »confessions«, »aventures«.

Die hohe Zahl der Anträge auf Druckerlaubnis, die Veröffentlichung zahlreicher Romane mit stillschweigender Duldung oder im Ausland lassen auf eine Romanbegeisterung der Leser und Käufer schließen. Romane und Novellen der Renaissance werden nachgedruckt, gelegentlich in Kurzfassungen (*Astrée*, 1733); Übersetzungen aus dem Spanischen (Ritterromane und Pikaroromane) und seit 1720 aus dem Englischen (Defoe, Swift, Richardson, Fielding, Sterne) bereichern den Literaturmarkt. In der *Bibliothèque bleue* (1769–1833) erscheinen modernisierte mittelalterliche Texte und seit 1775 in der *Bibliothèque universelle des romans*, die 1789 224 Bände mit 926 Titeln umfaßt, auch Romanauszüge mit Kommentaren. Dieser zugleich anthologische und enzyklopädische Stil entspricht der Wißbegierde des Jh.s.

Robert Challe (1659–1720?), in Reiseberichten und Memoiren heftiger Kritiker von Versailles, der römischen Kurie und des Jesuitenordens, selbst Deist, bietet als Erzähler von sieben Porträts in *Illustres françoises* (1713; Ausg. J. Cormier / F. Deloffre, 1991), die er u. a. durch die Wiederkehr von Figuren thematisch aufeinander bezieht, dem Publikum einen ungewohnten Mimesispakt an. Die sozialpsy-

chologisch wahrhaftigen, mit einer Fülle von Details des
täglichen Lebens ausgestatteten Geschichten, deren weibliche Figuren buchstäblich mit Leib und Seele dargestellt
werden, sind auf Wiedererkennen von Lebensräumen hin
angelegt. In der Realismusdebatte des 19. Jh.s werden sie als
Modelle wiederentdeckt. Der im Vergleich zum heroisch-
galanten Roman des 17. Jh.s unkonventionelle Romandiskurs, der an Furetière erinnert, spart romaneske Peripetien
und auktoriale Interventionen des Erzählers aus. Neu ist
ferner die Umkehr der topischen Rahmenhandlung: nicht
die Reise aufs Land, sondern die Rückkehr in die Stadt löst
Erzählsituationen aus. Die weiblichen Figuren gelten als
»illustres«, weil sie unbeirrt, im Vertrauen auch auf zufällige
Erfahrungen, ihre Ideale von Liebe und Treue verfolgen
und den Konflikt mit sozialen Normen nicht scheuen.

Lit.: E.-M. Knapp-Tepperberg, Challes *Illustres françoises*, 1970; J.
Mesnard, L'identité de Ch., RhlF 1979; G. Artigas-Menant / J. Popin
(Hrsg.), Leçons sur les *Illustres Françaises*, 1993; M. Weil-Bergougnoux,
Ch., *Les Illustres Françoises*, 1995.

Marivaux

Der Erzähler **Pierre Carlet de Chamblain de Marivaux**
(1688–1763), als Komödienautor berühmt (s. S. 236 f.), freier
Schriftsteller (Zs. *Le Spectateur français*, 1721–24) seit seinem finanziellen Ruin 1720 durch den Law-Bankrott, Akademiemitglied seit 1742, schreibt nach einer Bearbeitung von
Cervantes' *Don Quijote* in den dreißiger Jahren zwei große
– unvollendete – Memoirenromane: *La Vie de Marianne*
(11 Tle., 1731–41; Ausg. F. Deloffre, 1967) und *Le Paysan parvenu* (5 Tle., 1734–35; Ausg. F. Deloffre, 1965). Sie handeln
spiegelbildlich vom Glücksverlangen und der Resignation
im Glück. Marivaux setzt, indem er zum *Paysan parvenu* als
Epitext einen Index drucken läßt, eine neuartige Identifikation jenseits sentimentaler Distanzlosigkeit voraus.

Die Fiktionalisierung der Mündlichkeit ist Marivaux'
Schlüssel. Marianne erzählt einer Freundin ihr Leben und
bedauert, daß sie sich im schriftlichen Ausdruck nicht sicher
fühle. Sie problematisiert die Zuverlässigkeit des Erzählens
überdies durch zielsichere Erzählstrategien. Die Exposition
ist insofern widersprüchlich, als die weibliche Stimme, die
sich im Alter Gräfin nennt, zunächst auf einem mündlichen
Bericht besteht, um später den Adressaten als Briefpartner
zu apostrophieren. So entwickelt sich die Narration als be-
wegter Briefmonolog im Rückblick auf Mariannes Leben, das
dramatisch verläuft, bis das Findelkind dem Geheimnis
seiner Geburt auf die eindeutige Spur zu kommen hofft.

Die Funktion der Fortuna ist in *Le Paysan parvenu* brei-
ter inszeniert als in *La Vie de Marianne*. Der fast providentielle Zufall konfrontiert Jacob aus der Champagne mit
Pariser Kreisen der bigotten Frömmigkeit, dem Milieu der
Finanzelite, der Justiz, dem Hof, aber auch mit sozialen
Randfiguren. Diese Begegnungen stellen seine Ichsicherheit
auf die Probe, wobei die Versuchsanordnung Jacob im In-
nersten seines Wesens weit weniger beschädigt als das Ver-
steckspiel mit wahren Gefühlen, das einige von Marivaux'
Theaterstücken prägt. Bezeichnenderweise endet *La Vie de
Marianne* mit der Aussicht auf geglückte Integration in die
höheren Stände. Marianne wird schließlich, was sie von Geburt an gewesen ist; es bedarf einer Erzählzeit in zierlichen
Schritten und zahlreicher Peripetien, bis alle Konstellationen, für die nur sie als Subjekt in Frage kommt, durchge-
rechnet und überlegt sind. Jacob dagegen bleibt, entgegen
der Ankündigung durch den Titel, was er durch seine Herkunft sein muß. Die Forschung macht darauf aufmerksam,
daß beide Figuren weniger sich verändernde, im Zustand
der Entwicklung handelnde Figuren sind als Typen ihrer jeweiligen Wesensart, Gestalten aus dem Geist der Moralistik
des 17. Jh.s.

Marivaux kann die Erzählung vor ihrem Schlußpunkt, als
die Richtung des Lebenswegs kein Konfliktthema mehr ist,

abbrechen lassen. Dennoch wurde im 18. Jh. wiederholt versucht, seine Romanprosa weiterzuschreiben unter der falschen Annahme, daß hier das pikareske Modell der Spanier zu aktualisieren sei. Die Fortsetzer haben nicht gesehen, daß das gelegentliche Wirken einer deistischen Vorsehung, die Weltenharmonie voraussetzt, von einem als unvollständig ausgewiesenen Textmodus besonders zur Geltung gebracht wird.

Lit.: R. C. Rosbottom, M.'s Novels, 1974; H. Coulet, M. romancier, 1975; R. Baader, Wider den Zufall der Geburt, 1976; Ch. Miething, M., 1979; D. Steland, Moralistik u. Erzählkunst, 1984; Sonderh. Europe 1996; G. Goubier (Hrsg.), M. et les Lumières, 1996; M. Gilot, L'esthétique de M., 1998; J.-P. Serman, Le singe de Don Quichotte: M., 1999.

Prévost

Antoine-François Prévost (1697–1763), Journalist, Übersetzer, Dramatiker und Erzähler, ist bis 1720 Soldat, Novize bei den Jesuiten und Benediktinern, verläßt 1728 das Kloster, nennt sich Prévost d'Exiles und entzieht sich einem Haftbefehl seiner geistlichen Oberen durch Flucht nach England. Wegen einer aufsehenerregenden Liebesaffäre verliert er 1730 seine Stellung als Hauslehrer beim ehemaligen Direktor der Bank von England, reist nach Holland, kehrt 1733 nach England zurück, wo er wegen einer Wechselfälschung verhaftet wird. Seit 1734 lebt er in Paris, zunächst inkognito, dann als bekannter Gast der Salons. – Der Umfang seines Romanwerks ist strittig, wobei im Einzelfall offen ist, wo die Gattungsgrenzen zum Geschichtswerk oder Reisebericht zu ziehen sind. Jedenfalls sind bis auf *Manon Lescaut* alle Romane Fragment geblieben. Die unvollendete Komposition spiegelt das Leitthema des Gesamtwerks, die Unerklärbarkeit der Psyche und des Lebenswegs. Erzählerisch kann nicht geglättet werden, was im Leben kontrovers ist. Die Exposition birgt wie bei Marivaux jeweils ein Geheimnis, das die Protagonisten zu ungewöhnlichen Tagträumen inspiriert. Sie lösen sich von Belastungen ihrer Geburt oder ihres Lebenskreises, entfliehen aber den Autoritäten – Vater, Priester, König – letztlich nicht. Die beiden ersten Bände der *Mémoires et aventures d'un homme de qualité qui s'est retiré du monde* (7 Bde., 1728–31) sind von Fatalitätsformeln geprägt, durch die Erzähler das existentielle Chaos zu ordnen suchen.

Die *Histoire du chevalier Des Grieux et de Manon Lescaut* (1731; Ausg. F. Deloffre, 1990) ist Prévosts einziger abgeschlossener, zugleich sein kürzester und berühmtester Roman. Bis ins späte 19. Jh. kennt man nur eine Pariser Ausgabe von 1733, die sogleich beschlagnahmt worden ist, da in dem Werk, wie das *Journal de la cour et de Paris* am 12. Oktober 1733 schreibt, »le vice et le débordement […] sont dépeints avec des traits qui n'en donnent pas assez d'horreur«. Tatsächlich geht es hier um eine in der Romanliteratur bis dato unerhörte amour-passion, bei der die skrupellose Protagonistin den Chevalier in die Abseiten der Gesellschaft zieht. Der Autor der *Manon Lescaut* klassifiziert das Werk als »histoire«, von der Innenperspektive des Ich-Erzählers Des Grieux her ist es ein »récit«, der aus einer ausführlichen Exposition besteht (Begegnung des Paares, Des Grieux' Eintritt in Saint-Sulpice), auf die ein ebenso langes dénouement (Reise von Paris nach Le Havre, Überfahrt in die Neue Welt, Manons Tod in Louisiana) folgt. Als Rückblick des resignierenden männlichen Partners erzählt, der glaubt, daß durch Manons Tod seine sittliche Aufgabe und seine Rolle in der Gesellschaft wieder zu ihrem Recht kommen, gewinnt das Werk einen zweiten ethischen Standpunkt. Solange Manon lebt, sind alle Regungen auf sie bezogen, und sie setzt die amoralische Norm. Nach ihrem Tod offenbart das Christentum seine – grausame – Wahrheit. Das späte 18., vor allem aber das 19. Jh., das den Ruhm dieses Romans begründet, liest *Manon Lescaut* als ein Bekenntnis, das in idealistischer Form die Doppelnatur der unergründlichen Weiblichkeit zum Gegenstand hat und die tragische Passion heiligt.

Während er *Manon Lescaut* verfaßt, arbeitet Prévost an *Le Philosophe anglais ou Histoire de M. Cleveland, fils naturel de Cromwell, écrite par lui-même* (7 Bde., 1731–39). Das mythische Substrat der beiden Romane gleicht sich: Cleveland, aufgrund eines Mißverständnisses gesellschaftlich geächtet, irrt durch die Welt, wird das Opfer der Vätergeneration und der Kirche. Weitere Werke sind *Le Doyen de Killerine* (12 Bde., 1735–40), *Histoire d'une grecque moderne* (2 Bde., Amsterdam 1740; Ausg. R. Mauzi, 1965), *Mémoires d'un honnête homme* (1745), außerdem übersetzt Prévost 1751–58 Romane Samuel Richardsons.

Werkausg.: J. Sgard, 5 Bde., 1978–81.

Lit.: J. Sgard, P. romancier, 1968; J. R. Monty, Les romans de P., 1970; J. L. Jaccard, *Manon Lescaut.* Le personnage-romancier, 1975; A. J. Singerman, P., 1987; C. M. Lazzaro-Weis, Confused Epiphanies, 1991; R. A. Francis, The Abbé P.'s First-Person Narrators, 1993; R. Démoris, Le silence de Manon, 1995; J. Sgard, Vingt études sur P., 1995.

Lesage

Alain-René Lesage (1668–1747), Stückeschreiber für Jahrmarktbühnen, Autor der Sozialsatire *Turcaret* (1709), die vom ökonomischen Sieg des Lakaien über die Herrschaft handelt, Kenner und Übersetzer von Boiardo, der spanischen »comedia« und »novela picaresca«. Mit *Le Diable boiteux* (1707; Ausg. R. Laufer, 1970), seinem ersten »spanischen« Roman (nach Vélez de Guevara), erzielt Lesage einen außerordentlichen Verkaufserfolg. Im Zentrum steht der Student Cléophas, der bei seiner Flucht über die Dächer von Madrid von einem Teufel die Fähigkeit erhält, ins Innere der Häuser zu sehen. Die Erzählmanier verlangt, schon wegen der zahlreichen eingelegten Geschichten, eine erhöhte Aufmerksamkeitsleistung. Die Episodenstruktur des Schelmenromans ist bei Lesage nicht mehr zusammenhanglos, vielmehr ist ihr als ideelle Linie die Zufallsphilosophie derart in die Figurenperspektive eingeschrieben, daß der Sieg des Abenteurers über die Umstände wie seine strikte Desillusionierung durch die Drehungen des Schicksalsrades den Zeitraum der Fiktion transzendieren. In der *Histoire de Gil Blas de Santillane* (1715–35; Ausg. M. Bardon, 2 Bde., 1962) tritt der gealterte Gil Blas in seiner Selbstdarstellung als Tugendgestalt hervor, die materielle Werte nicht blenden. Entsprechend hat er seinen Lebensweg – zwischen gesellschaftlichem Aufstieg und resigniertem Rückzug – dargestellt. Als Erzähler der Ereignisse, die ihn von Asturien über Salamanca, Granada, Madrid, durch die Paläste von Kirchenfürsten, Herzögen und Ministern und wieder zurück aufs Land führen, ironisiert er die Konflikte, in die er verwickelt wird, von Fall zu Fall. Lesage nennt dieses Ethos des richtigen Verhaltens gegenüber Glücks- und Unglücksfällen »prudence«. Weltklug sind sowohl die Ausrichtung der orientierungsbedürftigen Lebensführung des Parvenu am aristokratischen Standard wie auch die einsichtsvolle Abkehr von Nobilitierungsträumen. Lesage bleibt im 19. Jh. ein Lieblingsautor des bürgerlichen Publikums, Stendhal wie Balzac haben ihn kommentiert.

Lit.: F. Brun, Strukturwandlungen des Schelmenromans, 1962; Ch. Dédéyan, *Histoire de Gil Blas* et L., 1965; R. Laufer, L. ou le métier de romancier, 1971; W. Wehle, Zufall und epische Integration, RJb 1972; R. Démoris, Le roman à la première personne, 1975; Ch. Wentzlaff-Eggebert, Beispielreihung u. geschlossene Form, 1975; G. Evans, L., 1987; A. Grewe, Monde renversé, 1989; H. Klüppelholz, Die Innovation als Imitation, 1995; J. Wagner (Hrsg.), L. écrivain, 1997.

Montesquieu

Charles Louis de Secondat, baron de la Brède et de Montesquieu (1689–1755), Landsmann von Montaigne, 1716–26 Vizepräsident des Gerichtshofs der Guyenne, 1728 Mitglied

der Académie française, verfaßt neben dem frivolen Prosa-
gedicht *Le Temple de Gnide* (1725) *Considérations sur les
causes de la grandeur des Romains et de leur décadence*
(1734) und *De l'esprit des lois* (1748). Als Autor des ersten
aufklärerischen Briefromans, *Lettres persanes* (anonymer
ED 2 Bde., Köln [wahrscheinlich Amsterdam] 1721, erweiterte Fassung 1754; Ausg. P. Vernière, 1960) taktiert Montesquieu innerhalb der Romanfiktion mit der gängigen Romanverachtung, in die er die Kritik an exotischen Motiven
des heroisch-galanten Romans einbezieht. Er legitimiert
den orientalischen Aspekt seiner Fabel durch die Konfrontation unterschiedlicher Mentalitäten und verbindet Konstituenten der Reiseerzählung in Briefform mit räsonierenden
Texten in der Art der Totendialoge Fontenelles.

Die *Lettres persanes* aktualisieren ein ursprünglich humanistisches Thema, den kritischen Vergleich bekannter und
unbekannter Zivilisationen, das seit dem ausgehenden
17. Jh. an Interesse gewonnen hat. Daher kommt der auf
Alterität eingestellte Blick bei Montesquieu von außen: vom
persischen Weltbild, das kein zeitgenössischer Leser verifi-
zieren kann, auf europäische Zustände, in denen das Publikum das Frankreich am Ende der Regierung Ludwigs XIV.
und zu Beginn der Régence wiedererkennt. Der persische
Edelmann Usbek und sein Begleiter Rica berichten von ihrer Bildungsreise, jeder aus seinem Blickwinkel, bis eine
melodramatische Haremsgeschichte sie zur Heimkehr
zwingt. Gegenstand von Usbeks 77 Briefen sind vor allem
philosophische und staatspolitische Einsichten, während
sich Rica in 48 Schreiben mit der fremden Kultur- und Sit-
tengeschichte beschäftigt; dabei wird scheinbar Selbstver-
ständliches in Frage gestellt und in seinem Geltungsan-
spruch relativiert, während die Kritik – als eine von außen
– zugleich entschärft wird. Auf diese Weise kann der Staats-
rechtler Montesquieu im 92. Brief in eigener Sache sprechen:

Die Parlamente gleichen jenen Ruinen, die man zwar mit den Füßen tritt, die aber immer noch den Gedanken an einen Tempel wecken, der berühmt war durch die alte Religion der Völker. Sie kümmern sich eigentlich nur um die Rechtsprechung, und ihre Autorität ist immer sehr schwach, wenn ihnen nicht das unerwartete Zusammentreffen von Umständen wieder Kraft und Leben verleiht. Diese großen Körperschaften haben das Schicksal der menschlichen Dinge erlitten: Sie unterlagen der Zeit, die alles zerstört, der Verderbnis der Sitten, die alles geschwächt hat, und der höchsten Autorität, die alles niedergeschlagen hat.

> Persische Briefe, übers. und hrsg. von Peter
> Schunck, Stuttgart: Reclam, 1991, S. 172 f.

Dieses politische Ideal, dessen Revalorisierung nach 1715 die Régence anzukündigen scheint, wird von der Aufklärung allerdings nicht aufgenommen und selbst von den Girondisten 1789 nicht nachdrücklich verfolgt. – Weniger brisant ist die kosmopolitische Parabel vom Hasenbraten: Der Jude nennt das Fleisch unrein, der Muslim hält es für nicht sachgemäß geschlachtet, der Armenier für ungenießbar, da es sich um ein Säugetier handelt. Die Klimax formuliert der Inder, der dem Esser damit droht, daß der Geist seines Vaters bei der Seelenwanderung in eben diesem Hasen gelandet sein könnte. Dieser Wechsel der Perspektiven erhält die Lust an der respektlos pluralistischen Gedankenführung in den *Lettres persanes*.

Werkausg.: A. Masson, 3 Bde., 1955–58.

Lit.: E. Mass, Lit. u. Zensur in der frühen Aufklärung, 1981; Sonderh. RhlF 1982; E. E. John, L'esprit des *Lettres persanes*, 1987; L. Desgraves, Répertoire des ouvrages et des articles sur M., 1988; P. Gascar, M., 1989; R. Kingston, M. and the Parlement of Bordeaux, 1996; P. Kondylis, M. u. der Geist der Gesetze, 1996; C. Morilhat, M. Politique et richesses, 1996; C. Spector, M., 1997; J. Ehrard, L'esprit des mots: M., 1998.

Voltaire

François-Marie Arouet (1694–1778), der sich seit 1718 **Voltaire** nennt, Jesuitenschüler, Deist, Verfechter einer säkularisierten Ethik, dabei Bewunderer der geistigen Leistungen des 17. Jh.s, für dessen Dramatik er die Bezeichnung »klassisch« prägt, ist in seiner eigenen poetischen Orientierung zugleich »ancien« (Tragödie, Epos, Ode, Satire) und »moderne« (Textformen, die z. T. in Anlehnung an die Moralistik und Theologiekritik Bayles menschenfreundliche Weltbilder popularisieren: Briefe, profaner Katechismus, Kurzerzählung, Essay, Dialog, Wörterbuch). Zeitweilig wird er aus Paris verbannt, 1717–18 sowie 1726 ist er in der Bastille inhaftiert; bis 1729 geht er ins Exil nach England, 1734 flieht er zu Mme Du Châtelet in die Champagne. 1745 wird er zum königlichen Historiographen ernannt, 1746 in die Académie française gewählt und zum Kammerherrn ernannt. 1750–53 ist er zu Gast in Berlin und Potsdam, danach, als er in Paris Aufenthaltsverbot erhält, zieht er nach Genf, bis er 1758 nahe der Grenze Ferney kauft und hier eine florierende Seiden- und Uhrenproduktion aufzieht. Die dankbare Bevölkerung feiert ihn als ihren »Patriarchen«. Erst im Todesjahr 1778 kehrt er nach Paris zurück; 1791 wird sein Leichnam ins Panthéon überführt. 1775 erscheint eine Ausgabe letzter Hand, 1784–89 die wegen des Druckorts sogenannte Kehler Ausgabe, die Beaumarchais und Condorcet herausgeben.

Die wegen Freigeisterei öffentlich verbrannten *Lettres philosophiques ou lettres sur les Anglais* (1734; Ausg. R. Naves, 1964), eines der meistgelesenen Werke Voltaires, befassen sich mit der Kohabitation der Konfessionen in England, mit der Regierungs- und Wirtschaftsform, mit Philosophie und Wissenschaften, literarischen Gattungen, zeitgenössischen Autoren; Brief 25 richtet sich gegen die Anthropologie Pascals. »Voltairianer« ist seitdem ein propagandistischer Ehrentitel, den Diderot und noch Mérimée stolz tragen.

Voltaires Systemkritik reicht nicht weiter als bis zum
Ideal des aufgeklärten Herrschers, den die Sorge um sein
Staatsvolk bewegt; prototypisch dafür ist Heinrich IV.
(Epos *La Ligue ou Henri le Grand*, 1723, mit definitivem
Titel *La Henriade*, 1728). Zeitweilig gilt für ihn Friedrich II.
als Inkarnation des Philosophen auf dem Thron.

Voltaire kritisiert an der Historiographie, daß sie über
der Darstellung der Dynastien und militärischen Außen-
politik »nos mœurs, nos lois, nos coutumes, notre esprit«
übersieht (Brief an d'Argenson vom 26. Januar 1740); einen
entsprechenden Neuansatz entwickelt er 1751 mit *Le Siècle
de Louis XIV* als Geistes- und Kulturgeschichte einer Ära
und 1756 mit dem *Essai sur l'histoire générale et sur les
mœurs et l'esprit des nations depuis Charlemagne jusqu'à
nos jours*, der Replik auf Bossuets Erklärung der Weltgeschichte als Heilsgeschichte.

Wie andere Autoren des 18. Jh.s vermeidet auch Voltaire
prekäre Gattungsbezeichnungen, um weder die Kritik noch
die Zensur herauszufordern. Er nennt seine Erzählungen
im Titel »vision« (*Le Monde comme il va*), »histoire« (*Histoire des voyages de Scarmentado*, *Histoire d'un bon bra-
min*, *Histoire de Jenni*), »histoire philosophique« (*Micromégas*), »histoire orientale« (*Zadig*), »histoire véritable«
(*L'Ingénu*), »lettres« (*Les Lettres d'Amabed*), »songe«
(*Songe de Platon*), »aventure« (*Aventure de la mémoire*,
Aventure indienne), »nouvelle« (*Cosi-Sancta*). Mehrere
Werke sind als fingierte Übersetzungen ausgegeben (u. a.
Candide, *Le Taureau blanc*). Erst in der Ausgabe von 1771
liest man im Titel *Romans, contes philosophiques, etc.*

Die seltenen narratologischen Selbstverständigungen
Voltaires in Briefen, Vorreden oder indirekt aus einer Figurenperspektive heraus bezeugen seine Aversion gegen den
Barockroman, der in der Vorrede zur *Histoire de l'empire de
Russie sous Pierre le Grand* wegen der unwahren Porträts,
die in den Handlungsverlauf eingeschoben sind, getadelt
wird, und gegen die Empfindelei eines Richardson. Ziel ist

ein nonchalant verknüpfter Romandiskurs, der als Divertissement dem Leser ein philosophisches Märchen entwickelt.

Micromégas (Ausg. I. O. Wade, 1950), in der ersten, 1739 Friedrich II. vorgelegten Version *Voyage du baron de Gangan* betitelt, in der überarbeiteten Fassung (1752) als »histoire philosophique« qualifiziert, ist die didaktische Erörterung aktueller philosophischer Themen. Die Motive der phantastischen Reise eines Bewohners des Sirius, Micromégas, und eines Wesens vom Saturn zur winzigen Erde konnotieren Fragestellungen des philosophischen Relativismus. Voltaire benutzt die Handlungsführung einer Weltraumreise, kehrt allerdings den literarisch üblichen Weg um: außerirdische Wesen, die keine Menschen sind, besuchen die Erde. Für das Leiden der Menschen findet sich keine plausible Erklärung; Voltaire leugnet zwar die göttliche Vorsehung nicht, kritisiert jedoch die Teleologen.

Zadig ou la Destinée, histoire orientale (1748; Ausg. G. Ascoli / J. Fabre, ²1962) wird im Widmungsbrief an Shéraa, die Gemahlin des Sultans (damit kann die Pompadour gemeint sein), als Übersetzung aus dem Arabischen vorgestellt, die ihrerseits bereits eine Übertragung aus dem Chaldäischen ist – Parodie des Übersetzungs- und Herausgebertopos der Epoche. Die Ironie des Schicksals degradiert den babylonischen Weisen Zadig zur Marionette in der Hand einer blinden Macht; sein dramatischer Lebensweg, der die Versklavung ebenso einschließt wie den Verrat durch die Geliebte und schließlich die Königswürde, illustriert die Disproportion von Ursache und Wirkung. Den Religionsstreit zwischen Ägyptern, Chaldäern, Kelten und Griechen, in dem jeder seine Gottesikone verteidigt, schlichtet Zadig mit dem Hinweis, daß Tiere und Zeichen allenfalls Symbole dessen sein können, der sie erschaffen hat.

Die Frage nach dem Sinn des Bösen in der Welt stellt sich Voltaire erneut, als sich am 1. November 1755 das Erdbeben von Lissabon ereignet. Im Sommer 1758, als er sich beim Pfalzgrafen Karl Theodor in Schwetzingen aufhält, beginnt

Voltaire mit der Niederschrift von *Candide ou l'Optimisme. Traduit de l'allemand de M. le docteur Ralph* (Genf 1759). Die Erfahrungen, die der Held mit dem sprechenden Namen auf seinen Irrfahrten durch die Welt macht, bis er die angebetete Cunégonde als häßliches Weib im vorletzten Kapitel wiederfindet, widersprechen ebenso wie die Lebensgeschichten der Personen, denen Candide begegnet, dem philosophischen Leitsatz von der besten aller Welten, den Pangloss, sein Mentor, formuliert. Motive des Schicksalsromans (Falschmeldung vom Tod der Cunégonde wie des Pangloss, Naturkatastrophe, Schiffbruch, verfolgte Unschuld, Verkennung und Wiedererkennen, Trennung der Liebenden und späte Vereinigung des Paares, Aufenthalt in märchenhaften Gegenden) parodieren die Anhäufung äußerer Spannungselemente, amüsieren durch die forcierte Unwahrscheinlichkeit jedoch das Publikum, das wie der Protagonist aus der Anhäufung von Unglücksfällen die kritische Frage nach der Rechtfertigung des Optimismus bei Leibniz ableitet. Die Realität lehrt Candide, aufgrund von Erfahrungen an der postulierten Idealität der Welt zu zweifeln.

> »O Pangloß!« rief Candid, »von diesen Greueln hast du nichts gewußt; es ist aus, jetzt muß ich deinem Optimismus entsagen.« – »Optimismus? Was ist das?« fragte Cacambo. »Ach«, sagte Candid, »das ist der Irrsinn, alles wunderschön zu finden, wenn es einem hundsmiserabel geht.«
>
> Candid, übers. von Ernst Sander, Stuttgart: Reclam, 1971, S. 58.

Die Helden sprechen sich, nachdem sie in Abgründe des Widersinns geschaut haben, selbst Lebensmut zu. Candides den Roman beschließender Imperativ, »il faut cultiver notre jardin«, impliziert Zustimmung zu einer eingegrenzten Aktivität, Verzicht auf Spekulation, Spott über jeden providentiellen Erklärungsversuch.

L'Ingénu, histoire véritable, tirée des manuscrits du P. Quesnel erscheint 1767 mit falschem Druckort (Utrecht) in

Genf. Soviel Vorsicht ist nötig. Mit einer »permission tacite« kommt der Roman in Paris unter dem neuen Titel *Le
Huron ou l'Ingénu* (Ausg. R. Pomeau, 1995) heraus. Romanzeit ist 1689. Der Indianer, der als naiver Wilder ins
Frankreich Luwigs XIV. kommt, nach seiner Taufe den
sinnfälligen Namen Hercule trägt und mit allen Bereichen
der abendländischen Kultur konfrontiert wird, lernt die frz.
Vergangenheit als Geschichte der Intoleranz kennen, deren
Opfer gleichermaßen Hugenotten und Jansenisten sind. In
der Entwicklung aller Figuren spielt die Sensibilisierung für
das Unglück eine entscheidende Rolle. Daß sich das Geschick der Romanfiguren schließlich zum Guten wendet,
entspricht – wie der Erzähler bemerkt – der Wirklichkeit
nicht unbedingt.

L'Homme aux quarante écus (1768; Ausg. R. Pomeau,
1996) ist, abweichend von den älteren Erzählungen, in der
Ich-Form verfaßt; zudem sind die eingelegten Zwiegesprä-
che autonome Erzähleinheiten. Diese Dialoge sind Voltaires
bedeutendste Äußerungen zum ökonomischen Programm
der Physiokraten. In der Romanfiktion bilden Physiokraten
ein Ministerium; Opfer ihrer Politik wird beispielhaft ein
Bauer, dessen Besitz 40 Taler Rendite abwirft und der davon die Hälfte als Grundsteuer entrichten muß. Mit einer
Tafelrunde, in der ein Doktor der Sorbonne, ein Jude, ein
reformierter Holländer, der Sekretär des Fürsten Gallizin,
ein Schweizer Calvinist, zwei Aufklärer und drei geistreiche
Damen sitzen, endet das Werk.

Das deistische und auf Toleranz bedachte ideologische
Substrat liegt gleichermaßen Voltaires Kulturgeschichten,
Tragödien und narrativen Texten zugrunde; neu sind im
Roman, und hier erst ästhetisch möglich, das Schwelgen
in Geographie, die ausgreifende Ironie sowie die Korrela-
tion von philosophischem und fabulierendem Diskurs.
Voltaire kämpft mit scharfem Witz für einen vernünftigen
und toleranten Staat, gegen die metaphysische Begrün-

dung des Absolutismus, Tendenzen zum Dogmatismus und Fanatismus.

Ausg.: Romans et contes, H. Bénac, 1960.

Lit.: U. Schick, Zur Erzähltechnik in V.s Contes, 1968; J. v. Stackelberg, Von Rabelais bis Voltaire, 1970; P.-G. Castex, V., 1977; H. Baader (Hrsg.), V., 1980; S. Detempler, V., die Werke, 1994; R. Morizot, V. en toutes lumières, 1994; S. Menant, L'esthétique de V., 1995; K. O'Brien, Narratives of Enlightenment, 1997; J. v. Stackelberg, Über V., 1998.

Diderot

Denis Diderot (1713–84), Sohn eines Messerschmieds, Jesuitenschüler, studiert Rechtswissenschaften an der Sorbonne und interessiert sich für Mathematik und englische Philosophie sowie Romanliteratur (Shaftesbury-Übersetzung, 1746; *Éloge de Richardson*, 1762). Zusammen mit d'Alembert übernimmt er die Planung, Organisation und Veröffentlichung der *Encyclopédie ou Dictionnaire raisonné des sciences, des arts et des métiers* (17 Foliobde., 5 Supplementbde., 2 Registerbde., 11 Bde. mit Illustrationen, 1751–1780). Statt der ursprünglich vorgesehenen Übersetzung einer englischen Enzyklopädie entsteht damit das Zentralorgan der Aufklärung und Wissenssystematik.

Als Erzähler und Kunstkritiker bleibt Diderot in Frankreich zunächst fast unbekannt, zu Lebzeiten erscheinen lediglich der Roman *Les Bijoux indiscrets* (1748), die Novelle *Les Deux Amis de Bourbonne* und ein Teil der Erzählung *Ceci n'est pas un conte* (1773), die meisten Texte werden postum 1795 (*Salons*), 1796, 1821, 1830 und 1891 publiziert. In Deutschland dagegen wird Diderot seit Lessings Interesse an der Schauspieltheorie in den *Bijoux indiscrets* und seiner Übertragung der Dramen *Le Fils naturel* und *Le Père de famille* (1760) aufmerksam gelesen. Die Bewunderung durch die Deutschen, auch Hegel oder Goethe, veranlaßt Sainte-Beuve 1830 zur Feststellung, Diderot sei »la plus allemande

de toutes nos têtes«; und Kritiker erheben 1875 (Erschei-
nungsdatum der zwanzigbändigen Gesamtausgabe) den
Vorwurf, Diderot habe das frz. Denken entnationalisiert.

Diderot, der sich nach der Lektüre der Originaltexte in
die vom Abbé Prévost eingeleitete Richardson-Rezeption
einschaltet, zieht 1760 aus der Beschäftigung mit *Clarissa*
die Lehre, daß nicht jeder Roman als »tissu d'événements
chimériques et frivoles« daherkomme: es gebe Texte, die
durch den Anspruch der Illusionsstiftung eine erhöhte Auf-
merksamkeitsanstrengung voraussetzen, die Empfindsamkeit des Adressaten ansprechen, sowie durch wiedererkennbare Szenen der erzählten Häuslichkeit und positiven Darstellung des Guten dem Publikum zum Nutzen gereichten
(*Éloge de Richardson*). Gleichzeitig bekräftigt Diderot den
seit Fontenelle vertretenen Standpunkt vom Schönheits-
empfinden, das kein Kanon regelt, und definiert das Schöne
als die Summe wahrgenommener Beziehungen zwischen
den Elementen eines Objekts.

Sein erotisches Märchen *Les Bijoux indiscrets* (1748) wendet sich ausdrücklich an ein weibliches Publikum; als auf-
klärerischer Schlüsselroman orientiert es sich am ironischen
Erzählen Voltaires. Das Stoffmuster stammt aus dem mittelalterlichen Fabliau *Le Chevalier qui faisait parler les c...
et les c...*; hier findet Diderot die amüsante Idee vom Zau-
berring, der eine Frau dazu bringen kann, ihre sexuellen
Wünsche und Affären zu bekennen, wenn er auf ihr »bijou«
gerichtet wird. *La Religieuse* (1760, ED 1796) realisiert Diderots Theorien vom seriösen Roman. Anlaß ist der Prozeß
einer Nonne, die 1758 um die Annullierung ihres Gelübdes
kämpft; Diderot und sein Freund Melchior Grimm versuchen in fingierten Briefen der Suzanne Simonin an den Marquis de Croismare, diesen für den Konflikt zu interessieren.
Daraus entsteht ein Werk, das Diderot als »mémoires« oder
»conte« bezeichnet: ein Memoirenroman einer jungen Frau,
die als erlebendes und erzählendes Ich vor dem Marquis,

aber auch anderen Nonnen und Beichtvätern ihr unglückliches Leben ausbreitet, den erzwungenen Eintritt ins Kloster, das von Korruption und Heuchelei bestimmte religiöse Leben. Die Fiktion ermöglicht auf der Grundlage der Empfindsamkeit eine hohe Identifikation von Figur und Leser. Suzanne wird das Opfer widriger gesellschaftlicher und kirchlicher Umstände, die formal legitimiert sind, aber den einzelnen und das Gute seines Wesens vernichten. Im Rückblick auf *La Religieuse* stellt sich Diderot die Frage, ob das Schöne in der Kunst, das Bewunderung hervorruft, oder das Wahre, das durch die Mimesis Illusionen stiftet, als höhere Leistung zu bewerten sei.

Le Neveu de Rameau (um 1760–72, ED des Originals 1890) ist als deutsche Übersetzung bekannt geworden. Das Manuskript, das nach Diderots Tod nach Petersburg gelangt ist, wird Goethe zugespielt, dessen Übertragung 1805 erscheint, zum Ärger der Tageskritik über das »gesinnungslose, überfremdete, zersetzende Kunstprodukt«. Die erste frz. Ausgabe (1821) ist eine Rückübersetzung der deutschen Übersetzung. Die Situation dieses Dialogromans ist ein Kaffeehausgespräch zwischen dem Autor (»Moi«) und Jean-François Rameau, dem Neffen des bekannten Komponisten (»Lui«), den Diderot als soziales Produkt der Cafés darstellt, in denen er als Stammgast verkehrt, während ihm der Zugang zu den Salons verwehrt ist. Mit dem intelligenten, aber zynischen und pockennarbigen Gesprächspartner wird über alle Grundfragen von Individuum, Gesellschaft, Moral und Kunst diskutiert.

Jacques le Fataliste et son maître (um 1773, ED 1796), gleichfalls zuerst in deutscher Teilübertragung (Schiller, 1785) bekannt geworden, orientiert sich an der ironischen Thematisierung des Erzählens in Laurence Sternes *The Life and Opinions of Tristram Shandy* (1760–67). Der Anspruch objektiver Modellierung eines Wirklichkeitsausschnitts mit herkömmlichen erzählerischen Mitteln ist unhaltbar gewor-

den; den Text bestimmen Anspielungen auf die Poetik des
pikaresken Romans und die Alternanz von doktrinärem
und spielerischem Diskurs.

> Vielleicht hältst du die Geschichte von Jacques' Hauptmann
> für erfunden, und dann hast du unrecht. Ich beteure dir, daß
> ich die Geschichte so, wie er sie seinem Herrn erzählt hat, im
> Hôtel des Invalides, ich weiß nicht mehr, in welchem Jahr, am
> Sankt-Ludwigs-Tag am Tisch des Herrn de Saint-Etienne, des
> Majors des Hôtel, gehört habe und daß der Berichtende, der
> im Beisein mehrerer anderer Offiziere des Hôtel erzählte, die
> samt und sonders um das Geschehnis wußten, ein ernster
> Mann war, einer, der mitnichten nach Spaßvogel aussah. Ich
> wiederhole dir also ein für allemal: sei auf der Hut, wenn du
> nicht bei diesem Gespräch zwischen Jacques und seinem
> Herrn das Wahre für falsch und das Falsche für wahr halten
> willst.
>
> Jacques der Fatalist und sein Herr, übers. von
Ernst Sander, Stuttgart: Reclam, 1972, S. 73.

Angeregt von einer Episode in Sternes Roman und
wohl auch von der ideologischen Auseinandersetzung
zwischen Herr und Diener in Molières *Dom Juan*, verfaßt
Diderot ein umfangreiches Zwiegespräch, das auch inhaltlich paradox ist: der Herr ist nichts ohne die praktische
Hilfe seines Dieners; seine vermeintliche Willensfreiheit
wird immer wieder konterkariert; andererseits verbindet
sich Jacques' Fatalismus mit großem Selbstbewußtsein.
Der leitmotivische Verweis auf den in der Metaphysik
verwahrten »grand rouleau«, auf dem alles eingetragen ist,
was ein individuelles Schicksal lenkt, parodiert die Be-
schwichtigungsformel von der besten aller Welten im
Candide, ist aber auch getragen vom Vertrauen in einen
vernünftigen Fortgang der Weltgeschichte im Sinne des
dritten Standes. Das Ende des Romans liefert nicht den
Schluß der Intrige; der »récit« von Jacques' Liebesgeschichten, zu denen in der personalen Erzählung immer wieder
angesetzt wird, muß, wenn überhaupt, in der Phantasie des

Lesers, dessen Unmut der Herausgeber-Erzähler in Kauf nimmt, abgeschlossen werden.

Diderot entwickelt eine Erzählmanier, die durch Details das Wesen einer Figur interpretiert. Der Schluck aus der Flasche, das Hantieren mit der Tabaksdose oder der Uhr sind Einzelmerkmale, aus denen die Verfassung des Dieners und des Herrn abzuleiten sind, ohne daß der Romancier kommentierend eingreift.

Ausg.: Œuvres romanesques, H. Bénac, 1959.

Lit.: R. Warning, *Tristram Shandy* u. *Jacques le fataliste*, 1965; F. Pruner, L'unité secrète de *Jacques le fataliste*, 1970; H. Dieckmann, D. u. die Aufklärung, 1972; U. Winter, Der Materialismus bei D., 1972; J. Chouillet, La formation des idées esthétiques de D., 1973; J. Proust, Lectures de D., 1974; J. Ozdoba, Heuristik der Fiktion, 1980; K. Dirscherl, Der Roman der Philosophen, 1985; F. A. Spear, Bibl. de D., 1988; J. Schlobach (Hrsg.), D., 1992; J. Siess, Frauenstimme – Männerschrift, 1994; N. Rousseau, D., de l'écriture romanesque à l'épreuve du sensible, 1996; A.-M. Chouillet, Recherches sur D. et l'*Encyclopédie*, 1997; R. Trousson, Images de D. en France, 1997; J.-C. Bourdin, D., le matérialisme, 1998.

Rousseau

Jean-Jacques Rousseau (1712–78), Sohn eines calvinistischen Uhrmachers aus Genf, 1728–54 Katholik, Komponist, Kulturphilosoph, als Musikspezialist Mitarbeiter der *Encyclopédie*, Vater unehelich geborener Kinder, die im Waisenhaus enden, brüskiert mit seinem Verhalten und seinen Schriften Anhänger wie Gegner der Aufklärung. Als er sich mit einem *Discours* an der 1749 von der Akademie Dijon veranstalteten Ausschreibung zum Thema: »Si le rétablissement des sciences et des arts a contribué à épurer les mœurs« beteiligt, setzt er mit einer historischen Erörterung ein und schließt spekulativ mit philosophischer Anthropologie. Dabei verneint Rousseau die Frage: er versteht den Kulturmenschen als degeneriert und attackiert auch die Aufklärung. Der Aufstieg von Wissenschaft und Kunst hat nicht Fortschritt gebracht, sondern Dekadenz und – in ih-

rem Gefolge – gesellschaftliche Ungleichheit. Die Themen-
politik der Akademie Dijon kommt ihm gelegen; sie formuliert als weitere Preisfrage: »Quelle est l'origine de l'inégalité parmi les hommes et si elle est autorisée par la loi
naturelle?« Er verfaßt einen zweiten *Discours* (1755; Ausg.
J.-L. Lecercle, 1971), um seine Optimismuskritik zu radi-
kalisieren. Der glückliche Naturzustand als rückwärtsge-
wandte Utopie ist verloren durch Reflexion. Sie ist danach
ein unnatürliches Handeln, das der geistigen Vervollkommnung des Menschen zuwiderläuft. Rousseau nennt den denkenden Menschen »un animal dépravé«.

Im August oder September 1756 beginnt Rousseau mit der
Arbeit an einem sechsteiligen Liebesroman in Briefform,
Julie ou la Nouvelle Héloïse (Amsterdam 1761; Ausg. R. Pomeau, 1960). Die Selbstbestimmung des Romans tritt 1761 in
ein prekäres Stadium. Rousseau toleriert die Gattung unter
der historischen Voraussetzung, daß sie an eine Nation, deren Zerfall sich manifestiert, eine nützliche Botschaft richtet.
Dieser Anspruch verdeckt, wie romanesk konstitutive Motive in der *Nouvelle Héloïse* sind: Die Herkunft des Saint-
Preux ist ungewiß, sein Name angenommen. Er unternimmt
eine Reise durch die halbe Welt, ehe er in das Haus Wolmar
eingeladen wird. Julie verliert auf geheimnisvolle Weise ihr
ungeborenes Kind. Sie ist M. de Wolmar versprochen worden, als sie unbescholten und er reich gewesen ist; der Baron
d'Étange, Julies Vater, bricht sein Wort nicht, als Wolmar ver-
armt; Wolmar ist Russe, der während der »letzten Revolution«, an der er sich beteiligt, sein Vermögen eingebüßt hat.
Milord Édouard Bomston ist ein Weltreisender, mit dem
Saint-Preux sich beinahe duelliert. Er spielt den Vertrauten,
den »raisonneur« und Gönner, der schließlich Julies Gelieb-
tem einen Posten als Schiffsingenieur besorgt, da Saint-
Preux als Protestant in Paris ohne Berufschance ist.

Im Untertitel seines Romans verweist Rousseau auf die
berühmte in Briefen überlieferte Liebesgeschichte zwischen
Abaelard und Heloisa aus dem 12. Jh. Er zitiert wohl noch

das Lehrer-Schülerinnen-Verhältnis, das am Beginn der leidenschaftlichen Bindung steht, doch vollzieht sich hier die Katastrophe im Rahmen einer liberalen bürgerlichen Existenz. Sein Roman ist Liebes- und Tugendroman in einem, ethisch disziplinierte Erotik. Dabei thematisiert der Erzähler die Gefährdung der Moral durch die großstädtische Unmoral und weist zugleich an Sprechweisen, die sich der aus der Provinz kommende Saint-Preux in Paris aneignet und die seinen Briefstil verändern, nach, wie verräterisch der mondäne Diskurs ist.

Das nächste Werk, mit dem vollen Titel *Émile ou de l'éducation*, erscheint 1762 am fingierten Druckort Den Haag, tatsächlich in Paris (Ausg. F. und P. Richard, 1964). Wenige Tage nach der Auslieferung wird das Buch konfisziert, die öffentliche Verbrennung und Verhaftung des Autors verfügt, der, was nicht üblich und in diesem Fall besonders riskant ist, die Publikation signiert hat; mit offensichtlicher Duldung der Polizei flieht Rousseau in die Schweiz. Freilich wird der *Émile* auch bald in Genf verurteilt und verbrannt. Mit dem ersten Satz der Einleitung bereits provoziert Rousseau den gesellschaftlichen Widerspruch:

Alles, was aus den Händen des Schöpfers kommt, ist gut; alles entartet unter den Händen des Menschen. Er zwingt einen Boden, die Erzeugnisse eines anderen zu züchten, einen Baum, die Früchte eines anderen zu tragen. Er vermischt und verwirrt Klima, Elemente und Jahreszeiten. Er verstümmelt seinen Hund, sein Pferd, seinen Sklaven. Er erschüttert alles, entstellt alles – er liebt die Mißbildung, die Monstren. Nichts will er so, wie es die Natur gemacht hat, nicht einmal den Menschen. Er muß ihn dressieren wie ein Zirkuspferd. Er muß ihn seiner Methode anpassen und umbiegen wie einen Baum in seinem Garten.

> Emile oder Über die Erziehung, hrsg., eingel. und mit Anm. vers. von Martin Rang, übers. unter Mitarb. des Hrsg. von Eleonore Sckommodau, Stuttgart: Reclam, 1963, S. 107.

Der Autor pointiert kulturpessimistische Erörterungen aus dem früheren Werk. Seine Prinzipien sind die ursprüngliche Freiheit des Individuums, die von der Erziehung nicht eingeengt werden soll, die Würdigung der Psyche des Kindes, das kein kleiner Erwachsener ist, die schrittweise Entfaltung kindlicher und jugendlicher Interessen, um von zuerst gefühlsgebundener zu kognitiver Motivation überzuleiten. Der junge Mensch bildet sich an der Natur, ehe er mit Handwerk, Industrie und Handel vertraut gemacht wird. Danach erst beschäftigt er sich mit Geschichte, Politik und zuletzt Religion.

Werkausg.: B. Gagnebin / M. Raymond, 4 Bde., 1959–69.

Lit.: H. Röhrs, R., Vision u. Wirklichkeit, 1993; M. Waltz, Die Ordnung der Namen. R., 1993; D. Marie, Création littéraire et autobiographie. R., Sartre, 1994; R. Trousson, Défenseurs et adversaires de R., 1995; P. Adamy, Les corps de R., 1997; M. Cranston, The Solitary Self, 1997; M. Crogiez, R. et le paradoxe, 1997; A. Farachi, R. ou l'état sauvage, 1997; P. Geyer, Die Entdeckung des modernen Subjekts, 1997; F. Imbert, Contradiction et altération chez R., 1997; R. Müller, Anthropologie u. Geschichte. R.s frühe Schriften u. die antike Tradition, 1997; R. Trousson / F. S. Eigeldinger, R. au jour le jour, 1998; M. Coz, La cène et l'autre scène. R. (Thèse 1993), 1998.

Rousseauismus

Der Rousseauismus ist mehr als nur schwärmerische Verehrung eines Vorbildes, wenngleich sich zwischen 1778 und 1789 eine junge und intransingente Rousseaugemeinde bildet. Er entwickelt sich zur neuen Gesamttheorie, die sich der Politik, der Kultur wie der Dichtung bemächtigt. Als Gefühlskult stellt sie die Tugendfrage mit kategorischem Impetus. Die von Boileau verfochtene Trias Antike, Natur und Vernunft wird durch Antike, Natur und Herz ersetzt. Typisch für den Rousseauismus ist die emphatische Selbstdarstellung des Dichters. Bruchstücke einer großen Konfession sind sowohl Werke von Mercier und Restif de la Bretonne als auch von Florian, Mme de Staël, Senancour oder Chateaubriand. Zwar ist der Briefroman keine Erfindung des Rousseauismus, jedoch eine fast ideale Textsorte zur Darstellung der ihm eigenen Weltauffassung. Daneben muß die Neubewertung des Mittelalters, vor allem des »genre troubadour«, seit den fünfziger Jahren als anregend für die Abfassung des erbaulichen Romans angenommen werden. Spezifisch für diese Struktur der Idyllik ist die Flüchtigkeit des Idealzustandes.

Der Rousseauist **Jean-Pierre Claris de Florian** (1755–94), weitläufig mit Voltaire verwandt, Berufsoffizier, Mitglied der Académie française, verfaßt seit den siebziger Jahren Harlekinaden, Pastorellen, Romanzen, Komödien, vielgelesene Fabeln (1792) und empfindsame Romane (*Galatée*, 1783; *Numa Pompilius*, 1786; *Estelle*, 1787; *Gonzalve de Cordoue*, 1791) sowie den nachgelassenen Briefroman *Lettres anglaises*.

Der Dramentheoretiker und Autor von mehr als 20 Stükken **Louis-Sébastien Mercier** (1740–1814) ist als Revolutionspolitiker (*De Jean-Jacques Rousseau considéré comme l'un des premiers auteurs de la Révolution*, 1791) Rousseauist. Im Essay freilich entwirft er eine neue Prosa der Großstadt (*Tableau de Paris*, 1788; *Le Nouveau Paris*, 1800), das früheste auf soziologische Vollständigkeit hin angelegte Panorama in szenischen Bildern. Seit 1768 schreibt Mercier, auch als Auseinandersetzung mit physiokratischen Mehrwertsideen, den utopischen Roman *L'An 2440* (1770), den er anläßlich der Neuausgabe von 1799 als Traumerzählung rühmt, die die Revolution antizipiert: Paris ist im 3. Jahrtausend immer noch Hauptstadt eines Agrarstaates. Die Bibliotheken unterliegen den Normen einer moralischen Zensur; Voltaire ist nur in Auszügen zugänglich, während Rousseaus Werke verehrt werden. Als nächstes hat Mercier eine narrative Gestaltung des Topos vom guten Wilden unternommen: *L'Homme sauvage, histoire traduite de [...]* (Amsterdam 1767). Die Geschichte ist eine stellenweise am-

plifizierende Übertragung der Kurzgeschichte *Der Wilde*
(1757) von Johann Gottlob Benjamin Pfeil (1732–1800).
Modal eine Ich-Erzählung, thematisch zwischen Pastoral-,
Entwicklungs- und Staatsroman angesiedelt, im Ganzen
moralisch-sentimentale Thesendichtung, die jedes Auswei-
chen in Voltaires und Diderots Ironie verstellt.

Jacques Henri Bernardin de Saint-Pierre (1737–1814) beginnt zu schreiben, nachdem er 1772 Rousseau, dessen Biographie er 1781 veröffentlicht, kennengelernt hat (*Études de
la nature*, 4 Bde., 1784–88; *Arcadie*, 1788; *Vœux d'un solitaire*, 1789, Ludwig XVI. gewidmet; *La Chaumière indienne*, 1791; *Harmonies de la nature*, 3 Bde., 1815). Vor allem plant er eine enzyklopädische Bestätigung der Ideen
Rousseaus vom erlösenden Naturzustand und der korrum-
pierenden bürgerlichen Kultur. Ein Teil dieses Projekts ist
der vierte Band der *Études de la nature*, der Roman *Paul et
Virginie* (1788; Ausg. P. Trahard, 1958). Er ist das erste
Dokument des literarischen Exotismus in Frankreich. Der
Roman spielt auf der Tropeninsel Mauritius, die der Autor
gekannt hat. Der Zeuge des Geschehens, ein Greis, erzählt
retrospektiv vom Schicksal der Naturkinder Paul und Virginie, die betont geschichtsfeindlich und weltabgewandt erzogen werden; die Idylle soll durch schädlichen Wissenszuwachs nicht gesprengt werden. Die unselige Reise Virginies
nach Frankreich, das sie schon bald desillusioniert wieder
verläßt, endet in einem Schiffbruch. Unschuldig stirbt die
Erwählte am Tag ihrer Rückkehr, im Anblick ihres Paradieses, in dem sie, wie der auktoriale Kommentar lautet, mit
ihrem Gespielen dem ersten Menschenpaar gleich gelebt
hat. *Paul et Virginie* rührte wie die *Nouvelle Héloïse* und
Goethes *Werther* Generationen von Lesern zu Tränen.

Lit.: A. Monglod, La France révolutionnaire et impériale, 9 Bde.,
1931–63; P. Trahard, Les maîtres de la sensibilité française au 18ᵉ siècle,
4 Bde., 1931–33; R. Mauzi, L'idée du bonheur au 18ᵉ siècle, 1960; J. Fabre, Lumières et romantisme, 1963; V. Klemperer, Gesch. der frz. Lit. im
18. Jh.: Das Jh. Rousseaus, 1966; W. Schröder (Hrsg.): Frz. Aufklärung.

Bürgerliche Emanzipation, Lit. u. Bewußtseinsbildung, 1974; H. Hofer (Hrsg.): L.-S. Mercier précurseur et sa fortune, 1977; J. v. Stackelberg (Hrsg.), Europ. Aufklärung III, 1980; M. Moravetz, Formen der Rezeptionslenkung im Briefroman des 18. Jh.s, 1990; D. J. Denby, Sentimental Narrative and the Social Order in France 1760–1820, 1994; B. Wehinger, Konversation um 1800, 1997; J. Siess (Hrsg.), La lettre entre réel et fiction, 1998.

Mme de Staël

Die politischen und schriftstellerischen Aktivitäten der **Germaine de Staël** (1766–1817) erklären sich stückweise noch aus der Affinität zum Rousseauismus; Napoleon schätzt diese liberale Gegnerin als eminent gefährlich ein; als er sie 1803 in die Verbannung schickt, reist sie nach Weimar und Berlin. Sie verständigt sich, als sie Nachwirkungen des Rousseaukults würdigt, gleichzeitig über die politische Rolle ihres Vaters, des Bankiers und Ministers Jacques Nekker. Am Beispiel der *Nouvelle Héloïse* untersucht sie die Funktion des dramatisch gegliederten, lehrhaften Romans (»une grande idée morale mise en action et rendue dramatique«), ohne mit der Romanidee auch die Fortschrittskritik insgesamt zu billigen (*Lettres sur les écrits et le caractère de Jean-Jacques Rousseau*, 1788, ²1814). Sie fordert vom Roman, daß er beim Publikum Empfindungen freisetzt. Dieses auch literatursoziologisch fundierte Theorem (wiederholt in *De la littérature considérée dans ses rapports avec les institutions sociales*, 1800, und der Vorrede zu *Delphine*, 1802) findet sich schon im *Essai sur les fictions* (1795), der sich in einem entwicklungsgeschichtlichen Dreierschema mit den »fictions merveilleuses et allégoriques« (Antike), den »fictions historiques« (klassische Tragödie) und den »fictions naturelles« des bürgerlichen Zeitalters beschäftigt.

Entsprechend setzt sie sich in ihrem erfolgreichsten Buch, *De l'Allemagne* (1810), mit der deutschen Kultur (Literatur seit Klopstock) auseinander, bekennt sich zum enthusiasti-

schen, verinnerlichten Wesen der Deutschen und wiederholt
die antiklassische Kampfansage, wonach die Deutschen
»fortschrittlich« und »romantisch« synonym setzten. Der
Briefroman *Delphine* (1802) ist als Bekenntnisdichtung und
Plädoyer für die liebende Frau, die aus Leidenschaft in den
Tod geht, angelegt. Der auktorial erzählte Roman *Corinne
ou l'Italie* (1807) verarbeitet schwärmerische Eindrücke von
einer Romreise (1805), die in der Fiktion vor allem als ästhetische Erfahrung dargestellt werden. Die Titelheldin gilt
als die Dichterin schlechthin, da sie die reine Inspiration
verkörpert. Die Romanorte als Seelenlandschaft sind Kon-
kordanzen ihrer Gestimmtheit: Rom steht für das Erlebnis
der Antike, Neapel für die Passion, Venedig für den Weltschmerz und Florenz für die Todesklage. Mme de Staël hat
vergeblich gehofft, mit diesem Roman Napoleon endlich
umzustimmen. 1808 dekretiert der Kaiser, die Schriftstelle-
rin sei von Staats wegen als Unruhestifterin zu behandeln.
Die Erstauflage ihres Deutschlandbuchs (1810) wird vernichtet, die Autorin selbst in Coppet am Genfer See über-
wacht. Erst mit der Restauration kehrt Mme de Staël nach
Paris zurück, wo eine Abhandlung über die Revolution
(1818) und ihre Autobiographie (*Dix années d'exil*, 1821)
entstehen.

Lit.: R. de Luppé, Les idées littéraires de Mme de St. et l'héritage des
Lumières, 1969; Le groupe de Coppet, Colloque 1974, 1977; Gh. de
Diesbach, Madame de St., 1983.

Kritik am Rousseauismus

Nach Rousseaus Tod und während der Revolutionsdekade
werden zahlreiche Brief- und Memoirenromane in der Ich-
Form publiziert, vor allem von Schriftstellerinnen (u. a.
Mme Riccoboni, Mme Élie de Beaumont). Der Zurückwei-
sung des Rousseauismus entspricht nicht in jedem Fall ein
Lob Voltaires, obwohl Rousseau mit der Terreur in ideolo-

gische Verbindung gebracht wird und Voltaire allenfalls mit der revolutionären Kirchenpolitik.

Jean-Baptiste Louvet de Couvray (1760–97) bestreitet die von Rousseau geforderte moralische Wirkung des Romanerzählens in einer der zahlreichen Vorreden zu *Les Amours du chevalier de Faublas* (10 Bde., 1787–90), einem Liebes- und Abenteuerroman, der ein frivoles Bild des untergehenden Ancien régime zeichnet.

Einen extremen Einwand gegen das Schwelgen in Natürlichkeit und Einfachheit formuliert der **Marquis de Sade** (1740–1814; Ausg. A. Le Brun, 15 Bde., 1986–91), der als die natürlichste Regung die sexuelle Terrorisierung der Frau voraussetzt. Im Gegensatz zum philosophischen Denken behauptet Sade, die Natur sei allenfalls zu besiegen, nie zu erlösen oder zu befreien (*La Philosophie dans le boudoir*, 1795). Der Triumph des Lasters parodiert den Mythos von der mütterlichen, fürsorglichen Natur; Justine leitet ihre Lebensbeichte mit der Verfluchung der göttlichen Vorsehung ein (*Justine ou les Malheurs de la vertu*, 1791).

Als »Rousseau der Markthallen« gilt den Zeitgenossen **Nicolas Edme Restif (Rétif) de la Bretonne** (1734–1806), dessen Werk fast 200 Bände füllt, darunter die verhüllte Autobiographie *Monsieur Nicolas* (1794–97) und eine virtuelle Vollendung des Bauernromans von Marivaux, *Le Paysan perverti ou les Dangers de la ville* (1776). Erotische Motive sind bei Restif wie bei de Sade nicht mehr amüsant, was sie in den *Lettres persanes* oder den *Bijoux indiscrets* mit Absicht der Autoren gewesen sind.

Lit.: W. Koneffke, Fiktion u. Moral. Rétif de la Bretonne, 1992; Ph. Sollers, Sade contre l'être suprême, 1996; V. van Crugten-André, Le roman du libertinage, 1997.

Choderlos de Laclos

Der Artillerieoffizier und General der Revolutionsarmee
Pierre Choderlos de Laclos (1741–1803), zeitweiliger Sekretär des Herzogs von Orléans, veröffentlicht außer einem
Briefroman Episteln, einige Rezensionen, eine Abhandlung
über die Erziehung der Frau, einen Brief an die Akademie
über den Marschall Vauban und politische Schriften, meist
zur Verteidigung der orléanistischen Position (Ausg. L. Versini, 1979). Der Briefroman *Les Liaisons dangereuses* (1782;
Ausg. R. Pomeau, 1996) macht ihn berühmt, bis 1800 werden davon ca. 50 000 Exemplare abgesetzt (nur die *Nouvelle
Héloïse* ist ein größerer Auflagenerfolg geworden). Während Rousseau den Leser dadurch bilden will, daß er ihm
einen sozialen Mikrokosmos vorstellt, dem das Böse als
modernes soziales Prinzip fremd ist, wirkt Choderlos de
Laclos auf zynische Weise lehrhaft, indem er in seiner geschlossenen Welt die vollständige Entwertung der Ethik
voraussetzt. Er nutzt dazu auch das Prestige von Romanen
wie *Les Égarements du cœur et de l'esprit* (1736–38) von
Claude Prosper Jolyot de Crébillon (1707–77; Ausg. Y. Stal-
loni, 1992), Sohn des Dramatikers Prosper Jolyot de Crébillon und Favorit der Pompadour. Crébillon erotisiert den
Handlungsablauf des heroisch-galanten Romans, indem er
aus der Ich-Perspektive eines jugendlichen Protagonisten
den Traum von einem Leben für die Lust als wechselnde Fixierung auf Partnerinnen und im Resultat als ungenügende
Selbstbestätigung darstellt.

Im Mittelpunkt der 175 Briefe der *Liaisons dangereuses*
steht die Marquise de Mertueil, die, um sich am Grafen
Gercourt, ihrem früheren Liebhaber, zu rächen, den Vicomte de Valmont veranlaßt, Cécile de Volanges, Gercourts
Braut, zu verführen. Valmont seinerseits hat aber bereits
den Plan gefaßt, die Présidente de Tourvel zu seiner Mätresse zu machen. Die Handlung entwickelt sich auf zwei
Bedeutungsebenen. Im Rahmen einer amoralischen Ge-

schichte wird von den Phänomenen menschlicher Beziehungen, die mit den intendierten Konstellationen nicht lange übereinstimmen, erzählt. Die Entflechtung befolgt nicht mehr das Gesetz der mechanischen Planung von Schuld und Rache: Cécile heiratet den Grafen Gercourt nicht, Valmont wird von der Merteuil für seine Untat nicht mehr belohnt. Als Hohepriesterin der Libertinage hat die Merteuil Valmont frühzeitig darauf verwiesen, daß Liebe von Verführung getrennt ist. Eine Frau, die erobert werden soll, genießt die Überwältigung, weil sie ihre bevorzugten Leidenschaften, »la gloire de la défense et le plaisir de la défaite«, aktiviert.

Stendhal schätzte an dem Roman die Geometrie der Entsentimentalisierung; Heiner Müller dramatisierte die Fabel (*Das Quartett*).

Lit.: D. R. Thelander, L. and the Epistolary Novel, 1963; R. Pomeau, L. ou le paradoxe, 1993; B. M. Fontana, Politique de L., 1996; L. Versini, Le roman le plus intelligent: *Liaisons dangereuses*, 1998.

4. Dramatik

Mit dem Ancien régime endet die seit Richelieu kulturpolitisch geordnete Theaterkultur. Bereits im Juli 1789 setzt die Pariser Bevölkerung die Schließung der Pariser Oper durch, die als Ort der Aristokratenkultur gilt. Das Dîner des Gardes du Roi wird Anfang Oktober 1789 bezeichnenderweise auf der Bühne des Schloßtheaters in Versailles angerichtet. 1790 wird in Paris eine neue Bühne eröffnet, das Théâtre-Français comique et lyrique, 1791 aus Material der abgerissenen Bastille ein neues Théâtre du Marais errichtet, (1793 wieder geschlossen).

Seit 1790 arbeitet eine Kommission der Nationalversammlung an der Veränderung der Statuten der Comédie-

Française. Um, wie der Abgeordnete Chapelier fordert, die
Bühne zur »école de vertu et de patriotisme« zu erheben,
wird am 13. Januar 1791 ein Dekret erlassen, dessen 1. Artikel erklärt: »Jeder Bürger kann ein öffentliches Theater
einrichten und Stücke aller Art auf die Bühne bringen, nachdem er zuvor die Stadtverwaltung davon in Kenntnis gesetzt hat.« Weiter wird bestimmt, daß die Werke von Dramatikern, die mindestens fünf Jahre tot sind, als »propriété
publique« überall, nicht nur an der Comédie-Française, gespielt werden können; das Klassikermonopol des Staats-
theaters wird damit für ungültig erklärt. Lebende Autoren
müssen ihre Zustimmung geben, ehe ihre Stücke auf einen
Spielplan kommen. Die Rechtsaufsicht der Gemeindever-
waltung schafft die Zensur ab. 1793 wird sie wieder eingeführt und verfolgt Autoren und Schauspieler, die als konter-
revolutionär gelten, bis unter die Guillotine. Zu den Neu-
gründungen der neunziger Jahre zählen Théâtre de la Gaîté,
Vaudeville du Boulevard, Théâtre Feydeau, Théâtre des Va-
riétés und Théâtre de la Rue Martin.

Im 18. Jh. ist das Theater gleichzeitig klassizistisch gere-
geltes Schauspiel, ideologische Tribüne, moralische Anstalt,
unmoralische Intimitätenrevue und Jahrmarktspektakel gewesen. Der Inszenierungsstil hat sich verändert, Ende der
fünziger Jahre verschwinden die privilegierten Sitzplätze
von der Bühne und ermöglichen nach dem Wunsch der
Aufführenden eine neue Illusionsstiftung, wobei die Regie
weniger den gesprochenen Text als eine spektakuläre Büh-
nenhandlung forciert. Dazu trägt die Shakespeare-Rezep-
tion (Übers. von Pierre Le Tourneur, 20 Bde., 1776 ff.) u. a.
durch Voltaire, Ducis, Lemercier und Baculard d'Arnaud
bei. Während der Revolutionsdekade ist sie verpönt, das Interesse wendet sich dem szenischen Demonstrationscharak-
ter der seit Corneille und Voltaire geschaffenen Untergat-
tung der Römerdramen (mit Gracchus, Brutus, Cato, Nero
als eindeutig ausgewiesenen Heroen bzw. Schurken) zu. Die

zahlreichen Burlesken und Parodien, von den »parades« des Jahrmarkttheaters.abgesehen, lösen motivische Paradigmen auf, um das Heldenhafte der Lächerlichkeit preiszugeben.

Tragödie

Der klassizistische Tragödiendichter **Jean-Baptiste de Chateaubrun** (1686–1775) ist mit einem *Mahomet* (1714), an dem sich Voltaire orientiert, und Euripides- sowie Seneca-Bearbeitungen auf der Bühne erfolgreich. Ebenso **Prosper Jolyot de Crébillon** (1674–1762), Autor von neun Tragödien, der sich mit einer Anhäufung grauenerregender Peripetien über die Regelpoetik und das Wahrscheinlichkeitsprinzip hinwegsetzt (*Atrée et Thyeste*, 1707; *Electre*, 1709; *Sémiramis*, 1717; *Catilina*, 1748). Rousseau zitiert in seiner *Lettre à d'Alembert sur les spectacles* u.a. Crébillon, um nachzuweisen, daß der Schrecken, den ein archaisches Heldenschicksal wie dasjenige des Atreus einflößt, wirkungslos bleiben muß. Entsprechende Äußerungen finden sich in Voltaires Widmungsschreiben zu *Brutus* (an Lord Bolingbroke, 1731): Ekelhaftes und Unglaubliches sind noch nicht das Tragische und Wunderbare.

Aus dem Lager der »modernes« kritisiert **Antoine Houdar de La Motte** (1672–1731), Autor von Oden, Singspielen, Ballettkomödien und vier Tragödien, die Handlungsarmut der klassischen Tragödie (*Réflexions sur la critique*, 1716; *Suite de réflexions sur la tragédie*, 1730). Seine Theorie von der Einheit des Interesses rechtfertigt einen pathoshaltigen Stoff wie in *Inès de Castro* (1723): Am portugiesischen Hof verliebt sich der Kronprinz in die kastilische Hofdame Inès, sie haben gemeinsame Kinder (hier erstmals als handelnde Figuren auf die Bühne gebracht); als deren Ansprüche auf die Thronfolge zu befürchten sind, wird Inès der Staatsräson geopfert.

Eine glänzende Eröffnung seiner Dramatik gelingt **Voltaire** (1694–1778) 1718 mit *Œdipe* (ED 1730 mit Vorrede), der ersten von 27 Tragödien in den nächsten 60 Jahren. Weniger erfolgreich sind *Artémire* (1720) und *Mariamne* (1724). *Zaïre* (1732; Ausg. E. Jacobs, 1975) findet dagegen triumphale Aufnahme. Voltaire wählt darin einen Stoff aus der Kreuzzugsgeschichte und plädiert für Toleranz gegenüber anderen Weltbildern. Die Einheit der Spielhandlung vergleicht er mit der einheitlichen Komposition eines Gemäldes. Voltaire nennt sie, im Einklang mit Corneille, dessen Werke er ediert und bewundert, »die Einheit der Gefahr«. Gegenstück von *Zaïre* ist die Tragödie *Mahomet* (1741), die den Propheten als neuen Tartuffe, getrieben von Egoismus und politischer Anmaßung, typisiert. Voltaire widmet sie Papst Benedikt XIV., Goethe übersetzt sie. Mit den Tragödien *Mérope* (1743), *Sémiramis* (1750), *Oreste* (1752), *L'Orphelin de la Chine* (1754), *Tancrède* (1760), *Olympie* (1761) und *Irène* (1777) feiert Voltaire weitere Bühnenerfolge. Seine Dramatik verbreitet jedoch die Grundgedanken der Aufklärung weniger nachdrücklich als die Essays und erzählenden Texte.

Lit.: R. S. Ridgway, La propagande philosophique dans les tragédies de V., 1961; J. Henderson, V.s *Tancrède*, 1968; J. Vrooman, V.'s Theatre, 1970; M. M. Hasquin, V. et l'antiquité grecque, 1981; Ch. Mervaud, V. en toutes lettres, 1991; F. Spear / E. Kreager, Bibl. analytique des écrits relatifs à V. (1966–90), 1992.; P. Lepape, V. le conquérant, 1994.

Die »tragédie nationale«, in der die frz. Geschichte zur aufklärerischen Demonstration genutzt wird, setzt die fallweise Verletzung des stofflichen Distanzgebots (erhabene mythologische Stoffe für die Tragödie), der Angemessenheit des Konflikts und des Diskurses (hoher Stil für die erste der Gattungen) voraus. **Alexis Piron** (1689–1773) erntet Beifall für seine witzige Literatursatire *La Métromanie* (1738). An seinen Geschichtstragödien *Gustave Wasa* (1733) und *Fernand Cortez ou Montézume* (1744) werden Verstöße gegen die Wahrscheinlichkeit der Gedankenführung moniert. Erfolgreicher ist **Dormont de Belloy** (d. i. Pierre Laurent Buirette, 1727–75), ein Liebhaber der mittelalterlichen Geschichte, mit der Heldenverehrung in *Le Siège de Calais* (1765), *Gabrielle de Vergy* (1767) und *Gaston et Bayard* (1770). Die Verschränkung der Thematik Voltaires mit der theatralischen Handlungsführung Crébillons wirkt als Erneuerung und wird von der Krone, die die Bevölkerung gratis in Aufführungen einlädt, als nützliche Propaganda in einer Phase der französisch-englischen Spannungen geschätzt. Die politische Botschaft des *Guillaume Tell* (1767) von **Antoine-Marin Le Mierre** (1723–93) wird erst nach 1789 in ihrem demokratischen Impetus begriffen.

Marie-Joseph Chénier (1764–1811), zu Lebzeiten bekannter Bruder André Chéniers, zu dessen Rettung vor der Guillotine er nichts unternommen hat, Revolutionslyriker (*Le Chant du départ*, 1794) und Dramatiker, bringt nach 1779 Stoffe auf die Pariser Bühne, die den Konflikt zwischen korrupter Regierung und sittlichem Staatsvolk, fortschrittlichem Denken und reaktionärem System illustrieren. Er legitimiert sein Werk als Vollendung der politischen Tragödie Corneilles sowie der aufklärerischen »tragédie nationale«, die dem Publikum Haß gegen Tyrannei und Aberglauben, Abscheu vor dem Verbrechen, Liebe zum Weltenmeister Gott und zur Sittlichkeit einflößt (Vorrede zu *Charles IX*). Dabei respektiert er die drei Einheiten, die fünf Akte und den paarweise gereimten Alexandriner in *Charles IX ou l'École des rois* (1788, UA 4. November 1789). Gegenstand ist die Darstellung der Bartholomäusnacht von 1572, die Chénier selbst als den tragischsten Stoff der modernen Geschichte präsentiert. Der Sohn der Katharina von Medici, Karl, hat jede Beziehung zum Staatsvolk verloren, während Heinrich von Navarra den populären Herrscher verkörpert, dem der Kanzler L'Hôpital ein vom Fanatismus befreites Frankreich prophezeit. Karl zögert, ob er dem Staatskatholizismus die Hugenotten opfern soll, und wird von schlechten Ratgebern der Familie Guise davon abgebracht, Gewissensfreiheit zu gewähren. Das Blutbad wird angeordnet und vom fanatisierten Pariser Mob vollzogen. In einer Wahnsinnsszene traditionellen Stils bezichtigt sich der König des Mords und erklärt sich in seiner Selbstverurteilung (»les attentats des rois ne sont pas impunis«) zum mahnenden Beispiel. Danton wird der Satz zugeschrieben: »Si *Figaro* a tué la noblesse, *Charles IX* tuera la royauté.« Nach der 32. Aufführung spaltet sich das Ensemble der Comédie-Française in eine revolutionäre Fraktion (unter Talma), die das Théâtre de la République gründet, und eine konservative. Trotz Chéniers Eifer bei der Verteidigung der Terreur streichen die Jakobiner noch 1794 die meisten seiner Tragödien von den Spielplänen (*Jean Calas ou l'École des juges*, 1791; *Henri VIII*, 1791; *Fénelon*, 1793; *Timoléon*, 1794). Nach anfänglicher Ablehnung unterstützt ihn Napoleon finanziell und versorgt ihn mit der Funktion eines Geschichtsschreibers.

Lit.: D. Rieger (Hrsg.), Das frz. Theater des 18. Jh.s, 1984; A. Graczyk, Der Schatten der Bastille, RZLG 1987.

Komödie

Titel und Thematik zahlreicher Komödien aktualisieren die im 18. Jh. anhaltende, z. T. kontroverse Molière-Rezeption: Jean-François Régnard, *La Coquette ou l'Académie des dames*, 1691; *Le Joueur*, 1696; *Le Légataire universel*, 1708; Léonor Allainval, *L'École des bourgeois*, 1728; Jean-Baptiste-Louis Gresset, *L'École de l'amour-propre*, 1751; Charles Palissot, *Les Philosophes*, 1760; *Les Courtisans ou l'École des mœurs*, 1775; Philippe Nazaire François Fabre d'Églantine, *Le Philinte de Molière*, 1790; Jean-Louis Laya, *L'Ami des lois*, 1793.

Florent Dancourt (1661–1725) löst die Gesellschaftskomödie in gespielte Anekdoten und Skandalgeschichten auf

(*Le Retour des officiers*, 1697; *Les Bourgeoises de qualité*, 1700), **Alain-René Lesage** (1668–1747) schreibt mit dem *Turcaret* (1709) die erste Satire des Parvenu, wie sie für Molière noch nicht vorstellbar gewesen ist, und spielt die Geldfrage mit unerhörtem Zynismus aus. Der Lakai glaubt, mit Geld alles erreichen zu können, bis er am Schluß des Episodendramas als betrogener Betrüger endet. Die Pariser Geschäftswelt erzwang die Absetzung des Stücks.

Destouches und Nivelle de La Chaussée entwickeln die »comédie larmoyante«, das Rührstück, dessen hochemotionalisierte Gedankenführung den Zuschauer sittlich läutern soll. Philanthropische Tendenzen finden sich seit 1702 in 24 Komödien (u. a. *Le Curieux impertinent*, 1710; *L'Envieux*, 1727; *Le Glorieux*, 1732) von **Philippe Destouches** (1680–1754), der Konflikte des neu entdeckten sentimentalen englischen Romans umarbeitet, Molières Haustyrannen durch den »père noble« ersetzt und Dienerrollen ernsthaft gestaltet. Seit den dreißiger Jahren setzt **Pierre Claude Nivelle de La Chaussée** (1691? – 1754) diese Komödienform durch, die zwar die soziale Fallhöhe nicht beanspruchen kann, aber dennoch, jenseits des klassischen Kanons, Probleme im bürgerlichen Milieu in einer ernsten Tonlage gestaltet (*La Fausse Antipathie*, 1733; *L'École des amis*, 1737; *Mélanide*, 1741; *L'École des mères*, 1744; *L'École de la jeunesse*, 1749). Typisch ist der romaneske Anteil an der Fabel, der ungewollt die lehrhafte Absicht mindert. Voltaires »comédie attendrissante« *L'Enfant prodigue* (1736) trägt zum kurzzeitigen Erfolg der Stilrichtung bei. 1741 regt die Kritik an, solche Werke, die im klassizistischen Verständnis weder Tragödie noch Komödie sind, »drame« zu nennen.

Lit.: J. v. Stackelberg, Das Theater der Aufklärung, 1992; M. Grimberg, La réception de la comédie française dans les pays de langue allemande 1694–1799, 1995; G. Conesa (Hrsg.), L'esthétique de la comédie, 1996; M. de Rougemont, La vie théâtrale au XVIIIe siècle, 1996.

Marivaux

Neben seinen beiden Romanen (s. S. 202–204) verfaßt **Pierre Carlet de Chamblain de Marivaux** (1688–1763) zwei Travestien (*Télémaque travesti*, 1714; *L'Homère travesti*, 1716), die Tragödie *Annibal* (1720) und 34 Prosakomödien (Ausg. H. Coulet / M. Gilot, 2 Bde., 1993–94). Sie lassen sich gliedern nach Allegorien (*L'Amour et la Vérité*, 1720), romanesken Konflikten (*Le Triomphe de l'amour*, 1732), Sittenkomödien (*Le Petit-Maître corrigé*, 1734; *La Mère confidente*, 1735), Sozialsatiren (*L'Île des esclaves*, *L'Île de la raison*, 1725; *La Nouvelle Colonie*, 1729) und Liebesproben (*La Surprise de l'amour*, 1722; *La Double Inconstance*, 1724; *Le Jeu de l'amour et du hasard*, 1730; *La Méprise*, 1734). D'Alembert weist in seiner *Éloge de Marivaux* (1755) darauf hin, daß die Konflikte in Marivaux' Komödien nicht wie bei Molière durch fixe Ideen der Protagonisten entstehen. Neu ist, daß die Verliebten als uneinsichtig vorgeführt werden: In *La Surprise de l'amour* spielen sich Lelio und seine Partnerin anfänglich Liebesfeindschaft vor; sie beharren auf Positionen, die ihrem Gefühl widersprechen, und unterziehen sich bis zur Offenbarung ihrer Zuneigung regelrechten Tests.

In *Le Jeu de l'amour et du hasard* verleugnen Silvia und Dorante, die von ihren Vätern füreinander bestimmt sind, ihre Identität voreinander und begegnen sich in der Maske ihrer Dienerschaft. Sie wollen auf diese Weise den zukünftigen Partner genauer kennenlernen: ein romaneskes Motiv, das durch eine äußerlich unwahrscheinliche Konstellation ein Höchstmaß an kapriziöser Erprobung der Gefühle einleitet. Silvia, als Lisette verkleidet, entdeckt als erste, daß weder Dorante, der als sein Diener Arlequin auftritt, noch dieser, dem es immer schwerer fällt, den richtigen Ton zu treffen, an ihrem tatsächlichen sozialen Ort agieren. Sie läßt als letzte in der Reihe der Offenbarungen die Maske der Lisette erst fallen, nachdem Dorante jeden Seelenadel über Privilegien der Geburt gestellt hat.

SILVIA. Sind Ihre Gefühle für mich so ernst? Lieben Sie mich so sehr?

DORANTE. So sehr, daß ich jeder anderen Bindung entsagen werde, da es mir nicht erlaubt ist, mein Schicksal mit deinem zu verbinden; und in dieser Lage war die einzige Süße für mich, daß ich glaubte, du seist mir gewogen.

SILVIA. Ein Herz, das mich trotz meines Standes ausgewählt hat, ist gewiß würdig, erhört zu werden, und ich würde es gern mit meinem belohnen, wenn ich nicht fürchten müßte, es ginge damit eine unangemessene Bindung ein.

DORANTE. Hast du nicht schon genügend Reize, Lisette? Fügst du ihnen noch die Großmut hinzu, mit der du zu mir sprichst?

(II,12)

> Das Spiel von Liebe und Zufall, übers. von Gerda Scheffel, Stuttgart: Reclam, 1992, S. 44.

Am glücklichen Ende bilden wieder Herrschaft und Dienerschaft, wie in der Oper, die standesgemäßen Paare.

Vor allem indem die Frauen die Unbeteiligte oder die Kokette spielen, wird das Sprechen Substanz der Handlung selbst. Diderot prägt den Neologismus »marivauder« (1760), um kritisch anzumerken, daß Liebesnöte in Ausdruckskonflikte umkategorisiert werden. Das abgeleitete Substantiv »marivaudage« wird zuerst von Voltaire und im 19. Jh. von Sainte-Beuve pejorativ gesetzt und unter Ausklammerung der Mentalitätsgeschichte mit preziösen Diskursen des 17. Jh.s gleichgestellt.

Trotz aller Einwände und Mißverständnisse ist Marivaux der Schöpfer einer neuen Gestalt der Liebeskomödie, deren Stil im 18. Jh. Jacques Autreau, im 19. Jh. Musset und im 20. Jh. Giraudoux oder Anouilh nahekommen. Für seine subtilen Konflikte fand Marivaux in der Pariser Comédie italienne bessere Schauspieler als an der Comédie-Française.

Lit.: M. Descotes, Les grands rôles du théâtre de M., 1972; Ch. Miething, M.'s Theater, 1975; B. Alsleben, M. u. die dt. Bühne des 18. Jh.s, 1977; Ch. Miething, M., 1979; P. Pavis, M. à l'épreuve de la scène, 1986; H. Coulet / J. Ehrard (Hrsg.), M. d'hier, M. d'aujourd'hui, 1991; Sonderh. Europe 1996; G. Goubier (Hrsg.) M. L'homme de théâtre et son temps, 1996; F. Rubellin, M. dramaturge, 1996.

Drame

Kurz nach der Mitte des Jh.s schreibt **Denis Diderot** (1713–1784) die beiden Prosastücke *Le Fils naturel* (1757) und *Le Père de famille* (1758), die faktisch Lesedramen geblieben sind. Im Zusammenhang damit erörtert er in den beiden dramatologischen Entwürfen *Entretiens avec Dorval* und *De la poésie dramatique* zentrale Fragen der »comédie larmoyante«. Diderot nimmt darin die Aperçus aus den Kapiteln 37 und 38 der *Bijoux indiscrets*, aber auch Rousseaus Kritik am Sozialprestige des Klassizismus auf und fordert die Schaffung einer »tragédie domestique et bourgeoise«, einer Tragödie, die im bürgerlichen Milieu angesiedelt ist und dementsprechend nicht in Alexandrinern geschrieben wird. Als selbständiges »genre sérieux« soll sie den vorliegenden Gattungskanon ergänzen. Die zweite Abhandlung mit dem manifestartigen Titel ist dem Herausgeber der *Correspondance littéraire* und Freund Grimm gewidmet und handelt in 22 Abschnitten von der »comédie sérieuse«, dem »drame moral«, »drame philosophique«, von Mitteln der Inszenierung und dem Verhältnis von Autor und Kritiker. Diderot vertieft die kommunikationstheoretischen Aspekte der neuen Gattung und prognostiziert als angemessene Manifestation der Zustimmung eine sanfte Katharsis, die sich in Seufzern der Erleichterung und Tränen äußert. Lessing hat dieses Projekt in Deutschland bekannt gemacht (*Das Theater des Herrn Diderot*, 1760).

Louis-Sébastien Mercier (1740–1814), den die Antiaufklärung »dramomane« oder »dramaturge« schimpft, den der deutsche Sturm und Drang und später Victor Hugo rezipieren, theoretisiert im Sinne Diderots und drängt zielsicherer als dieser auf die Staatsbühne. Dort hat erstmals 1765 ein bürgerliches Schauspiel einen Publikumserfolg errungen, nachdem der Autor Auflagen der Zensur erfüllt hat. In **Michel-Jean Sedaines** (1719–97) *Le Philosophe sans le savoir* (Ausg. R. Garapon, 1990; J. Dunkley, 1993) gelangt ein Aristokrat in der Rolle eines Bürgerlichen als Kaufmann zu Besitz und Prestige: diese Tätigkeit ist mit dem Adel nicht zu vereinbaren, noch ist ein Bürger allein aufgrund seines Geldes gesellschaftlich arriviert. So endet das Stück glücklich, indem der Protagonist von konservativen Standesvertretern wegen seines Seelenadels akzeptiert wird. Mercier variiert diese melodramatische Konfrontation auf einer gesellschaftlich und beruflich tieferen Ebene in *La Brouette du vinaigrier* (1775) mit der Pathosformel vom armen Reichen und dem vermögenden Armen. In *Jean Hennuyer, évêque de Lisieux* (1772) stellt er die Auswirkung der Bartholomäusnacht 1572 in der Provinz dar; außerdem verfaßt er ein Stück über Molière (1776). 1773 nimmt er in *Du théâtre ou nouvel essai sur l'art dramatique* Diderots Apologie des Prosadramas als Darstellung des Lebens der Nation auf.

Lit.: G. Lerminier, Sedaine. Le philosophe sans le savoir ou le précurseur malgré lui, 1970; H. Hofer, Mercier précurseur et sa fortune, 1977; S. Buthmann, Das Theater von L.-S. Mercier, 1992; Cl. Bonnet (Hrsg.), Mercier. Un hérétique en littérature, 1995.

Beaumarchais

Pierre Augustin Caron de Beaumarchais (1732–99), Sohn eines Uhrmachers und dessen Lehrling, 1760 Musikpädagoge bei Hof, unternimmt diplomatische und geschäftliche Reisen ins Ausland, engagiert sich im Waffen- und wahrscheinlich auch Sklavenhandel in Amerika, ist als Regierungsagent in London und den Niederlanden tätig, kauft sich einen Adelsbrief und das Amt eines Generalleutnants der Jagd, gibt die Werke Voltaires heraus – und ist der Skandalautor schlechthin. Keine Biographie, von der des Marquis de Sade abgesehen, vereinigt am Ende des 18. Jh.s in diesem Ausmaß Affären, Prozesse, politisches Engagement und persönlichen Profit.

In *Eugénie* (1767) nähert er sich zunächst Diderots Schauspielkonzeption an, danach greift er mit der Trilogie *La Précaution inutile ou le Barbier de Séville* (1775), *La Folle Journée ou le Mariage de Figaro* (1783) und *La Mère coupable* (1792) auf die auch in der Commedia dell'arte variierte Intrigenkomödie und die kunstvolle Personensymmetrie von Opernlibretti zurück. Das noch harmlose Spiel um Alter und Jugend im *Barbier de Séville* (Vertonung von Gioacchino Rossini, 1816) präludiert die Sozialkritik in *Le Mariage de Figaro*. Dieses nach 1775 entstandene Stück erlebt nach erheblichen Schwierigkeiten mit der Zensur 1783 eine erste Privataufführung auf Schloß Vaudreuil, 1784 findet die Premiere in der Comédie-Française statt, 1785 eine Aufführung bei Hof. Figaro, Kammerherr des Grafen Almaviva, bereitet seine Hochzeit mit Suzanne, der Zofe der Gräfin Rosine, vor. Der Verbindung droht Gefahr: Marceline wird die Erfüllung eines Eheversprechens einklagen, das Figaro ihr gegeben haben soll, als er sich Geld von ihr lieh; der Schloßherr besteht auf dem angeblich feudalen Recht des ius primae noctis. Figaro in der Rolle des Bediensteten und Liebhabers kämpft um sein Glück und um die Unantastbarkeit seiner sozialen Würde. Im Gegenzug geht der Graf davon aus, daß die Ehre und die körperlichen Vorzüge einer Zofe antastbar seien. Dafür wird ihm spielerisch eine Lektion erteilt. Figaro, im Vorgriff auf die politische Rhetorik von 1789, entlarvt die Schürzenjägerei Almavivas als Verletzung der Menschenrechte. Zwar wird zum fröhlichen Schluß noch nicht Egalität eingefordert, es genügt, auf der Bühne über die schon übliche Entgegensetzung von Geburts- und Seelenadel hinaus das bürgerliche Leistungsprinzip, aggressiver als bei Sedaine und Mercier, aufzuwerten, um des Umsturzes verdächtigt zu werden. Ludwig XVI. wollte die Aufführung mit dem Hinweis verbieten, dann könne man gleich die Bastille einreißen.

Lit.: J. B. Ratermanis / W. R. Irwin, The Comic Style of B., 1961; R. Niklaus, B., *Barbier de Séville*, 1968; B. Fay, B. ou la fredaine de Figaro, 1971; M. Descotes, Les grands rôles du théâtre de B., 1974; E. Klein, Kontinuität und Diskontinuität in der sog. Trilogie von B., 1978; B. N. Morton / D. C. Spinelli, B. A Bibl., 1988; W. Engler, *Le Mariage de Figaro*, in: Fs. M. Descotes, 1988; A. Tissier, Les spectacles à Paris pendant la Révolution, 1992; B. Didier, B. ou la passion du drame, 1994; W. D. Howarth, B. and the Theatre, 1996; S. Lecarpentier, Le langage dramatique dans la trilogie de B., 1998.

5. Lyrik

Das seit dem 19. Jh. von der Kritik apodiktisch wiederholte Urteil, die »poésie lyrique« des 18. Jh.s, André Chénier ausgenommen, sei allenfalls meisterliche Versifikation ohne poetischen Einfall, ist von der Literaturgeschichte des 20. Jh.s überwiegend bestätigt worden. In der Einleitung zu seiner seit 1919 mehrfach wiederaufgelegten *Anthologie poétique française – XVIIIᵉ siècle* erklärt Maurice Allem die Epoche zur »moins riche en poésie de toute notre histoire littéraire«.

Das Publikum des 18. Jh.s erwartet auch in Gedichten für die Weltanschauung nützliche Gedankenführung und die Vernunft ansprechende Komposition. Dafür steht der Dichterfürst Voltaire mit seiner kategorischen Forderung nach »clarté« und »élégance« (Vorrede von 1736 zur Tragödie *Œdipe*).

Unbestreitbar ist, daß die Autoren des 18. Jh.s das traditionelle klassizistische Gattungsrepertoire und seine Diskursprogrammatik weitgehend fortgeschrieben haben. Aus ihrer anhaltenden Beachtung der von Boileau im *Art poétique* geleisteten Kanonisierung folgt die Klassifikation von heroisch-panegyrischer und sinnenfreudiger Ode als der ranghöchsten Ausdrucksform, der generisch weniger scharf konturierten Elegie, Ekloge und Epistel auf den nächsttieferen Stillagen. Damit ist ein Intertext programmiert.

Der **Abbé de Chaulieu** (1639–1729) und der Jesuit **Jean-Antoine du Cerceau** (1670–1730) entdecken in ihrer Salonpoesie den seit der Pléiade verpönten Marot wieder und erheben ihn zur Orientierungsinstanz. »Frankreichs Anakreon«, wie der von Voltaire und der Pompadour verwöhnte **Pierre Gentil-Bernard** (1710–75) von Zeitgenossen meist neidvoll genannt wurde, schreibt über die Liebe, wie Watteau sie gemalt hat, mit antiken Zeichen und zeitgenössischen Vorstellungen von der Intimität des Boudoirs; er konstruiert in seinen Episteln, Oden, Madrigalen und Epigrammen abstrakte Szenerien als Appelle an das Gefühl. Seine Ronsard-Paraphrase »La Rose« ersetzt das Naturgesetz des Erblühens und Verwelkens durch das entzückende Stilleben, das die Rose am Busen der Geliebten bildet, während das Gedicht zum Schluß die epikureische Lektion aus »Mignonne, allons voir si la rose« wiederholt. **Jean-Baptiste-Louis Gresset** (1709–77), der den Diskurs der »pièce fugitive« ebenfalls pflegt, versucht, über die Erfüllung derartiger Publikumserwartung hinaus durch philosophische Gedankenführung zu bestechen. »La Chartreuse«, eine Epistel über die individuelle Freiheit, repliziert auf Rabelais' Entwurf eines Humanistenklosters, die humoristische Fabel »Vert-Vert« handelt von einem Papageien im Nonnenkloster. Außerdem schreibt Gresset das Programmgedicht »Le Siècle pastoral«.

Der Dramatiker **Antoine Houdar de La Motte** (1672–1731), der auch Oden dichtet (»L'Homme«), gibt zu bedenken, ob in Prosa nicht genauer ausgedrückt werden kann, was der Vers, bedingt durch die Erfüllung des metrischen Programms, nur partiell aktualisiert. Die ästhetische Frage wird übersprungen, wo – wie in diesem Jh. – die Poesie Wissensvermittlung zu leisten hat.

Louis Racine (1692–1763), der zweite Sohn des Dramatikers, betont die Codierung der Textgestalt durch die Grammatik, die gleichermaßen Vers und Prosa regelt (*Réflexions sur la poésie*, 1747). Daher sei kein substantieller Abstand zwischen dem Diskurs der Dichtung und der Umgangssprache festzustellen, dies unterscheide die frz. von anderen Sprachen. Die Begeisterung des Publikums sei durch die Themenwahl zu bewirken. Seine Domäne sind religiöse Gesänge (*Poème sur la grâce, en quatre chants*, 1720; *La Religion, poème en quatre chants*, 1742).

Racine bestärkt **Jacques Delille** (1738–1813) bei der Vollendung seiner Übersetzung der *Georgica* des Vergil (1769). Kennzeichnend für Delilles Lyrik ist die Vermischung von Bukolik mit periphrastischer Beschreibung und Didaxe (*Les Jardins*, 1782; *L'Homme des champs*, 1800; *Les Trois Règnes de la nature*, 1808). Diese Kombination von Ideen- und Naturdichtung, die enzyklopädisches Wissen in Fiktion umsetzt und über die besungene Schönheit des Gartens hinaus gärtnerische Anweisungen vermittelt, funktioniert nicht ohne partielle Aufhebung von Stiltrennungsregeln. Die Bewunderer Voltaires werden Delilles Publikum; für André Chénier hat Delille, z.B. mit der Ode »Versailles« und anhaltend antikisierender Nostalgie, einen Standard gesetzt.

Rokokohafte Bukolik liefert der **Kardinal Bernis** (1715–1794) mit *Les Saisons et les Jours* (1764). Die Lyrisierung unkonventioneller Leidenschaften, bisher delikates Romanthema, findet sich bei dem **Chevalier de Parny** (1753–1814), zu dessen elegischen *Poésies érotiques* (1778–84) den Zeitgenossen kein besserer Vergleich als der mit Tibull einfällt. Der **Chevalier de Bertin** (1752–90) bringt exotische Motive von seiner Heimatinsel La Réunion in das poetische Vokabular ein, er vollzieht diese Erweiterung nicht ohne Personifikation, Periphrase und durchlaufend konventionell schmückende Beiwörter (*Les Amours*, 1780).

Jean-Baptiste Rousseau (1671–1741), erfolgloser Dramatiker, den Voltaire 1736 in einem Epigramm verspottet, mit Boileau befreundet, ist für seine Oden (darunter Psalmenparaphrasen), Stanzen und Kantaten (2 Bde., 1723) berühmt, bis Sainte-Beuve deren antikisierenden Ornat entwertet. Im Verfolgungswahn schreibt Rousseau gegen

Freunde und Würdenträger Schmähgedichte, die ihm 1712
ewige Verbannung aus Frankreich eintragen.

Als **Voltaire** (1694–1778) sich in den dreißiger Jahren an
der im Anschluß an die »Querelle des anciens et des modernes« entstandenen Diskussion um die Abwertung der ge-
bundenen Rede zugunsten der Prosa beteiligt und seinerseits nur den gereimten Vers zuläßt, kennt ihn das Publikum nicht nur als Dramatiker, Historiker und Ependichter,
sondern auch als Verfasser von Oden, Epigrammen, Episteln (die deistische *Epître à Uranie*, um 1722, ED 1732),
Satiren *(Le Mondain*, 1736) und »pièces fugitives« im Stil
Chaulieus, für die die boshafte Zunge 1717/18 fast ein Jahr
in der Bastille büßen muß. Die verfließende Zeit, mit der
die Schönheit der Jugend vergeht, ein Topos seit Villon und
Ronsard, thematisiert Voltaire in seiner Versepistel »Philis,
qu'est devenu ce temps« (nach 1766) als Kontrast zu
schmuckloser Erotik, die das Mädchen einst attraktiv gemacht hat, und allen Attributen des Luxus, mit dem die
Dame sich heute schmückt und dennoch nicht mehr begeh-
renswert ist. Das Lob des Luxus in *Le Mondain* und dem
anschließenden Rechtfertigungstext »L'Apologie du luxe«
rehabilitiert den Überfluß als Triebkraft der Kultur. Der
Vorwurf der Unwissenheit impliziert bei Voltaire äußerste
Verachtung; in einem von mehreren Epigrammen über den
Antiphilosophen Fréron beichtet dieser jede nur denkbare
Sünde – bis auf die entscheidende: »le péché d'ignorance«.
Im fiktiven Totengespräch mit Boileau (1769), das er »mein
Testament« nennt, rechnet Voltaire mit der kulturfeind-
lichen und plutokratischen Situation Frankreichs ab (»Au
siècle de Midas on ne voit point d'Orphées«), die Bankiers,
genauer: Bankrotteure wie Law verantworten, und bestimmt seine Funktion über die herkömmliche Invektive
hinaus mit der Apologie der Tugend.

> Je fais le bien que j'aime, et voilà ma satire.
> Je vous ai confondus, vils calomniateurs,

Détestables cagots, infâmes délateurs;
Je vais mourir content. Le siècle qui doit naître
De vos traits empestés me vengera peut-être.

Zit. nach: Anthologie poétique française, XVIIIe
siècle, hrsg. von Maurice Allem, Chartres/Paris:
Garnier, 1919, S. 111.

Ich tue das Gute, das ich liebe. Das ist meine Satire. / Ich habe
euch der Lüge überführt, ihr niederträchtigen Verleumder, /
ihr abscheulichen Frömmler, ihr gemeinen Denunzianten; /
ich werde zufrieden sterben. Das kommende Jahrhundert /
wird mich vielleicht für eure giftigen Streiche rächen.

Eine obszöne »Ode à Priape« (1718) kostet Voltaires
zeitweiligen Freund **Alexis Piron (1689–1773)** erst die Zu-
lassung als Advokat und 1753, als seine Dramen bereits an
der Comédie-Française gespielt werden, durch das Veto
Ludwigs XV. die Aufnahme in die Akademie. Für die ent-
gangene Ehre revanchiert sich der Epigrammatiker: »Au bel
esprit ce fauteuil est, en somme, / Ce qu'à l'amour est le lit
conjugal.« Im Stil Villons komponiert er einen höhnischen
Nachruf auf Jean-Baptiste Rousseau und sein eigenes Epitaph: »Ci-gît Piron, qui ne fut rien, / Pas même académi-
cien.«

Ausg.: M. Delon (Hrsg.), Anthologie de la poésie française du XVIIIe
siècle, 1997.

Lit.: H. Potez, L'élégie en France avant le romantisme, 1898; J. R. Miller, Boileau en France au 18e siècle, 1942; V. Klemperer, Delilles *Gärten*,
1954; K. W. Hempfer, Tendenz und Ästhetik. Studien zur frz. Verssatire
des 18. Jh.s, 1972; E. Guitton, J. Delille et le poème de la nature en
France, 1975; K. Jungmann, Stud. zur frz. Elegie des 18. Jh.s, 1976;
K. Hecker, Die satirische Epigrammatik im Frkr. des 18. Jh.s, 1979;
S. Menant, La chute d'Icare. La crise de la poésie française 1700–1750,
1981; K. W. Hempfer / A. Kablitz, Frz. Lyrik im 18. Jh., in: D. Janik
(Hrsg.), Die frz. Lyrik, 1987; U. Schulz-Buschhaus, Voltaires *Le Mondain* oder die Satire der Satire, in: S. Neumeister (Hrsg.), Frühaufklärung, 1994; J.-L. Steinmetz, Signets (18e–20e siècle), 1995; G. Lote, Histoire du vers français IX: Le XVIIIe siècle, Bd. 3: Les genres et les
formes, 1996.

André Chénier

André Chénier, 1762 am Bosporus als Sohn eines Kaufmanns und späteren Generalkonsuls in Marokko geboren, erhält seine Ausbildung am Pariser Collège de Navarre, 1781 mit zweifelhaftem Adelsdokument zum Offizier ernannt, 1787–91 Privatsekretär des Botschafters in England, kehrt dann nach Frankreich zurück. Er publiziert auf eigene Kosten im konterrevolutionären *Journal de Paris* und schließt sich der Gruppe der moderaten Feuillants an. Von den Jakobinern seit 1792 als »Aristokrat«, »Österreicher«, »Volksfeind« denunziert, wird er wegen »conduite incivique« im März 1794 verhaftet und am 24. Juli 1794, zwei Tage vor Robespierres Sturz, hingerichtet. Diese biographischen Umstände bereiten eine außergewöhnliche Legendenbildung vor. Vor seinem Tod unter der Guillotine hat Chénier zwei panegyrische Gedichte auf nationale Ereignisse und einige Artikel veröffentlicht; 1795 und 1801 erscheinen in Zeitschriften »La Jeune Captive« und »La Jeune Tarentine«. Chateaubriand zitiert in *Le Génie du christianisme* ein Fragment aus dem Gedächtnis. Ehe Henri de Latouche 1819 eine (purgierte) Ausgabe (Oden, Hymnen, Elegien, Epigramme, Episteln, bukolische Verse) veranstaltet, zirkulieren in Paris einzelne Texte als Manuskript; Sainte-Beuve veröffentlicht 1839 die politischen *Iambes*.

Während sich seine Mutter und sein Bruder Marie-Joseph (s. S. 233 f.) von 1789 an für die Revolution begeistern, ermahnt André Chénier 1791 in der Ode »Le Jeu de Paume«, die er dem Maler David widmet, das souveräne Volk zur politischen Mäßigung. Er setzt alle Hoffnung auf die Verfassung und nicht auf die Abschaffung der Monarchie und folgt damit aufklärerischen Idealen. Sein antithetischer Diskurs, etwa in *L'Invention* (1819), entspricht einer Mentalität, die verzweifelt die Gegenwart an einer versunkenen Welt mißt, die heroisch und schön, von Gottheiten bevölkert vorgestellt wird:

Les coutumes d'alors, les sciences, les mœurs
Respirent dans les vers des antiques auteurs.
Leur siècle est en dépôt dans leurs nobles volumes.

(V. 97–99)

Œuvres complètes, hrsg. von Gérard Walter, Paris:
Gallimard, 1958, S. 125.

Die damaligen Gebräuche, Kenntnisse und Sitten / leben in
den Versen der antiken Autoren. / Ihr Zeitalter wird in ihren
edlen Bänden verwahrt.

Von restaurativen Kreisen im 19. Jh. werden diese Verse, die
platonisierend den dichterischen Dämon und das Genie
preisen, zustimmend gelesen. In der Ode auf Charlotte
Corday versetzt der Lyriker die Tyrannenmörderin, um sie
zu verklären, gleichnishaft ins antike Griechenland:

La Grèce, ô fille illustre, admirant ton courage,
Épuiserait Paros, pour placer ton image.

(VI,1–2)

Mais La France à la hache abandonne ta tête.
C'est au monstre égorgé qu'on prépare une fête,
Parmi ses compagnons, tous dignes de son sort.

(VII,1–2)

Ebd., S. 179.

Griechenland, o erlauchtes Mädchen, würde deinen Mut be-
wundern / und den Marmor von Paros vollständig abbauen,
um dein Bild zu errichten. // Frankreich aber gibt deinen
Kopf dem Beil preis. / Dem ermordeten Ungeheuer bereitet
man ein Fest / unter seinen Gefährten, die alle seines Schicksals würdig sind.

Anders als im politischen Antikenkult seit Rousseau bewahrt hier die vorchristliche Welt den Symbolwert einer
Zeit, da Himmel und Erde noch durch keinen Sündenfall

voneinander getrennt sind. Die Vieldeutigkeit des hinterlas-
senen Werks, die auch durch den fragmentarischen Charakter gegeben ist, führt dazu, daß sowohl Lamartine als auch
die Parnassiens und Charles Maurras, der Chénier als antiromantischen Kronzeugen und Vorkämpfer der Action
française aufruft, sich mit ihm als Orientierungsinstanz aus-
einandersetzen.

Werkausg.: G. Walter, 1958.

Lit.: E. Guitton, Lire/éditer Ch., Œuvres et Critiques 5, 1981; E. R.
Jackson, Secrets observateurs. La poésie d'A. Ch., 1993.

V

19. Jahrhundert

Historischer Überblick

1799–1804 Konsulatsverfassung.

1800 Entwurf des *Code Civil*; nach einem Attentat Deportation von Jakobinern.

1801 Abschluß des Konkordats mit dem Heiligen Stuhl.

1802 Bonaparte Erster Konsul auf Lebenszeit durch Volksabstimmung; Rückkehr adliger Emigranten; Gründung der Légion d'honneur; Sicherung der kontinentalen Hegemonie Frankreichs.

1804–14 Erstes Kaiserreich.

1804 Verkündung des *Code Civil*; 21. März: Hinrichtung des Herzogs von Enghien nach einem (inszenierten) Hochverratsprozeß; 18. Mai: Proklamation des Kaiserreichs, 2. Dezember: Kaiserkrönung Napoleons in Notre-Dame de Paris.

1805 Sieg bei Austerlitz, Friedensschlüsse mit Preußen und Österreich.

1806 Gründung des Rheinbunds (bis 1813) unter frz. Hegemonie, Kaiser Franz II. legt die Würde des deutschen Kaisers nieder, Ende des Römischen Reiches deutscher Nation, Anerkennung als Kaiser von Österreich durch Napoleon; erneuter französisch-preußischer Krieg, 25. Oktober: Besetzung von Berlin, 21. November: Verhängung der gegen England gerichteten militärischen und wirtschaftlichen Kontinentalsperre.

1807 Besetzung Polens, das als Herzogtum Warschau an den König von Sachsen geht.

1808 Besetzung von Rom; Spanienfeldzug (neue Kriegstaktik gegen die Napoleonische Armee: »guerilla«); formelle Wiedereinführung des Adels als »noblesse impériale« (nicht nach Geburt, sondern nationalem Verdienst und Vermögen).

1809 Französisch-österreichischer Krieg.

1810 Heirat Napoleons mit der habsburgischen Kaisertochter Marie-Luise nach der Scheidung von Joséphine Beauharnais.

1812 Angriff auf Rußland, 15. September: Besetzung von Moskau, 15. Oktober: Beginn des Rückzugs der Grande Armée, den nur ein Fünftel der Soldaten überlebt, Zusammenbruch der Expansionspolitik; Formation einer englisch-russisch-preußischen Allianz.

1813 Niederlage Napoleons in der Völkerschlacht bei Leipzig.

1814 30. März: Einnahme von Paris durch die Alliierten, 6. April: Abdankung Napoleons und Exil auf Elba, Friedensvertrag von Paris schreibt die frz. Grenzen von 1792 fest.

1814–30 Restauration.

1814–24 Ludwig XVIII.; *Charte constitutionnelle* (Anerkennung der privaten Besitzveränderungen seit 1789 durch Verstaatlichung und Verkauf als Staatseigentum sowie des kaiserlichen Adels).

1814–15 Wiener Kongreß.

1815 1. März: Landung Napoleons bei Fréjus, 20. März: Einzug in Paris, Herrschaft der Hundert Tage, 18. Juni: Niederlage gegen die Engländer und Preußen bei Waterloo (Belgien), erneute Besetzung von Paris durch die Alliierten, Verbannung Napoleons nach St. Helena (bis zu seinem Tod 1821, 1840 Beisetzung im Pariser Invalidendom).

1818 Ende der alliierten Besatzung.

1820 Ermordung des Herzogs von Berry, des Thronfolgers, Gegenmaßnahmen: Verschärfung der Pressegesetze und Änderung des Wahlrechts zugunsten des Großgrundbesitzes; November: Wahlsieg der Ultraroyalisten (»Ultras«), die bis 1828 das Ministerium stellen.

1823 Kongreß von Verona: Auftrag an Frankreich, in Spanien zum Schutz des politisch bedrohten Königs Ferdinand VII. militärisch zu intervenieren (April bis September), Prestigegewinn für die frz. Armee.

1824–30 Karl X.

1825 Verabschiedung eines Gesetzes über die Entschädigung der Emigranten.

1829 Polignac Außenminister und Ratspräsident; Verfassungskonflikt (Privilegierung der Exekutive), Wirtschaftskrise, dagegen außenpolitischer Erfolg durch die Besetzung Algiers (5. Juli 1830), das zum Zentrum eines neuen Kolonialreichs in Nordafrika wird.

1830 16. Mai: Auflösung der Chambre des députés und geplante Verringerung der Mandate, 26. Juli: Aufhebung der Pressefreiheit, 27.–29. Juli (»les trois glorieuses«): Julirevolution, 2. August: Abdankung und Exil Karls X.

1830–48 Julimonarchie: »Bürgerkönig« Louis Philippe.

1831 Ausweitung des Wahlrechts unter Berücksichtigung der Grund- und Gewerbesteuer.

1831, 1834 Rebellionen der Seidenarbeiter in Lyon niedergeschlagen.

1832 Auftakt legitimistischer und bonapartistischer Aktionen gegen das Regime.

1835 Attentat auf die königliche Familie, Wiedereinführung der Pressezensur.

1836 Vollendung des Arc de Triomphe.

1836, 1840 Putschversuche Louis Napoléon Bonapartes.

1840 Verkehrsgesetzgebung zum Eisenbahnbau; Adolphe Thiers Regierungschef und Außenminister mit aussichtslosen Plänen zur Annexion des Rheinlands.

1847   Abschluß der 1830 begonnenen Eroberung Algeriens,
       Wirtschaftskrise im Mutterland.

1848   22. Februar: Beginn der Februarrevolution nach dem
       Verbot eines Reformbanketts (mit Tischreden über das
       Wahlrecht), 24. Februar: Abdankung und Flucht des
       Königs, Bildung einer provisorischen Regierung unter
       dem Vorsitz Lamartines, 4. Mai: Proklamation der
       Republik.

1848–52 Zweite Republik.

1848   Einrichtung von Nationalwerkstätten,
       Demokratisierung der Nationalgarde; Ende Juni:
       Niederschlagung eines Arbeiteraufstands (nach
       Wahlniederlage der Linken) in Paris durch den
       Kriegsminister Cavaignac, der die neue Regierung
       bildet; 10. Dezember: Wahl des Prinzen Louis
       Napoléon Bonaparte zum Präsidenten der Republik.

1851   2. Dezember: Staatsstreich Bonapartes, 21./22. Dezem-
       ber: Volksabstimmung zur nachträglichen Legitimierung
       des Staatsstreichs, Politiker und Dichter wie Victor
       Hugo gehen für Jahrzehnte ins Exil, Tausende werden
       deportiert.

1852–70 Zweites Kaiserreich: Napoleon III.

1852   7. November: Senatsbeschluß über die Einrichtung
       des Zweiten Kaiserreichs, Volksabstimmung (fast
       8 Millionen Jastimmen, 250 000 Gegenstimmen),
       2. Dezember: Annahme des erblichen Kaisertitels als
       Napoleon III.

1853–70 Baron Eugène-Georges Haussmann, Präfekt des
       Departement Seine, Pariser Stadtplaner: geometrische
       Form des Straßennetzes, Abriß von Stadtvierteln und
       Durchbruch für Avenuen, Komfortwohnungen im
       Zentrum, soziologische Umschichtung, 1860
       Eingemeindung von Vororten.

1854   Intervention Frankreichs im Krimkrieg.

1855, 1867, 1878, 1889, 1900   Weltausstellungen in Paris.

1859 Intervention bei der Einigung Italiens auf Kosten
norditalienischer Besitzungen Habsburgs, dabei
Gewinn von Savoyen und Nizza (1860).

1860 Freihandelsvertrag mit Großbritannien, deswegen
Konflikt zwischen Regierung und Industrie.

1861–67 Engagement in Mexiko.

1864 Napoleon III. orientiert die Innenpolitik neu,
Gewährung des Streikrechts, 1868 Duldung gewerk-
schaftlicher Organisationen.

1870 19. Juli: Kriegserklärung an Preußen als Reaktion auf
Bismarcks Zurückweisung von Garantieerklärungen
im Zusammenhang mit der Besetzung des spanischen
Throns (»Emser Depesche«), Deutsch-Französischer
Krieg, 2. September: Kapitulation und Gefangennahme
des Kaisers nach der verlorenen Schlacht von Sedan,
4. September: Ausrufung einer Regierung der
Nationalen Verteidigung, Belagerung von Paris.

1870–1940 Dritte Republik.

1871 28. Januar: Waffenstillstand; Februar: Sieg der
Monarchisten bei den Wahlen zur Nationalversammlung, Thiers Chef der Exekutive in
Bordeaux, später Präsident; 18. März – 28. Mai:
Pariser Kommune; 10. Mai: Friedensschluß von Frankfurt mit Abtretung von Elsaß-Lothringen und Zahlung
einer Kriegsentschädigung (5 Milliarden Francs) an
das Deutsche Reich.

1873 Räumung der in Ostfrankreich besetzten Gebiete;
Einführung der bourbonischen Monarchie scheitert
an der Flaggenfrage (Trikolore oder Lilienbanner).

1875 Verfassungsgesetze der Dritten Republik; Sénat
und Chambre des députés bilden die Assemblée
Nationale.

1879–85 Einrichtung des laizistischen Schulwesens;
institutionelle Förderung des Revanchegedankens als
militanten Patriotismus.

1880   Einführung des 14. Juli als Nationalfeiertag, Amnestie
       für Kommunarden.
1882   Einführung der allgemeinen Schulpflicht (unter der
       Regierung Ferry).
1889   Bau des Eiffelturms.
1894   Beginn der Dreyfus-Affäre, 1898 Zolas offener Brief
       »J'accuse«, 1906 Freispruch Dreyfus'.

1. Einleitung

Der Umbau der Nation
und ihres Zentrums

Die Einwohnerzahl von Paris verfünffacht sich im 19. Jh.
durch Zuzug auf nahezu 2,5 Millionen, während die Ge-
samtbevölkerung Frankreichs, auf den Schlachtfeldern Europas geschwächt, nur um die Hälfte zunimmt. Am Ende
des 19. Jh.s ist Frankreich mit ca. 38 Millionen Einwohnern
nicht mehr das bevölkerungsreichste europäische Land. Die
Mehrzahl der Franzosen lebt weiterhin auf dem Land und
von der Landwirtschaft.

  Zwischen den militärischen Niederlagen der beiden Kaiser in Waterloo (1815) und Sedan (1870) liegen die Revolutionen von 1830 und 1848. Die innenpolitische Tragödie der
Pariser Kommune sowie der Sieg der Monarchisten bei der
ersten Parlamentswahl nach dem verlorenen Krieg dokumentieren den politischen Riß, der Frankreich durchzieht
und durch die Erfahrung einer besonderen nationalen Solidarität nach 1914 nur vorübergehend verheilt. Eine seiner
Wurzeln sind 1815 die Ausschreitungen im Westen und
Südwesten, die Vergeltungsmaßnahmen gegen Bonapartisten und Protestanten (»Weißer Terror«). Karl X. holt Aristokraten, die sich an diesen Racheakten beteiligt haben,
1829 in seine Regierung.

Das Haus Orléans besteigt 1830 den Thron unter neuen Umständen. Der Herrscher ist nicht mehr Monarch, nicht König von Frankreich, sondern »Roi des Français« ohne die Gottesgnadenformel. Mit dem Bonapartismus wird in Frankreich ein Instrumentarium perfektioniert, das schon Napoleon I. gelegentlich einsetzt: das Plebiszit zur Sondierung (und Manipulierung) der politischen Stimmung. Seit Charles de Gaulle gehören Volksbefragungen, die das Parlament umgehen, zur Innenpolitik der Fünften Republik.

Das republikanische Provisorium nach der Abdankung Napoleons III. endet erst 1875 mit der Titulierung des Staatsoberhaupts als »Président de la République«. Mit dieser Verfassung ist die Restauration ausgeschlossen. Virulente Republikfeindlichkeit der Kirche und der Oberschichten, die Abwehr internationaler Orientierungen des Denkens und Dichtens und manifester Antisemitismus jedoch bilden einen neuen ideologischen Komplex, der nach wenigen Jahrzehnten der Rechten, darunter herausragenden Schriftstellern wie Drieu la Rochelle, den Kompromiß mit dem faschistischen Italien, dem nationalsozialistischen Deutschland und Franco-Spanien nahelegt.

Lit.: G. Ziebura, Frkr. 1789–1870, 1979; C. Willard, Gesch. der frz. Arbeiterbewegung, 1981; M. Erbe, Geschichte Frkr.s von der Großen Revolution bis zur 3. Republik, 1982; E. de Waresquiel / B. Yvert, Histoire de la Restauration 1814–30, 1996; J. Lefranc, La philosophie en France au XIXe siècle, 1998; A. Corbin (Hrsg.), L'invention du XIXe siècle, 1999.

2. Das Jahrhundert des Romans

Gesellschaftlicher Wandel und Entwicklung der Gattung

Im 19. Jh. werden mehr Romane geschrieben, gelesen und öffentlich diskutiert als je zuvor, und die Eckdaten der Epoche selbst, die Revolution von 1789 und ihre Folgen, besonders der gesellschaftliche Umbruch seit 1793, und die Niederlage von 1870 mit Auswirkungen auf die gespaltene Mentalität der Franzosen bilden Epochenschwellen. Kenntnisse historischer Prozesse zwischen der Politik des Konvents und der Abdankung Napoleons III. werden beim Publikum von Balzac, Flaubert und Zola generell vorausgesetzt, sie können als Vorgeschichte und Reflexionszeitraum abgerufen werden. Ein zentraler Sachverhalt in der Fiktion, durch den Grundkonflikte vor allem der städtischen Lebenswelt wiederzuerkennen sind, ist die Kontroverse um die Präexistenz des Subjekts oder des Kollektivs, in der Positionen des Liberalismus bzw. jakobinisch verschärften Rousseauismus nachwirken. Wie tief die Erzähler damit in dieses Mentalitätsdilemma eingreifen und wie anhaltend es erörtert wird, belegt der Umstand, daß das Thema bis in die Mitte des 20. Jh.s in immer neuen Varianten Romangegenstand geblieben ist.

Napoleons Wort: »Was für ein Roman ist doch mein Leben«, von Julien Sorel in *Le Rouge et le Noir* resignierend zitiert, verbindet die Narrativik mit einem Übermaß an Wunderbarem und Unerwartetem, das die Gattung zu eliminieren bemüht ist. Die Selbstbestimmung des Romans im 19. Jh. steht im Zusammenhang mit der Distanzierung von der Epik, die bereits keine literaturgeschichtliche Rolle mehr spielt, und den Ansprüchen der romantischen Dramatik, die nicht einzulösen sind. Dieser Profilierungsprozeß, der die wirkliche, nicht die phantastische Welt im Text privilegiert, ist spätestens beim Tod Balzacs für den Roman entschieden. Die offizielle Romanmißachtung ist damit allerdings noch lange nicht beseitigt. 1859 verzeichnet die Literaturkritik, daß der erste Romancier – der Epigone Jules Sandeau – in die Académie française gewählt worden ist: Stendhal, Balzac, Flaubert und Zola wird diese Ehre nie zuteil. Die Abkehr vom romanesken Roman honorieren die Institutionen nicht.

Im Mittelpunkt der Selbstverständigung der Autoren steht von nun an die Frage, ob die Welt im Roman erzählbar ist, weil ihr ein erkennbarer Sinn zugrunde liegt, oder ob erst der narrative Diskurs Welten schafft. Auffallend sind der Mangel an optimistischen Entwicklungsromanen und die Fülle von Darstellungen nachrevolutionär möglich gewordener Karrieren mit einer Kritik an der Selbstlegitimierung der Aufsteiger.

Erstmals bestimmt das 19. Jh. Gattungen nicht mehr als logische, sondern historische Klassen, die ein dynamisches System bilden. Immer öfter werden Literaturprogramme neu geschrieben; vor allem dasjenige der zyklischen Erzählweise mit wiederkehrenden Figuren, Balzacs Innovation, wird von Zola und Proust zugleich rezipiert und umstrukturiert, während Autoren des 20. Jh.s – Rolland, Duhamel, Aragon, Merle – Zola als Orientierungsinstanz anerkennen.

Autoren und Leser

Die Romanciers stammen teilweise aus dem alten Adel (Chateaubriand, Vigny, Gobineau, Goncourt, Villiers de l'Isle-Adam) oder rechnen sich dazu (de Balzac), häufig kommen sie aus dem aufgeklärten oder arrivierten Bürgertum (Staël, Stendhal, Mérimée, Hugo, Flaubert). Zola gestaltet den Umschlag einer hierarchischen in eine wissenschaftsgläubige Gesellschaft. Stendhal, Balzac, Flaubert und Zola zeichnen ihre Protagonisten als Figuren, die die gesellschaftliche Rolle, von der sie träumen, nicht spielen können,

und erläutern, warum sie die Verhältnisse und ihr eigenes
Energiepotential unterschätzen. Von allen Romanciers, die
seit der Revolution Massenerfolge erzielen, darunter Du-
cray-Duminil, Pigault-Lebrun und Sue, ist Paul de Kock
der einzige, der die Bourgeoisie humorvoll zum positiven
Romansubjekt verklärt. Seine Figuren kommen aus dem
Kleinbürgertum der Ladenbesitzer, Handwerker und Bauern. Wenn er auch über Auswüchse der bürgerlichen Lebensführung spottet, bleibt er doch seiner Ursprungsklasse
positiv verbunden.

Die Prämisse, daß Wirklichkeit durch die Fiktion erklärt,
beeindruckt und verändert werden kann, gilt für Stendhal
und Balzac ebenso wie für Zola. Identifikationen mit der
gelesenen Welt sind indessen alles andere als eindeutig kon-
ditioniert. Je nach Identifikationsbereitschaft der Adressaten überzeugen Stendhal und Balzac den einen Leser von
der Unveränderbarkeit der postrevolutionär festgeschriebe-
nen Sozialstruktur und bestärken den anderen im Traum
von schrankenlosen individuellen Möglichkeiten.

In zahlreichen Fällen versuchen Erzähler, die Rezeption
dadurch zu steuern, daß sie, wie ansatzweise schon im
18. Jh. belegt, das Gattungswort »roman« gegen »étude«,
»analyse«, »scène«, »chronique«, »histoire naturelle« oder
»histoire sociale« auswechseln. Solche Umbenennungen
sind zugleich kritisch gegenüber dem romanesken und
phantastischen Roman und innovativ, da sie die Verwissenschaftlichung des Erzählens ausweisen.

Literaturmarkt

Die Verbilligung der Druckerzeugnisse durch den Einsatz
des Rotationsdrucks und die Veröffentlichung von Romanen in Fortsetzungen seit den dreißiger Jahren erweitern
den Kreis der Adressaten. Allerdings können in den sechziger Jahren ein Viertel aller Franzosen und ein Drittel der

Französinnen weder lesen noch schreiben. Zahlreiche Konversationslexika und Fachwörterbücher, die an die epochale Leistung der *Encyclopédie* anknüpfen wollen, verbreiten seit den dreißiger Jahren den aktuellen Stand des Wissens und der Technik; seit 1866 erscheint das *Grand Dictionnaire universel du XIXe siècle* von Pierre Larousse. Der Name wird zum Synonym für das zeitgemäße Nachschlagewerk schlechthin, das in einbändiger Form bereits der Schüler in die Hand nimmt.

Im Jahrzehnt nach 1835 verdoppelt sich fast die Zahl der Lesekabinette und Leihbüchereien in Paris. Die monatliche Leihgebühr ist mit fünf Francs billiger als der Kaufpreis eines Buches. Erst eine weitere drastische Preissenkung in den sechziger Jahren auf einen Franc für Titel bestimmter Serien macht aus Abonnenten Käufer.

Die spürbare Kapitalisierung des Buchmarkts durch große Verlage (Charpentier, Hachette, Hetzel, Lévy) führt zu einer Ableitung des Literaturwerts vom Marktwert, wenn die Autoren sich nicht wehren. Der Schutz des geistigen Eigentums wird für zahlreiche Autoren zum Existenzproblem. Die Société des gens de lettres de France, 1837 als Interessenverband von Redakteuren gegründet, wird im Jahr darauf zur Autorenvereinigung erweitert. Wie die meist in Belgien hergestellten Raubdrucke, die namentlich Balzac finanziell schädigen, vom frz. Markt fernzuhalten sind, ist so lange nicht geregelt, als das Copyright nicht internationalisiert wird.

Lit.: W. Engler (Hrsg.), Der frz. Roman im 19. Jh., 1976; M. Naumann, Prosa in Frkr., 1978; W.-D. Lange (Hrsg.), Frz. Lit. des 19. Jh.s, 3 Bde., 1979–80; F. Wolfzettel (Hrsg.), Der frz. Sozialroman des 19. Jh.s, 1981; M. Raimond, Le roman, 1989; S. Lambertz, Die »femme de lettres« im Second Empire, 1994; S. Durrer, Le dialogue romanesque, 1994; J.-Y. Tadié, Introduction à la vie littéraire au XIXe siècle, 1996; F. Wanning, Frz. Lit. des 19. Jh.s, 1998; F. Wolfzettel (Hrsg.), 19. Jh. Roman, 1999.

3. Romantisme

Begriff

Der politisch abgeleitete Epochen- und Kulturbegriff »romantisme« markiert die Zeitschwelle zwischen dem Beginn der Restauration und dem Ende der Julimonarchie. Der Stilbegriff »romantique« wird seit dem 18. Jh. mehrdeutig verwendet und ist dadurch als Abgrenzungskategorie für poetische Merkmale und eine spezifische Kommunikation problematisch geworden. Für den Großteil der Mentalität der ersten Jahrhunderthälfte ist aber maßgebend, daß es als romantisch gilt, das systemverändernde Erbe der Revolution zu hüten und in neue Diskurse umzusetzen. So wird, mit disparaten Argumenten von Bonald, Stendhal und Hugo, ein Modernisierungsanspruch erhoben, der den literarischen Ausdruck daraufhin überprüft, wie zeitgemäß er ist.

Das Wörterbuch der Akademie definiert 1835 das Stichwort noch negativ: »Romantique se dit d'écrivains qui affectent de s'affranchir des règles de composition et de style établis par l'exemple des auteurs classiques.« Über ein Jahrzehnt zuvor hat Stendhal in *Racine et Shakespeare* den »romantisme« aus der Perspektive des historischen Relativismus als die zeitgenössische Kunst, d. h. als Klassik der Gegenwart bezeichnet. In Frankreich erklärt sich die Romantik so aus der Geschichte des Klassikverständnisses. Ein flankierender Aspekt ist die Berufung auf das Mittelalter und die Renaissance als die Wurzeln der gegenwärtigen Mentalität.

Gefühlskult

Der romantische Gefühlskult unterscheidet sich vom rousseauistischen durch die Erfahrung der Aussichtslosigkeit politischen Handelns, obwohl die Menschen- und Bürgerrechte für alle männlichen Franzosen verkündet sind. Allzu eklatant ist nach 1815 der Gegensatz von angeblich freier, mobiler Gesellschaft und den Zwängen der neuen, bürgerlichen Welt, in der sich weder der Offizier noch der Intellektuelle entfalten kann. »Verlorene Illusionen«, von Balzac zum Romantitel erhoben, ist eine Chiffre dieser Welterfahrung, die durch die Industrialisierung und den Aufstieg der Bourgeoisie geprägt ist. Bereits die adligen Romantiker verstehen in den zwanziger Jahren das Scheitern des Ich an der Gesellschaft als ein zentrales Problem und beginnen, Rousseau, die Kultfigur sowohl der Jakobiner als auch der Aristokraten, als Fortschrittskritiker zu schätzen.

Geschichtsbild

Den widerspruchgeladenen Sujets romantischer Werke (Zeit und Raum als innere Erfahrung, unmögliche Liebe, Weltschmerz, Energiekult, Okkultismus, Exotismus mit Vorliebe für italienische und spanische Bilder) eignet bei aller Gegensätzlichkeit die Idee eines zur Gesamtschau fähigen Bewußtseins, das Einzelphänomene organisch, d. h. natur- und weniger sozialgesetzlich aufeinander bezieht, zu einer Einheit formt und den Autor veranlaßt, Harmonie zu fingieren. Hugo führt dies zeitlebens gegen alle historisch gegenläufigen Erfahrungen vor.

Die Formulierung des romantischen Weltbilds verläuft parallel zur Erarbeitung neuer historischer Methoden. Epochen werden nicht mehr vergleichend bestimmt, wie dies den frühaufklärerischen Totengesprächen zugrunde lag, sondern als Abfolge von in sich geschlossenen, als kohärent verstandenen Kulturabschnitten beschrieben, wobei das Alte für das Neue die Reflexionsinstanz bildet, nicht umgekehrt. Die Ablösung des antikisierenden Fatalismus durch eine providentielle Teleologie, die Mme de Staël in *De l'Allemagne* zentral setzt, die Verteidigung des Kunsterlebnisses, das, orientiert an der modernen Gewissensbildung, an die Stelle der Kunstbetrachtung tritt, endlich die Wiederaufnahme der Mimesis-Debatte im Zeichen zunehmender Verwissenschaftlichung der Literatur relativieren sowohl den Rang der Klassik als auch die heterogenen klassikabgewandten Positionen.

Politische Definitionen der Romantik, die Ludovic Vitet 1825 in der Zeitschrift *Le Globe* vorträgt – »c'est en deux mots, le protestantisme dans les lettres et les arts« und »le goût en France attend son 14 juillet« –, kategorisiert Hugo zeitgerecht als »libéralisme en littérature«. Liberalismus steht hier analog zu Protestantismus als Synonym für Individualismus, der sich auf das revolutionäre Freiheitsprinzip beruft und der Wahrheit verpflichtet ist.

Zuerst greifen Legitimisten, die die Allegorie vom 14. Juli als Drohung lesen, die Romantik als systemwidrig an. Es folgen die Einwände bürgerlicher Pessimisten und endlich der Nationalisten, die die von Mme de Staël betriebene Öffnung der frz. Literatur hin zu den Kulturen des Nordens als Entgrenzung und als Wert- und Standpunktverlust zurückweisen. In einer bis 1940 wiederholten Entgegensetzung werden »klassisch« als Ausdrucksform des frz. Wesens und »romantisch« als Überfremdung mythisiert.

Lit.: G. Gusdorf, Le romantisme, 1993; F. Gengembre, Le romantisme, 1995; M. Fournier, Les romantiques, 1996; M. Ambrière, Au soleil du romantisme, 1998; P. Laforgue, L'éros romantique, 1998; A. Martin-Fugier, Les romantiques, 1998.

4. Romantische Lyrik

1820 veröffentlicht **Alphonse de Lamartine** (1790–1869; Ausg. M.-F. Guyard, 1963), als burgundischer Landadliger Verächter des Usurpators Napoleon, 1824 zusammen mit Victor Hugo Hofdichter im diplomatischen Dienst der

Bourbonen, die *Méditations poétiques* (30 Oden, Hymnen, Elegien und Episteln). Darin wandelt er eine philosophische Konfiguration, die seit Descartes traditionelle Meditation, in eine lyrische um, was unterschiedlich als Innovation oder Verstoß bezeichnet wird. Jedenfalls komponiert Lamartine seine elegischen Gedichte mit vertrauten, neoklassizistischen Diktionsteilen, namentlich auch der syntaktischen Lizenz im Hyperbaton. Im Gedicht »L'invocation« setzt Lamartine die Ambivalenz von Inhalt und Form gezielt ein; ein lyrischer Sprecher, der Geschehnissen sowohl diesseitigen wie jenseitigen Zeichenwert zuschreibt, codiert die Welt in Alternanzen. Vor allem kehrt in den Apostrophen ein undogmatisches Gefühl der Unendlichkeit in der Darstellung wieder, das die Amortheologie von Dante und Petrarca variiert:

> Si tu dois, comme nous, achever ta carrière,
> Sois mon appui, mon guide, et souffre qu'en tous lieux,
> De tes pas adorés je baise la poussière.
> Mais si tu prends ton vol, et si, loin de nos yeux,
> Sœur des anges, bientôt tu remontes près d'eux,
> Après m'avoir aimé quelques jours sur la terre,
> Souviens-toi de moi dans les cieux.

> (XVII,4)
>
> Œuvres poétiques, hrsg. von Marius-François
> Guyard, Paris: Gallimard, 1963, S. 48

Wenn du, wie wir, deinen Lauf beenden mußt, / sei meine Stütze, mein Führer und gestatte, daß ich überall / den Staub deiner geliebten Schritte küsse. / Wenn du aber davonfliegst und, fern unsrer Augen, / bald wieder zu ihnen aufsteigst, Schwester der Engel, / nachdem du mich einige Tage auf Erden liebtest, / erinnere dich im Himmel an mich.

Lamartines Adressaten akzeptieren die Apologie der Ausdrucksästhetik, die er hier und in späteren Versen (*Harmonies*, 1830; *Recueillements*, 1839) realisiert, d. h. die Legiti-

mation der Ich-Form durch Inspiration und Enthusiasmus
und den Anspruch der Authentizität der Sprache des Herzens im Überfließen von Empfindungen. Dabei achtet Lamartine, erkennbar in der Überarbeitung der *Méditations*
zwischen 1823 und 1849, darauf, daß das poetische Subjekt
nicht kurzgeschlossen aus autobiographischen Daten rekonstruiert wird. Individuelle Töne sind erst von Wert,
wenn sie göttliche Inspiration artikulieren (Lamartines Reaktion auf Sainte-Beuves *Vie, poésies et pensées de Joseph
Delorme*, 1829). Der Dichter bringt eine innere Stimme, die
die Brücke zur Transzendenz schlägt, zum Sprechen. Gott
als höchstes Weltprinzip ist das Wort, das der poetische Diskurs nur unvollkommen reproduziert. Die Hypothese, der
trotz des politischen Programms der Restauration faktisch
zur Machtlosigkeit verdammte Aristokrat sublimiere die
Niedergeschlagenheit seiner Klasse ästhetisch, ist nicht ab-
wegig. Lamartine hat sich in die Verfassungsdebatte vor
1848 eingemischt und eine propagandistische *Histoire des
Girondins* (1847) geschrieben, die die Bourgeoisie wie die
Landbevölkerung für eine liberale und regional gegliederte
Republik gewinnen sollte.

Alfred de Vignys (1797–1863; Ausg. F. Germain, 2 Bde.,
1986–93) Ausgangssituation entspricht, von Unterschieden
im Familienbesitz abgesehen, derjenigen Lamartines. Beide
können die neue Weltordnung von 1789 nicht billigen, ohne
sich politisch zu verleugnen (der junge Graf Vigny eskor-
tiert 1815 die königliche Karosse nach Béthune), und schaffen, da Dichtung ihnen die gesellschaftliche Identität ersetzt,
ästhetisch Neues, Vigny in Shakespeare-Übersetzungen,
Versuchen im Geschichtsdrama und im historischen Roman, die an der selbstgestellten Aufgabe, »l'histoire appor-
tant ses preuves aux pieds de l'idée« (*Journal d'un poète*,
1841), scheitern. Doch Vignys lyrisches Ich, ein einsamer,
marginalisierter Märtyrer der Menschheit, ist bedeutend
nur noch als negatives Subjekt, dessen Komposition sozial

nutzlos und allein als artistische Leistung sinnvoll ist. Dazu kreiert er einen neuen Diskurs, womöglich den einzigen romantischen Beitrag zum Gattungssystem, das episch-lyrische »poème«. Es entsteht nach englischem Vorbild (Byron) aus der Verkürzung des klassizistischen Epos (»Le Cor«, »Moïse«, »La Maison du berger«; *Poèmes modernes et antiques*, 1826; *Destinées*, 1864). Leitthema ist die zivilisationsferne Sonderstellung unverstandener Genies, dem ein weltanschaulicher Pessimismus, auch im Hinblick auf die »froide Nature«, zugrunde liegt, ohne daß, wie etwa bei Lamartine, die seelischen Nöte des Autors selbst als Bezugspunkt auszumachen wären.

Alfred de Musset (1810–57; Ausg. Ph. van Tieghem, 1963; M. Allem, 1957), Jugendfreund Victor Hugos, solange dieser das soziale Engagement der Dichtung noch nicht fordert, zunächst erfolgloser Dramatiker (*La Nuit vénitienne*, 1830), findet Beachtung mit dramatisierten Sprichwörtern (*On ne badine pas avec l'amour*, 1834), in denen die Marivaux-Rezeption deutlich wird, und dem Lesedrama *Lorenzaccio* (1834, UA 1896). Als Lyriker bestätigt er Vignys Entwertung der Inspiration, wie Lamartine und Hugo sie feiern; seit den – lyrischen – *Contes d'Espagne et d'Italie* (1830) schreibt er im Stil anakreontischer Oden ironische Liebesgedichte, deren erotische Motive Lamartines Spiritualismus verabschieden. Der Dichter sei nicht das tönende Echo seiner Zeit, was Hugo beansprucht, allenfalls ihre Hure. Anders als Lamartine dichtet Musset seltener über Seelenlandschaften als – noch vor Baudelaire – über Großstadtbilder. Dabei verwendet er traditionelle Gattungen wie Ode, Rondeau, Sonett, Epigramm, Elegie, Romanze und Ballade. Das Kriterium der Authentizität bindet Musset an die teils ironische, teils verzweifelte Bewältigung des Niedergangs der Ethik und Machtpolitik, an den Liebesverzicht und die Haßliebe zur mondänen Welt.

»Romantisch« ist kein Synonym für »unpolitisch« – seit der Chénier-Rezeption sind Nationalismus und Tagesgeschehen wieder poetische Gegenstände, vor allem der Ode. Hugos »Ode à la Colonne de la place Vendôme« (1827) als konsensfähige Apologie der Napoleonischen Leistungen setzt dafür ein Zeichen. Politische Lyrik sucht entweder diesen Kompromiß (mit Royalisten, Bonapartisten und Liberalen) oder wählt den Textmodus des vaterländischen Loblieds oder, als Exildichtung, des Schmähgedichts (Lamartine, »Marseillaise de la paix«; Musset, »Le Rhin allemand«, 1841; Hugo, *Les Châtiments*, 1853). Seit 1830 werden die satirischen Verse von **Auguste Barbier** (1805–82) und **Pierre-Jean de Béranger** (1780–1857), dessen Lieder den Mythos vom Volkskaiser Napoleon verbreiten, populär. Der Refrain fördert ihre Sangbarkeit. Die Februarrevolution 1848 begünstigt die Erneuerung des politischen Liedes und seiner Wirkung; dabei entspricht den prestigereichen Formen der Hymne und des »cantique« als volkstümlicher Texttypus mit revolutionärem Anklang der »appel« (»Aufruf«).

Lit.: F. Brunetière, L'évolution de la poésie lyrique en France au dixneuvième siècle, 1894; F. Nies, Poesie in prosaischer Welt, 1964; E. Keil, »Cantique« u. »Hymne« in der frz. Lyrik seit der Romantik, 1966; J. Touchard, La gloire de Béranger, 2 Bde., 1968; P. Bénichou, Le sacre de l'écrivain, 1973; M. Milner, Littérature française: Le romantisme I, 1973; N. Furman, La *Revue des deux mondes* et le romantisme français, 1975; K. W. Kirchmeir, Romant. Lyrik u. neoklassizist. Elegie, 1976; P. Bénichou, Le temps des prophètes, 1977; L. M. Porter, The Renaissance of the Lyric in French Romanticism, 1978; C. Pichois, Littérature française: Le romantisme II, 1979; K.-H. Biermann, Lit.-polit. Avantgarde in Frkr., 1982; D. G. Charlton (Hrsg.), French Romantics, 1984; A. Kablitz, Lamartines *Méditations poétiques*, 1985; H. Thoma, Die öffentliche Muse, 1986; W. Engler, Die romant. Lyrik, in: D. Janik (Hrsg.), Die frz. Lyrik, 1987; H. Stenzel / H. Thoma (Hrsg.), Die frz. Lyrik des 19. Jh.s, 1987; P. Bénichou, Les mages romantiques, 1988; F. P. Bowman, French Romanticism, 1990; C. Millet, L'esthétique romantique en France, 1994; F. Claudon (Hrsg.), Le romantisme, 1996; P. Laforgue, L'éros romantique, 1998.

5. Victor Hugo

Existenz und Werk **Victor Hugos** (1802–85) sind mit der Geschichte Frankreichs und seiner Literaturgeschichte von der Restauration bis in die Anfänge der Dritten Republik paradigmatisch verbunden. Wie Voltaire im 18. Jh. kann Hugo im 19. Jh. als Leitfigur gewürdigt werden. 1827, als Hugo mit der epochalen geschichtsphilosophischen Vorrede zu seinem (selten gespielten) Drama *Cromwell* die frz. Romantik definiert und als Wortführer des »Cénacle«, eines Dichterkreises um Musset, Vigny, Nerval, Gautier, Mérimée und Sainte-Beuve, Anerkennung findet, hat der damals Fünfundzwanzigjährige bereits zahlreiche Gedichte und Schauerromane veröffentlicht (*Bug-Jargal*, 1818; *Odes et poésies diverses*, 1822; *Amy Robsart*, 1822; *Han d'Islande*, 1823). Seitdem produziert er Lyrik, Dramatik, Epik und Poetik; die Vielfalt seiner Ausdrucksformen bestätigt ihn als die Trägergestalt der Romantik. Dabei entwickelt er sich vom antibürgerlichen Royalisten, der 1824 für enkomiastische Oden königliche Pensionen empfängt und von kritischen Liberalen wie Stendhal entsprechend zur politischen Rechten gezählt wird, seit 1825 zum Bonapartisten, der das Gottesgnadentum, nicht allerdings die Geschichtsteleologie verwirft (Vorreden zu *Odes et ballades*, 1822, 1824, 1826). In diesem Kontext des veränderten Patriotismus konstruiert Hugo jenseits des gültigen Kanons eine Opposition von klassizistischem »imitateur« und romantischem »créateur«. Für die romantische Ausdrucksästhetik ist mit der Forderung nach dem »goût du génie« eine wesentliche Position bestimmt.

In seiner Poetik setzt Hugo voraus, daß Textstrukturen aufgegeben werden, die sich unter kulturell veränderten Bedingungen als funktionsschwach erweisen. Ohne diese Prämisse wäre die vermutlich an Hegel orientierte Theorie der drei Weltzeitalter und des jeweiligen Dichtungstypus (Vorzeit: Poesie, Antike: Epos, christliche Moderne: Drama) noch spekulativer geblieben, als sie in der *Préface de Cromwell* ohnehin ausgefallen ist. Absicht ist die Apologie der eigenen Gegenwart als Endpunkt eines universalen Vervollkommnungsprozesses, bei dem Shakespeare zur Orientierungsinstanz für neue Konflikte und Strukturen, nicht jedoch für die Bühnensprache erhoben ist. Ein Kernsatz der *Préface de Cromwell* lautet: »Die Dichtung unserer Zeit ist das Drama; das Kennzeichen des Dramas ist das Wirkliche; das Wirkliche ergibt sich aus der ganz normalen Verbindung zweier Seinsarten: des Erhabenen und des Grotesken.« Die naturgesetzlich fundierte Konstruktion ist typisch für Hugo und bleibt es über die romantische Phase hinaus. Er rekurriert auf den Topos der Spiegelmetapher, von dem er seine eigene Variante vorträgt:

> Das Drama ist ein Spiegel, in dem sich der Widerschein der Natur zeigt. Wenn dieser Spiegel aber ein gewöhnlicher Spiegel ist, eine ebene, begrenzte Fläche, wird er von den Gegenständen nur ein glanzloses Bild, ohne jede Tiefe, wiedergeben, das getreu ist, aber blaß; man weiß, wie matt Farben und Licht erscheinen bei der einfachen Widerspiegelung. So muß das Drama also ein Hohlspiegel sein, der die Farben nicht abschwächt, sondern im Gegenteil die Strahlen sammelt und verdichtet.
>
> Französische Poetiken, Tl. 2, hrsg. von Frank-Rutger Hausmann, Elisabeth Gräfin Mandelsloh und Hans Staub, Stuttgart: Reclam, 1978, S. 49.

Hugo mutet dem Publikum damit weniger Veränderungen zu als Stendhal. Vor allem nimmt er Erwartungshaltungen unterschiedlicher Interessengruppen vorweg, indem er in Alexandrinern schreibt (*Cromwell, Marion de Lorme, Hernani, Le Roi s'amuse, Ruy Blas, Les Burgraves*) und in Prosa (*Lucrèce Borgia, Marie Tudor, Angelo, tyran de Padoue*). Dennoch löst er noch vor der Julirevolution mit *Hernani* (UA 25. Februar 1830) heftige Reaktionen der Klassikanhänger aus. Die Handlung spielt an verschiedenen Orten in Spanien und in Aachen; der Rebell Hernani, in Wirklichkeit Don Juan de Aragon, wird als großmütiger Rivale des Königs von Spanien und späteren Kaisers Karl V. in der Liebe zu Doña Sol dargestellt; der Liebeskonflikt ist entpsychologisiert, der Diskurs melodramatisch und erhaben; Hugo konstruiert einen mythischen Kontrast von negativer Königs- und positiver Kaiserfigur mit Anspielungen auf Napoleon.

In *Marion de Lorme* (1831), aufgeführt am Boulevardtheater an der Porte-Saint-Martin, wird der Zuschauer mit einem Kurtisanenmelodrama in Alexandrinern konfrontiert. Das Neue liegt nicht nur in der Kombination von klassischer Form und sensationeller Thematik, sondern auch in der Umwidmung der gattungsspezifischen Gedankenführung, die jeden Konflikt aus heilloser Verwicklung zur Belohnung der Tugend und entsprechender Bestrafung ihrer Verfolger führt. Optimistisch prognostiziert Hugo, der Instinkt eines Massenpublikums könne in Kürze herrschendes Geschmacksideal werden. Tatsächlich erregt sich 1832 die Kritik, weil Hugo mit dem Drama *Le Roi s'amuse* über die amoralische Komplizenschaft zwischen dem König und seinem Hofnarren Erfolg beim gemeinen Volk suche; der Vorwurf wiederholt sich im folgenden Jahr anläßlich des großen Kassenerfolgs von *Lucrèce Borgia*. Nach der teilnahmslosen Aufnahme von *Les Burgraves* (1843) zieht sich Hugo von der Bühne zurück, auf der das Unterhaltungstheater triumphiert. Er sieht sich in seiner Absicht mißverstanden, ernsthafte Dramatik an den Boulevard zu verlagern und in der Comédie-Française die unklassische Ästhetik vorzustellen, um die revolutionären Umschichtungen auch literatursoziologisch nachzuvollziehen. Dafür hat er seit *Hernani* die Regeln der Gattungstrennung und die Forderung nach »bienséance« und »vraisemblance« außer Kraft gesetzt und doch die Anfälligkeit der Dramatik für restaurative Trends nicht verhindert.

Gleichzeitig mit den Bühnenstücken entsteht weitere Lyrik und Narrativik. 1828, ein Jahrzehnt, nachdem Hugo die Rezeption des dramatischen Erzählmodells von Walter

Scott analysiert hat, beginnt er mit der Niederschrift eines historischen Romans, dessen Fabel er ins späte 15. Jh. Ludwigs XI. verlegt: *Notre-Dame de Paris* (1831, erweiterte Fassung 1832). Dabei steht die Kathedrale, die als ein lebendiges Wesen dargestellt wird, im Zentrum der Ereignisse; sie überdauert die tragischen Abläufe, in denen die Zigeunerin Esmeralda, der Ritter Phoebus de Châteaupers und der Erzpriester Claude Frollo aufeinander treffen und die in der Sühnetat des Glöckners Quasimodo beendet werden. Mit der zentralen Allegorie der »steingewordenen Bibel« wird die Architektur als Königsdisziplin der Kunst zum Zeichen erklärt, das dem prüfenden, geschichtsinteressierten Blick die Vergangenheit verlebendigt. Geschichtswert hat *Notre-Dame de Paris* im Jahr nach der Julirevolution allerdings nur noch im Sinne eines ästhetischen Historismus. Indem Hugo demonstriert, wie der Lebensweg der Protagonisten transzendentalen Gesetzmäßigkeiten unterliegt und nicht sozialen Normkonflikten, ist die Versenkung in die Alterität fast behaglich. Entsprechend konnotieren in der Lyrik dieser Jahre Naturvorgänge gesellschaftliche Auseinandersetzungen (*Feuilles d'automne*, 1831; *Les Chants du crépuscule*, 1835; *Les Rayons et les Ombres*, 1840).

1824 hat Hugo offiziell an der Krönung Karls X. teilgenommen, während der Julimonarchie ehrt ihn das Bürgerkönigtum mit der Aufnahme in die Académie française und der Ernennung zum Pair de France. 1849 bricht er mit der Rechten und warnt vor der Usurpation Bonapartes, der Staatsstreich vom 2. Dezember 1851 trifft ihn also nicht unvorbereitet. Im Exil notiert Hugo in *Choses vues* (1870) sein neues politisches Engagement: »Im Jahre 1848 waren die Roten die Unterdrücker, und ich habe sie bekämpft; 1850 sind sie die Unterdrückten, und ich verteidige sie.« Beim Versuch, die Menschheitsgeschichte im Stil Homers zu besingen, entstehen die Balladen der *Légende des siècles* (1859–83) als poetischer Schnittpunkt einer Erklärung des Kosmos als Pyramide, die Volk, Individuum und Gott bilden. Im fünfteiligen messianischen Roman *Les Misérables* (1862) wird Jean Valjean, dessen sittliche Wiedergeburt ohne psychologische Ausdeutung erzählt wird, als »fonctionnaire de Dieu« bezeichnet. Der Weg des ehemaligen Sträflings durch die Menschheit personalisiert die Opfer fordernde Rückverwandlung der gefallenen Welt in eine endzeitliche Harmonie.

Seit *Notre-Dame de Paris* operiert Hugo mit der Konfiguration des Läuterungsprozesses, die in seinem letzten Geschichtsroman *Quatrevingt-treize* (1874) das Vergleichsmuster für nationale Epochenschwellen (1789, 1793, 1870/71) legitimiert. Eine allwissende Erzählerstimme fixiert die Niederschlagung der Pariser Kommune im Mai 1871 als Datum der Reflexion über die Politik des revolutionären Konvents von 1793. Dabei geht es um den Konflikt zwischen drei fiktiven politischen Antagonisten, die das jakobinische Paris und die feudalistische Bretagne, Legitimismus, Recht und Gesetz repräsentieren, und um drei historische Köpfe des Wohlfahrtsausschusses, Robespierre, Danton und Marat, die wie Naturgewalten Frankreich in den Griff nehmen. Ziel ist, noch einmal die Notwendigkeit der Revolution vorzuführen, die freilich von einer die gesellschaftlichen Gegensätze aufhebenden Humanität überhöht wird. Die Lektion ist deutlich: Schlechte Herrscher, Emporkömmlinge, die die Unmoral des Geldadels nutzen, Politiker, wie Thiers, die nach der militärischen Niederlage von 1870 mit Blindheit geschlagen sind – ihre kapitalen Fehler werden die kommenden Generationen, die des Beistands der Geschichte sicher sein können, bereinigen. Von allen zeitgenössischen Autoren schließt sich einzig Zola im Spätwerk dieser utopischen Vision einer politischen Morgenröte an.

Werkausg.: 16 Bde., 1967–70.

Lit.: P. Albouy, La création mythologique chez H., 1963; H. Meschonnic, Écrire H., 2 Bde., 1977; Lendemains 10, 1978; M. Calle-Gruber / A. Rothe (Hrsg.), Lectures de H., 1986; J. Seebacher, H., 1993; L. Charles-Wurtz, Poétique du sujet lyrique dans l'œuvre de H., 1997.

6. Narrativik vor 1850

Der Roman der Romantik

Wenn die Selbstbespiegelung der Figuren zu ihrem schmerzlichen Lebensinhalt wird und keine positive Ichgewißheit mehr eintritt, sind Narziß, Prometheus und Orpheus zu zitierbaren Mythen ohne sinnstiftende Kraft abgesunken. Auf den Aufbruch folgt Auflösung moralischer und sozialer Strukturen; aus der Desillusion entstehen häufig Neurosen. Eine Subgattung, als »roman personnel« oder Individualroman eingegrenzt, nutzt, anders als die nichtfiktionale Autobiographie, die Spielarten einer einzelgängerischen Anthropologie.

François-René vicomte de Chateaubriand (1768–1848), aktiver Emigrant, Minister unter Napoleon und während der Restauration, Gesandter u. a. in Berlin (*Mémoires d'outre-tombe*, 1849), verfaßt den konterrevolutionären *Essai historique, politique et moral sur les révolutions anciennes et modernes* (1797, überarbeitet 1826; Ausg. M. Regard, 1978). Seine Herleitung der Dichtung aus dem Geist des Christentums im *Génie du christianisme* (1802; Ausg. M. Regard, 1978) macht Schule, indem sie vom 18. Jh. abgehobene Definition des »merveilleux« im epischen Stil propagiert. Als Erzähler gibt Chateaubriand der Rousseau-Rezeption vor und nach 1789 eine neue Deutung. 1801 publiziert er den Roman *Atala ou les Amours de deux sauvages dans le désert*, dessen Fortsetzung *René* zunächst als Teil des *Génie du christianisme* erscheint. Die Fabel evoziert das Schicksal von Prévosts Manon Lescaut: »En 1725, un Français, nommé René, poussé par des passions et des malheurs, arriva à la Louisiane.« Die Natur, in der er, adoptiert von Indianern, lebt, ist im rousseauistischen Sinn Seelenlandschaft. Häuptling Chactas erzählt René von sich und seiner Liebe zu Atala, der Tochter eines Weißen und einer Indianerin, die sich wegen eines von der Mutter verantworteten Gelübdes der Liebe verweigert und, vor die Entscheidung gestellt zwischen klösterlichem und freiem Leben, den Selbstmord wählt. Schon Zeitgenossen kritisieren, daß sich dieser Konflikt von religiöser Minne und körperlicher Partnerschaft aus keiner Indianerkultur ableiten läßt. In *René* geht es ebenfalls um eine unerfüllbare, weil geheime inzestuöse Liebe der Schwester zu René. Sie hat den Protagonisten zur Flucht in die Neue Welt veranlaßt, wo er seine Existenz als Komplex aus Depressionen und Frustrationen beschreibt (dazu gehört auch das bekannte Motiv der Enterbung, das den jüngeren Sohn vom unteilbaren Familienbesitz und dem väterlichen Titel fernhält). René schwelgt in seinem Weltschmerz, den ein »Abgrund der Existenz« und das »Übermaß an Leben« aufreißt, er genießt die Mittellosigkeit und Isolierung als Seelenadel. Der Leser wird in der Ausgabe von 1805 deutlich darauf hingewiesen, daß René als negative Beispielfigur für die von Rousseau und Goethes *Werther* verantwortete pathologische Empfindsamkeit stehen soll und einzig durch den Glauben gerettet werden könne.

Lit.: Ch.-A. Sainte-Beuve, Ch. et son groupe littéraire, 2 Bde., 1860; A. Maurois, Ch., 1938; Sonderh. RhlF 1968; Ch. Dédéyan, Ch. et Rousseau, 1973; P. Barbéris, À la recherche d'une écriture, Ch., 1976; G. D. Painter, Ch., 1979; H. Dubé, Bibl. de la critique sur Ch. 1801–1986, 1988; W. Matzat, Diskursgeschichte der Leidenschaft, 1990; Gh. de Diesbach, Ch., 1995; P. Geyer, Modernität wider Willen, Ch., 1998.

Korrektur der rousseauistischen Seelenlandschaft durch Milieutheorien des 18. Jh.s (Montesquieu, Lamarck) und theosophische Thesen (Saint-Martin) gestalten die autobiographischen Briefromane von **Étienne Pivert de Senancour** (1770–1846), *Aldomen ou le Bonheur dans l'obscurité* (1795) und *Oberman* (1804; Ausg. A. Monglond, 1947), beide im Schweizer Exil (1789–96) verfaßt. Mit seinen Spekulationen über die »dégradation« der Welt und ihre mögliche »régénération« greift Senancour verspätet in eine vorrevolutionäre

Debatte ein, die dem radikalen Umgestaltungsgedanken der
Jakobiner zum Opfer gefallen ist. Oberman träumt die Weltenharmonie als »mélodie primitive«, wendet die bekennt-
nishafte Ichbespiegelung des zerrissenen romantischen Ich
in eine dem außergewöhnlichen Subjekt eröffnete kosmische Schau.

Lit.: B. Le Gall, L'imaginaire chez S., 1966; Z. Lévy, S., dernier disciple
de Rousseau, 1979; B. Didier, S., 1985.

Benjamin Constant (1767–1830), Hofmann in Braun-
schweig, seit 1794 frz. Bürger, zieht sich, von Napoleon verbannt, zeitweilig mit Mme de Staël an den Genfer See zurück. Während der Hundert Tage und nach 1830 wird der
Liberale von Napoleon bzw. Louis Philippe in den Conseil
d'État berufen. Er verfaßt ein umfangreiches geschichtsphi-
losophisches Werk (*Principes de politique*, 1815; *Mémoires
sur les Cent Jours*, 1820–22) und begründet die vergleichende Religionsgeschichte (*De la religion*, 5 Bde., 1824–
1831). Im Bekenntnisroman *Adolphe. Anecdotes trouvées
dans les papiers d'un inconnu* (London 1816) ist der Gegensatz von Kalkül des Diskurses und unkalkulierbarer Psyche
der Figuren originell. Adolphes Vater, ein Libertin, mißbilligt die Liaison seines Sohnes mit der um zehn Jahre älteren
Emigrantin Ellénore. Diese patriarchalische Intervention,
welche Pflicht der Neigung überordnet, erledigt sich, als
Ellénore Adolphe auf ihre polnischen Güter einlädt, wo sie
der mondänen Situation, die seiner Eitelkeit schmeichelt,
beraubt ist. Seine Leidenschaft erlischt, als er sie nicht mehr
als Mätresse des Grafen P*** umwerben muß und auch
nicht mehr als ihr Beschützer gefordert ist. Ein ihr zuge-
spielter Brief informiert Ellénore über Adolphes Verrat; erschüttert überlebt sie die Täuschung nicht. Die »Frau von
dreißig Jahren«, ein neuer, vollends durch Balzac berühmt
gemachter Typus der romantischen Heldin, die auf ein un-
terwerfungsfreies Liebesglück hofft, stirbt den Seelentod.

Stendhal nennt Adolphe »marivaudage tragique«, in der Rede und Verschweigen bereits Interaktion sind. Die Anforderungen der sozialen Existenz gehen über den Widerstreit privater Empfindungen hinweg. Die Familie, repräsentiert durch den amoralischen Vater, verlangt Respekt und Anpassung. Zwischen 1805 und 1811 verfaßt Constant den autobiographischen Roman *Cécile* (ED als Fragment 1951), die unsentimental gestaltete Seelentragödie eines unentschlossenen Mannes zwischen zwei Frauen.

Werkausg.: K. Kloocke / P. Delbouille, 1993 ff.

Lit.: W. W. Holdheim, C., 1961; W. W. Holdheim, C. Seine polit. Ideenwelt u. der dt. Vormärz, 1963; U. Dethloff, Die lit. Demontage des bürgerl. Patriarchalismus, 1988; T. Todorov, C., 1997.

George Sand (d. i. Aurore Dudevant, 1804–76) flieht aus einer unglücklichen Ehe mit dem Baron Dudevant 1831 nach Paris. Hier verfaßt und veröffentlicht sie ein umfangreiches Romanwerk (mit romantischer, sozialkritischer, mondäner oder ländlicher Thematik). Sie verlagert die Widerstände, mit denen die Paare ihrer Romane kämpfen, in die soziales Unheil stiftende Institution Ehe. Dem Eheverständnis übergeordnet sind die oft tragisch endende Freiheit des Individuums und dessen Revolte gegen Zwänge, die sein Glück verhindern (*Indiana*, 1832; Ausg. B. Didier, 1964; *Valentine*, 1832; *Lélia*, 1833; *Jacques*, 1834). In der seit dem Mittelalter topischen Situation der »mal-mariée« trennt sich Indiana von ihrem Mann und wird vom Liebhaber getäuscht. Unter dem Einfluß von Pierre Leroux wendet sich Sand vom Individualroman ab und thematisiert soziale Fragen (*Le Compagnon du tour de France*, 1840; *La Mare au diable*, 1846; *François le Champi*, 1848). Bauern und Arbeiter werden als Vertreter einer natürlichen Sittlichkeit stilisiert. Nachdem sich George Sand über die politischen Ziele des Prinzen Bonaparte nach 1848 ebenso getäuscht hatte wie Hugo, zieht sie sich aus der Politik zurück und entsagt als Erzählerin in neuen Liebesromanen der sozialen Mission.

Werkausg.: 115 Bde., 1852–1926; *Œuvres autobiographiques*, G. Lubin, 2 Bde., 1970–71.

Lit.: Sonderh. RhlF 1976; J.-J. Goblot, Aux origines du socialisme français, 1977; R. Baader / D. Fricke (Hrsg.), Die frz. Autorin vom MA bis zur Gegenwart, 1979; F. van Rossum-Guyon (Hrsg.), S. Recherches nouvelles, 2 Bde., 1983–91; A. Lo Giudice, S., romanticismo e modernità, 1990; M. Hecquet, Poétique de la parabole, 1992; N. Mozet, S., 1997; U. Dethloff / F. Wolfzettel, S., *Indiana*, in: F. W. (Hrsg.), 19. Jh. Roman, 1999.

Charles-Augustin de Sainte-Beuve (1804–69), der als Kulturhistoriker und Literaturkritiker die Pariser Szene dominiert, **Alfred de Musset** (1810–57), Lyriker und Dramatiker, **Eugène Fromentin** (1820–76), Autor eines einzigen Romans, *Dominique* (1863), thematisieren die Resignation der Jugend vor dem Hintergrund der neuen, plutokratischen Dynastiebildung und staatlich geförderten Oligarchisierung. Die zeitgenössische Kritik spricht von einer »école du désenchantement«. Damit ist der Verlust sozialer Illusionen gemeint. Sainte-Beuves regressive Perspektive in *Volupté* (1834; Ausg. R. Molho, 1969) stellt den Verlust einer intakten Zeit als Erniedrigung des Ich dar. Passivität und radikale Introspektion des Helden Amaury, dessen Beziehungen zu drei Frauen psychologisiert werden, lösen die entstehenden Konflikte des frühen 19. Jh.s nicht. Mussets *La Confession d'un enfant du siècle* (1836; Ausg. Claude Duchet, 1968) ist die Krankengeschichte eines Dandys und darin verwoben der nachnapoleonischen Ära, als die Diskrepanz der durch Napoleon geweckten großen Erwartung und der mit der Herrschaft der Bourgeoisie ausbleibenden historischen Erfüllung übermächtig wird. »Un sentiment de malaise inexprimable commença donc à fermenter dans tous les cœurs.« Der von den jungen Helden beklagten staatlichen Ereignisarmut entspricht ein heuchlerischer Lebensstil. Die Generation der Söhne, deren schwarze Kleidung die Selbstinszenierung als Ebenbild Hamlets ausdrückt, begeistert sich für Figuren im Werk Byrons und Goethes.

Lit.: A. Heyvaert, L'esthétique de M., 1995.

Scott-Rezeption
und historischer Roman

Die Rezeption englischer Literatur ist seit dem frühen 18. Jh. ein Bestandteil der Internationalisierung frz. Kultur. Die begeisterte Lektüre (im Original wie in Übersetzungen) der Romane Walter Scotts (1771–1832) füllt seit 1816 in Frankreich offensichtlich ein Vakuum. Scotts Thematisierung der Vergangenheit liefert ebenso wie seine Neugliederung der Erzählrede (Dialoge, dramatische Sequenzen, Lokalkolorit durch exzessive Beschreibung) dem Publikum ein originelles Modell. Er vermischt Fiktion und Historie in der Weise, daß geschichtliche Gestalten an den Rand und erfundene Figuren, namentlich der für die Konfliktstruktur typische mittlere Held, ins Zentrum des Geschehens gestellt sind. Scott schlägt auf dem frz. Buchmarkt alle Verkaufsrekorde und wird von Hunderten junger Autoren kopiert. Vigny, Mérimée, Stendhal, Hugo und Dumas père gehen auf die neue Systemreferenz ein, akzeptieren oder verwerfen sie explizit als Orientierungsinstanz.

Unter den großen frz. Erzählern ist **Alexandre Dumas** (1802–70) der einzige, der Scotts Ideologie billigt, z. B. in *Les Trois Mousquetaires* (1844) mit dem französisch-englischen Konflikt sowie dem Machtkampf zwischen Ludwig XIII. und seinem Kardinal-Minister Richelieu. Dumas' Œuvre umfaßt ca. 300, teils von ungenannten Mitarbeitern (»nègres«) vorbereitete Romane, die durch die Verlebendigung geschichtlicher Zusammenhänge in Einzelschicksalen einen breiten Publikumsgeschmack bedienen. Dazu trägt auch die harmonisierende Funktion des Happy-Ends bei, die von anderen Romanciers als politisch wie poetisch unwahrscheinlich abgelehnt wird.

Alfred de Vignys (1797–1863) *Cinq-Mars ou une Conjuration sous Louis XIII* (1826), **Prosper Mérimées** (1803–70) *Chronique du règne de Charles IX* (1829) und **Victor Hugos** (1802–87) *Notre-Dame de Paris* (1831) dagegen legen innenpolitische Fehlentwicklungen seit dem gewonnenen Hundertjährigen Krieg, den Religions- und Bürgerkriegen des 16. Jh.s bzw. der Konstituierung der Staatsräson im Absolutismus offen. Scotts Umwandlung der Geschichte in Legende wird dazu genutzt, einem frz. Publikum, dem beim Sturz der Monarchie und des Kaisertums alle Traditionsbestände abhanden gekommen sind, Wertesysteme ex negativo zu vermitteln. Die Verschwörung gegen Richelieu scheitert, die Zeitgenossen Karls IX. aus dem Kleinadel werden in jedem Fall zu Opfern der Bartholomäusnacht, die Liebe der Zigeunerin Esmeralda und die Fürsorge des ungeschlachten Glöckners von Notre-Dame versagen angesichts der Amoral von Thron und Altar.

Lit.: K. Massmann, Die Rezeption hist. Romane Sir W. Scotts in Frankreich, 1972; A. Demandt, Metaphern für Geschichte, 1978; J. Bessière (Hrsg.), Récit et histoire, 1984; C. Bernard, Le passé recomposé. Roman historique, 1996; H. Brohm, Das Richelieu-Bild im frz. hist. Roman, 1996; W. Engler, Geschichtsroman oder hist. Roman, in: W. E. (Hrsg.), Frankreich an der Freien Universität, 1997; W. Engler, Die Bartholomäusnacht im Roman, ZfSL 1998.

Die Realismusdiskussion

Der Roman des 19. Jh.s stellt die Frage nach der Erzählbarkeit von Wirklichkeit nachdrücklicher als vorangegangene Epochen, und entsprechende Theorien sind mit einem bis dahin unbekannten Dilemma konfrontiert. Setzt man voraus, Realität könne übereinstimmend definiert werden, ist zu überprüfen, auf welche Erkenntnisweise entsprechendes Wissen zustande kommt und welche Diskursvarietäten ihr angemessen sind. Wenn das Denken mit Gewißheit nurmehr die Geschichtlichkeit seiner Inhalte festhält, wird das Prinzip Zeit auch zum zentralen Thema des Geschichtenerzählens. Erkenntnistheoretiker wie Michel Foucault (*Les Mots et les Choses*, 1966) beobachten um 1800 den Übergang von einer Weltvorstellung, in der Ordnung und Selbst vorherrschen, zum modernen Bild, das sich die postrevolutionäre Ära von der Unordnung, dem beunruhigenden Anderen, macht und das Anlaß zu geistiger »Archäologie« wird. Balzac ist erstmals Archäologe, wenn er die wirkliche Welt seiner Gestalten aus Adern ihrer Vorgeschichte deutet.

Noch ehe alle Probleme der Vergegenwärtigung der Gegenwart durch Faktoren des Gewesenen aufgerufen sind, verfügt die Theorie über das Prädikat »realistisch«. 1826 definiert der *Mercure de France* Realismus antiklassizistisch als Kunst der Naturnachahmung anstelle der Imitation von Meisterwerken; 1833 leitet Gustave Planche »realistisch« vom Lokalkolorit des historischen Romans her; 1846 wird auf Mérimées Schaffen die Bezeichnung »réaliste« angewandt. Der Pluralismus der Realismusdefinitionen scheint in der poetologischen Selbstbesinnung der Germaine de Staël keimhaft vorgebildet zu sein. Ihre romantheoretischen Ansätze markieren zwischen 1788 und 1813 eine Zäsur, die von der Wirkungsgeschichte bestätigt wird.

Für Charles de Rémusat, der sich 1819 in einem Aufsatz mit Goethe, Chateaubriand und Foscolo auseinandersetzt, erfüllt der Roman, »genre mixte« aus narrativen und dramatischen Elementen, eine Staëlsche Anforderung: »les romans sont peut-être les livres les plus vrais de l'époque«. Zwei verspätete Apologien des Briefromans, Senancours »Observations sur *Oberman*« (1894) und Étienne de Jouys Vorrede zu *Cécile ou les Passions* (1827), treiben – wider manifesten Willen – die Realismusdiskussion voran. Senancour weist wie Mme de Staël der Erlebniswelt des Roman-

helden Realität zu, beruft sich jedoch u. a. auf Montaigne,
um die Ungeordnetheit dieser Innenwirklichkeit hervorzu-
heben und die Möglichkeit ihrer dramatischen Wiedergabe
zu leugnen. Jouy verweist darauf, daß Rousseau und Mme
de Staël den Briefroman vom Typ Richardsons diskreditier-
ten, da die philosophische Betrachtung zu Lasten der dramatischen Anlage ging.

Analog zu Mme de Staël und Rémusat behauptet Vigny
in der Vorrede zu *Cinq-Mars* (1826), der neue Roman stelle
die Innenseite der Geschichte in ihren imaginierten Einzelheiten, die Historiographie die Außenseite global dar. Der
Historiker sei dem Panoramamaler, der Romancier dem
Genremaler zu vergleichen.

Im Zentrum der Romanästhetik Stendhals steht seit 1827
die Spiegelmetapher: Spiegelung der Wirklichkeit, d. h. zeitgeschichtliche Grundlegung der Romanaktion, wird glaub-
haft durch exakte und bezeichnende Details, ausgenommen
bei der Erzählung leidenschaftlicher Vorgänge. Wenn der
Wahrheitsgehalt der zyklischen Großform an den erzählten
Einzelheiten überprüfbar sein soll und die verifizierten Details das gesamte Geschehen mit in die Glaubhaftigkeit einbeziehen – Stendhals Prämisse –, sind Ausmaß und Genauigkeit der Deskription noch einer prästabilierten Sinnstruk-
tur untergeordnet.

Der naive Realitätsbegriff von 1855–57, der den Roman
mit einem »procès-verbal« identifiziert, muß sich gegen
Stendhals und Balzacs Gesamttheorien durchsetzen (Fernand Desnoyers, *Du réalisme*, 1855; Louis Duranty, Zs.
Réalisme, 1856–57; Jules Champfleury, Manifest *Le réalisme*, 1857). Zu den Errungenschaften dieser Diskussions-
phase gehören narrative Verfahrensweisen und Wirklich-
keitszusammenhänge, die in Konzeption und Praxis noch
divergieren. Poetologische Schlüsselbegriffe sind »décrire«,
»peindre«, »dramatique«, »étude«, »historique«, »imiter«,
»milieu«, »miroir«, »naturel«, »positif«, »réel«, »social«,
»type«, »utile«, »vrai«. Der Romancier rivalisiert mit dem

Philosophen, Pädagogen, Maler, Dramatiker und Historiker. In den poetologischen Reflexionen der fünfziger Jahre folgt aus der Auseinandersetzung mit dem Positivismus, aus der Einschränkung des Waltens der dichterischen Phantasie ein entschiedenes Votum für die neutrale, d. h. zurückgenommene Erzählhaltung. Einerseits berufen sich Champfleury und Duranty auf Stendhal und Balzac, andererseits klassifiziert die Literaturkritik der fünfziger Jahre Balzac als Sensualisten und Visionär und entzieht ihn der realistischen Kanonbildung.

Die rekurrente Metapher der Daguerreotypie bezeichnet andererseits die realistische Romansprache als Ablichtung. Der Realist wird seit den vierziger Jahren auch schon als Anatom, Naturforscher (»naturaliste«) und besonders abschätzig als Materialist vorgestellt. Vorwürfe der Kritik, die Narration kopiere oder vergröbere die platte Wirklichkeit, sind Teil des Immoralismusprozesses, dem der Roman – wie gleichzeitig die Malerei Gustave Courbets – unter veränderten Prämissen ausgesetzt bleibt. Typisches Merkmal der neuen Schreibweise, die für Balzac, Flaubert, die Goncourts und Zola nachzuweisen ist, ist ein spezifischer Tempusgebrauch: Die Zuordnung von Vordergrundhandlung im Passé simple sowie Hintergrundhandlung im Imparfait bleibt prinzipiell erhalten, aber das Übergewicht der Sequenzen im Imparfait signalisiert auch die Einengung individueller Ungebundenheit unter dem Druck der Verhältnisse, deutlich bei Flaubert.

Lit.: B. Weinberg, French Realism, 1937; E. Auerbach, Mimesis, 1946; M. Crouzet, Le journal *Réalisme*, 1965; R. Dumesnil, Le réalisme et naturalisme, 1965; K. Heitmann, Der Immoralismus-Prozeß gegen die frz. Lit. im 19. Jh., 1970; S. Kohl, Realismus. Theorie u. Geschichte, 1977; P. Barbéris, Aux sources du réalisme, 1978; G. Gebauer / Ch. Wulf, Mimesis, 1992; H. Mitterand, L'illusion réaliste, 1994; U. Dethloff, Frz. Realismus, 1997; Ph. Dufour, Le réalisme de Balzac à Proust, 1998.

Stendhal

Henri Beyle (1783–1842) verbringt Jahrzehnte seines Lebens in Italien, zuerst als Offizier in der Napoleonischen Armee, zuletzt als Konsul der Julimonarchie im Kirchenstaat. Im Entwurf eines Grabspruchs (*Souvenirs d'égotisme*) bezeichnet er sich als »Mailänder, der Cimarosa, Mozart und Shakespeare geliebt hat«. Sein bekanntestes – nicht sein einziges – Pseudonym, **Stendhal** (vermutlich nach Stendal in der Altmark, dem Geburtsort Winckelmanns), benutzt Beyle seit der Publikation seines dritten Buches, *Rome, Naples et Florence* (1817). Zu Lebzeiten veröffentlicht er drei abgeschlossene Romane: *Armance*, *Le Rouge et le Noir* und *La Chartreuse de Parme* sowie Erzählungen; alle anderen narrativen Werke sind als Skizzen oder Fragmente überliefert. Eine Grunderfahrung ist, daß das Streben des Individuums, das Stendhal als »âme élevée«, »âme ardente« idealisiert, durch die herrschende Ideologie und das Geld blockiert wird. Stendhal lehnt, wie Constant, den »industrialisme« ab, weil er die individuelle Selbstverwirklichung unterdrückt. Er diskutiert drei mögliche Neuorientierungen: die Geistigkeit des 18. Jh.s, als deren Sachwalter ihm die »Ideologen« gelten (Cabanis, Fauriel, Destutt de Tracy, Maine de Biran); das ideale, an der Renaissance ausgerichtete Existenzgefühl der Italiener und den Epikureismus der Happy-few.

Bemerkenswert ist, wie Stendhal in seinem letzten Brief vom 21. März 1842 an den Mitherausgeber der *Revue des deux mondes* von der Literatur als Ware spricht. Angesichts solcher kultursoziologischen Erfahrungen stellt er die Frage: In welcher Gattung ist Wahrheit mitteilbar? Bis er zum Schluß kommt, daß Wahrheit allein noch im Roman modelliert werden kann, arbeitet er an zahlreichen Dramenprojekten und spekuliert über die Reichweite der Dramatik. Im Essay »La comédie est impossible en 1836« (*Mélanges de littérature*) bekräftigt er die Exklusivität seiner erzählenden Prosa. In *Racine et Shakespeare* (1823, überarbeitete Fassung 1826; Ausg. R. Fayolle, 1970) setzt Stendhal – wie wenig später Vitet und Hugo – voraus, daß die politische Revolution stattgefunden hat und die ästhetische Neugestaltung notwendig wird:

> Die romantische Bewegung ist die Kunst, den Völkern literarische Werke vorzulegen, die geeignet sind, ihnen das größtmögliche Vergnügen zu verschaffen, weil sie dem gegenwärtigen Zustand ihrer Gewohnheiten und Meinungen angemessen sind. Dagegen legt ihnen der Klassizismus eine Literatur vor, die ihren Urgroßvätern das größte Vergnügen verschaffte.

Für sein eigenes poetisches Handeln wendet sich Stendhal der Subgattung des Zeitromans zu, der im Unterschied zum Individual- und Geschichtsroman an seiner Spiegelfunktion zu erkennen ist. Bereits in *Racine et Shakespeare* rühmt er Stücke von Goldoni und Carmontelle als »Spiegel der Natur«. In der Vorrede zum 1827 anonym erschienenen Roman *Armance*, einer unübersehbaren Kritik an der Gesellschaft der Restauration, setzt Stendhal bei seinem Publikum Einverständnis darüber voraus, daß die Komödie dem Publikum einen Spiegel vorhält, und er nimmt für den Erzähler dasselbe Recht in Anspruch, wobei er sich dagegen verwahrt, daß ein Autor beschuldigt wird, wenn sein Werk auch das Unschöne reflektiert. Die rhetorische Frage: »De quel parti est un miroir?« intendiert motivische Versachlichung der Literatur. Eine zentrale Erörterung der Spiegelmetapher leistet Stendhal in einem eingeschobenen Kommentar in *Le Rouge et le Noir*:

> Ei ja, mein Herr, ein Roman ist ein Spiegel, der sich auf einer großen Straße ergeht. Bald spiegelt er das Blau des Himmels, bald den Schlamm der Pfützen am Weg. Und der Mann, der in seiner Kiepe den Spiegel trägt, den bezichtigt Ihr der Unmoral! Sein Spiegel zeigt den Schmutz, und Ihr klagt den Spiegel an! Solltet Ihr da nicht lieber die Landstraße anklagen,

wo die Schmutzlachen liegen, oder viel eher noch den Straßenwart, der zuläßt, daß das Wasser faulig wird und Pfützen
bildet?

Rot und Schwarz, übers. von Walter Widmer,
Gütersloh: Bertelsmann [o. J.], S. 396.

Stendhal nennt *Le Rouge et le Noir* (1830; Ausg. P.-G.
Castex, 1973) im Untertitel »chronique«. *Le Rouge et le
Noir* ist als Modellierung der politischen Umstände von
1824 bis 1830 ein politischer Roman, dessen Botschaft im
November 1830, eben weil die Entwicklung dem Autor
recht gegeben hat, nun nicht mehr subversiv wirkt. Julien
Sorel tritt in eine Welt ein, zu der er soziologisch nicht gehört und die ihn deswegen fasziniert. Engagiert wird er als
»bon latiniste«, ausgestattet ist er mit den Maximen Rousseaus in den *Confessions*, den Berichten aus der Grande Armée und Napoleons *Mémorial de Saint-Hélène*. Das *Neue
Testament* und die Bibel der Ultras, Maistres *Du pape*, hat
er auswendig gelernt »et croyait à l'un aussi peu qu'à l'autre«. Sein Lebensweg wird ihm zunächst diktiert. Der Vater
verabredet mit M. de Rênal die Anstellung als Hauslehrer;
Mme de Rênal wird bald auf den Seminaristen in ihrem
Hause aufmerksam und verliebt sich in ihn. Die Liaison mit
der verheirateten, älteren Frau kann nicht von Dauer sein;
sie droht in der Kleinstadt einen Skandal zu provozieren,
und sie befriedigt zudem Juliens Ehrgeiz nicht. Das Priesterseminar in Besançon ist die nächste Etappe seines Lebensweges, der ihn durch Vermittlung eines Abbé in das
Pariser Haus des Marquis de La Mole führt. Dort kommt es
zu der tragischen Liebesgeschichte mit der neunzehnjährigen Mathilde de La Mole, zur Begegnung zweier Liebender,
die die soziale Hierarchie trennt und der Seelenadel der
Ausnahmewesen zueinander führt. Als schließlich das Leutnantpatent für M. le chevalier Julien Sorel de La Vernaye
eintrifft, der Skandal der Mesalliance vermieden scheint und
Julien sich auf dem Höhepunkt seiner Karriere sieht, emp-

fiehlt er dem Marquis, aus Verrières Erkundigungen über ihn einzuholen. Mit der Denunziation durch seine frühere Geliebte rechnet er nicht. Julien, den seine Kaltblütigkeit verlassen hat, schießt in einem Akt der nicht mehr unterdrückbaren Spontaneität in der Kirche von Verrières auf Mme de Rênal. Er wird dafür zum Tode verurteilt.

Später schreibt Stendhal an *Lucien Leuwen*, einem Gesellschaftsroman, dessen Held, der Sohn eines zunächst vermögenden, später ruinierten Bankiers, als Offizier nach Nancy und später als Sekretär eines Ministers nach Paris kommt. Gegen Ende der Romanhandlung, als Lucien in einem Ministerium unterkommt, mehren sich die Anzeichen der Amerikanisierung der frz. Politik: Wahlkampf als Spektakel, Eigennutz und Amtsmißbrauch in der Administration. Die Neue Welt evoziert nicht mehr exotische Träume, sondern eine plutokratische Schreckensvision. 1894 erscheint *Lucien Leuwen* in einer unvollständigen und ungenauen Ausgabe und erst seit 1929 in verläßlichen Editionen.

Die Arbeit an *La Chartreuse de Parme* (1839; Ausg. H. Martineau, 1961) wird durch Stendhals Beschäftigung mit der Renaissance ausgelöst. Zwei Jahre nach Napoleons Einmarsch in Mailand 1796 wird der Protagonist des Romans, Fabrice del Dongo, geboren. Als Fabrice 1815 von der Landung des Kaisers erfährt, schließt er sich seinen Truppen an und wird Augenzeuge der Schlacht von Waterloo. Später studiert er Theologie und erhält, obwohl er in Liebesgeschichten verwickelt ist, eine Stellung als Vikar in Parma. Den folgenden Roman, *Amiel*, später *Lamiel*, schließt Stendhal nicht ab. Er versucht hier erstmals, eine junge Frau als Protagonistin einzuführen. Anders als Julien und Lucien triumphiert Lamiel durch ihre lebensgierige Natürlichkeit; ihre Entwicklung zur Amazone wird ironisch erzählt.

Als 1853–56 die ersten gesammelten Werke Stendhals postum veröffentlicht werden, fehlt darin die Hälfte seiner Texte, die erst Jahrzehnte später entdeckt und ediert wer-

den. Ziemlich genau zu dem Zeitpunkt, den Stendhal als
Datum der Entdeckung seiner Originalität prognostiziert
hat: im Jahr 1880 konstatiert Paul Bourget den Nachhall eines träumerischen Individualismus der postrevolutionären
Ära in den zeitgenössischen Romanen (*Essais de psychologie
contemporaine*, 1883). Als Lebenshilfe nach der Katastrophe des Deutsch-Französischen Kriegs gelesen, dient Stendhals Œuvre dem Aufbau eines neuen Energiekults. Die
politische Rechte eignet sich Stendhal an; Nietzsche entklei-
det diese Mythologie ihrer geschichtlichen Ursache und
schreibt Stendhals Anthropologie in seine Eliteidee ein.

Werkausg.: H. Martineau, 79 Bde., 1927–37; V. Del Litto / E. Abrava-
nel, 50 Bde., 1972–74.

Lit.: V. Del Litto, Bibliogr. Stendhalienne, 1943 ff.; G. Blin, S. et les
problèmes du roman, 1954; F. W. J. Hemmings, S., 1964; V. Del Litto, Album S., 1966; P. Trout, La vocation romanesque de S., 1970; Sh. Felman,
La folie dans l'œuvre romanesque de S., 1971; H. Friedrich, Drei Klassi-
ker des frz. Romans, 1973; K. Heitmann, Der frz. Realismus von S. bis
Flaubert, 1979; M. Crouzet, S. et le langage, 1981; M. Guérin, La politi-
que de S., 1982; M. Crouzet, La poétique de S., 1983; H. Jacobs, S. u. die
Musik, 1983; M. Crouzet, Raison et déraison chez S., 2 Bde., 1984; Ch.
Weiand, Die Gerade u. der Kreis, 1984; M. Crouzet, Quatre études sur
Lucien Leuwen, 1985; M. Crouzet, S. ou Monsieur Moi-Même, 1990;
D. Diefenbach, S. u. die Freimaurerei, 1991; M. Reid, S. en images, 1991;
V. Del Litto (Hrsg.), S., Paris et le mirage italien, 1992; M. Nerlich, S.,
1993; M. Crouzet, *Le Rouge et le Noir*, 1995; Ph. Bertier, Espaces sten-
dhaliens, 1997; J. D. Crémin, Selfhood, Fiction and Desire in S.'s *Vie de
Henry Brulard* and *Armance*, 1998.

Balzac

Honoré de Balzac (1799–1850), dessen Familie – der Vater ist
Verwaltungsbeamter – 1814 Tours verläßt und nach Paris
zieht, beginnt 1818, während seines Jurastudiums, zu schreiben: eine Cromwell-Tragödie, historische Romane, politische Essays. Als Geschäftsmann engagiert er sich in der Produktion von Lettern und im Druckereigeschäft; 1825 veran-

staltet er u. a. eine Molière-Ausgabe. 1828 beginnt seine immense Verschuldung, die zwanzig Jahre lang das Tempo seiner schriftstellerischen Aktivitäten als »Literaturmaschine« (Brief vom 18. August 1831) bestimmen wird.

Im März 1829 signiert er seinen ersten Roman, der auch der erste ist, der in die *Comédie humaine* eingehen wird: *Le Dernier Chouan ou la Bretagne en 1800*. 1832 verteidigt er legitimistische Positionen. Dabei wendet er sich, wie Hugo und Stendhal, bei allem Gegensatz ihrer politischen Ziele, gegen die ungehemmte Bereicherung der Industriebarone, Kaufleute und Bankiers. Balzac entwirft dazu eine eigene Sozialtypik. Je nach Energievorrat nähern sich die Figuren dem ökonomischen und spiegelbildlich dem moralischen Erfolg, oder sie werden Opfer ihrer Monomanie. Der Geizige – Eugénie Grandets Vater – ahnt, daß Genuß Lebenskraft vernichtet; er hat daher mit dem Typus des Geizigen in der Komödie Molières nichts gemein. Balzac sieht im Sieg des Liberalismus keinen gesellschaftlichen Fortschritt, weil er im wirtschaftlichen Konkurrenzdenken Rivalitäten entfesselt, die nationale Energie vernichten. Er wünscht sich für Frankreich eine vernünftige Monarchie, die solche Kräfte bändigt. Gleichzeitig beschäftigt er sich mit saintsimonistischen Doktrinen. Er stimmt mit ihrer Forderung nach der humanitären Funktion der Kunst prinzipiell überein, beharrt andererseits auf der Verteidigung des Privateigentums. Balzac thematisiert in *Le Médecin de campagne* (1833; Ausg. M. Allem, 1965) und *Le Curé de village* (1841) ein Konzept zur Neuorganisation der Ökonomie, das den »industriels«, d. h. allen Produzierenden, gesellschaftlichen Vorrang gewährt, ohne den Mikrokosmos Familie zu beschädigen.

Eugénie Grandet (1834; Ausg. P.-G. Castex, 1965), durch die Metapher »tragédie bourgeoise« als neuer Erzähltypus klassifiziert, lenkt zunächst das Mitleid des Lesers auf die Leiden der Titelheldin, die als Variante der topischen Figur der »femme victime« verstanden werden kann, während das

Verhalten ihres Vaters Schrecken verbreitet. Grandet, der Geiz und Jungfräulichkeit als ethische Entscheidungen zur Bewahrung der Energiemenge, die einem Individuum zugemessen ist, versteht, verhindert sowohl eine Geldheirat als auch eine Liebesverbindung seiner Tochter Eugénie; als Erbin seines Millionenvermögens verdammt sich das alte Mädchen schließlich zur Askese.

Die manisch verstiegene Mutter- (*La Femme de trente ans*, 1835) und Vaterliebe (*Eugénie Grandet*; *Le Père Goriot*, 1835) sind Modellierungen geschichtlich entstandener Entartungen einer im Idealfall beispielhaften Hierarchie, die die Familie wie den Staat strukturiert. Intertextuell verstanden ist der *Père Goriot* (Ausg. P. Citron, 1966; Ph. Berthier, 1995) eine Replik auf den Lear-Stoff bei Shakespeare mit narrativen Mitteln, referentiell verstanden eine Gestaltung der Verdinglichung des Lebens durch die Geldfrage. Balzac formuliert in einer Notiz die Fabel des Romans: »Gegenstand des ›Vater Goriot‹ – ein wackerer Mann – bürgerliche Pension – 600 Francs Rente – hat alles hergegeben für seine Töchter, die beide 50 000 Francs Rente beziehen – stirbt wie ein Hund.« Für die Bauform wie die motivische Breite des Romans ist die Rolle des Studenten der Rechtswissenschaft, Rastignac, in doppelter Weise wichtig. Die Figur ist mit der eleganten Welt verbunden, aus der Goriot durch die Verarmung verdrängt wird, und sie vergleicht dessen Deklassierung mit der Weltsicht, die ihm der geheimnisvolle Verbrecher Vautrin vermittelt. Vautrin lehrt Rastignac, wie Reichtum alle Skrupel beseitigt. Als Vertrauter Goriots, Schüler Vautrins und Liebhaber der leichtlebigen Delphine, einer der beiden Töchter Goriots, bereitet Rastignac die Eroberung der Pariser Gesellschaft vor, deren in Allegorien veranschaulichte Ordnungsfaktoren »obéissance«, »lutte« und »révolte« (die Familie, die Welt, Vautrin) er kennt. Die Schlußszene des Romans zeigt ihn nach der Beisetzung Goriots.

Rastignac war allein. Er ging einige Schritte auf die Anhöhe des Friedhofes zu und schaute auf Paris, das sich mit seinen Windungen und Krümmungen an den beiden Ufern der Seine entlangzog und wo die Lichter zu funkeln begannen. Seine Augen blieben fast gierig zwischen der Säule auf der Place Vendôme und dem Invalidendom haften, dort, wo die schöne Welt lebte, in die er hatte eindringen wollen. Er schenkte diesem summenden Bienenkorb einen Blick, der im voraus allen Honig daraus zu saugen schien, und sprach die großartigen Worte: »Und jetzt zu uns beiden!«

Und um den Kampf gegen die Gesellschaft aufzunehmen, begab sich Rastignac zu Madame de Nucingen zum Diner.

> Vater Goriot, übers. und hrsg. von Elisabeth
> Kuhs, Stuttgart: Reclam, 1988, S. 321.

Erzähltechnisch steht Balzacs Narrativik jetzt am entscheidenden Reflexionspunkt über die poetische Gliederung eines Zyklenromans. Er praktiziert von nun an die Wiederkehr wichtiger Figuren: Rastignac erscheint später als Minister, Vautrin kreuzt zunächst Rastignacs, dann Lucien de Rubemprés Lebensweg. Daneben bereitet er durch die Koordinierung der Einzeltitel in »études« und »scènes« bei gleichzeitiger methodischer Trennung in *Études de mœurs*, *Études philosophiques* und *Études analytiques* den Romanzyklus *La Comédie humaine* vor, der schließlich 92 Romane und Novellen umfaßt (17 Bde., 1842–48; 23 Bde., 1853–55; Ausg. P.-G. Castex, 12 Bde., 1976–81). 1840 kündigt Balzac die *Comédie humaine* als »histoire de la société peinte en action« an, die *Divina Commedia* Dantes und Molières Leistung sind darin konnotiert.

Das umfangreiche Avant-Propos zur *Comédie humaine* vom Juli 1842, das ursprünglich George Sand hätte schreiben sollen, orientiert sich an der Historie und an zeitgenössischen Gesellschafts- und Naturwelttheorien. Die Gesellschaft, die den Menschen zum Individuum bildet und ihn dadurch gefährdet, unterscheidet sich von der Tierwelt durch die artenunspezifische Rolle der Frau (»la femme ne se trouve pas toujours être la femelle du mâle«) und das Wirken des Zufalls. »L'État social a des hasards que ne se permet pas la Nature, car il est la Nature plus la Société.« Generell nennt Balzac als Thema seines Werks »les hommes, les femmes et les choses, c'est-à-dire les personnes et la représentation matérielle qu'ils donnent de leur pensée; enfin l'homme et la vie«. Er würdigt die Leistung des historischen Romans, da es Scott gelungen ist, die Narration mit dem Rang einer philosophisch verstandenen Historie auszustatten, doch versäume er es, die Einzelromane zur »vollständigen Geschichte zu koordinieren«, in der jedes Kapitel einen Roman und jeder Roman eine Epoche darstellt.

1843 erscheint der seit 1837 geplante Desillusionsroman *Les Illusions perdues* (Ausg. M. Bouteron, 4 Bde., 1952). Er bildet zusammen mit *Le Rouge et le Noir* und *L'Éducation sentimentale* über dem Thema der Enttäuschung eine spezifische Intertextualität aus. Lucien Chardon aus Angoulême rechnet, ebenso wie sein begabter Freund David Séchard, mit einer gesellschaftlich aussichtslosen Existenz. Für den Sohn eines Apothekers und einer mittellosen Adligen wird das ereignislose Leben in der Provinz dadurch noch qualvoller, daß die Stadt in zwei feindliche soziale und ökonomische Gebiete zerfällt: »En haut la Noblesse et le Pouvoir, en bas le Commerce et l'Argent«. Indem Lucien, wie Rastignac im *Père Goriot*, in die Rolle des Grenzgängers zwischen den Schichten versetzt wird, sind soziale Kontroversen als signifikantes Schicksal eines interessanten Individuums erzählbar. Die Kapitalisierung der gesamten Existenz betrifft die Provinz wie die Hauptstadt, aber in Paris setzt sie ein Tempo frei, das Lucien zur Sisyphosarbeit verdammt, falls er als Journalist und Dichter vom Ertrag seiner Feder leben will. Zwei unvereinbare mythische Substrate treffen aufeinander: die Aufsteigerideologie im Zeichen Napoleons und die Establishmentideologie, die aus der Perspektive des alten wie des Napoleonischen Adels, aber auch aus der der Bourgeoisie, Parvenus nicht dulden kann. Paris ist der Ort, wo Herrschaftsspiele, etwa durch Kleidersprache, Etikette oder einen Konversationsstil, in Herrschaftskämpfe umschlagen, Paris ist die Arena, in der Lucien keine Chance hat, weil in ihr nur Herkulesnaturen bestehen können. Balzac wiederholt in *Splendeurs et Misères des courtisanes* (1838–48; Ausg. P. Barbéris, 1973) die Lebensgeschichte Luciens, die zum Gegenstand einer Justizakte über den Komplizen Vautrins geworden ist. Nur noch Luciens verschwenderischer Lebenswandel interessiert, nicht mehr die schriftstellerische Ambition.

Im unvollendeten Bauernroman *Les Paysans* (ED 1855) revidiert Balzac den früheren saint-simonistischen Optimismus. Die Narration handelt von der Krisenanfälligkeit des Agrarstaats Frankreich. Schauplatz des Geschehens ist Burgund, Romanzeit sind die Jahre 1823–37. Montcornet, ein Napoleonischer General, während des Empire geadelt, hat das Landgut »Les Aigues« erworben. In der Auseinandersetzung von Feudaladel, Geldgeber und insbesondere ländlichem Proletariat, das die Aufteilung des Grundbesitzes fordert, unterliegt Montcornet ökonomisch wie moralisch. Er verzichtet auf das Land, das ihm als Alterssitz dienen sollte.

Im 1846 mit großem Erfolg veröffentlichten Doppelroman der *Parents pauvres* (*Cousine Bette*, *Cousin Pons*) führt Balzac eine andere Familiendynamik vor. Hier zersetzen groteske bzw. gehässige Schmarotzer die oberflächlich moralische Struktur; sie dringen von außen in bereits anfällig gewordene besitzbürgerliche Sphären ein. Der Kunstsammler Pons repräsentiert eine versunkene Epoche, Lisbeth, gen. Bette, beschleunigt die Selbstzerstörung des Patriarchen Hulot, seit sie ihres »Schatzes«, des Bildhauers Steinbock, beraubt wird.

Als Hippolyte Taine 1858 im *Journal des débats* Balzac mit Shakespeare vergleicht, bedeutet dies die postume Kanonisierung der *Comédie humaine*, deren Wirkung vor allem England und seit 1833 Deutschland erfaßt hat. Die ge-

läufige Formulierung, Balzac sei der Mythologe einer imaginären Gesellschaft von Raub- und Beutetieren, trifft seine
Apologie sowie Satire einer naturanalogen Gesellschaftsent-
wicklung. Pathetisch verteidigt Balzac Familie und Monarchie als Stabilisationsfaktoren, doch im Roman stellt er sie
in dieser Funktion positiv nicht dar. Die Grenzgänger sind
interessanter gezeichnet als die Seßhaften, die nach Status
strebenden verlorenen und verführten Söhne faszinierender
als die Patriarchen.

Lit.: P. Barbéris, B. et le mal du siècle, 2 Bde., 1970; P. Barbéris, B. Une
mythologie réaliste, 1971; R. Beilharz, B., 1979; F. Wolfzettel, Balzac-
forschung 1967–1977, RZLG 1978; W. Eitel, B. in Deutschland, 1979;
H.-U. Gumbrecht / K. Stierle / R. Warning (Hrsg.), B., 1980; F. Wolfzettel, B., in: W.-D. Lange (Hrsg.), Frz. Lit. des 19. Jh.s, Bd. 2, 1980; Ch.
Strosetzki, B.s Rhetorik und die Literatur der Physiologien, 1985;
R. Beilharz, Sept ans de recherches balzaciennes en Allemagne (1978–
1984), Œuvres et Critiques 11,3, 1986; F. Wolfzettel, La renommée de
B. en Espagne après le naturalisme et chez quelques auteurs de la génération de 1898, Œuvres et Critiques 11,3, 1986; J. Küpper, B. u. der Effet
de réel, 1986; A. Kablitz, Erklärungsanspruch u. Erklärungsdefizit im
Avant-Propos von B.s *Comédie humaine*, ZfSL 1989; R. Klein, Kostüme
u. Karrieren. Zur Kleidersprache in B.s *Comédie humaine*, 1990; N. Mozet, B. au pluriel, 1990; A. Rosa / I. Tournier, B., 1992; P. Sipriot, B. sans
masque, 1992; St. Vachon (Hrsg.), B. Une poétique du roman, Colloque
1994, 1996; R.-A. Courteix, B. et la Révolution française, 1997; H. Pfeiffer, B.s Parasiten, in: B. Wehinger (Hrsg.), Konkurrierende Diskurse,
1997; M. Ambrière-Fargeaud, B. et la recherche de l'absolu, 1999;
W. Engler, B., in: F. Wolfzettel (Hrsg.), 19. Jh. Roman, 1999.

Phantastische Geschichten

Für die Aufwertung des Irrationalen leistet **Jacques Cazotte**
(1719–92) mit *Le diable amoureux* (1772) Wichtiges; er erzählt eine Märchenintrige im Diskurs der alltäglichen Liebesgeschichte. Der verliebte Teufel ist die schöne Biondetta,
der Don Alvarez, Typ des faustischen Menschen, verfallen
ist. Unwirkliches ist in der Narration vom Realen nicht ab-

gesetzt, dadurch wirkt die diabolische Faszination der Verführerin auf den Teufelsbündner noch stärker.

Die Forschung unterscheidet seit Castex in Frankreich drei Arten des phantastischen Erzählens: 1) Das Geheimnisvolle wird am Ende überraschend durch natürliche Zusammenhänge erklärt. 2) Es korreliert mit einer besonderen Bewußtseinslage des Helden und verschwindet mit deren Veränderung (Nodier, Borel und Nerval pflegen diese Perspektivierung des Phantastischen ebenso wie Gautier, Sue und Abel Hugo). 3) Das Mysteriöse kann als unbezweifelbare höhere Wahrheit vorgestellt werden, die unabhängig von der Perzeption intakt bleibt. Dies ist die E.T.A. Hoffmann (Übersetzungen seit 1829) zugesprochene Innovation. Das Phantastische als dichterisches Thema setzt voraus, daß Wissenschaftsgläubigkeit und Fortschrittspessimismus aufeinander stoßen. Für viele Autoren ist Hoffmann der Antipode zu Walter Scott und damit die Instanz, durch die abbildende Poetik zurückgewiesen wird.

Charles Nodier (1780–1844) steht am Beginn einer Strömung, die über Nerval bis zu den Surrealisten reicht. Durch seine Kenntnisse der deutschen Literatur entdeckt Nodier neue poetische Verfahren zur Modellierung der Überwirklichkeit und Innerlichkeit, in denen sich Transzendentes äußert. Ausdrücklich optiert er für Thematik und Bauform der Legende und des Märchens. Die organologische Zeit, eine der wesentlichen Universalien der Romantik, liegt auch Nodiers Vorstellung von der Lebenszeit der Individuen und Völker sowie dem an Ballanche orientierten Glauben an die Wiedergeburt zugrunde. Rekurrente Motive sind Ideallandschaft, Spukschloß, Kobold, Teufelspakt, Doppelgänger und Erlösung durch die Geliebte (*Baptiste Montauban*, 1833; *Contes*; Ausg. P.-G. Castex, 1961).

Wie später Baudelaire, Rimbaud, Cocteau, Artaud und Michaux versucht **Théophile Gautier** (1811–72), mit Hilfe von Drogen ein künstliches Paradies zu schaffen (*La Pipe d'opium, Le Club des haschichins*, 1866). In *Le Roman de la* *momie* (1858) vermischt er bei der Gestaltung der Flucht des jüdischen Volkes aus Ägypten die Erzählweisen des historischen und des phantastischen Romans.

Prosper Mérimée (1803–70) weist sich 1837 mit *La Vénus d'Ille*, der geheimnisvollen Geschichte von einer Statuenhochzeit, als Meister der phantastischen Novelle aus. Der Erzähler, ein Archäologe, hält sich in den östlichen Pyrenäen auf, um die vieldeutige Inschrift einer Venusstatue zu entziffern. Während eines Ballspiels steckt ein junger Katalane der Figur einen Ring an, der für seine Braut bestimmt ist, und will ihn zurückholen, als er ihn bei der Trauung benötigt. Venus hat jedoch den Finger gekrümmt und gibt den Ring nicht mehr her. Am Morgen danach wird der Bräutigam erwürgt aufgefunden, der Ring liegt im Zimmer.

Gemessen an Mérimées subtiler Darstellung des Übersinnlichen sind die von schwarzem Humor, Frenesie und pikareskem Galgenhumor durchsetzten *Contes immoraux* (1833) und der *Putiphar*-Roman (1838) von **Pétrus Borel** (1809–89) auf Sensation angelegt. Er überspannt die Kunstidee des Grotesken und bereitet als makabrer Humorist die phantastischen Geschichten von **Jules Barbey d'Aurevilly** (1808–89) und **Auguste Villiers de l'Isle-Adam** (1838–89) vor. Villiers de l'Isle-Adam veröffentlicht 1883 die *Contes cruels* und 1886 *L'Eve future*, seine Version des Pygmalionstoffs (die Liebe zu einem Roboter, der bei einem Schiffsbrand zerstört wird). Der Übergang zur Science-fiction von Jules Verne ist eingeleitet.

Gérard de Nerval (1808–55) bewältigt den Widerstand der unpoetischen Wirklichkeit, indem eine magische Harmonie die Poesie begründet. Der Mythos des Ewigweiblichen in der Traumgestalt der Geliebten (*Sylvie, Aurélia ou le rêve de la vie*, 1855) verliert jedoch die erlösende Funktion des Archetypus. Den Entwurf einer Theorie der »correspondances«, die Aufwertung der Nachtseiten des Lebens als eigentlicher Sphären der Existenz, nimmt Nerval aus dem Illuminatentum. Beispielhaft schildert die Erzählung

L'Histoire du calife Hakem (1847) die Biographie eines Religionsstifters im 11. Jh. auf der Grundlage des Doppelgängermotivs und des Drogengenusses.

Lit.: P.-G. Castex, Le conte fantastique en France, 1951; J. Schulze, Enttäuschung und Wahnwelt. Ch. Nodier, 1968; Ch. Wehr, Imaginierte Wirklichkeiten. Untersuchungen zum »récit fantastique« von Nodier bis Maupassant, 1997; F. Court-Pérez, Gautier, un romantique, 1998; X. Darcos, Mérimée, 1998; A. Fonyi (Hrsg.), Mérimée, 1999.

Populärromane

Der Begriff »roman populaire« wird seit 1865 verwendet; er bezeichnet Boulevardliteratur, Massenliteratur, Trivialliteratur. Diese Romane werden zunächst meist kapitelweise im Feuilleton (unteres Drittel der ersten Seiten, »unter dem Strich«, frz. »rez-de-chaussée«) von Tages- und Wochenzeitungen veröffentlicht und erreichen so einen größeren Leserkreis. Dabei kann von Massenpresse vor der Jahrhundertmitte noch nicht die Rede sein; dies bestätigen die Auflagenziffern: *Le Siècle*, die größte Tageszeitung, erscheint 1845 in 35000, *Le Journal des débats* in 10000 Exemplaren. In Lesekabinetten oder Cafés kann die Presse gegen eine geringe Stundengebühr oder umsonst eingesehen werden. Erst in den ausgehenden sechziger Jahren sinken die Preise, und Boulevardblätter mit einer Auflage von über 200000 Exemplaren erscheinen (*Le Petit Journal*, *Le Petit Moniteur*, *La Petite Presse*). Sie veröffentlichen gelegentlich zwei Fortsetzungsromane parallel, Publikumsmagneten sind Ponson du Terrail und Émile Gaboriau. Mit der uneingeschränkten Pressefreiheit seit 1881 steigt das Unterhaltungsbedürfnis der Leser. Jules Vallès veröffentlicht in seinem Kampfblatt *Le Cri du peuple* reißerische Sensationsromane.

Die Populärromane fordern eine geringe Aufmerksamkeitsleistung; sie führen Beschwichtigung und Rührseligkeit herbei durch peripetienreiche Konflikte sowie harmonische

Handlungsausgänge. Bei der Konstruktion von Rätselstrukturen, durch die Spannung aufgebaut und zurückgenommen wird, bedienen sich die Autoren archaischer Mo-
tivkomplexe von Verfolgung und Rettung, Verirrung im
Labyrinth der Unterwelt, des Dschungels von Paris, London oder Marseille (Sue) oder des Meeresgrunds (Verne).
Der Abstieg in die Geheimnisse von Paris, zu denen Sue
einlädt, wendet sich an Leser von Scott und vor allem
Cooper. Die Brutalität der Pariser Unterwelt, die Hugo in
Notre-Dame de Paris noch als Produkt des barbarischen
Mittelalters relativiert, ist bei Sue und Zola nicht minder
schockierend als der Überlebenskampf im Urwald der Bio-
logen. Dabei wird dem Juste milieu bestätigt, daß Disziplin
und Sittlichkeit, wie die Familie sie garantiert, sowie Tüch-
tigkeit grundsätzlich vor dem sozialen Chaos, ausgelebt in
sexueller Hemmungslosigkeit, schützen. Diese Botschaft
geht in der 2. Hälfte des 19. Jh.s an die Adresse der Deklassierten. Wo, vor allem seit der gescheiterten Februarrevolution von 1848, die Zukunftslosigkeit des städtischen und
ländlichen Proletariats thematisiert wird, ist der vierte Stand
als gefährlich, weil in seiner Mentalität und Lebensführung
systemwidrig, gezeichnet.

Lit.: A. Nettement, Études critiques sur le feuilleton-roman, 2 Bde.,
1847; Le roman-feuilleton, Sonderh. Europe 1974; M. Angenot, Le roman populaire, 1975; U. Schulz-Buschhaus, Formen und Ideologien des
Kriminalromans, 1975; H. Kreuzer (Hrsg.), Literatur für viele, 1976;
H.-J. Neuschäfer, Populärromane im 19. Jh., 1976; Y. Allard, Paralittéra-
tures, 1979; H.-J. Neuschäfer / D. Fritz-El Ahmad / K.-P. Walter, Der
frz. Feuilletonroman, 1986.

Charles-Paul de Kock (1793–1871) veröffentlicht zahlreiche Vaudevilles und Romane, seit 1836 im Feuilleton, die
sich durch humorvoll gemeinte Vermischung von Sentimen-
talität und Grobianismus auszeichnen (*Gustave*, 1821; *Mon
Voisin Raymond*, 1822; *La Laitière de Montfermeil*, 1827;
La Pucelle de Belleville, 1834; *Mœurs parisiennes*, 1837;

L'Homme aux trois culottes, 1841). Die Protagonisten stammen überwiegend aus dem Kleinbürgertum. Flaubert nennt Kock ausdrücklich als sein negatives Vorbild, als Modeautor bestätige er die Träume der Bourgeoisie.

Werkausg.: 299 Bde., 1902–05.
Lit.: S. Wegener, Das Romanwerk K.s, 1980.

Eugène Sue (1804–57), seit 1829 Autor von Abenteuer- und Schauergeschichten, verfaßt die ungewöhnlich erfolgreichen Fortsetzungsromane *Les Mystères de Paris* (1842–1843) und *Le Juif errant* (1844–45), sozialkritische Geschichten aus der Elendskultur für Leser in den Salons, die den Stil des »roman noir« genießen. In *Les Mystères de Paris* wirkt Großherzog von Gerolstein inkognito als Apostel der Gerechtigkeit und identifiziert schließlich in der unheimlichen Unterwelt seine eigene Tochter. In *Le Juif errant* verhindert der Jesuitenorden, moderne Inkarnation eines Ungeheuers, daß alle Erben einer sagenhaften hugenottischen Hinterlassenschaft von 1682, die 1832 eröffnet wird, in Paris zusammenkommen. Zu ihnen zählt der Wohltäter Hardy, der im Sinne des utopischen Sozialismus eine Arbeiterkommune organisiert.

Lit.: N. Atkinson, S. et le roman-feuilleton, 1930; H. Grubitzsch, Materialien zur Kritik des Feuilleton-Romans. *Die Geheimnisse von Paris* von Sue, 1977; W. Hirdt, S., in: W.-D. Lange (Hrsg.), Frz. Lit. des 19. Jh.s, 1979; Sonderh. Europe 1982; W. Hülk, Als die Helden Opfer wurden, 1985.

Frédéric Soulié (1800–47) schreibt Werke im drastischen Stil des Schauerromans, in denen es um Entehrung, versagte Rehabilitierung, Mesalliance, Jagd auf Mitgift und Selbstmord geht (*Les Deux Cadavres*, 1832; *Les Mémoires du diable*, 1837–38; *Le Lion amoureux*, 1839; *Les Drames inconnus*, 1844; *La Lionne*, 1846); in Zusammenarbeit mit Dumas père verfaßt er Melodramen.

Émile Souvestre (1806–54), Autor des Manifests *Du roman* (1836), greift mit *Les Réprouvés et les Élus* (1845) frühsozialistische Arbeitstheorien auf; später verfaßt er *Un philosophe sous les toits* (1851) und *Confession d'un ouvrier* (1851).

Paul Féval (1817–87) ist der Autor von *Les Mystères de Londres* (1843–44), der englandfeindlichen Replik auf Sues *Mystères de Paris* (weitere Titel: *Le Club de Phoques*, 1841; *Le Fils du diable*, 1847; *Le Capitaine Fantôme*, 1862).

Octave Feuillet (1821–90) wird mit seinem Opus aus Unterhaltungsdramen und Trivialromanen zum Modeautor des Bürgertums (*Le Roman d'un jeune homme pauvre*, 1857; *Un mariage dans le monde*, 1875; *La Veuve*, 1884; *Honneur d'artiste*, 1890).

Georges Ohnet (1848–1918), Chefredakteur des *Constitutionnel*, ist mit Romanen erfolgreich, die stereotype Spannungen zwischen Unter- und Oberschicht dadurch entschärfen, daß die Lebenstüchtigkeit des Aufsteigers vom Adel gewürdigt wird (*Le Maître de forges*, 1882; *Les Batailles de la vie*, 1881–1901).

Émile Gaboriau (1835–73), vielgelesener Autor von Kriminalromanen (*L'Affaire Lerouge*, 1866; *Le Crime d'Orcival*, 1866; *Les Gens de bureau*, 1867; *La Vie infernale*, 1870) steigerte mit seinem *M. Lecoq* 1868 die Auflage des *Petit Journal* um fast zehn Prozent.

Jules Verne (1828–1905) ist der erste Erzähler der Fortschrittsgläubigkeit im technischen Zeitalter, von der er in seinem Spätwerk Abstand nimmt. In der neuen Subgattung Science-fiction verarbeitet er die Möglichkeiten der Ballonreise, des Eisenbahn- und Schiffsverkehrs. Mit dem Appell an die naturwissenschaftliche Vorstellungskraft leitet Verne die motivische Neuorientierung des Abenteuerromans ein (*Cinq Semaines en ballon*, 1863; *Voyage au centre de la terre*, 1864; *Le Tour du monde en 80 jours*, 1873).

Lit.: F. Wolfzettel, V., 1988; O. Dumas, V., 1990.

7. Gesellschaftstheorie
und Kulturkritik

Zwischen 1789 und 1848, nach der zunächst euphorischen, später bitteren Erfahrung mit dem Bonapartismus und drei ungleichen Revolutionen, konstituiert sich in Frankreich eine kritische Öffentlichkeit, die sich der vermehrt gegründeten Zeitschriften und Tageszeitungen bedient zur Veröffentlichung von Narrativik (z. B. Sues Romane im *Journal des débats* und im *Constitutionnel*), von Sozialkritiken (Victor Hugo in *La Presse*) oder von Theater- und allgemeinen Literaturkritiken (z. B. Sainte-Beuve im *Constitutionnel* und im *Moniteur*). Einerseits kommt die Intelligenz dadurch zu Ansehen, lukrativer Honorierung und Macht über Karrieren, andererseits gerät sie in Abhängigkeiten und kann Gegner und Verbündete nicht mehr eindeutig anvisieren. Sainte-Beuves mondäner Gang durch die Institutionen, sein wechselndes Selbstverständnis als Liberaler und schließlich kaiserlicher Senator illustriert dies. Das Dilemma manifestiert sich auch bei den im nachhinein als »Frühsozialisten« bezeichneten Sozialromantikern, die sich mit utopischen Visionen für eine bessere Zukunft der Gemeinschaft engagieren. Ihre geschichtsphilosophischen Systeme ermöglichen die Begründung der Soziologie in Analogie zu Klassifizierungsmethoden der Biologie.

Der Graf **Claude-Henri de Rouvroy de Saint-Simon** (1760–1825) ist der erste Gesellschaftstheoretiker, der den Spielraum der Politik von der Ökonomie ableitet und die Vollendung des revolutionären Staatssozialismus religiös begründet (*Du système industriel*, 1821–22; *Catéchisme des industriels*, 1823–24; *Le Nouveau Christianisme*, 1825). Die ideale Gesellschaft entstehe durch die soziale Ächtung jedes parasitären Status (Klerus, Adel, Militär, Juristen) und die Machtergreifung aller produktiv Tätigen, die Saint Simon »industriels« nennt. Der saint-simonistische Kunstbegriff

des »art social« modifiziert die romantische Ausdrucksästhetik durch das Prinzip Engagement.

Lit.: S. Alexandrian, Le socialisme romantique, 1979; F. Wolfzettel
(Hrsg.), Der frz. Sozialroman des 19. Jh.s, 1981.

Pierre Leroux (1797–1871), Mitbegründer wichtiger Zss.,
darunter *Le Globe* (1824–32), löst das Prinzip Solidarität
von der religiös gebotenen Barmherzigkeit ab und prägt dafür den politischen Begriff »socialisme« (*De l'égalité*, 1838;
*Discours sur la situation actuelle de la société et de l'esprit
humain*, 1847; *De la ploutocratie*, 1848). Ideologische Ausstrahlung hat er auf George Sand, Lamartine und Victor
Hugo.

Lit.: J.-J. Goblot, Aux origines du socialisme français, 1977.

Klassenkämpferische, teilweise noch auf Rousseau bezo-
gene Visionen finden sich bei **Charles Fourier** (1772–1837;
Ausg. S. Debout, 7 Bde., 1967), der Genossenschaften von
Selbstversorgern plant, die gewerblichen und bäuerlichen
Tätigkeiten nachgehen (»phalanstères«). Die soziale Harmonie dieser Zusammenschlüsse sieht Fourier in Analogie
zur kosmischen Harmonie; diese visionäre Komponente
weckt Interesse bei den Dichtern Leconte de Lisle und André Breton, Autor einer Ode auf Fourier. Anhänger Saint-
Simons und Fouriers ist neben Étienne Cabet, Louis Auguste Blanqui und Victor Considérant vor allem **Louis
Blanc** (1811–82), der in seiner *Histoire de dix ans, 1830–
1840* (4 Bde., 1844) erstmals das Prinzip des Klassenkampfs
beschreibt und mit seinen staatssozialistischen Vorstellungen ein Massenpublikum erreicht. 1848 ist er Mitglied der
provisorischen Regierung, danach geht er für 23 Jahre ins
Exil.

Lit.: R. Barthes, Sade, F., Loyola, 1970; M. C. Spencer, F., 1981; J. F.
Beecher, F. the Visionary and His World, 1986; S. Debout, L'utopie de F.,
1998.

Der Priester **Félicité Robert de Lamennais** (1782–1854) leitet ähnlich wie Saint-Simon und Fourier die Ästhetik aus der Schönheit des Weltenplans ab. Er entfernt sich von konservativen theologischen Positionen durch das Bekenntnis zur absoluten Gewissensfreiheit und zum politischen Liberalismus sowie durch die deistische Verteidigung der Republik (Zs. *L'Avenir*, 1830–31; *Paroles d'un croyant*, 1834; *Esquisse d'une philosophie*, 4 Bde., 1840–46). Er bereitet die später verkündeten Soziallehren der Kirche vor. Zunächst wird er jedoch durch päpstliche Enzykliken verurteilt. Seine Gesinnungsgenossen sind Charles de Montalembert, Henri Lacordaire, Maurice de Guérin und Philippe-Joseph Buchez.

Lit.: J.-R. Derré, L., ses amis et le mouvement des idées, 1962; L. Guillou, L'évolution religieuse de L., 1969.

Mit weniger Idealismus und mehr Skepsis als seine Vorgänger setzt sich **Joseph Proudhon** (1809–65) für eine Sozialreform ein, die auf den Werten der Arbeit, der Gerechtigkeit und Wissenschaftlichkeit basiert. An die Stelle des Zentralstaats sollen Föderationen treten. Fortschritte seien ohne gerechte Eigentumsverhältnisse und die Kompensation der kriegerischen Instinkte des Menschen nicht zu erreichen (*Système des contradictions économiques*, 2 Bde., 1846; *De la justice dans la Révolution et dans l'Église*, 1858; *La Guerre et la Paix*, 1861). In *Du principe de l'art et de sa destination sociale* (1865), der Begründung der sozialistischen Kunst- und Literaturkritik, verteidigt Proudhon u. a. den Realismus des Malers Courbet.

Werkausg.: C. Bouglé / H. Moysset, 13 Bde., 1923–26; *Carnets*, P. Hauptmann, 3 Bde., 1960–68.
Lit.: D. Halévy, La vie de P., 1948; J. Bancal, P., 2 Bde., 1970; P. Hauptmann, P., sa vie et sa pensée 1849–1865, 2 Bde., 1988.

In der Auseinandersetzung um geschichtsphilosophische Universalien argumentiert Victor Hugo heilsgeschichtlich, desgleichen der ultramontane **Joseph de Maistre** (1753–

1821), Diplomat und Minister (*Considérations sur la France*, 1795; *Du pape*, 1819; *Les Soirées de Saint-Petersbourg*, 1821).

Mit der positiven Bewertung der Aufklärung, namentlich der Erkenntnisse von Helvétius und Condillac durch **Antoine Louis Claude comte Destutt de Tracy** (1754–1836) und **Maine de Biran** (d. i. Marie François Pierre Gonthier de Biran, 1766–1824; Ausg. B. Baertschi, 1998–99), formiert sich eine neue Anthropologie auf der Basis von Psychologie und Physiologie, für die sich Stendhal interessieren wird. Gegenstand der Vorlesungen **Victor Cousins** (1792–1867) an der Sorbonne sind die Vorstellungen von kosmisch und analog dazu politisch zusammenhängenden Ganzheiten sowie eine universelle Europaidee. Cousin versorgt die sich stabilisierende bürgerliche Mentalität mit der Theorie vom zielgerichteten Gang der Geschichte zur Machtergreifung der Bourgeoisie; deren Menschenbild sei das Bild vom Menschen schlechthin. In seiner *Introduction à l'histoire de la philosophie* (1846–47) erhebt er die Weltanschauung der politischen und wirtschaftlichen Sieger zur Norm. Dem Bedürfnis nach Zusammenschau des Disparaten entsprechen auch die an der Pariser Universität von François Noël und François Laplace seit 1816 angebotenen Kurse über vergleichende Literaturwissenschaft. Ein organisches Gesamtbild liefert 1828 ebenfalls die *Histoire générale de la civilisation en Europe* von **Abel-François Villemain** (1790–1870), Erziehungsminister während der Julimonarchie.

Lit.: F. Azouvi, Maine de Biran, 1995.

Saint-Simons zeitweiliger Mitarbeiter, der Mathematiker und Philosoph **Auguste Comte** (1798–1857), gilt als Begründer des Positivismus. Er erklärt die »Physik der Gesellschaft«, wie er die neue Disziplin Soziologie nennt, zur positivistischen, d. h. empirischen Wissenschaft im Zeitalter der Industrialisierung (*Cours de philosophie positive*, 6 Bde., 1830–42; *Système de politique positive*, 4 Bde., 1851–54).

Nach dem Vorbild der Naturwissenschaften sollen statisti-
sche und experimentell erhobene Daten Prognosen und
vorbeugende gesellschaftspolitische Maßnahmen gestatten.
Bei Comte vollzieht sich die Erneuerung der Gesellschaft
seit dem 18. Jh. in vier Schritten, den Revolutionen der Intelligenz, der Bourgeoisie, des Proletariats und der Frauen
(*Catéchisme positiviste*, 1852).

Lit.: F. Wolfzettel, C., in: W.-D. Lange (Hrsg.), Frz. Lit. des 19. Jh.s,
Bd. 2, 1980; J. Lefranc, La philosophie en France au XIXe siècle, 1998.

Die Gründungen der Hochschule für Quellenforschung
(École des chartes) 1821 und regionaler Vereinigungen von
Antiquitätenhändlern dokumentieren das wachsende Interesse an Geschichte ebenso wie die Produktion und Rezeption historischer Romane und Dramen. Bürgerliche Dynastien verlangen zu ihrer politischen Legitimierung nach der
Historie.

Jules Michelet (1798–1874), Sohn eines Handwerkers,
brillanter Schüler am Lycée Charlemagne, ist nach seiner
Agrégation 1821 Philosoph und Historiker an der École
Normale, an der Sorbonne und am Collège de France bis
zum Staatsstreich Louis Napoléon Bonapartes 1851. Unter
dem Einfluß Giambattista Vicos, den er übersetzt, und
Herders analysiert er zunächst euphorisch die Julirevolution 1830 in seiner *Introduction à l'histoire universelle*
(1831). Der Titel macht den Anspruch der frz. Geschichte
deutlich, globale Leitbilder und Normen zu setzen; darin
sind Michelet und Victor Hugo sich einig. Michelet arbeitet
in den Archiven und publiziert 1831 die *Histoire romaine*,
1833–67 die monumentale *Histoire de France*. Parallel dazu
entsteht aus seinen Vorlesungen die *Histoire de la Révolution française* (7 Bde., 1847–53). Seine demokratische These
lautet: Da Revolutionen, wie alle geschichtlichen Prozesse,
nationale Bewegungen sind, vermögen politische Führer
den Verlauf, den die Energie des Volkes vorantreibt, nur

vorübergehend zu lenken. Die Volkssouveränität wird durch kein Ereignis, nicht einmal die kritikwürdige jakobinische Politik während der Terreur, in Frage gestellt. Danton allerdings repräsentierte das Volk vollkommener als Robespierre. Michelet erhebt Prometheus zum Vorbild aller politischen Helden.

Werkausg.: P. Viallaneix, 21 Bde., 1971–87.

Lit.: R. Barthes, M., 1954; P. Stadler, Geschichtsschreibung u. hist. Denken in Frkr., 1789–1871, 1958; W. Alff, M.s Ideen, 1966; P. Viallaneix (Hrsg.), M. cent ans après, 1975; J. Walch, Les maîtres de l'histoire 1815–1850, 1986; J. Trabant, »Mon Vico, mon juillet, mon principe héroïque«. Poet. Charaktere im historiograph. Diskurs M.s, in: B. Wehinger (Hrsg.), Konkurrierende Diskurse, 1997.

Kronzeuge für die Verbreitung eines organologischen Geschichtsverständnisses ist **Edgar Quinet** (1803–75), Herder-Übersetzer und Freund Michelets. Er bestätigt allerdings auch die konservative romantische Ausdrucksästhetik und die von ihr angenommene idealistische Kollektivmentalität. Der Kenner der südeuropäischen Kulturen befaßt sich wiederholt mit Religion und Revolution in Frankreich, Deutschland und Italien (*Le Génie des religions*, 1842; *Le Christianisme et la révolution*, 1845; *Philosophie de l'histoire de France*, 1854; *L'Esprit Nouveau*, 1874). Mit der Revolutionsmetapher illustriert er den Zusammenbruch des institutionalisierten konfessionellen Empfindens im 19. Jh. Durch seine Bewertung der Ereignisse von 1789 und 1793 und die Betonung von Widersprüchen innerhalb des revolutionären Prozesses isoliert sich Quinet in der Linken, die Napoleon III. ins Exil getrieben hat. In seiner Ideenlyrik steht die Figur des Ewigen Juden im Zentrum.

Werkausg.: 26 Bde., 1857–81.

Lit.: F. Furet, La gauche et la Révolution française au milieu du 19ᵉ siècle. Q., 1986.

Alexis de Tocqueville (1805–59), Amerikakenner (*La Démocratie en Amérique*, 1835), der die amerikanische Gesellschaft als Modell für die sich unausweichlich ausbreitende europäische Demokratie beschreibt, und vorübergehend Außenminister (1849–51), führt in seiner Abhandlung *L'Ancien Régime et la Révolution* (1856) aus, daß die zentralistische Struktur des Absolutismus und der Grundwiderspruch in der zwangsweisen Umwandlung des Landadligen in den funktionslosen und verachteten Höfling notwendigerweise zu einer revolutionären Situation führen mußte. Folge der Entfremdung des Volkes von der Politik seit dem 17. Jh. sei gewesen, daß auch während der Revolution nur eine Minderheit die Ziele zu erkennen und sie zu konkretisieren vermochte.

Lit.: S. Neumeister, T., in: W.-D. Lange (Hrsg.), Frz. Lit. des 19. Jh.s, Bd. 2, 1980; P. Manent, T. et la nature de la démocratie, 1982.

Als Religionshistoriker und Philologe verwendet **Ernest Renan** (1823–92) soziologische Parameter zur Erklärung historischer Kontinuität, durch die er Epochenschwellen nivelliert und sich von der wissenschaftlichen Aufgabe befreit, den einzelnen Autor in Wechselbeziehung zum rekonstruierten System zu profilieren (*La Vie de Jésus*, 1864; *L'Avenir de la science*, 1890).

Lit.: J. Pommier (Hrsg.), Un témoignage sur R., 1971; S. Fraisse, R. au pied de l'Acropole, 1979.

Der Philologe und Kunsthistoriker **Hippolyte Taine** (1828–93) verknüpft unter dem Einfluß Comtes die Kunst- und Literaturgeschichte mit dem naturwissenschaftlich-positivistischen Ansatz. Den Produkten des Geistes und ihrer Entwicklung liegen ebenso wie der Historie kausale Gesetzmäßigkeiten zugrunde, die durch die Faktoren »race«, »milieu« und »moment« bestimmt werden. In diesem Licht präsentiert Taine in seiner Thèse (1853) La Fontaine als Re-

präsentanten einer Epoche. Er postuliert, daß seine wissen
schaftliche Methode die dominanten Tendenzen überprüf
bar und nachvollziehbar aufdecke (*Histoire de la littérature
anglaise*, 4 Bde., 1864; *Les Origines de la France contemporaine*, 1876–94). Als Hegelianer zeichnet er die dialekti
schen Umschläge des Zeitgeistes nach, die er »voltefaces«
nennt, und demonstriert, wie dies seit Diderot üblich ist, die
Geschichtlichkeit einer Qualität am kleinen, wahren Detail.
Dabei definiert er sich, wie schon Sainte-Beuve, als »natura
liste« (Naturforscher).

Lit.: S. Jeune, Poésie et système. T. interprète de La Fontaine, 1968;
L. Weinstein, T., 1972; F. Wolfzettel, Einführung in die frz. Literaturgeschichtsschreibung, 1982.

Charles-Augustin de Sainte-Beuve (1804–69) betätigt
sich schon während seines Medizinstudiums als Schriftstel
ler, der von den Methoden der exakten Wissenschaften fas
ziniert ist. Er überragt als Autorität alle Zeitgenossen, die in
Zeitungen und Zeitschriften schreiben; dies belegen die
Kontroversen, in denen Zola und vor allem Proust (*Contre
Sainte-Beuve*, 1905–09) sich zu Wort melden. Seine Litera
turkritik berücksichtigt vorrangig die Biographie des Au
tors und den gruppenbildenden Zeitgeist. Bekannt macht er
sich durch den Vergleich der Leistungen Ronsards und Vic
tor Hugos und die Aktualisierung der Renaissance-Debatte
(*Tableau historique et critique de la poésie française et du
théâtre français au XVIe siècle*, 1828); seitdem gilt er als
Kulturhistoriker (*Histoire de Port-Royal*, 5 Bde., 1840) und
Kritiker mit Sinn für die zeitgenössische Dichtung, aller
dings moniert die Forschung seine Mißachtung Stendhals,
Balzacs und Baudelaires. Wenig Beachtung fanden seine
Lyrik (*Vie, poésies et pensées de Joseph Delorme*, 1829) und
sein Roman *Volupté* (1834). Die *Causeries du lundi*, erschie
nen 1849–61 jeweils montags im *Constitutionnel* und spä
ter im *Moniteur*, sowie die Fortsetzung *Nouveaux lundis*
(1863–70) handeln von zeitgenössischen und älteren Auto-

ren wie La Rochefoucauld (1853) und von der Ablösung des romantischen Weltgefühls durch kühle Skepsis als zeitgenössische Haltung.

Dichtung deutet Sainte-Beuve von der Entstehungsepoche her, um den Nachweis zu führen, daß wenigstens in der Literaturgeschichte die Ordnung bewahrt wird, die politisch wie sozial in Chaos umgeschlagen ist. Er schätzt die ideologische Ordnung des 17. Jh.s; Autoren beurteilt er nach dem gesellschaftlichen Wert ihrer Werke. Zudem konstatiert er anläßlich von Renans *Vie de Jésus* eine Sehnsucht der Intellektuellen nach Gemeinschaft im religionslos gewordenen, sich verwissenschaftlichenden 19. Jh.

Lit.: F. Wolfzettel, Einführung in die frz. Literaturgeschichtsschreibung, 1982; W. Lepenies, S.-B., 1997.

8. Dramatik nach 1830

Trotz des immensen Erfolgs des Romans bleibt die Institution Schauspiel integraler Bestandteil der Kultur des 19. Jh.s, namentlich in der Hauptstadt Paris. Die Wiedereinrichtung der Theaterzensur seit 1806 bleibt darauf ohne Einfluß. Vertraute Subgattungen wie die »comédie de mœurs«, die »comédie d'intrigue« und das Vaudeville befriedigen jeden Geschmack, den des Kenners wie den des Zuschauers, der sich nur amüsieren will. Victor Hugo versucht von 1830 bis 1843 die Erneuerung des romantischen Versdramas mit überwiegend historischen Stoffen, Casimir Delavigne (*Les Vêpres siciliennes*, 1819), Dumas père (*Henri III et sa cour*, 1829), Vigny (*Chatterton*, 1835) und Musset (*Lorenzaccio*, 1834) bringen das Mittelalter und die Renaissance, Spanien, England und Italien auf die Bühne. Der unklassische Zeitgeist richtet sich am Boulevard ein. Während des Zweiten Kaiserreichs verdoppelt sich die Zahl der

Pariser Bühnen auf ca. 40 Einrichtungen, die in jeder Saison
250 neue Stücke inszenieren. Trotz des Verdikts, das Schauspiel gestalte die nachrevolutionäre Welt nicht mehr angemessen, wird im Laufe des 19. Jh.s die Theatermetapher zu
einer privilegierten soziologischen Denkfigur. Die Theaterhaftigkeit der Politik seit 1830, die sich zur realen Operette
steigert, entfaltet Konflikte, die zumindest als erzählte Re-
vuebühne, wie in Zolas *Nana*, gestaltet werden.

Der melodramatische Tenor der Stücke, den die Schauspieler bis zum Exzeß treiben, wird auch auf den Inszenierungsstil der wiederentdeckten Commedia dell'arte des
16. Jh.s übertragen. Gautier mißbilligt diese Tendenz in seinem Abriß des Theaters 1858, von der wachsenden journa-
listischen Theaterberichterstattung wird diese Orientierung
des Massengeschmacks bestätigt. Dezidiert unzeitgemäße
Anklänge an Marivaux und die Komödien Shakespeares
finden sich in **Théodore Leclercqs** (1777–1851) *Proverbes
dramatiques* (4 Bde., 1823–26) und *Nouveaux proverbes
dramatiques* (1830–33), noch ausgeprägter in den Salon-
komödien **Alfred de Mussets** mit ihren sprichwörtlichen
Titeln, die die Fabel vorab auf den Punkt bringen (*À quoi
rêvent les jeunes filles*, 1832; *On ne badine pas avec l'amour*,
1834; *Il ne faut jurer de rien*, 1836). Abweichend vom bis
dahin überhaupt üblichen Verfahren läßt Musset seine
Stücke vor der Aufführung drucken.

Eugène Scribe (1791–1861), gefeierter, wenngleich von
der Kritik für kunstlos gehaltener Dramatiker (in Kopro-
duktion mehr als hundert Stücke) und Librettist (u. a. für
Meyerbeers *Les Huguenots*, 1836), strafft das Vaudeville
durch Kombination mit der Intrigenkomödie entsprechend
der Maxime »kleine Ursache, große Folgen« (*Bertrand et
Raton*, 1833; *Le Verre d'eau*, 1840; *Les Contes de la reine de
Navarre*, 1850; *Bataille des dames*, 1851). Autoren wie
Scribe sind von Produktions- und Rezeptionsbedingungen
des großstädtischen Theaterbetriebs abhängig; umgekehrt

ermöglichen erst sie den rasanten Spielplanwechsel. Darauf ausgerichtet ist die Produktion von **Victorien Sardou** (1831–1908), der in der Napoleon-Episode *Madame Sans-Gêne* (1893) insofern an die Ideologie der historischen Romane Walter Scotts anknüpft, als der kleine Mann im Theater erleben soll, wie gesunder Menschenverstand in die große politische Planung eingreift.

Lit.: B. Wehinger, Paris – Crinoline, 1988.

Alexandre Dumas' unehelicher Sohn, gen. **Alexandre Dumas fils** (1824–95), Autor sozialkritischer und auch als erbauliche Lesedramen konzipierter Stücke wie *Le Demi-Monde* (1855), *La Question d'argent* (1857), *Le Fils naturel* (1858), *Denise* (1885), Salon- und Familienkomödien, die die geltende Moral mißachten, erringt seinen nachhaltigsten Erfolg mit der Dramatisierung seines Romans *La Dame aux camélias* (1848; Ausg. H.-J. Neuschäfer / G. Sigaux, 1981) für das Théâtre du Vaudeville (UA 1852). Verdis Oper *La Traviata* (1853) basiert darauf. Der prototypische Verzicht der edlen Dirne auf ihre Integration in die geschlossene gehobene Gesellschaft, die der Vater des unsterblich verliebten Armand der Kokotte Marguerite abringt, setzt den übergeordneten Respekt vor der neuen Dynastie des Besitzbürgertums voraus. Seiner sozialen Funktion wird das Theater als anerkannte moralische Anstalt, als »théâtre utile«, wie es saint-simonistischen Forderungen entspricht, gerecht. Entsprechende Konfliktlösungen, wobei die Gesellschaft den Einzelgänger, die Familie den verlorenen Sohn, die Institution Ehe die Leidenschaft auffängt, aktualisiert **François Ponsard** (1814–76).

Lit.: Ch. Issartel, Les Dames aux camélias, 1981.

Eugène Labiche (1815–88), »König am Boulevard«, dem Thesenstück à la Dumas fils abgeneigt, erfüllt mit ca. 170 Lustspielen (meist in Zusammenarbeit) eingeschliffene Er-

wartungen sowohl an die Handlungsstruktur als auch an die
zugrundeliegende Weltordnung. Die Theatergänger applau-
dieren jahrzehntelang *Le Chapeau de paille d'Italie* (1851)
oder *La Cagnotte* (1864), perfekt gemachten Verwechs-
lungskomödien, hektischem Spiel am Rand des existentiellen Abgrunds. Die Provinzler, die ihr Sparschwein plün-
dern, um sich eine Vergnügungsreise nach Paris zu leisten,
kehren trotz aller Widrigkeiten im Irrgarten der Metropole
unbeschädigt in die vertraute Monotonie zurück und pla-
nen vielleicht ein erneutes Abenteuer.

Entsprechendes Zuschauervergnügen am unwahrscheinlichen Tempo des Situationswechsels erreicht **Georges Feydeau** (1862–1921), der Spannung produziert, indem ein und
dieselbe Figur für die Gattin eines Arztes, Nichte eines Generals und Anstandsdame in der Provinz gehalten wird, obwohl sie nichts als ein Animiermädchen ist (*La Dame de
chez Maxim*, 1899).

Lit.: H. Gidel, La dramaturgie de Feydeau, 2 Bde., 1978; L. C.
Pronko, Labiche and Feydeau, 1982; E. Haymann, Labiche, 1988; B. Wehinger, Paris – Crinoline, 1988.

Henri Becque (1837–99) entromantisiert die Dreiecks-
konflikte des Vaudeville und stattet Familienkatastrophen
ökonomisch aus (*L'Enfant prodigue*, 1868; *Michel Pauper*,
1870; *Les Corbeaux*, 1882; *La Parisienne*, 1885). Zumindest
in der jeweiligen Exposition sind unterschiedliche Klassen-
standpunkte konfrontiert, wobei die Bourgeoisie durch
dumpfes Denken und Handeln charakterisiert ist. In *Les
Corbeaux*, der Geschichte einer Ausplünderung der hilflo-
sen Familie nach dem Tod des Fabrikherrn, läßt Becque den
widerstandslosen Opfergang einer Tochter, die den Gläubi-
ger heiratet, um die Schuldenlast für alle Hinterbliebenen
zu tilgen, als Klagelied ausspielen.

Lit.: M. Descotes, B. et son théâtre, 1962.

Der Gründer des Théâtre Antoine, **André Antoine** (1858–1943), versucht von 1887 bis 1896 auf seiner Off-Bühne, diesen Realismus weiterzuentwickeln und der Ästhetik des naturalistischen Romans anzugleichen. In Aufführungen für eine geschlossene Gesellschaft, die dadurch dem Zugriff der Zensur entzogen sind, spielt er u. a. dramatisierte Romane der Goncourts und Zolas und Stücke von Hauptmann, Ibsen und Tolstoi.

Lit.: F.-A. Pruner, Les luttes d'A., 1955.

Gleichzeitig entwickeln Dramatiker wie **Maurice Maeterlinck** (1862–1949) und provokativ **Alfred Jarry** (1873–1907) Szenerien, die mimetisch nicht mehr zu deuten sind. Beide Autoren konzipieren sowohl gegen den vulgären Materialismus, der zur Verteidigung der Besitzverhältnisse eingesetzt wird, als auch gegen die spielerische Unverbindlichkeit der Operette ein makabres Marionettentheater, Maeterlinck mit *Les Aveugles* (1891), *Pelléas et Mélisande* (1892) und *Ariane et Barbe-Bleue* (1901). Ein im Fin de siècle dominanter, exquisiter Dekadentismus erhält sich bei Jarry allenfalls noch als Parodie; wahrscheinlich ist nur mehr die Welt als böse Farce. Aus dem blasphemischen Stück *César-Antéchrist* (1895) entwickelt er die Fabel von *Ubu roi* (UA 1896 am Théâtre de l'Œuvre). In dieser verzerrenden Transformation des konventionellen Empörerdramas mit dem schockierenden Initial- und Losungswort »merdre« ist die Anomalie zum poetischen Prinzip erhoben und Victor Hugos romantische Theorie des Grotesken radikalisiert. Aufstieg und Fall des Usurpators Ubu, der wie im Macbeth-Konflikt von seiner Frau zur Untat getrieben wird, endet auf unmoralische Weise glücklich. Da kein Element des Dramas auf Illusionsstiftung hin angelegt ist, sichtlich auch nicht die Kostüme und Kulissen, ist der alogische Dramenausgang weniger eine Lösung als das dichterisch hergestellte und angehaltene Chaos. Von Apollinaire bis Ionesco setzt

die Thematisierung des Absurden Jarrys Struktur und
Funktion der schwarzen Posse voraus.

Lit.: W. Engler, Jarry: *Ubu roi*, in: W. Pabst (Hrsg.), Das mod. frz.
Drama, 1971; R. Brucher, Maeterlinck, bibl., 1972; M. Arrivé, Lire Jarry,
1976; P. Gorceix, Les affinités allemandes dans l'œuvre de Maeterlinck,
1976; M. Labelle, Jarry, Nihilism and the Theater of the Absurd, 1980;
H. Béhar, Les Cultures de Jarry, 1988; P. Besnier, Jarry, 1990; G. Compère,
Maeterlinck, 1990; A. Schröder, Ästhetik u. Politik in Jarrys *Ubu roi*,
RZLG 1999.

9. Lyrik nach 1850

Baudelaire und die zeitgenössische Lyrik

Baudelaire widmet seine *Fleurs du Mal* Théophile Gautier,
mit dem ihn das Ideal einer »littérature pure« verbindet.
»Pure« bezeichnet das zweckfrei Schöne, im Gegensatz zu
einer von politischen, religiösen oder moralischen Intentio-
nen geleiteten Dichtung. **Théophile Gautier** (1811–72) erhält
eine Ausbildung im Atelier eines Malers; er veröffentlicht
Lyrikbände (*Poésies*, 1830, erweitert 1833; *Émaux et camées*,
1852, erweitert 1858; Ausg. R. Jasinski, 1970), eine Geschichte des romantischen Theaters (1858), überwiegend
phantastische Erzählungen (*Romans et contes*, 1857), Reiseberichte (über Italien, die Türkei und Rußland) und Kunst-
kritik (*Les Grotesques*, 1844; *Histoire du romantisme*, 1874).
Gautiers Prinzip in der programmatischen Ode »L'art«
(1857) ist die Ästhetisierung des Wahrheitsanspruchs, die
Konzeption der Kunst allein aus der Idee des Schönen. Das
Kunstwerk hat seinen Zweck einzig in sich und thematisiert
idealiter die Schaffung des Kunstwerks selbst. In der ästhetischen Ausdrucksform, in der Konstruktion, die er »transformation« nennt, nicht in der Wiedergabe bestimmter Inhalte,
liegt artistische Leistung. Mit Gautier, der diese Kategorisie-
rung allerdings nicht gebraucht, verbindet sich künftig die

Konzeption des »l'art pour l'art«; erstmals hat 1818 Victor Cousin sie artikuliert. Gautiers Entromantisierung der Bekenntnisdichtung, die den poetischen Text als formales Gebilde definiert, fördert andererseits die Wahl exquisiter Themen und Motive; Resultat ist eine komplizierte Lyrik mit hohen Ansprüchen an den Rezipienten.

Lit.: R. Jasinski, Les années romantiques de G., 1929; A. Cassagne, La théorie de l'art pour l'art en France, 1959; Sonderh. RhlF 1972; J. Richer, Études et recherches sur G. prosateur, 1981; A. Ubersfeld, G., 1992.

Gérard de Nerval (1808–55), Sohn eines Militärarztes, schließt sich Victor Hugo und dessen »Cénacle« an; er macht sich einen Namen als Kenner der Renaissance (Ronsard-Ausgabe) und deutscher Dichtung (u. a. Übersetzung des *Faust II*, 1840, und von Gedichten Heinrich Heines, 1848). Seit 1841 machen sich Anzeichen einer Nervenkrankheit bemerkbar, die schließlich zum Selbstmord führt. Die hermetische Lyrik des Sonettzyklus *Les Chimères*, teilweise 1853 in *Les Petits Châteaux de Bohème* und vollständig (12 Texte) mit der Novellensammlung *Les Filles du feu* 1854 veröffentlicht, gründet in einem eigenen Mystizismus. Lebenswelt und Traum verschränken sich in Archetypen wie der Figur des Ritters im Sonett »El Desdichado«, die als Exponent ungestillter Sehnsucht nach Glück und Integration entsteht. Von zweifacher Erlösung ist im Gedicht die Rede: von der Entsühnung des melancholischen Adligen und von der Identifikation des Dichters, der Orpheus' Instrument ergreift. Die Synästhesie verbindet Nerval mit Baudelaire und Rimbaud; sie steht bei ihm noch im Zeichen der traditionellen Analogie von Idee, Welt und Text.

Werkausg.: J. Guillaume / C. Pichois, 3 Bde., 1989–93.
Lit: K. Stierle, Dunkelheit und Form in N.s *Chimères*, 1967; M. Janneret, La lettre perdue, 1978; Études nervaliennes et romantiques, 1978 ff.; D. Rieger, N., in: H. Stenzel / H. Thoma (Hrsg.), Die frz. Lyrik des 19. Jh.s, 1987; C. Pichois / M. Brix, N., 1995; J. Bony, L'esthétique de N., 1997; F. P. Bowman, N., 2 Bde., 1997.

Als Begründer der modernen Lyrik gilt **Charles Baudelaire** (1821–67), der dem seit der Renaissance prestigereichen
Sonett eine zeitkritische Funktion verleiht. Sein Leitspruch,
»tirer l'éternel du transitoire«, mit dem er die Zeichnungen
Constantin Guys' charakterisiert (»Le peintre de la vie moderne«), markiert sein kritisches Verhältnis sowohl zur romantischen Ausdrucksästhetik als auch zum »l'art pour le
progrès«. Er lehnt Hugos Forderung nach schriftstelleri-
schem Engagement ebenso ab wie die Forderung nach Wis-
sensdemonstration und distanziert sich schließlich auch vom
Standpunkt des »l'art pour l'art«, wie ihn Théodore de Banville einnimmt.

Baudelaire gilt dem tonangebenden »juste milieu« in jeder Hinsicht als suspekt und unseriös: Seelisch verletzt seit
dem Tod des Vaters 1827, geprägt von einer kurzen und in-
tensiven Mutterbindung, die 1828 mit der zweiten Ehe seiner Mutter mit dem Berufsoffizier und späteren General
Aupick endet, wird der unwillige Schüler von seiner Familie
auf eine Reise nach Kalkutta geschickt, die er auf halbem
Wege abbricht, um 1842 nach Paris zurückzukehren, sein
beträchtliches Erbteil mit Straßenmädchen und Schauspielerinnen durchzubringen, sich sozial zu marginalisieren und
ohne Rücksicht gesundheitlich zu ruinieren. Da er es ablehnt, ein »nützliches Glied der Gesellschaft« zu werden,
stellt ihn die Mutter 1844 unter Vormundschaft. Er nimmt
aktiv an den Barrikadenkämpfen der Februarrevolution
1848 teil, in der mörderischen Hoffnung, den verhaßten
Stiefvater erschießen zu können. Zu diesem Zeitpunkt entstehen Liebesgedichte, die die Beziehung zur Mulattin
Jeanne Duval thematisieren. Baudelaires Opposition schließt
eine neue Form der Inspiration durch das Böse und die intelligent ersonnene Negativität ein; Leitsätze der älteren Ästhetik, die das Gute, Wahre und Schöne reziprok gesehen hat,
werden entwertet.

In den *Curiosités esthétiques* (1845, ED 1868), Aufsätzen
zu Gemäldesalons 1845–59, zu Delacroix vor allem, ent-

wickelt Baudelaire Victor Hugos Theorie vom Grotesken (*Préface de Cromwell*) weiter. Die dichterische Einbildungskraft zerlegt die Schöpfung in ihre Elemente, um daraus die »sensation du neuf« zu produzieren. Bei Edgar Allan Poe, den er übersetzt (1856–65), findet Baudelaire die Bestätigung, daß das Ziel der Poesie weder Nachahmung noch Repräsentation einer praktischen Wahrheit, sondern eigengesetzliche Textkomposition ist. Darüber hinaus begeistert er sich für Wagners Idee des Gesamtkunstwerks (Artikel über *Tannhäuser*, 1861).

Die Publikation der *Fleurs du Mal* (1857, 1861 um 35 Texte erweitert, 1868 postum um 25 Texte erweitert; Ausg. J. Crépet / G. Blin, 1942, Neuausg. 1968) löst einen Skandal aus und führt zum ersten juristisch geführten Immoralismusprozeß, der in der Verurteilung einzelner als anstößig geltender Gedichte gipfelt: gerichtlich wird die Streichung von 6 Gedichten verfügt. Tatsächlich bricht Baudelaire radikal mit allen Erwartungen, trennt – wie er schreibt – die »guten Taten« von den »schönen Worten«. Bei ihm ist die Morgenstunde nicht die topische Zeit des rosigen Beginns: wenn der Tag anbricht, sinken armselige Huren erschöpft auf ihr Lager, und in den Krankenhäusern geht der Todeskampf zu Ende (»Le Crépuscule du matin«). Selbst die Metapher der romantischen Dämmerung zerfällt in der Obsession, der unbezwingbare Sonnengott werde von der Nacht und ihren Attributen, Kälte, Modergeruch, Schnecken und Kröten, verschlungen (»Le Coucher du soleil romantique«). Entsprechend sarkastisch werden die Nachfahren Abels gegen die siegreiche Rasse der Kinder Kains ausgespielt; die Nomaden verachten die Seßhaften und zerstören aus Rache schließlich die kosmische Ordnung: »Race de Caïn, au ciel monte / Et sur la terre jette Dieu« (»Abel et Caïn«).

Die *Fleurs du Mal* sind der erste durchkomponierte Gedichtband in der Romania seit Petrarca; Baudelaire setzt stellenweise den *Canzoniere* voraus und repliziert auf dessen Eros-Theologie. Er gliedert die Gedichte, zumeist So-

nette, in die Abschnitte »Spleen et idéal«, »Tableaux pari
siens« (1861), »Le Vin«, »Fleurs du Mal«, »Révolte« und
»La Mort«. »Ennui« als Gefühlslage des modernen Menschen, der sich der Gespaltenheit seines Wesens zwischen
den Sphären Gottes und Satans (Einleitungsgedicht) bewußt wird, löst den romantischen Weltschmerz ab. Die
Anti-Natur der Großstadt und das Verbrechen, Aufleh-
nung, Blasphemie und Betäubung durch Rauschmittel sind
Leitmotive; überall fasziniert das Böse, wird das Gute nur
noch über die Verfehlung genossen und der Funke der
Schönheit aus dem Häßlichen geschlagen. Das Doppel-
thema Eros und Tod ist in den *Fleurs du Mal* mit dem Motiv der Lebensreise in ein nicht mehr idealisches Unbekann-
tes eingebunden. Buchstäblich ist die Reise das Ziel.

In »Un voyage à Cythère« erscheint die Liebesinsel als
ein Ästhetikum, als des Dichters Traum von der Heimat,
wo Venus ihn grausam verfolgt. Die Abfolge von Aussagen,
Fragen und Selbstanreden steigert sich in einer Reihe von
Revisionen (keine Idylle, kein Tempel, dafür ein Galgen,
anstelle des Gehenkten schließlich das Bild des eigenen Ich)
zur Klage: Das lyrische Ich kann trotz allen Elans der häßlichen Wirklichkeit mit dem Leiden nicht entkommen.

> Dans ton île, ô Vénus! je n'ai trouvé debout
> Qu'un gibet symbolique où pendait mon image …
> – Ah! Seigneur! donnez-moi la force et le courage
> De contempler mon cœur et mon corps sans dégoût.

> Auf deiner Insel, Venus! fand ich aufrecht ragen / Den zei-
> chenhaften Galgen, wo ich mein Bild erschaut … / – Ach
> Herr! gib Mut und Kraft, den Augenblick zu ertragen / Von
> Herz und Körper ohne daß mir graut!

Les Fleurs du Mal. Die Blumen des Bösen, übers.
von Monika Fahrenbach-Wachendorff, Stuttgart:
Reclam, 1998, S. 249.

Aus der Existenz des Ungeliebten und Verstoßenen, aus der Selbstdeklassierung leitet der Dichter neue Bilder des Sündenfalls und den »promeneur sombre et solitaire« als Exponenten der düsteren Moderne ab (*Les Paradis artificiels*, 1860; *Petits Poèmes en prose*, 1869). Die partielle Motivgleichheit der Vers- und Prosagedichte ist Indiz für einen übergeordneten Dichtungsbegriff, der Schule machen wird. Seit 1887 erscheinen Gesamtausgaben.

Von Baudelaires Werk leitet sich die moderne europäische Lyrik her. Verlaine, Rimbaud, Mallarmé und Valéry stimmen mit seiner Auffassung überein, daß das Ausmaß der Vulgarität der Welt den Dichter zu leidenschaftlicher Verachtung und Widerrede verpflichtet. Walter Benjamin scheint der einzige Vertreter der europäischen politischen Linken gewesen zu sein, der vor 1939 Baudelaire aufmerksam gelesen hat. Sainte-Beuve ignorierte ihn, der Sozialist Jules Vallès schimpfte den toten Dichter in seinem Nachruf einen Schmierenkomödianten.

Werkausg.: C. Pichois, 2 Bde., 1975–76; M. Jamet, 1999; *Correspondance*, Ausg. C. Pichois, 2 Bde., 1973.

Lit.: S. Bernard, Le poème en prose de Baudelaire jusqu'à nos jours, 1959; F. Nies, Poesie in prosaischer Welt, 1964; M. Gilman, B. the Critic, 1971; A. Noyer-Weidner (Hrsg.), B., 1976; J. Starobinski, La mélancolie au miroir. Trois lectures de B., 1989; G. Robb, La poésie de B. et la poésie française 1838–52, 1993; Ausstellungskatalog Bibliothèque historique de la Ville de Paris, 1994; K. W. Hempfer, Die *Fleurs du Mal* und der Parnasse, in: B. Wehinger (Hrsg.), Konkurrierende Diskurse, 1997; P. Brunel, B., *Les Fleurs du mal*, 1998.

Parnasse

Der Berg des Apoll, der in der Antike für das Reich der Dichtung steht, wird im Anschluß an die Lyrikanthologie *Le Parnasse contemporain. Recueil de vers nouveaux* (3 Bde., 1866–76) zur Bezeichnung für eine Gruppe von Lyrikern, die sich durch ihre Vorliebe für Mythen, Exotik und formale

und sprachliche Perfektion auszeichnet. Zu diesen Parnassiens zählen neben Mendès, Heredia, Banville und Leconte
de Lisle, Léon Dierx, Jean Lahor, Sully Prudhomme und
François Coppée. 1876 werden Verlaine, wegen seiner Lebensart, und Mallarmé, der jetzt als unlesbar gilt, von der
weiteren Mitwirkung an der Kollektiv-Veröffentlichung
ausgeschlossen. Die Parnassiens treiben die seit Gautier und
Baudelaire zu beobachtende Scheidung der Rede von der
Welt und der Metarede von der Kunst weiter voran. Dazu
gehören die Zurückweisung eines für utilitaristisch gehal-
tenen »art social« und die Apologie einer Veränderung der
Literatur durch ihren extremen Grad an Poetizität.

   Théodore de Banville (1823–91; *Les Cariatides*, 1842;
Odes funambulesques, 1857; *Améthystes*, 1862; *Les Princesses*, 1874) veröffentlicht mit dem *Petit traité de poésie
française* (1872) eine normative Poetik. Der Wagnerianer
Catulle Mendès (1841–1909), der die Parnassiens zur gemeinsamen Publikation zusammengeführt haben soll (*Légende du Parnasse contemporain*, 1884), bearbeitet außer
antiken auch aktuelle Themen (*Odelettes guerrières*, 1871).
In **José-Maria de Heredias** (1842–1905) Zyklus *Les Tro-
phées* (1893), den der Lyriker als »poésie pure« vorstellt,
meint die Titelmetapher die Beute, die der Vergänglichkeit
entrissen, d. h. ästhetisch verewigt wurde. Die Welt des Mittelalters und der Renaissance wird in Sonetten und Bildge-
dichten lebendig.

   Charles Marie René Leconte de Lisle (1818–94), Sohn eines Militärarztes auf der Insel La Réunion, seit 1845 endgültig in Paris, Übersetzer griechischer Werke, wird 1886
als Nachfolger Victor Hugos in die Académie française gewählt. Als Lyriker verteidigt er, über das Ideal von Gautier
hinaus, die Verwissenschaftlichung der Dichtung (»poésie
objective«) mit deskriptiven Elementen. Die Nähe zu orientalischen Nihilismustheorien in den *Poèmes antiques*
(1852, erweitert 1874) und die Verherrlichung der vorchrist-
lichen griechischen Welt verbinden die Klage über verlorene

Paradiese der Menschheit mit endzeitlichen Konfigurationen. Der Eros treibt die Zerstörung der Welt noch voran (*Poésies barbares*, 1862; *Poèmes tragiques*, 1874; *Derniers Poèmes*, 1895).

Lit.: I. Putter, The Pessimism of Leconte de Lisle, 1961; P. Martino, Parnasse et symbolisme, 1964; I. Putter, La dernière illusion de Leconte de Lisle, 1968; L. Badesco, La génération poétique de 1860, 2 Bde., 1971; L. Decaunes (Hrsg.), La poésie parnassienne de Gautier à Rimbaud, 1977; H. L. Scheel, Leconte de Lisle, in: W.-D. Lange (Hrsg.), Frz. Lit. des 19. Jh.s, Bd. 2, 1980; K. W. Hempfer, Konstituenten parnassischer Lyrik, in: Fs. W. Pabst, 1993; A. Hofmann, Vom Parnasse contemporain zum Parnasse, 1996; St. Hartung, Parnasse u. Moderne. Th. de Banville, 1997.

Neue Paradigmen nach Baudelaire

Für Verlaine, Rimbaud, Mallarmé und Lautréamont ist Baudelaire in höherem Maße Orientierungsinstanz als Victor Hugo, der bis in die achtziger Jahre mit Gedichten präsent bleibt. Selbsternannter »peintre de la vie moderne«, wird Baudelaire für seine Sonettkunst wie den Impressionismus der *Petits Poèmes en prose* gefeiert. **Germain Nouveau** (1851–1920) und **Charles Cros** (1842–88), aus Verlaines Freundeskreis, wenden sich durch Burlesken und Parodien gegen den epigonal zerfallenen Stil des Parnasse, dessen Ansehen sie teilweise ruinieren. Allerdings zielen sie so wenig wie **Georges Rodenbach** (1855–98) oder **Émile Verhaeren** (1855–1916) auf einen ästhetischen Neuansatz. Vor allem Verhaeren wendet sich gegen die emotional teilnahmslose Lyriksprache sowohl des Parnasse als auch Mallarmés (*Les Flambeaux noirs*, 1891). Bekannt wird Verhaeren durch historische Dramen, die Stefan Zweig ins Deutsche übersetzt, Rodenbach als Autor des ersten symbolistischen Romans, *Bruges-la-morte* (1892).

Paul Verlaine (1844–96), Angestellter der Pariser Stadtverwaltung, reist mit seinem Freund Rimbaud seit 1871
zwei Jahre lang durch Europa, bis er in Brüssel auf ihn
schießt, in Mons (Belgien) dafür eine Haftstrafe verbüßt
und schließlich alkoholkrank nach Paris zurückkehrt. 1875
treffen er und Rimbaud sich zum letzten Mal in Stuttgart. –
Verlaines Poesie liegt vor allem das Prinzip Musikalität zugrunde. Bereits in Gedichten des Zyklus *Fêtes galantes*
(1869) distanziert sich Verlaine von der parnassischen Ästhetik: Die wiederkehrende Metapher der Maskerade meint
ebenso den schönen Schein des Rokoko wie das Eingeständnis der Unfähigkeit, von einem blauen Himmel zu
träumen, wenn er sich schwarz gefärbt hat. Weitere Titel
thematisieren die angekündigte Tonalität: *La Bonne Chanson* (1870), *Romances sans paroles* (1874), *Gaspard Hauser
chante* (1881). Vor allem aber das Programmgedicht »Art
poétique« (ED 1882, aufgenommen in: *Jadis et naguère*,
1884), die Replik auf poetologische Forderungen Gautiers
und Banvilles, artikuliert die Forderung nach melodiöser
Dichtung, die erst der »vers impair« garantiert, wie nach der
Nuance und einer schwebenden Lautgestalt. Damit wird
vor allem die rhetorisch herbeigeführte Pointe abgelehnt,
die dem Sonett eignet.

> De la musique encore et toujours!
> Que ton vers soit la chose envolée,
> Qu'on sent qui fuit d'une âme en allée
> Vers d'autres cieux à d'autres amours!
>
> Que ton vers soit la bonne aventure
> Éparse au vent crispé du matin
> Qui va fleurant la menthe et le thym …
> Et tout le reste est littérature.

Musik, noch einmal, immer wieder! / Damit dein Vers das
schwebend Leichte sei, / das man aus einer Seele fliehen
spürt, / die anderen Himmeln, anderen Liebschaften zu-

strebt! // Damit dein Vers wie eine Prophezeiung sei, / die rasch im krausen Morgenwind vergeht, im Flug nach Thymian und Minze duftet ... / Und alles übrige ist nur Literatur.

Poèmes français. Französische Gedichte, hrsg. und übers. von Ulrich Friedrich Müller, München: dtv, 1981, S. 112 f.

Die bei Nerval und Baudelaire registrierte gesellschaftliche Marginalisierung steigert sich in der Lebenswirklichkeit Verlaines wie in seinem Konzept vom Status eines »verfemten Dichters« zum Austritt aus der bürgerlichen Welt. Im Rückgriff auf Vignys *Stello* stellt er sich damit in eine Reihe mit Tristan Corbière, Marceline Desbordes-Valmore, Rimbaud, Villiers de l'Isle-Adam und Mallarmé (*Les Poètes maudits*, 1884). Der Literaturmarkt reagierte darauf mit Unverständnis und Ablehnung.

Werkausg.: Y.-G. Le Dantec / J. Borel, 1968.
Lit.: J. Richter, V., 1960; A. Vial, V. et les siens, 1975; Ch. Wentzlaff-Eggebert, V., in: W.-D. Lange (Hrsg.), Frz. Lit des 19. Jh.s, Bd. 2, 1980; P. Petitfils, Album V., 1981; R. Robichez, V. entre Rimbaud et Dieu, 1982.

Ein Thema ist seit Nerval und Baudelaire der Zerfall lyrischer Subjektivität und damit der poetischen Korrespondenzlandschaften als postrevolutionäre Hypothek der Poesie. So rechnet **Arthur Rimbaud** (1854–91) in einigen um 1870 entstandenen Gedichten, »Le Dormeur du val«, »Vénus anadyomène« oder »Les Assis«, mit dem traditionellen lyrischen Bilder- und Formenarsenal ab: der Schläfer im idyllischen Tal ist ein gefallener Soldat mit zwei Einschußlöchern in der Brust, die Venus hat eine Geschwulst am Anus. Interessant erscheint ihm nurmehr die zerfallene Schönheit. Im Herbst 1871 trennt Rimbaud sich endgültig von seiner Familie, die ihn immer wieder polizeilich hat suchen lassen, um die nächsten Jahre gemeinsam mit Verlaine zu verbringen. Im selben Jahr formuliert er seine »théorie

du voyant« und schreibt »Le Bateau ivre«. Ausgehend von
der Selbstdefinition des Autors als einer »énormité deve-
nant norme« schreibt er in einem Brief an Izambard: »Je
veux être poète, et je travaille à me rendre *voyant*. [...]
Il s'agit d'arriver à l'inconnu par le dérèglement de *tous les
sens*. [....] C'est faux de dire: Je pense. On devrait dire: On
me pense.« Zwei Tage später steht in einem weiteren programmatischen Brief an Paul Demeny, der sich gegen die romantische Ausdrucksästhetik wendet, der epigrammatische
Satz: »Car JE est un autre.« Rimbaud fordert damit, noch
vor Proust, der in der Auseinandersetzung mit der Methode
von Sainte-Beuve analog argumentiert, die Trennung von
Biographie und künstlerischer Identität. Der Dichter als Seher entgrenzt seine Sinne, um sich aus jedermanns Empfindungen zum »großen Kranken, großen Verbrecher, großen
Verdammten und höchsten Weisen« zu steigern.

In den 25 Alexandrinerstrophen von »Le Bateau ivre«
treibt ein Schiff führerlos die Flüsse hinab (Bild für die ausgesetzte Existenz?); die Bilder, die vorüberziehen, signalisieren Europamüdigkeit und die Sehnsucht nach Ausbruch
aus der Alten Welt. In *Une saison en enfer* (1873; Ausg.
E. Noulet, 1954) ist u. a. die Rede von der »alchimie du
verbe«, die ästhetisch einen soll, was ontologisch zerfallen
ist. Sie bedient sich vor allem der Synästhesie, die Rimbaud
dann im Gedicht »Voyelles« anwendet (a = schwarz,
e = weiß, i = rot, o = blau, u = grün). Seit 1874 hat Rimbaud
wahrscheinlich nichts mehr geschrieben: von seinen abenteuerlichen Weltreisen kehrt er 1891 krank nach Frankreich
zurück. 1886 gibt Verlaine, der Rimbaud bereits für tot hält,
Les Illuminations heraus; postum erscheinen *Le Reliquiaire*
(1891) und die *Poésies complètes* (1892) mit einem Vorwort
Verlaines.

Werkausg.: R. de Renéville / J. Mouquet, 1963; P. Brunel, 1998.
Lit.: R. Etiemble, Le mythe de R., 2 Bde., 1952–61; Y. Bonnefoy,
R. par lui-même, 1961; R. Etiemble, R. dans le monde slave et commu-
niste. Nouveaux aspects du mythe de R., 2 Bde., 1964; R. Kloepfer /

U. Oomen, Sprachliche Konstituenten mod. Dichtung, 1970; E. Riedel, Strukturwandel in der Lyrik R.s, 1982; H. H. Wetzel, R.s Dichtung, 1985; L. Steinmetz, R., 1991; A. Fongaro, R., 1994; A. Henry, Contribution à la lecture de R., 1998.

Erst als eine Romanfigur, der Protagonist von Huysmans' *À rebours* (1884), sich als Mallarmé-Leser bekennt, wird der Lyriker einigen Lesern bekannt, die indessen von der offiziellen Literaturkritik keine Auskunft über ihn zu erwarten haben. **Stéphane Mallarmé** (1842–98) unterrichtet seit 1863 Englisch in der Provinz und seit 1871 in Paris; 1866 arbeitet er am *Parnasse contemporain* mit. Er ist bekannt mit Verlaine, Rimbaud, Zola, Villiers de l'Isle-Adam, den Malern Édouard Manet und Paul Gauguin sowie dem Komponisten Claude Debussy, der u. a. seine Ekloge *L'Après-midi d'un faune* (1876) vertont; seit den achtziger Jahren ist er in der Rue de Rome Mittelpunkt eines Salons (»Mardis«) junger Literaten (u. a. Valéry, Gide, René Ghil, Henri de Régnier).

Bei aller gesellschaftlichen Anerkennung besteht Verständnislosigkeit gegenüber der in seinem Werk vorherrschenden Uneindeutigkeit. Dies erklärt Mallarmés Aufnahme in Verlaines Reihe der *Poètes maudits* (1884). Tatsächlich hat Mallarmé aufgrund der Feststellung, daß allein Sprache Sinn stiftet, einen ganz neuen Idiolekt entwickelt – »j'invente une langue« (anläßlich von *Hérodiade*, 1864) –; er beseitigt die Interpunktion, kombiniert bisher Unvorgestelltes bis zur Verdunklung der kommunikativen Transparenz und tilgt radikal alle Spuren des sprechenden Ich. Ziel ist die sprachliche Erzeugung eines Gegenstandes, der vorher nicht existiert hat (*Les Poésies*, 1887; *Album de vers et de prose*, 1888; Poe-Übersetzung, 1888; *Divagations*, 1897). Dem Maler Edgar Degas, der sich abmüht, ein Sonett zu verfassen, wiewohl es ihm an Ideen nicht fehle, erwidert Mallarmé: »ce n'est pas avec des idées qu'on fait des sonnets, Degas, c'est avec des mots.« Mit dem Axiom »peindre

non la chose, mais l'effet qu'elle produit« (1864 an Henry
Cazalis) deutet er die im 19. Jh. geläufige poetologische Ma-
lerei-Metapher um. Auslassungen und Anspielungen dominieren *Éventail* (1890), die Umwandlung eines Gelegen-
heitsgedichts:

> De frigides roses pour vivre
> Toutes la même interrompront
> Avec un blanc calice prompt
> Votre souffle devenu givre
>
> Mais que mon battement délivre
> La touffe par un choc profond
> Cette frigidité se fond
> En du rire de fleurir ivre

Der kalten Rosen Lust zu leben / als Eine duftend unter-
bricht / in ihres Glases weißem Licht / dein Atem und sein
kühles Schweben // ich brauch den Fächer nur zu heben / ein
Schlag gemalten Strauß entflicht / und alle Kälte löst sich
schlicht / in Lächeln trunknes Blütenweben

Sämtliche Dichtungen, übers. von Carl Fischer,
München/Wien: Hanser, 1992, S. 80 f.

Im Interview mit Jules Huret (*Enquête sur l'évolution littéraire*, 1891) erklärt Mallarmé den Verlust der Einsinnig-
keit auch mit dem Unvermögen der Dichter am Jahrhun-
dertende: »dans une société sans stabilité, sans unité, il ne
peut se créer d'art stable, d'art définitif«. Mallarmé nennt
seine Methode der Fixierung der noch faßbaren Teile
»transposition«; in ihr ist das Fragmentarische ebenso aus-
weisbar wie der Anspruch der Literatur, angesichts der
Leere als einziger Wert vorhanden zu sein und den Kampf
des Dichters mit dem weißen (d. h. leeren) Papier zum zentralen Thema zu erheben. Baudelaires Reisegedichte radika-
lisierend, wendet sie dabei die Motive der Seefahrt und des
Schiffbruchs um in Zeichen intellektueller Abenteuer, die
im Nichts anlangen. Poesie wird ein Orakel, dessen Aus-

künfte vor allem seine eigene Funktion betreffen; Valéry wird mit seiner Theorie der Zaubersprüche (*Charmes*) diese negative Ontologie weiterschreiben.

Mallarmé nennt den idealen Text das reine, wie die Musik von jeder Mimesis gereinigte »Buch«; ihm ist er im symphonischen Bildgedicht, »Un coup de dés jamais n'abolira le hasard« (Mai 1897), das Überlegungen aus der früheren Prosa *Igitur* (um 1869) aufnimmt, wohl am nächsten gekommen.

Werkausg.: H. Mondor / G. Jean-Aubry, ²1951.

Lit.: K. Wais, M., ²1951; P.-O. Walzer, Essai sur M., 1963; G. Regn, Konflikt der Interpretation. Sinnrätsel u. Suggestion in der Lyrik M.s, 1978; Sonderh. Lendemains 40, 1985; B. Marchal, Lecture de M., 1985; R. Bellet, M., 1987; C. Raakow, *L'après-midi d'un faune*, in: B. Wehinger (Hrsg.), Konkurrierende Diskurse, 1997; J.-L. Steinmetz, M., 1998; Sonderh. Europe 1998.

Jean Moréas (1856–1910) begründet 1886 mit Gustave Kahn, Stuart Merrill, Francis Viélé-Griffin und René Ghil die »École symboliste«, deren Manifest er im *Figaro* publiziert. Der Symbolismus verbindet Mallarmés Hermetismus mit einer neuen Bildersprache. Aufbauend auf Universalien, bestimmt der Symbolismus die Lebenswelt als Reflex eines geistigen Kosmos, durch den alles Gegenständliche zum Träger einer ideellen Bedeutung wird; dabei schließt er an den Platonismus der Renaissance an, namentlich an Ronsard. **René Ghil** (1862–1925) wirft 1888 dem Meister vor, nicht konsequent monistisch ein »œuvre-une« entworfen zu haben, wie er es seinerseits in Anlehnung an naturwissenschaftliche Theorien kreieren sollte (*Œuvre*, 1889–1912). Ghils Anthropologie verbindet einen dynamischen Existenzbegriff mit einer globalen Wissensidee. Noch 1923, zum Zeitpunkt der Proklamation des Surrealismus, fordert Ghil eine strenge Mallarmé-Nachfolge.

Die als Indiz der Modernität verstandene Verschränkung von Poesie und Poetik praktiziert zur gleichen Zeit **Jules**

Laforgue (1860–87; Ausg. P. Pia, 1970; J.-L. Debauve
[u. a.], 1986) in einer entheroisierenden Dichtung aus dem
Geist der Dekadenz (Prosaparodien *Moralités légendaires*,
die Gedichtsammlung *Des fleurs de bonne volonté*, 1887).
Die zu spleenigen Klischees erstarrten toten Mythen: An-
dromeda, Salome, Hamlet, Lohengrin und Pierrot, sind sowohl ideologisch als auch psychogrammatisch zu deuten.
Ihren Titeln nach Klagegesänge (»complaintes«) oder allegorische Dramen (»moralités«), betreiben sie die Ironisie-
rung des Elegischen, das Lachen in der Verzweiflung.

Lit.: M. Décaudin, La crise des valeurs symbolistes, 1960; W. Theile,
René Ghil, 1965; H. Peyre, Qu'est-ce que le symbolisme, 1974; W. Engler, Laforgue – *Locutions des Pierrots*, in: H. Hinterhäuser (Hrsg.), Die
frz. Lyrik, Bd. 2, 1975; J. Porter Houston, French Symbolism, 1980;
J.-L. Backès, Musique et littérature, 1994; G. Peylet, La littérature fin de
siècle de 1884 à 1898, 1994; G. Michaud, Le symbolisme tel qu'en lui-
même, 1995.

Lautréamont (d. i. Isidore Ducasse, 1846–70) findet mit
Les Chants de Maldoror (Teilausgabe 1868, vollständig
1874) und den *Poésies* (1870) bei der Literaturkritik bis
1885 keinerlei Beachtung. Seit André Breton 1919 die *Poésies* veröffentlicht und Philippe Soupault 1920 und 1927
zwei Ausgaben einleitet, strahlt er wie Rimbaud als Leit-
stern am Firmament des Surrealismus. Gide feiert ihn 1925
als »Schleusenwärter« der Literatur von morgen. Lautréamont stammt wie Laforgue aus Montevideo, wo sein Vater
Kanzleichef des frz. Konsulats war. Die *Chants de Maldoror* kombinieren auf ungewohnte Weise hymnische, enzyklopädisch aufzählende und narrative Gattungsmuster, die
auf die Schauerromantik und die Texte des Marquis de Sade
verweisen. Die Titelfigur berauscht sich an ihrer freneti-
schen Revolte gegen die Kreatur wie den Schöpfer und
nimmt in Metamorphosen die Gestalt eines apokalyptischen Tiers an. Die Einschätzung der Surrealisten konzentriert sich auf diese Revolte; der Titanenkampf konfiguriert

die Kulturrevolution seit Freuds Erkenntnis, daß das Subjekt nicht mehr Herr im Hause seiner Wahrnehmungen ist.

Werkausg.: P.-O. Walzer, 1970.

Lit.: G. Bachelard, L., 1939; M. Blanchot, L. et Sade, 1949; J. Decottignies, Prélude à Maldoror, 1973; Sonderh. RhlF 1974; M. Pierssens, L., 1984; R. Pickering, L., 1988; J.-J. Lefrère, Isidore Ducasse, 1998.

10. Narrativik nach 1850

Flaubert

Stendhal und Balzac improvisieren, wenn sie diktieren bzw. schreiben, Flaubert dagegen inspiriert sich durch systematische Lektüre, arbeitet methodisch nach Plan und korrigiert endlos die geschriebenen Passagen, indem er sie sich in seinem »gueuloir« immer wieder laut vorspricht. Jahre wendet er darauf, ein relativ schmales Prosawerk zu vollenden. **Gustave Flaubert** (1821–80), Sohn eines Chirurgen aus Rouen, nimmt 1841, als er schon zu schreiben begonnen hat, in Paris das Studium der Rechtswissenschaften auf, um es 1843 erfolglos abzubrechen. Die wirtschaftliche Situation der Familie ermöglicht es ihm, fortan zu privatisieren. Wenn er nicht Reisen rund ums Mittelmeer unternimmt oder in Paris lebt, verbringt er, öfter unter epileptischen Anfällen leidend, die Zeit in Croisset bei Rouen, wo sein Vater 1844 ein kleines Haus nahe der Seine gekauft hat.

Während er von 1835 bis 1842, teilweise noch in der Ich-Form des »roman personnel«, eine dialogreiche Prosa verfaßt (*Un parfum à sentir*, *Rêve d'enfer*, *Mémoires d'un fou*, *Smarh*, *Novembre*), erörtert er gleichzeitig in seiner Korrespondenz (Ausg. Jean Bruneau, 2 Bde., 1973–80) Probleme der Isolierung des Intellektuellen und Künstlers. Die 1838–1841 entstandenen *Souvenirs, notes et pensées* sind von je-

nem Endzeitbewußtsein geprägt, das aus Vignys Lyrik und
Mussets *Confession d'un enfant du siècle* bekannt ist. Gerade sein Scheitern in der bürgerlichen Berufswelt, die Nervenkrankheit und individuelle Krisen veranlassen Flaubert,
methodisch das erlebende Ich vom künstlerischen zu trennen. Offenbar haben Gespräche mit dem Freund Alfred Le
Poittevin (1818–48) seine Konzeption einer durch die Un-
persönlichkeit des Ausdrucks (»l'anatomie du style«) cha-
rakterisierten Form der Dichtung geprägt. In ihr schildert
er Aspekte der Krankengeschichte des 19. Jh.s – eine Tätigkeit, die Überwindung des Ekels, Distanz, Kälte, Genauigkeit und Wissen verlangt. Solche Qualitäten sind in den Kategorien der Unparteilichkeit (»impartialité«) und Teil-
nahmslosigkeit (»impassibilité«) des Erzählers fixiert.

Nach der ungünstigen Aufnahme einer Frühfassung der
Tentation de Saint-Antoine durch seine Freunde wendet
sich Flaubert auf deren Rat einem Alltagsgeschehen zu. So
entsteht der Roman *Madame Bovary. Mœurs de province*
(2 Bde., 1857; Ausg. C. Gothot-Mersch, 1971). Trotz zahlreicher Streichungen im Vorabdruck in der *Revue de Paris*
(1856) wird 1857 Anklage unter dem Vorwurf des Immora-
lismus erhoben, das Verfahren endet mit einem Freispruch.
Der Roman handelt wie das Erzählwerk Stendhals und Balzacs von der Zerstörung der Sehnsüchte im bürgerlichen
Zeitalter. Die Protagonistin, in einem klösterlichen Internat
erzogen, heiratet den biederen Landarzt Charles Bovary, an
dessen Seite sie die durch ihre Romanlektüre geweckten Erwartungen an das Leben nicht erfüllt sieht. Sie flieht vor der
Monotonie und Enge der Provinz in Ehebruch, Betrug und
finanzielle Verschuldung und gerät schließlich in eine ausweglose Situation, der sie sich nur noch entziehen kann, indem sie Gift nimmt.

Zur Sensation wird der Roman dadurch, daß das amoralische Verhalten Emmas durch das Zurücktreten des Erzählers weder explizit noch implizit verurteilt wird. Darüber
hinaus wird das sentimentale Geschehen, das typisch für

den »roman personnel« geworden ist, ohne jede idealisierende Tendenz gestaltet, ja es wird kommentarlos mit Banalem konfrontiert und entwertet: Emmas Welt der romantischen Träume wird in der berühmten Verführungsszene bei den »Comices agricoles«, in deren Verlauf Dienstleistungen ebenso wie landwirtschaftliche Zuchterfolge prämiert werden, durch die Synchronie von Festreden und verlogenen Phrasen des Verführers Rodolphe der floskelhaften Welterklärung der Provinzbourgeoisie ausgesetzt. Charles Bovary rekurriert im Finale mit einer verständnislosen Totenklage auf genau diese Nutzung von Worthülsen, löst Signifikanten von Signifikaten. Flaubert gestaltet die Sterbe- und Beerdigungsszene als Inflation des romantischen Todeskults; der narrative Ausdruck widerspricht der spiritualistischen Verbrämung des Seelentods der »femme victime«. Danach wird die Totenwache, die der Pfarrer und der Apotheker übernehmen, zur Farce eines Religionsdisputs:

Der Apotheker, den das Schweigen bedrückte, begann über »die unglückliche junge Frau« zu lamentieren; und der Priester antwortete, jetzt helfe nichts mehr als für sie zu beten. [...]
»Aber«, wandte der Apotheker ein, »wenn Gott stets weiß, was uns not tut, wozu ist dann das Gebet dienlich?«
»Wie?« rief der Geistliche aus, »das Gebet? Sind Sie denn kein Christ?«
»Verzeihung!« sagte Homais. »Ich bewundere das Christentum. Erstens hat es die Sklaven befreit, es hat der Welt eine Moral gegeben ...«
»Darum handelt es sich nicht! Sämtliche Texte ...«
»Oh! Oh! Die Texte! Schlagen Sie ein Geschichtsbuch auf; man weiß doch, daß die Texte von den Jesuiten gefälscht worden sind.«
Charles kam herein, trat an das Bett heran und schob langsam die Vorhänge zurück.

Madame Bovary, übers. von Ilse Perker und Ernst Sander, Stuttgart: Reclam, 1972, S. 406 f.

Und während in kurzen Sequenzen der Ehemann, die Dienerin oder Verwandte vor den Zeichen der raschen Verwesung erschrecken, ist die Atmosphäre bei der Prozession zum Friedhof von bukolischer Heiterkeit.

In der *Éducation sentimentale* (1869; Ausg. A. Raitt, 2 Bde., 1979) greift Flaubert die Erzählweise des Desillusionsromans auf, die Balzac mit den *Illusions perdues* vorgegeben hat. Im »style indirect libre« entfaltet sich das Bildnis eines von künstlerischen Ambitionen ergriffenen Ichs des Frédéric Moreau. Wie im Fall der Emma Bovary eilt ein Wunschtraum der Realität voraus und wird nie in ihr aufgehen. Die Ideale von Liebe, Ästhetik und Macht, die sich in Frédérics Bewußtsein überlagern, werden in parallelen, gleichförmigen Erzähleinheiten dargestellt. Als ein Rendezvous mit Mme Arnoux nicht zustande kommt, lädt der enttäuschte Liebhaber die leichtlebige Rosanette zum Essen ein und nimmt sie mit in das Hotelzimmer, »das für die andere vorbereitet ist«. Simultan wird der Ablauf dieser Ersatzhandlung, in der Frédéric seine Enttäuschung nicht verbergen kann, und der Ausbruch der Februarrevolution, die ihn kaum berührt, aus derselben desillusionierten Perspektive erzählt. Frédéric träumt wie Lucien de Rubempré (*Illusions perdues*) davon, der »Walter Scott Frankreichs« zu werden, während sein Freund Deslauriers, der auch philosophisch versierter ist, unmittelbar zur Macht strebt. Beide verfehlen ihr Ziel und gestehen es sich resigniert ein, als sie 1867 den »Kadaver« ihrer Jugend »exhumieren«. Die beiden letzten Kapitel thematisieren Mythen der Erotik (Angebetete, mütterliche Geliebte, Mätresse, Hure). Es genügt, sie zu apostrophieren, um die Sinnentleerung der wirklichen Welt, wie sie Frédéric erlebt hat, zu konnotieren.

Als weitere Darstellung der Defekte des Empfindens, der Willenlosigkeit und der religiösen Selbsttäuschung in einer fatalistischen Ära lesen sich *Salammbô* (1862), die Erprobung der neuen Romantechnik an einem exotischen Stoff, *La Tentation de Saint-Antoine* (Teilabdrucke 1856 und

1857, vollständig 1874; Ausg. E. Maynial, 1966), die Weiter-
führung des Motivs der Verführung des Menschen durch
die Lektüre, *Un cœur simple* (*Les Trois Contes*, 1877) und
das Fragment *Bouvard et Pécuchet* (1881; Ausg. C. Ha-
roche, 1957), eine mögliche Replik auf Voltaires *Candide*.
Indem Flaubert von den realisierten schlechten Möglichkeiten erzählt, kritisiert er, bei aller Neutralität, im Figurenver-
halten die kleinmütige Gegenwart.

Werkausg.: 26 Bde., 1910–54; B. Masson, 2 Bde., 1964.

Lit.: C. Digeon, F., 1970; K. Heitmann, Der Immoralismus-Prozeß
gegen die frz. Lit. im 19. Jh., 1970; J.-P. Sartre, L'idiot de la famille, 1971–
1972; C. Gothot-Mersch (Hrsg.), La production du sens chez F., 1975;
H. R. Jauß, Die beiden Fassungen von F.s *Éducation sentimentale*, in:
W. Engler (Hrsg.), Der frz. Roman im 19. Jh., 1976; Essais sur F. Fs.
D. Demorest, 1979; R. Debray-Genette (Hrsg.), F. à l'œuvre, 1980; A. de
Lattre, La bêtise d'Emma Bovary, 1980; Sonderh. RhlF 1981; H. Pfeiffer,
Roman u. histor. Kontext, 1983; L. M. Porter (Hrsg.), Critical Essays on
F., 1986; R. Debray-Genette, Métamorphose du récit, 1988; L. Pietro-
marchi, L'illusione orientale. F. e l'esotisme romantico, 1990; J.-L. Caba-
nès, Le corps et la maladie dans les récits réalistes, 1991; P. Bourdieu, Les
règles de l'art, 1992; I. Daunois, F. et la scénographie romanesque, 1993;
H. Mitterand, L'illusion réaliste, 1994; A. Mahler, Der Satiriker F., ZfSL
1995; J. Küpper, Erwägungen zu *Salammbô*, in: B. Wehinger (Hrsg.),
Konkurrierende Diskurse, 1997; B. Wehinger, Komische Leser – *Bouvard et Pécuchet*, in: B. W. (Hrsg.), Konkurrierende Diskurse, 1997;
W. Hülk, F., *Madame Bovary* u. *L'Éducation sentimentale*, in: F. Wolfzettel (Hrsg.), 19. Jh. Roman, 1999.

Maupassant

Wenn Flaubert je einen Schüler gehabt hat, ist es **Guy de
Maupassant** (1850–93), den er in desillusionierender, detail-
genauer Narration unterwiesen hat. Doch selten sind zwei
Autoren unterschiedlicher rezipiert worden als gerade die
beiden. Maupassants beim Massenpublikum überaus er-
folgreiches Opus umfaßt 260 Novellen, drei Dramen und
die Romane *Une vie* (1883), *Bel-Ami* (1885), *Mont-Oriol*

(1887), *Pierre et Jean* (1888), *Fort comme la mort* (1889) und *Notre cœur* (1890). Berühmt wird der Erzähler mit der Novelle *Boule de suif*, die im Sammelband der *Soirées de Médan* (1880) erscheint, einer Reisenovelle und Satire der Wohlanständigkeit, in der eine Dirne Opfer der Heuchelei ihrer ehrbaren Mitreisenden wird. Bei den übrigen Texten handelt es sich um Schwanknovellen, Schauernovellen, phantastische, sozialkritische und psychologische Novellen. Der Schluß des ersten Romans, *Une vie*, in dem die von ihrem Ehemann betrogene und von ihrem Sohn erpreßte Protagonistin in geistige Umnachtung verfällt, repliziert den Ausgang von *Un cœur simple* des Meisters Flaubert und des Goncourt-Romans *Renée Mauperin*. In *Bel-Ami* (1885; Ausg. M.-C. Bancquart, 1979) stellt Maupassant den unaufhaltsamen Aufstieg eines Erfolgsmenschen dar. Der ehemalige Kolonialsoldat Georges Duroy wird durch Vermittlung eines Freundes Journalist in Paris, hat Glück bei den Frauen und nutzt ihre Schwächen zur Festigung seiner gesellschaftlichen und politischen Macht schamlos aus. Der Machtgewinn des Parvenus ist nur auf der Grundlage einer verbreiteten Sittenlosigkeit und der Doppelmoral sogenannter besserer Kreise zu verwirklichen. Diese Betonung der Frivolität wird in *Pierre et Jean* wieder zurückgenommen. In der wichtigen Vorrede mit dem allgemeinen Titel »Le roman« verteidigt Maupassant den psychologischen Roman, der Alltagskonflikte gestaltet, ohne daß mit der Intrige zugleich philosophische Systeme bewiesen werden müssen. Dies richtet sich gegen Zola.

Werkausg.: 29 Bde., 1907–10; *Romans*, A.-M. Schmidt, 1959; *Contes et nouvelles*, L. Forestier, 2 Bde., 1974–79.

Lit.: J. Halperin, M. der Romancier, 1961; H. Keßler, M.s Novellen, 1966; Sonderh. Europe 1969; A.-J. Greimas, M. La sémiotique du texte, 1976; R. W. Artinian, M. Criticism, Bibl. 1880–1979, 1982; T. Lehmann, Transitions savantes et dissimulées, 1990; P. Bayard, M. juste avant Freud, 1994.

Naturalismus

Ferdinand Brunetière (1849–1906), Professor an der École Normale, Herausgeber der *Revue des deux mondes* und maßgebender und geschmackbildender Literaturhistoriker des ausgehenden 19. Jh.s, veröffentlicht 1883 eine Aufsatzsammlung unter dem Titel *Le Roman naturaliste*. Der umfangreichste Aufsatz heißt »Le naturalisme français. Étude sur Gustave Flaubert«, er ist unmittelbar nach dessen Tod 1880 verfaßt. Der konservative Brunetière wendet sich gegen den romantischen Topos, »que la littérature est l'expression de la société« (*Manuel de l'histoire de la littérature française*, 1898), und entwirft eine Evolutionstheorie, nach der die Entwicklung der literarischen Gattungen eine Lebenskurve beschreibt (Geburt, Reife, Untergang), die das Resultat einer wechselseitigen Wirkung von Werken ist. Bei Flaubert entdeckt Brunetière die »transposition systématique du sentiment dans l'ordre de la sensation«; dies ist für ihn, in der Retrospektive von 1880, der Indikator einer Epochenschwelle. Zola hält er vor, daß er detaillierte Milieuschilderungen liefert, die ein vorgefaßtes Urteil bestätigen sollen.

Für **Edmond** (1822–96) und **Jules de Goncourt** (1830–70) stellt sich das Problem der Erzählbarkeit der Wirklichkeit im Zeichen des »roman réaliste de l'élégance« (Vorrede zu den *Frères Zemganno*, 1878). Die Goncourts arbeiten als Kulturhistoriker, Kenner vor allem des 18. Jh.s und der japanischen Kunst, ehe sie Romane mit dokumentarischem Anspruch verfassen. Im umfangreichen *Journal* (1877–96) und einzelnen Vorreden bestimmen sie ihr narratives Vorhaben als Beitrag zur »histoire morale de ce siècle«, darunter verstehen sie wie Flaubert und Zola dessen Pathologie. In *Renée Mauperin* (1865), von der sich Thomas Mann zu den *Buddenbrooks* anregen ließ, verkörpert die im Ungeist des Liberalismus erzogene Titelheldin, die durch ihre Offenheit und Kompromißlosigkeit den Tod ihres Bruders verschuldet, den Selbsthaß des Großbürgertums und steigert ihn bis zum eigenen moralischen Zusammenbruch. Die Dirnengeschichte *La Fille Elisa* (1877), seit den sechziger Jahren geplant, von Edmond de Goncourt allein verfaßt, veranschaulicht die Entstehung einer Hysterie. Weitere Titel sind *Germinie Lacerteux* (1864), *Manette Salomon* (1867), *Madame Gervaisais* (1869) und *La Faustin* (1882).

Lit.: E. Caramaschi, Réalisme et impressionisme dans l'œuvre des frères G., 1971; H.-J. Müller, Der Roman des Realismus-Naturalismus in Frkr., 1977; F. Wolfzettel, Einführung in die frz. Literaturgeschichtsschreibung, 1982; M. F. Gothier, J. u. E. de G., 1983; W. Klein, Der nüchterne Blick, 1989; A. Pagès, Le naturalisme, 1989; D. Baguley, Naturalist Fiction, 1990; C. Becker, Lire le réalisme et le naturalisme, 1992; Cahiers G., 1992 ff.; Y. Chevrel, Le naturalisme, 1993; M. Caffier, Les frères G., 1997; B. Vouilloux, L'art des G., 1997.

Zola

Émile Zola (1840–1902), dessen Familie durch den Tod des Vaters 1847 in wirtschaftliche Schwierigkeiten gerät, lebt bis in die siebziger Jahre in bedrückender finanzieller Abhängigkeit als Arbeiter und Angestellter, zuletzt im Verlag Hachette. Das spätere Vermögen stammt aus den Erträgen seiner Feder, genauer: einiger Bestseller wie *Nana* und *Germinal* aus den *Rougon-Macquart*. Am Beginn seiner schriftstellerischen Tätigkeit stehen Zeitungsartikel, sentimentale Erzählungen (*Contes à Ninon*, 1864) und Novellen, die erst seit 1968 sämtlich bekannt sind (Ausg. R. Ripoll, 1976).

In einem Brief an seinen Freund Antony Valabrègue vom 18. August 1864 entwickelt Zola seine ästhetischen Prinzipien: das Werk als »une sorte d'écran transparent«, »une fenêtre ouverte sur la création«; wobei der Kunstkritiker Zola in den Werken der realistischen Maler Courbet und Manet die Verwissenschaftlichung der Kreativität und ihre materielle Perspektivierung preist. Definitorische Schwierigkeiten bereitet vorerst noch das Substantiv »naturaliste«, das er im

Pissarro-Artikel (*Les Naturalistes*, 1868) als Synonym für
»réaliste« einführt.

1867 entsteht sein erster Roman, *Thérèse Raquin*, in dem
die Protagonistin aus dem Gefängnis ihrer Ehe ausbricht,
zusammen mit ihrem Geliebten den Ehemann ermordet
und in der neuen Verbindung durch die Hölle der Gewissensqualen geht, die die beiden Schuldigen durch einen gemeinsamen Selbstmord beenden. Die Kritik hat mit dem
Vorwurf der »Leichenschauhausliteratur« reagiert, weil
Zola – mit der kalten Neugier des Wissenschaftlers – die abstoßenden Aspekte der Realität mit einer bis an die Grenze
des Erträglichen gehenden Intensität geschildert hat. Taine
tadelt in einem Brief von Anfang 1868 die Konzentration
instinkthafter Verirrungen auf nur zwei Personen, weil der
Roman dadurch nicht den Anspruch erheben könne, »miroir de la société entière« zu sein. In diesem Hinweis auf die
traditionelle Spiegelmetapher und in Taines Forderung, der
neue Künstler müsse »enzyklopädisch« wie Balzac sein,
kann ein Anstoß zu Zolas Arbeit am Zeitroman in Form
eines Zyklus liegen. In einer fortgesetzten poetologischen
Selbstverständigung (Vorwort zu den *Rougon-Macquart*,
1871; *Le Roman expérimental*, 1880; *Les Romanciers naturalistes*, 1881; *Une campagne*, 1881) mißt er sich wiederholt
an Balzac als dem Schöpfer des Zyklenromans, dem eminenten Soziologen, der als »Beobachter« und »Experimentator« den naturalistischen Roman vorbereitet hat.

Zola leitet den Begriff des »roman expérimental« von der
»physiologie expérimentale« Claude Bernards (*Introduction à l'étude de la médecine expérimentale*, 1865) ab und
begründet damit den Naturalismus als Anwendung von
Methoden und Erkenntnissen der exakten Wissenschaften
im Bereich der Literatur. Dazu gehören: die Überzeugung
von der biologischen und sozialen Determinierung des
Menschen, eine wissenschaftliche Einarbeitung in die behandelten Probleme und ein genaues Beobachten, Beschreiben und Erklären.

In diesem Sinne komponiert Zola den Zyklus der Rougon-Macquart als »Natur- und Sozialgeschichte einer Familie im Second Empire«. An ihrem Anfang stehen Adélaïde
Fouque, die im Wahnsinn endet, ihr Mann, der Gärtner
Rougon, sowie ihr Liebhaber, der Trinker Macquart. Sie begründen die beiden Genealogien, deren Verbindungen und
Schicksale über fünf Generationen »beobachtet« werden.
Nervenkrankheiten, Alkoholismus, Gier (»les déborde-
ments des appétits«) sind wiederkehrende Eigenschaften.
Die 20. Bände (Ausg. A. Lanoux / H. Mitterand, 5 Bde.,
1960–67) erscheinen nach dreijähriger Vorarbeit von 1871
bis 1893, wobei der Buchausgabe meist die Veröffentlichung
im Feuilleton einer Tages- oder seltener Wochenzeitung
vorangeht. Die einzelnen Titel sind: *La Fortune des Rougon*
(1871), *La Curée* (1872), *Le Ventre de Paris* (1873), *La Conquête de Plassans* (1874), *La Faute de l'abbé Mouret* (1875),
Son Excellence Eugène Rougon (1876), *L'Assommoir* (1877),
Une page d'amour (1878), *Nana* (1880), *Pot-bouille* (1882),
Au bonheur des dames (1883), *La Joie de vivre* (1884), *Germinal* (1885), *L'Œuvre* (1886); *La Terre* (1887); *Le Rêve*
(1888); *La Bête humaine* (1890); *L'Argent* (1891); *La Débâcle* (1892); *Le Docteur Pascal* (1893). Wirtschaftlicher Erfolg
stellt sich seit 1877 (*L'Assommoir*) ein; *Nana* wird schon in
einer Erstauflage von 55 000 Exemplaren herausgebracht.

Die facettenreiche Geschichte von Idealismus, Aufstiegs-
willen, Menschenverachtung, Opportunismus und Kriminalität wird seit *La Fortune des Rougon* in den Begriff der
»comédie« und seinen radikalen Gegensatz zur »épopée«
gefaßt. Dementsprechend wird in der Geschichte des Freu-
denmädchens Anna Coupeau, gen. Nana, Enkelin des
Antoine Macquart und Tochter der Gervaise, der paradoxe
Topos der tugendhaften, sich selbst und ihre Umwelt läu-
ternden Kurtisane entzaubert, der die Literatur ein Jh. lang
beherrscht. Nana erhebt sich zu mythischer Größe (»une
toute-puissance de femme«, »mangeuse d'homme«). Die
zerstörerische Kraft des Weibsteufels ist gleichzeitig bei

Ibsen, Hauptmann, Wedekind, dessen Lulu ein noch frenetischeres Pandämonium entfesselt, Pierre Louÿs (*La Femme et le Pantin*, 1898) und Heinrich Mann (*Professor Unrat*, 1905) Ausdruck extremer Dekadenzstimmung. In *L'Assommoir* schildert Zola, wie Handwerker und Arbeiter im Lumpenproletariat verkommen, wenn durch Krankheit oder einen Arbeitsunfall die soziale Sicherheit in Frage gestellt wird. *Germinal*, das im Kohlerevier spielt, erweitert das Bild der proletarischen Existenz um die Prinzipien von Macht und Unterdrückung in der Arbeitswelt. Von allen Geschichten der Gervaise-Kinder (Anna in *Nana*, Claude in *L'Œuvre*, Jacques in *La Bête humaine*) erschüttert *Germinal*, mit Étienne Lantier im Mittelpunkt, das politische Gewissen am heftigsten. Lantier findet seine Identität, die er durch seine Erbanlagen bedroht sieht, im Arbeitskampf. Vom Frühlingsmythos der apotheotischen Schlußszene her erhält der Romantitel als Zitat des Revolutionskalenders seinen nach mehreren Seiten offenen Sinn. Er entsteht aus der Kollision von Fortschrittspathos, Determinismus und sinnbildlicher Verdichtung der Erzählweise.

Gegenstand der Trilogie *Les Trois Villes* (*Lourdes*, 1894; *Rome*, 1896; *Paris*, 1898) ist die Entwicklung des an seiner Sendung verzweifelnden Priesters Pierre Froment, der durch Erfahrungen mit dem Irrationalismus und der dogmatischen Unfähigkeit, Theologie und Demokratie zu versöhnen, in Paris einen antikirchlichen Sozialhumanismus entdeckt. Während Zola in dieser Trilogie (wie in den *Rougon-Macquart*) die Gegenwart als Periode des Zusammenbruchs und des Aufstiegs neuer Geschichtsträger schildert, fingiert er in *Les Quatre Évangiles* (1899–1902), gesellschaftstheoretisch noch ausdrücklicher als bisher an Fourier orientiert, den bruchlosen Übergang des Gewesenen in eine zukünftige Idealität der familiären Bindungen, der Bildung und der Produktionsverhältnisse. Zolas Engagement in der Dreyfus-Affäre (»J'accuse«, offener Brief an den Präsidenten der Republik, 1898) erregt Aufmerksamkeit und Bewunderung in Europa.

Auseinandersetzung und Abwendung kennzeichnen das naturalismuskritische *Manifeste des Cinq* von 1887 und Édouard Rods Roman *Le Sens de la vie* (1889). Gide, Proust und Artaud bekämpfen jede naturalistische Ästhetik im Roman und Drama; dessenungeachtet dient Zola im 20. Jh. Autoren wie Barbusse, Dabit, Poulaille, Aragon, Lanoux oder Merle als Modell.

Lit.: R. Schober, Von der wirkl. Welt in der Dichtung, 1970; F. Wolfzettel, Zwei Jahrzehnte Z.forschung, RJb 1970; D. Baguley, Bibl. de la critique de Z. 1864–1970, 1976; H. U. Gumbrecht, Z. im histor. Kontext, 1978; D. Baguley, Bibl. de la critique de Z. 1971–1980, 1982; Ph. Bonnefis, L'innommable. Essai sur l'œuvre de Z., 1984; Ph. Walker, Z., 1985; C. Becker, Z. 1840–1867. Genèse d'une œuvre, 1987; C. Becker, Z. en toutes lettres, 1990; H. Mitterand, Z. L'histoire et la fiction, 1990; H. Troyat, Z., 1992; C. Becker (Hrsg.), Dictionnaire d'E. Z., 1993; W. Engler / R. Schober (Hrsg.), 100 Jahre *Rougon-Macquart* im Wandel der Rezeptionsgeschichte, 1995; A. Petruschke, Bibliographie Z. u. der (frz.) Naturalismus, in: W. Engler / R. Schober (Hrsg.), 100 Jahre *Rougon-Macquart* im Wandel der Rezeptionsgeschichte, 1995; Ph. Hamon, Le personnel du roman. Le système des personnages dans les *Rougon-Macquart*, 1998; H. Mitterand, Zola 1840–1871, 1999.

Der Roman des Fin de siècle

Das ausgehende 19. Jh. bezeichnet sich in den achtziger Jahren selbst als »fin de siècle« und meint damit eine pessimistisch gestimmte Spät- und Verfallszeit, in deren Mitte sich ein nervös überfeinertes Existenzgefühl entwickelt, dessen Prototyp der Dandy ist. Im Dekadenzvorwurf ist sie Teil des nationalen Diskurses, in dem insbesondere nach der Niederlage von Sedan 1870 und der Ausrufung des preußischen Königs zum deutschen Kaiser in Versailles die extreme Demütigung verarbeitet wird.

In dieser Zeit entwerfen der Zola der *Trois Villes* und der *Quatre Évangiles*, die Renegaten des naturalistischen Stils,

Huysmans, Anatole France, Bourges, Bourget oder Barrès,
jenseits positivistischer Wissenschaftsverehrung, klinische
Bilder mit Tendenz sowohl zur Erbaulichkeit als auch
zur Blasphemie. Der Renouveau catholique im Roman des
20. Jh.s nimmt seinen Ausgang in der ambivalenten Lösung,
die den Gläubigen, wie Zolas Pierre Froment, zum wissenschaftlichen Denken bekehrt oder den Positivisten in mysti-
zistische Welterklärungen, jedenfalls rationalismusfeind-
liche Haltungen verfallen läßt, wie bei Bourget.

Von 1875 bis 1914 baut das gläubige Frankreich zur
Sühne für den verlorenen Krieg die orientalisch stilisierte
Kirche Sacré-Cœur auf dem Montmartre, während das moderne Paris zur Weltausstellung 1889 die zeitgemäße Architektur im Eiffelturm präsentiert. Für die lyrische Avantgarde wird er bald zum Zeichen des modernen, zugleich
sinnbildhaften und nur noch bildlichen Weltwissens. Eine
neue Ästhetik repräsentieren die Eisen- und Glaskonstruk-
tionen der Ausstellungspaläste, Warenhäuser und Kopf-
bahnhöfe. In Anlehnung an Schopenhauer und Nietzsche
artikulieren sich Niedergeschlagenheit oder neue Energie.

Lit.: E. Koppen, Dekadenter Wagnerianismus, 1973; R. Bauer (Hrsg.),
Fin de siècle, 1977; H. Hinterhäuser, Fin de siècle, 1977; M.-C. Banc-
quart, Images littéraires du Paris »fin de siècle« 1880–1900, 1979;
G. Peylet, La littérature fin de siècle, 1994.

Den Weltschmerz der Romantiker und den Agnostizismus Flauberts ersetzen im gewandelten politischen und
kulturellen Umfeld Spleen, Mystizismus oder skeptische
Ironie. Durch diese unterschiedliche Orientierung wird die
Romansprache entgrenzt und um zahlreiche Neuprägungen
sowie archaische oder versunkene Wörter bereichert. Das
Schreiben wird zum poetischen Gegenstand par excellence.
Solche Tendenzen verhindern, daß der Roman des Fin de
siècle auf Dauer populär wird. Als humorvoller Verfasser
der *Lettres de mon moulin* (1869), vor allem der bekannten
Parabel *La Chèvre de M. Seguin*, zählt **Alphonse Daudet**

(1841–97) immerhin zu den Schulbuchautoren. Eher unbekannt dagegen ist sein Roman *Fromont jeune et Risler aîné* (1874), in dem er den durch den Verlust des Glaubens bewirkten moralischen Niedergang der frz. Gesellschaft anprangert.

Arthur de Gobineau (1816–82), der seine Apologie der germanischen Herrenrasse, *Essai sur l'inégalité des races humaines* (4 Bde., 1853), gegen den Revolutionsmythos vom Sieg der Gallier über die Franken richtet, thematisiert in seinem Roman *Les Pléiades* (1874) in derselben Absicht das Motiv der Königskinder: Noch in der Phase der Götterdämmerung repräsentieren distinguierte Europäer, die sich ihrer arischen Rasse bewußt bleiben, eine elitäre Existenz. Mit Mitteln der krassen, naturalistischen Erzählform thematisiert Jules Barbey d'Aurevilly (1808–89) in *Les Diaboliques* (1874) das Wirken des Satanismus, um die positivistische Basis des Weltwissens bei Zola zu denunzieren.

Maurice Barrès (1862–1923), Kenner von Stendhals Theorie des »égotisme«, entwickelt in der Trilogie *Le Culte du moi* (*Sous l'œil des barbares*, 1888; *Un homme libre*, 1889; *Le Jardin de Bérénice*, 1891; endgültige Fassung 1922) einen Bildungsroman mit verständlicher Lektion: Kräfte der nationalen Geschichte, der Heimat und des Blutes bestimmen das Verhalten der Protagonisten. Ihnen droht Entwurzelung durch Liberalismus und unfranzösische Gedankengebäude, wie die Philosophie Kants, die die Schüler eines Gymnasiums in Nancy in die Prinzipienlosigkeit führt (*Les Déracinés*, 1897). Sein regionalistisch fundierter Nationalismus, die Mythologie der heiligen Erde Ostfrankreichs (*La Colline inspirée*, 1913), hält Barrès auf Distanz zum anfänglichen Monarchismus der Action française.

Paul Bourget (1852–1935), ebenfalls Stendhal-Leser (*Essais de psychologie contemporaine*, 2 Bde., 1883–84), ist Antinaturalist in der Psychologisierung der Konflikte (*Le Disciple*, 1889; *Drames de familles*, 1900; *Un divorce*, 1904). Zu seinem Kreis gehört der Wagnerianer Élémir Bourges

(1852–1925), der die Popularität des Naturalismus aus dem kulturellen Niedergang erklärt (*Le Crépuscule des dieux*, 1884; *Sous la hache*, 1885; *Les Oiseaux s'envolent et les feuilles tombent*, 1893).

Anders die Verbindung von Endzeitstimmung und Exotismus bei **Pierre Loti** (1850–1923), Mitglied der Académie française (1892), der seit 1880 das Publikum mit tragischen Konflikten in exotischem Ambiente unterhält. Das Motiv der Seereise bringt dabei weniger Abenteuer als Gefahr und Trennung. Er regt damit die zeitgenössische Oper (Puccini) an (*Madame chrysanthème*, 1887).

Lit.: K. G. Millward, L'œuvre de L. et l'esprit Fin-de-siècle, 1953.

Anatole France (1844–1924), das einzige Mitglied der Académie française (1896), das Dreyfus in Schutz nimmt, Verehrer und Interpret Rabelais', Montaignes und Voltaires, von Barrès wie Proust respektiert, ist einer der »offiziellen« Autoren der Dritten Republik. Seit seinem ersten Roman *Jocaste et le chat maigre* (1879) entlarvt der Satiriker Legenden und Idole. Das auf graziöse Weise Unwirkliche, wie es der aufklärerischen Erzählung des 18. Jh.s eignet, öffnet den vergnügten Blick auf die Relativität von Parametern. France wählt erkennbare historische Kulissen, in denen er imaginäre Wirklichkeiten inszeniert. Er verfaßt den Tagebuchroman *Le Crime de Sylvestre Bonnard* (1881), in dem ein Bibliomane sich wegen seiner Leidenschaft zur Unehrlichkeit hinreißen läßt. Sein erfolgreichstes Werk, *Thaïs* (1891), handelt von den erotischen Visionen eines Wüstenheiligen, der vergeblich jede Illusion aus seiner Mönchszelle auszuschließen sucht. *La Rôtisserie de la reine Pédauque* (1893), eine burleske Replik auf die Episodenstruktur des pikaresken Erzählens, schildert den Lebensweg eines Küchenjungen aus der Pariser Rue Saint-Jacques zum Buchhändler an eben diesem Ort. Der Roman ist im beginnenden 18. Jh. angesiedelt. Den Spott über alles Klerikale gießt der Voltairianer in *L'Île des pingouins* (1907) aus: Ein Mönch tauft Pinguine, die er für erlösungsbedürftige Heiden hält; ein himmlischer Beschluß verwandelt sie in Menschen, um das Sakrileg aus der Welt zu schaffen; fortan wird ihre Geschichte als Gesellschaftssatire vom Mittelalter bis in die Gegenwart erzählt. Wie Victor Hugo in *Quatrevingt-treize* thematisiert France in *Les Dieux ont soif* (1912) die jakobinische Politik von 1793, allerdings unter der ironischen Prämisse, daß der Romanleser den Konvent besser versteht, als dessen Mitglieder ihren Nationalismus begriffen haben. Ein geschichtsphilosophischer, an Montaigne orientierter und als Testament vorgetragener Standpunkt findet sich in *La Révolte des anges* (1914): Eine utopische Weltherrschaft der Engel wäre nicht weniger tyrannisch, als es die Macht des gestürzten unnahbaren Gottes geblieben wäre.

Werkausg.: M.-C. Bancquart, 4 Bde., 1984–94.
Lit.: P. Stolz, Transformationen der Lebenswelt – Metamorphosen der Romanwelt: F.s frühes Romanwerk, 1992; M.-C. Bancquart, F., 1994.

Weltwissen und Textwissen, wie Zola es als naturalistische Prinzipien festgelegt hat, wird von **Joris-Karl Huysmans** (1848–1907) bestritten. Kurze Zeit gehört er zu Zolas Zirkel, seine Novelle *Le Sac au dos* veröffentlicht er zuerst in den *Soirées de Médan* (1880), in seinem Roman *Marthe, histoire d'une fille* (1876) greift er das naturalistische Thema der Prostitution auf. Danach ist eine Diskrepanz zwischen Sachverhalt und Erzählweise festzustellen (*Les Sœurs Vatard*, 1879; *En ménage*, 1881; *En rade*, 1884).

In *À rebours* (1884), dem für den Zeitgeist des Fin de siècle typischsten Roman, rechnet der Autor mit dem literarischen Naturalismus wie dem amerikanischen »way of life« ab. Der Protagonist Des Esseintes zieht sich in einer Mischung aus Langeweile und hypochondrischer Menschenverachtung aus Paris zurück, um sich in einem abseits gelegenen Landhaus eine seinem krankhaft verfeinerten Geschmack entsprechende künstliche Gegenwelt zu errichten. Das Verhalten des jungen Herzogs ist von der Ästhetik Baudelaires und Mallarmés, die er vergöttert, von Sade und Gustave Moreaus Darstellung der Salome (Ausstellung 1876) mit ihrer Verbindung von Erotik und Todessehnsucht geprägt. Des Esseintes' Haus schafft als imaginäres Museum von Kunstgebilden eine Atmosphäre, in der eine Schildkröte, inmitten künstlicher Blumen und unter künstlichem Licht, als Lebewesen nur zugelassen wird, weil sie bemalt und mit Edelsteinen besetzt ist.

> Nachdem das Tier aus dem Hause des Fachmanns, der es in Pflege genommen hatte, zurückgebracht worden war, funkelte es wie eine Sonne, sandte es auf dem Teppich, dessen zurückgeworfene Farben sich brachen, die Strahlen westgotischer Langschilde aus, denen ein Künstler mit barbarischem Geschmack dachziegelige Schuppen aufgesetzt hat.
> Des Esseintes war von dieser Wirkung zunächst entzückt; dann dachte er, daß dieses riesige Juwel nur flüchtig entworfen und erst vollständig sei, wenn es mit seltenen Steinen eingelegt wäre.
> Er wählte aus einer japanischen Sammlung eine Zeichnung, darstellend eine Blumengarbe, die spindelartig einem schmalen Stiel entwuchs, trug sie zu einem Juwelier, skizzierte eine Einfassung, die diesen Strauß in einem ovalen Rahmen umfing, und beschied den verdutzten Steinschneider, die Blätter und Blütenblätter jeder einzelnen Blume seien in Edelsteinen auszuführen und unmittelbar auf die Schuppen des Tiers aufzutragen.
>
> Gegen den Strich, übers. und hrsg. von Walter Münz und Myriam Münz, Stuttgart: Reclam, 1992, S. 71 f.

Mallarmé hat Huysmans' Appell an das Geschmacksideal eines raffinierten Publikums verstanden; seine *Prose pour Des Esseintes* (1884) leitet eine gewisse Bekanntheit in diesen Kreisen ein; Oscar Wilde ahmt den Roman im *Dorian*

Gray (1891) nach. – *Là-bas* (1891) erzählt vom Schriftsteller Durtal, der an einer Studie über den berüchtigten Gilles de Rais arbeitet und immer tiefer in die Welt des Satanismus hineingezogen wird.

Lit.: R. Thiele, Satanismus als Zeitkritik bei H., 1979; H. Du naturalisme au satanisme et à Dieu. Exposition BN, 1980; Ch. Lloyd, H., 1992.

VI

20. Jahrhundert

Historischer Überblick

1905   Gesetz über die Trennung von Kirche und Staat.

1914–18 Erster Weltkrieg (frz. »Grande Guerre«) mit weit über einer Million Toter auf beiden Seiten in den Stellungskriegen (Somme, Verdun).

1914   3. August: das Deutsche Reich erklärt der Französischen Republik den Krieg, 2. September: Flucht der Regierung nach Bordeaux.

1917   Entschärfung der militärischen Krise durch die Berufung Philippe Pétains zum Oberkommandierenden, Ferdinand Fochs zum Generalstabschef; die Arbeiterbewegung verweigert sich den Kriegszielen, Streiks, die Sozialisten scheiden aus der Regierung aus; Berufung Georges Clemenceaus zum Ministerpräsidenten.

1918   Amerikanische Intervention, 11. November: Unterzeichnung des Waffenstillstands in Compiègne.

1919   28. Juni: Unterzeichnung des Versailler Vertrags: Besetzung des Rheinlands auf 15 Jahre durch den Völkerbund, Reparationszahlungen in Höhe von 132 Milliarden Goldmark und umfangreiche Energielieferungen an Frankreich; Elsaß und Lothringen gehen zurück an Frankreich; Beistandserklärungen Großbritanniens und der USA im Falle eines erneuten deutschen Angriffs auf Frankreich.

1920 Parteitag der Sozialisten in Tours: Spaltung in An-
      hänger der III. Internationale (Section française de
      l'Internationale communiste, später Parti communiste
      français, PCF) und Gegner des Leninismus (Section
      française de l'Internationale ouvrière, SFIO) um Léon
      Blum; entsprechender Bruch in der Gewerkschafts-
      organisation.

1921 Deutschland verzögert die Reparationsleistungen:
      Frankreich und Großbritannien besetzen Teile des
      Ruhrgebiets.

1923 Frz. und belgische Truppen rücken im gesamten
      Ruhrgebiet ein; der deutsche Außenminister Gustav
      Stresemann nimmt Gespräche über die Zahlungen auf;
      eine Gruppe von Politikern um Konrad Adenauer
      verhandelt mit den Franzosen über die Schaffung
      einer Rheinischen Republik.

1924 Großbritannien und vor allem die USA drängen
      Frankreich zur Aufgabe seiner für die deutsche
      Wirtschaft ruinösen Politik; Außenminister Aristide
      Briand setzt auf eine neue Verständigungspolitik.

1926 Bildung eines französisch-deutsch-belgisch-
      luxemburgischen Stahlkartells; die deutsche Wirtschaft
      erholt sich deutlicher als die frz.; gefährliche soziale
      Desintegration der frz. Gesellschaft: Preisverfall und
      Gehaltskürzungen bei gleichzeitigem industriellem
      Produktivitätszuwachs.

1931 Erfolgloser Versuch, die deutsche Regierung zum
      Verzicht auf die angestrebte Revision des Versailler
      Vertrags zu bewegen.

1933 Scheitern der deutsch-französischen Verständigungs-
      politik, als Hitler den Völkerbund und die Genfer
      Abrüstungskonferenz verläßt.

1934 Aktionen rechtsextremer Gruppen; Gründung neuer
      Parteien im faschistischen Spektrum: Parti social
      français, Parti populaire français.

1936 März: kampfloser Einmarsch deutscher Truppen in die entmilitarisierte Zone am Rhein; London unterstützt Paris nicht.

1936–38 Bildung einer Reihe von Volksfrontregierungen nach Neuwahlen (Ministerpräsident Léon Blum, Ministerien für Sozialisten, Sozialrepublikaner, Radikale, parlamentarische Unterstützung durch die Kommunisten); Gesetze über teilweise Verstaatlichung der Unternehmen, Tarifverträge, bezahlten Urlaub (15 Tage), Arbeitszeitverkürzung (40-Stunden-Woche), Schulpflicht bis zum 14. Lebensjahr; wirtschaftlicher Stillstand, Generalstreiks, Währungsspekulationen.

1937 Weltausstellung in Paris.

1938 29. September: im Münchner Abkommen gewähren die Westmächte Hitler freie Hand bei der Annexion des Sudetenlandes.

1939 3. September: Frankreich (Regierung Édouard Daladier) erklärt wegen des deutschen Überfalls auf Polen dem Reich den Krieg; als Folge des deutsch-sowjetischen Nichtangriffs-Pakts (August 1939) ruft in Frankreich die kommunistische Partei zum Waffenstillstand auf, daraufhin wird sie verboten; »Drôle de guerre« (zunächst noch keine Kampfhandlungen).

1940 10. Mai: Beginn der deutschen Offensive von Norden her, 18. Mai: Marschall Pétain stellvertretender Ministerpräsident und Regierungschef, Charles de Gaulle Unterstaatssekretär im Kriegsministerium, 14. Juni: Einmarsch deutscher Truppen in Paris, Flucht der Regierung nach Bordeaux, de Gaulles nach London, über BBC sein Aufruf zum Widerstand (18. Juni), 20. Juni: Besetzung Lyons, 22. Juni: Unterzeichnung des Waffenstillstands gegen den Willen der britischen Verbündeten: Teilung Frankreichs in die besetzte und unbesetzte Zone (Demarkationslinie von Genf über Bourges, Poitiers, Mont-de-Marsan bis an die spanische Grenze); politisches und militärisches Ende der Dritten Republik.

1940–44 État français: Regierungssitz Vichy, Pétain Staatschef,
         Pierre Laval Stellvertreter, antiparlamentarisches
         Regime, bevollmächtigte Exekutive, Zusammenarbeit
         mit der deutschen Besatzung, logistische Unterstützung
         militärischer Operationen im Mittelmeerraum, Über-
         stellung von Arbeitskräften (z. T. Freiwillige) für
         deutsche Betriebe, Auslieferung von Emigranten,
         Regimegegnern und Juden.

1942   Einmarsch deutscher Truppen in die bis dahin
         unbesetzte Südzone.

1943   Gründung des Conseil national de la Résistance (CNR)
         durch Jean Moulin und gleichzeitig in Algier des
         gaullistischen Comité français de Libération nationale
         (CFLN).

1944   6. Juni: Landung der Alliierten in der Normandie,
         25. August: de Gaulle Chef der provisorischen
         Regierung im befreiten Paris; Pétain wird von den
         Deutschen nach Sigmaringen in vorläufige Sicherheit
         gebracht, Verurteilung zu lebenslanger Haft;
         Liquidierung von 10 000 Kollaborateuren, darunter
         Pierre Laval und der Schriftsteller Brasillach;
         Grundlegung des nationalen Konsens (Verurtei-
         lung wegen Kollaboration oder Schuldfreiheit);
         Entwaffnung der Widerstandskämpfer.

1945–58 Vierte Republik.

1945   November: Wahl de Gaulles zum Ministerpräsidenten,
         Abdankung 1946.

1946–54 Indochinakrieg, der mit dem Verlust der Kolonie
         endet.

1947   De Gaulle gründet zur Durchsetzung einer Präsidial-
         verfassung das Rassemblement du peuple français.

1954–62 Algerienkrieg, der mit der Unabhängigkeit Algeriens
         endet.

1955   Weitgehende Autonomie Tunesiens.

seit 1958 Fünfte Republik.

1958   1. Juni: Ernennung de Gaulles zum Ministerpräsidenten;
       Änderung der Verfassung hin zum Präsidialsystem;
       21. Dezember: Wahl de Gaulles zum Staatspräsidenten
       (Wiederwahl 1965, Demission 1969 nach dem Scheitern
       eines Referendums über Regionalisierung und Mit-
       bestimmung).

1959   André Malraux Kulturminister.

1963   Deutsch-französisches Abkommen (»Elysée-Vertrag«)
       zur Zusammenarbeit in der Außen- und Verteidigungs-
       politik, Einrichtung des Deutsch-Französischen Jugend-
       werks und Vereinbarung regelmäßiger Konsultationen.

1968   Januar – Mai: studentische Protestbewegung (ausgehend
       von Fragen der Studienorganisation in Nanterre) zum
       Kampf gegen den Spätkapitalismus und seine Aus-
       wirkungen (Arbeitslosigkeit) sowie den Vietnamkrieg,
       Forderung nach Selbstbestimmung, Schließung der
       Sorbonne, Barrikadenkämpfe in Paris (10.–11. Mai),
       vorübergehende Solidarität der Gewerkschaften,
       Fabrikbesetzungen; 23. Juni: absolute Mehrheit für die
       Gaullisten (Union pour la défense de la République)
       bei den Wahlen zur Nationalversammlung.

1969–74   Georges Pompidou Staatspräsident.

1973   Einweihung des städtischen Musée Beaubourg (Centre
       Pompidou).

1974–81   Valéry Giscard d'Estaing Staatspräsident.

1980   Wahl von Marguerite Yourcenar als erste Frau in die
       Académie française; 300 Jahre Comédie-Française.

1986   Einweihung des staatlichen Museums des 19. Jh.s in den
       Gebäuden der Gare d'Orsay.

1981–95   François Mitterrand Staatspräsident.

seit 1995   Jacques Chirac Staatspräsident.

1996   Überführung der Überreste von André Malraux ins
       Panthéon; Eröffnung der ersten Lesesäle der neuen
       Bibliothèque nationale.

1. Einleitung

Neue Museumskultur

Mit der Einrichtung eines Pariser Museums des 19. Jh.s in der aufgegebenen Gare d'Orsay, von Staatspräsident Giscard d'Estaing 1978 geplant und von seinem Nachfolger François Mitterrand 1986 verwirklicht, vergewissert sich das 20. Jh. der Herkunft seines Fundus an ästhetischer Repräsentation aus dem postrevolutionären 19. Jh. Im Spiegel von Bildern und Skulpturen konfrontiert es sich auch mit einer Serie markanter Symbiosen der Künste (Fantin-Latour, *Atelier aux Batignolles, Coin de table*, 1872; Béraud, *La Madeleine chez le pharisien*, 1891; Camille Claudel, *L'Âge mûr*, 1895), absichtlich auch mit der unverhüllten Erotik in Bildern Gustave Courbets (1819–77). Von Courbet hängt außer dem pornographischen *L'Origine du monde* im Musée d'Orsay die großformatige Allegorie *L'Atelier* (1855) mit dem Künstler und seinem Modell neben der Staffelei in der Bildmitte, mit den Kunstfreunden, darunter Baudelaire, in der rechten Hälfte, links der Wucherer, der die Arbeit des Künstlers im Auge hat, und, den Blick gesenkt oder abgewandt, die einfachen Leute, denen die Revolutionen von 1789, 1830 und 1848 keinen Vorteil gebracht haben. Dazwischen, als ironisches Zitat des Motivprogramms traditioneller Herrscherbilder, zwei Hunde. Das Gemälde hält sinnbildlich die Rolle der Kunst in der sich entfaltenden bürgerlichen Gesellschaft des 19. Jh.s fest, ihre Chancen wie ihren Grundwiderspruch zwischen der freien Produktion für den Markt und der eingeschränkten Resonanz.

Kunstströmungen

Als Aufbegehren gegen den Autonomiestatus der Kunst – der sowohl ihre Freiheit wie ihre Wirkungslosigkeit impliziert – entsteht die Avantgardebewegung mit dem Futurismus (seit 1909), dem Dadaismus (1916–24) und dem Surrealismus (ab 1924). Diese Bewegung ist zugleich Kunst- und Lebenslehre: die ästhetische Revolution soll zur Verwandlung der Lebenspraxis führen. Sie enthüllt sich darin als Reaktion auch auf die negative Erfahrung einer von der Ökonomie geprägten kunstfeindlichen Realität.

Als der Surrealismus sich seit den vierziger Jahren zu einer rein literarischen Manier entwickelt, entsteht unter dem Eindruck von Faschismus, Zweitem Weltkrieg, Occupation und Résistance die Strömung des Existentialismus. Sie geht aus von der Absurdität als existentiellem Erlebnis, vom Gefühl des Ausgeliefertseins in einer Welt, in der der Mensch in immer neuen Entscheidungssituationen sein Leben selbst zu entwerfen hat. Die Bewegung, deren literarischer Hauptvertreter Sartre ist, herrscht bis gegen Ende der fünfziger Jahre in Literatur, Weltanschauung und einem Lebensstil, der in der Subkultur der Cafés in Saint-Germain-des-Prés ihren Ausdruck findet.

Paradigmenwechsel

Mit dem Niedergang des Existentialismus als dominierender Ideologie setzt sich seit Beginn der sechziger Jahre die streng antisubjektive Weltanschauung des Strukturalismus durch. Sie hat ihre Wurzeln in der strukturalen Linguistik, die von Ferdinand de Saussure (*Cours de linguistique générale*, 1916) begründet, vom Prager Kreis sowie der Kopenhagener Schule weiterentwickelt wurde und deren Prinzipien dabei auf alle Disziplinen der Humanwissenschaften übertragen wurden. In der Literaturtheorie, auch in ihrer feministischen Komponente, werden weniger die traditionellen Fragen nach der Welt im Text als nach dem Text als Welt gestellt. Das Kunstwerk wird als eine eigene dynamische Ganzheit gesehen, in der jedes Element vom Ganzen her beschreibbare Funktionen erfüllt. In der literarischen Praxis findet dies im Nouveau Roman seinen Ausdruck.

Seit dem Ende der sechziger Jahre äußert sich zunehmend Kritik, die dem Strukturalismus Praxisferne, Geschichtsfeindlichkeit und – durch die Ontologisierung methodologischer Konstrukte wie »Struktur« und »System« – Antihumanismus vorwirft. Die Kritik kommt zuerst von der um die Zeitschrift *Tel Quel* (1960 von Philippe Sollers gegründet) versammelten Gruppe von Intellektuellen, die die literarische und ideologische Entwicklung der frz. Intelligenz in den kommenden Jahrzehnten geprägt hat.

Literaturpreise und Verlage

In keinem Land der Welt werden so viele Literaturpreise vergeben wie in Frankreich (ca. 5000). Die bekanntesten sind:

Der von der Académie Goncourt seit 1903 verliehene Prix Goncourt. Seine Dotierung mit 50 Francs ist nur symbolisch, doch wird der Preisträger durch eine sichere Bestsellerauflage entschädigt (dieser wie die anderen großen Preise werden im Herbst, rechtzeitig vor Weihnachten, vergeben).

Der seit 1904 von einer weiblichen Jury vergebene Prix Femina.

Der seit 1925 gestiftete Prix Renaudot (Dotierung: ein Mittagessen für den Preisträger).

Der seit 1930 von Journalisten gestiftete Prix Interallié (ohne Dotierung), der vorzugsweise einen von einem Journalisten verfaßten Roman honoriert.

Der 1958 gegründete Prix Médicis, der für ein »neuartiges Prosawerk« vergeben wird und die avantgardistische Romanliteratur im Bewußtsein hält.

Die Vergabe dieser Preise ist umstritten. Es ist kein Geheimnis, daß es bei der Vergabe des Goncourt Vorabsprachen, Techniken der Stimmbeeinflussung gibt und daß mächtige Verlage »ihre« Autoren in die Jurys haben wählen lassen. Dazu gehören besonders die Verlage Gallimard, Grasset, Éditions du Seuil (und Albin Michel). Sie sind in allen Jurys präsent und dementsprechend fast im Rotationsprinzip Gewinner der großen Preise. Notgedrungen wird auf diese Weise nicht in jedem Fall die literarische Qualität allein belohnt. Diese Dominanz wirtschaftlicher Aspekte offenbart sich auch in einem weiteren Sachverhalt. Eine besondere Situation war punktuell 1944 eingetreten, als das Nationale Schriftstellerkomitee die Säuberung des Buchhandels von Autoren, die sich seit 1940 kompromittiert hatten, anordnete. Apostrophiert wurden Morand, Giono, Jouhandeau, Montherlant; Celine entkam nach Sigmaringen und später nach Dänemark, Brasillach wurde hingerichtet, Drieu la Rochelle beging Selbstmord. Jeder dieser Autoren ist heute im Buchhandel erhältlich, zum Teil in der Pléiade-Ausgabe, Gallimards exquisiter und kanonbildender Reihe. Der politische Tadel von einst ist suspendiert.

Wer schreibt?

Das soziologische Profil der Romanciers, die die Mehrzahl der Autoren ausmachen, basiert auf folgenden Daten: Obwohl Frauen mehr lesen als Männer und mehr als die Hälfte der Bevölkerung weiblich ist, sind drei Viertel der Romanschriftsteller männlich. Andererseits produzieren Autorinnen unverhältnismäßig viele Bestseller (Colette, Sagan, Duras, Anne Golon, Groult, Chandernagor). Berufsliteraten

bilden immer mehr die Ausnahme – die komfortablen Ver-
mögensverhältnisse Gides, Mauriacs oder Greens sind bereits Geschichte –, häufig lehren oder unterrichten sie, haben Funktionen in den Medien und lektorieren in Verlagen.
Allein im Herbst 1999 erscheinen ca. 500 neue Romane, die
meisten von noch unbekannten Autoren.

Lit.: G. Ziebura, Die dt.-frz. Beziehungen seit 1945, 1970; R. Girardet,
L'idée coloniale en France 1871–1962, 1972; R. Paxton, La France de Vi-
chy, 1973; J.-P. Azéma, De Munich à la libération, 1979; H. Hamon /
P. Rotman, Les intellocrates, 1981; G. Heller, Un allemand à Paris, 1981;
G. Brée / E. Morot-Sir, Littérature française, Bd. 9: Du surréalisme à
l'empire de la critique, 1984; P. Fouché, L'édition française sous l'Occupation, 2 Bde., 1987; W. Loth, Gesch. Frkrs. im 20. Jh., 1987; A. Levi,
Guide to French Literature 1789 to the Present, 1992; Ph. Burrin, La
France à l'heure allemande, 1994; W. Engler, Frz. Lit. im 20. Jh., 1994;
A. Peyrefitte, C'était De Gaulle, 1994; G. Loiseaux, La littérature de la
défaite et de la collaboration, 1995; F. de Martinoir, La littérature occupée, 1995; H. Mitterand (Hrsg.), Dictionnaire des œuvres du XXᵉ siècle,
1995; R. Soucy, French Fascism, 1995; D. Venner, Histoire critique de la
Résistance, 1995; A. Gelz, Postavantgardist. Ästhetik, 1996; H. Mitterand, La littérature française du XXᵉ siècle, 1996; P. Brunel, La littérature
française aujourd'hui, 1997; M. Milner, Freud et l'interprétation de la littérature, 1997; M.-A. Joubert, La Comédie-Française sous l'Occupation,
1998.

2. Lyrik

Von der Lyrik des 20. Jh.s wird vor allem Neuheit gefordert.
Nach der Götterdämmerung des Fin de siècle kreiert die
Dichtung eigene Mythen, sie thematisiert die unausweich-
liche, dabei faszinierende Gegenwart der Maschinenwelt,
auch des Kriegsgeräts, des Films und ästhetischer Kontraste
im Jazz und in der außereuropäischen, vor allem afrikanischen und polynesischen Kunst. Futurismus heißt seit Fi-
lippo Tommaso Marinettis in Frankreich publiziertem Manifest (1909) das destruktive Prinzip, das den vertrauten

Blick zurück in Traditionen verbietet und die Unordnung zur Voraussetzung künftiger ästhetischer Gebilde erhebt.

Der seit den *Fleurs du Mal* geläufigen Stilisierung moderne Dichtens als dunkler Rede werden Lineaturen der Montage und Demontage hinzugefügt; Kultfiguren sind Orpheus, Prometheus, Sisyphus und der Psychoanalytiker Freud. Das motivische Paradigma ist immer seltener mimetisch, dafür aber pragmatisch, expressiv und poetisch fundiert. Mit der Selbstbezogenheit lyrischer Texte entfallen alle kompositorischen Strategien, die ein als analogisch strukturiertes Universum bisher angemessen in Motivkohärenzen und Syntagmen umsetzten.

In der Lyrik des 20. Jh.s zeichnen sich von Anfang an drei Tendenzen ab: 1) Lyrik, deren sinnbildlicher Einsatz von Metaphern und Vergleichen ein analogisches Universum voraussetzt (Valéry, Claudel, Saint-John Perse), 2) Lyrik, die als »poésie fantaisiste«, bei Apollinaire und den Surrealisten polyperspektivisch, unzentriert bis zur Alogik, kein konsistentes Fadenkreuz anerkennt, auf dem semantische Äquivalenzen abzulagern sind, 3) eine sich engagiert gebende lyrische Haltung, die pragmatisch und expressiv zugleich bestimmt ist, wenn sich das Gelegenheitsgedicht zur emphatischen und heroischen Einmischung in den Alltag und die Alltagssprachlichkeit steigert.

Sinnbildlich dichten

Zwei divergente Ziele, die sich die Lyrik Baudelaires gesetzt hat, werden weiter ausgeformt: die Deutung des Buchs der Wirklichkeit oder die Herstellung von Welten mit poetischen Mitteln. Dabei bleibt die Auseinandersetzung mit Mallarmé positiv wie negativ schulbildend. Seine Äußerung, die Welt sei nicht mehr zu erschaffen, wohl aber seien vermöge dichterischer Kreativität Elemente des Universums zu unerhörten Texturen zusammenzufügen, wobei frappie-

rende Kohärenzen entstehen, impliziere, daß Lyrik sinn-
volle Gebilde zu formen vermag, weil der Realität wie ihrem Erkennen Analogien unterlegt sind. Viele der jüngeren
Bewunderer weichen jedoch vor Mallarmés Formstrenge in
die metrische Entgrenzung des »vers libre« aus (Gustave
Kahn, Jules Laforgue, Albert Mockel, Francis Viélé-Griffin,
Émile Verhaeren). Die Durchsetzung des »vers libre« als erster Attacke gegen die konventionelle Metrik bereitet eine
weitere poetische Emanzipation vor. Seit Robert de Souza
(*Le Rythme poétique*, 1892) loten einige Dichter die Möglichkeiten eines akzentuierenden metrischen Systems aus,
wie es im Deutschen existiert.

Naturmythen, mittelalterliche Allegorik sowie die für literaturwürdig befundene Alltagssprache lösen bei Jammes
oder Péguy hermetische Strenge auf. Wenn **Francis Jammes**
(1868–1938) in *De l'angelus de l'aube à l'angelus du soir*
(1898) ein Interieur aufruft, übersteigt die Beseelung des
Dinglichen die reine, d. h. entwirklichende Deskription.
Anna de Noailles (1876–1933), zu deren Kreis Cocteau gehört und die im Zuge der antiromantischen Kritik von
Charles Maurras als »Bacchantin« bloßgestellt wird, codiert
die als persönlich markierte Erfahrung der subjektiven
Nichtigkeit und des zyklischen Siegs der Natur pantheis-
tisch (*Le Cœur innombrable*, 1901; *Les Éblouissements*,
1907; *Les Vivants et les Morts*, 1913). Sie versteht es, Em-
phase und metrische Disziplin im Alexandriner auszugleichen, stellt aber schließlich die dichterische Phantasie in
Frage (*L'Honneur de souffrir*, 1927).

Die gedrängte Entwicklung der Poesie von **Charles Péguy** (1873–1914), des Gründers der undogmatisch linken
Cahiers de la Quinzaine (1900–14), folgt einer populisti-
schen Selbstbestimmung des Dichters als Kind aus dem
Volk und der Entwicklung vom kirchenfeindlichen Sozialisten der Generation nach der Dreyfus-Affäre zum militanten Christen. Neben dem noch parnassischen Stil der *Son-*

nets (1912) festigt sich im Fragment der *Quatrains* (1912), in der Novene *La Tapisserie de Sainte Geneviève et de Jeanne d'Arc* (1912), in *La Tapisserie de Notre-Dame* (1913) und in *Eve* (1913) die ergriffene Darstellung von vorwiegend nationalen Kultbildern; sie sind lyrische Meditationen.

Werkausg.: Œuvres poétiques complètes, F. Porché, 1994; Œuvres en prose complètes, R. Burac, 3 Bde., 1987–92.

Lit.: R. Rolland, P., 1944; B. Guyon, P., 1960; J. Viard, Philosophie de l'art littéraire et socialisme selon P., 1970; S. Fraisse, Les critiques en notre temps et P., 1973; G. Bastiaire, P., Cahiers de l'Herne 1977; V. A. La Charité, XXth Century Avant-garde Poetry, 1992; R. Baehr, Vom Regelzwang zur Freiheit, in: B. Wehinger (Hrsg.), Konkurrierende Diskurse, 1997; J. Delort, La poésie et le sacré, 1997; H. Weich, Paris en vers, 1998.

Das lyrische Werk **Paul Valérys** (1871–1945), von 1889 bis 1896 und von 1913 bis in die zwanziger Jahre entstanden und publiziert, ist weit weniger umfangreich als das theoretische und essayistische Opus, namentlich die mehr als tausend Seiten umfassenden *Cahiers* (Ausg. J. Robinson, 1973–1990), sowie die von der Mathematik und gleichzeitig der Philosophie Nietzsches angeregten methodologischen und ästhetischen Schriften (*L'Âme et la Danse*, 1921). Im Kontext des europäischen Symbolismus entwickelt Valéry eine Serie von Axiomen. Er postuliert, daß einzig im Zustand des »être toujours prêt (vigilare)« psychisch Verschüttetes aufgefunden wird. Das Subjekt versetzt sich in den Zustand des bewußten Vergessens und weist neben vergessenen Vorstellungen den Akt des Vergessens selbst aus. Dabei ordnen sprachliche Zugriffe, was in der Psyche amorph abgelagert ist; zeitgleiche Übereinstimmungen mit dem linguistischen Strukturalismus sind frappant. Valéry zieht die biologische Metapher der Zweigeschlechtlichkeit heran, um zu illustrieren, daß der Diskurs sich selbst befruchten und seine Früchte austragen kann. Diese nennt er, im Gegensatz zur metaphysisch positiv beglaubigten »poésie absolue«, jetzt »poésie pure«. Die Säuberung des poetischen Modus von

nichtpoetischen Einschlüssen, eine privative Reinheit, erfüllt den hohen Anspruch der zugleich transparenten und
wertvollen Dichtung.

In einer anderen poetologischen Definition sieht Valéry
das »poetische Pendel« in Bewegung zwischen »la Voix et la
Pensée«. Auf solche Art entstehende Texteinheiten nennt er
auch »analytisch«, weil darin lesend nachvollzogen werden
kann, wie aus zufälliger Beobachtung eine Textidee entsteht,
deren »résonances des mots entre eux« intellektuelle Sinnlichkeit suggerieren. Über die Ästhetik des 19. Jh.s hinaus
verkündet (und praktiziert) der Dichter Valéry die Alternanz von »présent« und »absent«, idealistisch definiert und
erkenntniskritisch entwirklicht. Er wehrt sich gegen jede
referentialisierende Ausdeutung seines Werks; dazu proklamiert er: »C'est l'exécution du poème qui est le poème«
oder: »On n'invente que ce qui s'invente et veut être in-
venté.« Er setzt auch voraus, daß einzig eine konzise Vers-
form den Textsinn davor bewahrt, in die Beliebigkeit zu
verfallen.

Charmes (1922 und 1926, Ausg. F. de Lussy, 1996), die
Gedichtsammlung, die Valéry höchsten Ruhm eingebracht
hat, steht im Zeichen der Einschmelzung des Sinns in die
dominante Form; das Gedicht zitiert wohl noch die alte
Gattung des Tagelieds (»Aurore«), um um so deutlicher auf
das Erwachen des Intellekts und der Ausdrucksfähigkeit
hinzuweisen. Der Titel meint performative Einwirkung auf
die Welt durch Sprechakte, magisches Besprechen der Wirklichkeit. Gedankliche Strenge reduziert das Motivpro-
gramm: Sonne, Aurora, Azur, Meer, Granatapfel, Schlange,
Schwan, Narziß, Parze (»La Jeune Parque«, 1917). Nur
scheinbar rufen diese Wiedererkennen und Eindeutigkeit
hervor. Eines der vieldeutigsten Gedichte des Zyklus ist der
Vierzehnzeiler »La ceinture«, motivgleich mit einem Text
Apollinaires in seinen »Poèmes à Lou« und rätselhafter Fol-
getext von Baudelaires »Recueillement« (*Fleurs du Mal*).

Am Textanfang steht die Subversion des Topos von der Illustration der Vergänglichkeit durch das Welken der Rosen; die Vernichtung der Zeit ist als ästhetischer Prozeß in die Blume verlegt. Mit tänzerischer Geste tritt eine Allegorie, »Ombre à libre ceinture«, auf (Tanzbewegung als Gegenteil und Aufhebung einer zielgerichteten Bewegung), losgelöst von der Gestalt bleibt die »ceinture vagabonde« als Metonymie; das abschließende Distichon verkehrt die lustvolle Erwartung, die die erotische Pose des gelösten Bandes auslöst, in Todesstimmung:

> Absent, présent … Je suis bien seul,
> Et sombre, ô suave linceul,
>
> Œuvres, hrsg. von Jean Hytier, Bd. 1, Paris: Gallimard, 1957, S. 121.

> Abwesend, anwesend … Ich bin ganz allein / und trübselig, o liebliches Leichentuch.

Valéry erklärt die Inspiration, eine Bewußtseinsmodifikation jenseits der romantischen Ausdrucksästhetik, als »état poétique«, einen Zustand der Entrückung, wie ihn die Alternanz »absent, présent« benennt. Erst ein psychischer Zustand, der die Bewußtheit transzendiert, ermöglicht die Komposition. Deswegen ist diese weder mimetisch noch idealistisch beglaubigt; das kontrolliert entstandene sprachliche Gebilde allein ist Sinn.

Lit.: K. Maurer, Interpretationen zur späten Lyrik V.s, 1954; J. Bellemin-Noël, Les critiques de notre temps et V., 1971; K. Löwith, V., 1971; P. Wunderli, V. saussurien, 1977; K. A. Blüher / J. Schmidt-Radefeldt (Hrsg.), Poétique et communication, V., 1979; W. Ince (Hrsg.), Colloque V., 1984; Forschungen zu V. – Recherches valéryennes, 1988 ff.; R. Pickering, V., les deux poétiques de *Charmes*, RhlF 1991; H. Holzkamp, Reine Nacht. Dichtung u. Traum bei V., 1995; J. Pierrot (Hrsg.), *Charmes* de V. Six lectures, 1995; S. Bourjea, V. Le sujet et l'écriture, 1997; J. Schmidt-Radefeldt (Hrsg.), V. Philosophie der Politik, Wissenschaft und Kultur, 1999.

Zwei Zeitgenossen Valérys, **Léon-Paul Fargue** (1876–1947) und **Yvan Goll** (1891–1950), problematisieren sein Ziel, Dichtung zur Zweitform der Welt zu erheben, die Weltbausteine substituiert. Fargue definiert zeitgleich mit Apollinaire den Kubismus als »konstruierten Impressionismus«, als ästhetischen Kontrapunkt zur impressionistischen Auflösung der Weltbilder in Lichtwirkungen.

Für **Paul Claudel** (1868–1955) gehören christliches Weltbild und analogisches Dichten zusammen. Er entwickelt seine Poetik aus dem Geist der Schöpfungsgeschichte; Dichtung als »connaissance du monde et de soi-même« beschwört die Kreatur und erlöst sie durch diesen Akt der Anrufung. In der Annahme, daß die Welt ein Buch ist, das der Schöpfer geschrieben hat, und die Bibel als Paradigma zu nutzen ist, wird eine symbolische Erkundung des Universums in Konfigurationen durchgeführt, die Mallarmé wie Valéry leugnen. Anders als Valérys Zaubersprüche soll Claudels Lyrik nicht im schönen Nichts verhallen. Weil die Geschichte der Metrik vor diesem Anspruch versagt, kreiert Claudel einen eigenen, dem Erhabenen adäquaten Freivers, den er in Anlehnung an die theologische Terminologie »verset« nennt *(Cinq Grandes Odes,* 1910).

Lit.: M. Carrouges, C. et Éluard, 1945; G. Antoine, *Les Cinq Grandes Odes,* 1959; J. Madaule, C. et le langage, 1968; A. Blanc, Les critiques de notre temps et C., 1970.

Jean Cocteau (1889–1963), der für die Literaturgeschichtsschreibung vor allem als Dramatiker (s. S. 403 f.) und Filmautor interessant ist, schreibt als Lyriker im Geist der Parnassiens *(Le Secret professionnel,* 1922; *Allégories,* 1944).

Ergriffenen Hochgesang, religiös ausgewiesen, komponiert **Patrice de La Tour du Pin** (1911–75) als Großlyrik *(Psaumes,* 1938; *Une somme de poésie,* 1946; *Une lutte pour la vie,* 1970). Orientierungsinstanzen seiner Phantasmagorien, in denen das Paradies ein totenstiller, synthetischer

Raum ist, in dem ein schwarzer Erzengel Eva bewacht, sind Vergil, Dante und Rilke. Entsprechend verfährt **Pierre Emmanuel** (1916–84), der unter dem Eindruck von Claudel und Jouve zu dichten beginnt (*Prière d'Abraham*, 1943; *Sodome*, 1944 und 1971; *Babel*, 1951, *Evangéliaire*, 1961; *Jacob*, 1970; *Sophia*, 1973). Bereitschaft zu inhaltsbezogener und dabei religionsgeschichtlicher Lektüre erwartet auch **Jean Grosjean** (*1912) vom Leser seiner hymnischen Dichtungen (*Terre du temps*, 1946; *Hypostases*, 1950; *Poésie*, 1968; *La Gloire*, 1969). Hingegen ist bei **Edmond Jabès** (1912–91) Agnostizismus mit der Frage nach dem kultischen Sinn der Schrift verwoben (*Le Seuil, le sable. Poésies complètes*, 1990). Vergleichbares thematisiert **Jean Tardieu** (1903–95), Übersetzer Goethes und Hölderlins, ausgehend von Kalligrammen und Ideogrammen (*Le Fleuve caché*, 1933; *Accents*, 1939; *Le Témoin invisible*, 1943; *Poèmes à voir*, 1990; *Da capo*, 1995).

Pierre Jean Jouves (1887–1976) umfangreiches lyrisches Werk (*Heures, livre de la nuit*, 1919; *Heures, livre de la grâce*, 1921; *Prières*, 1924; *Kyrie*, 1938; *Porche à la nuit des saints*, 1941; *Hymne*, 1947; *Diadème*, 1949) bleibt bis in die dreißiger Jahre am unanimistischen Bildprogramm der Kollektivseele ausgerichtet. Diese Konfiguration erweitert er um die Auflösung analogisch beglaubigter Weltbilder, seit der philosophisch festgestellte Tod Gottes zum Prinzip erhoben ist. Er greift zurück auf den seit Baudelaire (*Tombeau de Baudelaire*, 1942) kultivierten Topos vom Zusammenschluß des Disparaten durch die Poesie und verteidigt das Spirituelle vor der materialistischen Usurpation; am genauesten paraphrasiert er Baudelaires anthropologische Duplizität in den sechs Gedichten »Sur Lulu« (1961). Er übersetzt u. a. Shakespeare und Hölderlin.

Ausg.: Poésie, 4 Bde., 1964–67.

Lit.: M. Broda, J., 1981; D. Leuwers, J. avant J., 1986; K. Schärer, Thématique et poétique du mal dans l'œuvre de J., 1984.

René Char (1907–88) zählt zu den wenigen Autoren, die noch zu Lebzeiten mit einer Pléiade-Ausgabe (1983) geehrt werden. Matisse, Braque und Picasso haben seine Texte illustriert. Bis 1950 fühlt sich Char den Surrealisten (auch politisch) verbunden. Während des Zweiten Weltkriegs gehörte er dem alliierten Generalstab in Nordafrika an, in dieser Zeit entstehen die Camus gewidmeten *Feuillets d'Hypnos* (1946). Sie rufen alte, mit den Namen Hypnos und Thanatos verbundene Mythen auf; Schlaf und Tod verwandeln sich in Allegorien der Dunkelheit und der Gefährdung.

Eine Leitidee seiner Werke ist die Rettung der gottverlassenen, ihres Sinnzentrums beraubten Welt, eine andere die der Welt und Existenz zugrundeliegende »fragmentation«. In der Poesie soll Entzweiung anders verhandelt werden als in den Lektionen der Theologen und Historiker (*Recherche de la base et du sommet*, 1971; *Éloge d'une soupçonnée*, 1989). Einmontierte Motive aus seiner provenzalischen Heimat machen Chars abstrakte Gedankengebäude sinnlich erfaßbar.

Werkausg.: J. Roudaut, 1995.
Lit.: M. A. Caws, Ch., 1976; J. C. Mathieu, La poésie de Ch., 2 Bde., 1985; Ch. Dupouy, Ch., 1987; M. Bishop, Ch. Les dernières années, 1990; P. Veyne, Ch. en ses poèmes, 1995; M.-C. Char, Ch. dans l'atelier du poète, 1996; S. Velay, Ch., 1996.

Yves Bonnefoy (*1923) ist seit seiner Berufung 1981 an das Collège de France Lyriker mit mondänem Status und entsprechender Resonanz in Tout-Paris. Unmittelbares Vorbild seiner Ideendichtung ist Jouve; 1961 setzt er sich in einer Monographie mit Rimbaud auseinander. Seit *Du mouvement et de l'immobilité de Douve* (1953) sind mehr als ein Dutzend Bände erschienen, wiederholt mit Titeln, die ein philosophisches Programm ankündigen (u. a. *Anti-Platon*, 1962; *Les Raisins de Zeuxis*, 1985 und 1990; *Ce qui fut sans lumière*, 1987). Sprachphilosophisch argumentiert Bonnefoy gegen die Gültigkeit des modernen semiotischen

Dreiecks aus Referent, Begriff und Wort. Bonnefoy distanziert sich vom linguistischen Strukturalismus; der sprachliche Ausdruck »ist vom Kreuz abgenommen« und seither von jeder Transzendenz erlöst. Bonnefoy unterscheidet zwei Dimensionen der auf Substitution oder Analogie beruhenden Veranschaulichung: die Sphäre der Bildlichkeit und eine tiefer liegende der ontologischen Wahrheiten, in der Bilder versagen und von Chiffren ersetzt werden.

Lit.: J. Thélot, Poétique de B., 1983; R. Vernier, B. ou les mots comme le ciel, 1984; H. R. Jauß, Ein Abschied von der Poesie der Erinnerung, Poetik u. Hermeneutik XV, 1993; J. Peterson, B., l'absence de mythe, ZfSL 1996; D. Acke, B. essayiste, 1999.

Avantgarde

Die Avantgarde hat ihre bedeutendsten Ausformungen im Futurismus, dessen Manifest von Marinetti am 20. Februar 1909 im *Figaro* veröffentlicht wird; im Dadaismus, dessen Vertreter sich 1916–22 im Züricher »Cabaret Voltaire« zu Rezitationen zusammenfinden; schließlich im Surrealismus, dessen Manifest André Breton 1924 publiziert.

Als Synonym für Freiheit gebärdet sich Avantgarde experimentell bis zur Destruktion und nimmt keine Tradition wahr. Ihre in der dadaistischen Anti-Kunstbewegung bis zur Anarchie gesteigerte Ideologie des Aufbruchs radikalisiert frühere Sinngebilde der Reisen ins Leere bei Baudelaire und Rimbaud. Als sich die Avantgarde von der kommunistischen Ideologie im Zeichen des Stalinismus abhängig macht, schlägt ihr extremes Programm in widersprüchliche Selbstdisziplin um, die in den künstlerischen Stillstand des sozialistischen Sozialismus mündet.

Frühe avantgardistische Anstöße eigener Art kommen von einer Arbeits- und Autorengemeinschaft, die sich 1906 in der alten Abtei von Créteil bei Paris zusammenschließt. Zu ihr zählen René Arcos, Georges Duhamel, Luc Durtain, Charles

Vildrac und **Jules Romains** (1885–1972), der ihre Ziele artikuliert: entsprechend Émile Durckheims Soziologie entwickelt er ein Konzept der Kollektivpersönlichkeit, das die
Summe der Individuen transzendiert; demgemäß erscheint
in der poetischen Vision von Menschenströmen der Einzelne als Teilchen. In zwei Aufsätzen von 1905 erläutert er
diesen Lebensakkord als »unanimisme« und formuliert den
programmatischen Titel einer Gedichtsammlung, *La Vie
unanime* (1908). Ihre Großstadtpoesie lädt das Motiv der
Massengesellschaft animistisch auf, die Bilder von der kollektiven Existenz sind zugleich rhythmische Bewegungen
der Stadtlandschaft. Diese Theorie nimmt Victor Hugos Vision der elektrisierten Volksmassen auf.

Guillaume Apollinaire (1880–1918) ist in Rom geboren,
als uneheliches Kind unter falschem Namen standesamtlich
registriert, besucht Schulen in Monaco, Nizza und Cannes,
arbeitet als Lohnschreiber, Hauslehrer und Angestellter im
Kolonialministerium in Paris, ist Theoretiker des Kubismus, Erzähler (Erotica), Dramatiker und Lyriker. Er prägt
und propagiert den Begriff »surréalisme« und baut die neue
Intermedialität auf, indem er das kubistische Simultaneitäts-
prinzip als Textmodus wie als Malweise proklamiert. Die
neue Ästhetik meint Gleichzeitigkeit des Nebeneinanders
von räumlich getrennter Vielfalt sowie unerhörter Perspektiven, die die künstlerische Wahrnehmung schockieren
(*Chroniques d'art*, 1902–18; Ausg. L.-C. Breunig, 1960; *Les
Peintres cubistes*, 1913; *L'Esprit nouveau et les poètes*, 1918).
Apollinaire begründet seine Theorie der ästhetischen
Kreation, in der auf De-Komposition von Weltbildern die
Re-Komposition folgt, die Herstellung heterogener Reprä-
sentate, die Formation von Fragmenten im Stil der Infor-
mationsanhäufung auf einer Zeitungsseite. Kunst ist Übersetzung; Kreation entscheidet, nicht Imagination. Dies legitimiert auch den Modus der Gedichtsammlung *Alcools*
(1913; Ausg. M. Murat, 1997) als Transposition, die im Rang

Valérys *Charmes* zu vergleichen ist. Das Eingangsgedicht
»Zone« beginnt:

> À la fin tu es las de ce monde ancien
> Bergère ô tour Eiffel le troupeau des ponts bêle ce matin
> Tu en as assez de vivre dans l'antiquité grecque et romaine
> Ici même les automobiles ont l'air d'être anciennes
> La religion seule est restée toute neuve la religion
> Est restée simple comme les hangars de Port-Aviation

> Zuletzt bist du müde dieser veralteten Welt // O Eiffelturm
> Hirte die Herde der Brücken blökt heute morgen // Du hast
> es satt zu leben im griechischen und römischen Altertum //
> Sogar die Automobile sehn hier veraltet aus / Die Religion
> nur ist neu geblieben die Religion / Ist einfach geblieben wie
> die Flughafen-Hangars

> Poetische Werke. Œuvres Poétiques, ausgew. und
> hrsg. von Gerd Henniger, übers. von Johannes
> Hübner, Neuwied/Berlin: Luchterhand, 1969,
> S. 54 f.

Die zitierte Bukolik (Hirtin, Herde) wird demontiert, in-
dem die Idylle als Bild für den Eiffelturm und den Ge-
räuschpegel der Verkehrshektik ins Unvertraute gerückt ist.
Die paradoxen Antinomien in den Attributen der Auto-
mobile sowie dem Vergleich einer ehrwürdigen spirituellen
Instanz, der Religion, mit einer Flugzeughalle irritieren.
Dabei bereitet diese Sequenz eine spätere anaphorische
Liste vor, die Christi Himmelfahrt materiell beglaubigt:
»C'est le Christ qui monte au ciel mieux que les aviateurs.«
Die Umkehr eines gewohnten Vergleichsschemas ist für
Apollinaire kennzeichnend; die Dekonstruktion der Liebes-
mythologie in »Les Colchiques« vertauscht die Farbe der
Herbstzeitlosen mit Zeichen der Erschöpfung, wenn bläu-
liche Ringe unter den Augen wahrgenommen werden.
  Die Forschung hat darauf aufmerksam gemacht, daß Re-
ste symbolischer Strukturen in Apollinaires Poesie auf eine

negative Ontologie in der hebräischen Kosmogonie anspielen. Hier ist der Mensch der Schatten eines Traums, wie andererseits sein Text ein Schatten ist, den er wirft. Apollinaire kontaminiert diese Bilder ohne weiteres mit der Definition des Poeten als neuem Prometheus.

Während der Arbeit an den *Calligrammes* (1918), die als Figurengedichte antike und barocke Traditionen modernisieren, resümiert Apollinaire im Vortrag »L'esprit nouveau et les poètes« seine Poetik. Simultaneität und synthetische Re-Komposition, nicht lyrische Stimmung sind ihre Gesetze. Texte sollen nicht Melodien, sondern Collagen, Orchesterpartituren oder der Filmsprache mit ihrer Schnitt-Technik vergleichbar sein. Dem Kalligramm eignet überdies eine zugleich grammatische und ikonische Gestalt.

Werkausg.: M. Décaudin, 3 Bde., 1977–93.

Lit.: M. Guiney, Cubisme et littérature, 1973; E. Leube / A. Noyer-Weidner (Hrsg.), A., 1980; R. Warning / W. Wehle (Hrsg.), Lyrik u. Malerei der Avantgarde, 1982; T. Mathews, Reading A., 1987; P. Sacks-Galley, *Calligrammes*, 1988; M. Décaudin (Hrsg.), A. et son temps, 1990; P. Read, Picasso et A., 1995; R. Shattuck, Les primitifs de l'avant-garde, 1997.

Vergleichbare Ansätze, die zentriert sind auf die Erneuerung der Poesie durch Zeichen der großstädtischen Hektik, die bisher im Kino ihren exklusiven Ort eingenommen hat, erproben Max Jacob und André Salmon. **Pierre Reverdy** (1889–1960), Gründer der Zeitschrift *Nord-Sud* (1916), setzt poetisch wie poetologisch die Kubismusdebatte fort. Bilder im Text entstehen durch Adhäsion logisch disparater Realitätskonzepte. Ähnlich bei **Michel Leiris** (1901–90), zu dessen Opus gewichtige Reflexionen über Spielregeln in einem ausdrücklich ungeregelten Sprachspiel zählen (*Biffures*, 1948; *À cor et à cri*, 1988). Mit frei kombinierbaren Bildern, die kontingente Differenzen zwischen Weltbild und Textbild herstellen, operiert **Blaise Cendrars** (1887–1961), einer der Entdecker der afrikanischen Kunst (*Anthologie nègre*,

1921); er nimmt die Transposition von Jazzrhythmen und Farbkontrasttheorien seiner Malerfreunde Picasso und Delaunay vorweg. In *Prose du transibérien et de la petite Jeanne de France* (1913) aktualisiert Cendrars eine Simultanästhetik, die dem chaotischen Tempo der futuristischen Welt entspricht.

Lit.: J. C. Flückiger, Au cœur du texte. Essai sur C., 1977; J. C. Flückiger, L'encrier de C., 1989; J. Ferney, C., 1993; C. Leroy, C. et la guerre, 1995; M. Cendrars, C., l'or d'un poète, 1996; M. Touret, C., 1998.

Surrealismus

Als dritte europäische Literaturrevolution nach dem Futurismus und dem Dadaismus wirkt der Surrealismus über die Grenzen der Ästhetik hinaus. Seine Deutung ist umstritten: nach der einen Forschungsmeinung schreibt der Surrealismus Folgetexte zu dadaistischen Vorgaben und ist die Pariser Version der in Berlin und Zürich entwickelten Antikultur, nach der Meinung anderer kann sich der Surrealismus nicht aus dem dadaistischen Kulturnihilismus weiterentwickelt haben, weil ihn als Thema die Liebe und die politische Aktion auf der Linken definieren.

Der Dadaist **Tristan Tzara** (1896–1963) gibt in einem seiner den Futurismus parodierenden Manifeste am Ende des Ersten Weltkriegs die Parole aus, Dada sei »décomposition« und bedeute im Stadium des Wahnsinns einer Welt nichts. Dies ist Kritik an der Theorie der Re-Komposition und an einem Dichter wie Valéry, der mit schulmäßig rationalistischen Kategorien Klarheit und Systematik simuliert, wo apokalyptisches Chaos herrscht. 1920 siedelt Tzara von Zürich nach Paris über, wo er zum Zirkel um Breton stößt.

André Breton (1896–1966) verfaßt 1921 für den Katalog zur ersten Pariser Ausstellung von Max Ernst die Einleitung und benutzt hier den von Apollinaire lancierten Begriff »surréaliste«. Nach der Trennung von Tzara 1922 teilt

er mit, wer zum engeren Kreis (»surréalisme absolu«) gehört: Aragon, Baron, Boiffard, Crevel, Delteil, Desnos,
Éluard, Limbour, Morise, Naville, Péret, Soupault und Vitrac. Breton steht bei der linken Intelligenz für die Verheißungen von Marx und Rimbaud zugleich – »la littérature
doit mener quelque part«. Anfang der zwanziger Jahre gibt
er zu bedenken, daß seit Rimbaud und Lautréamont das
Formulieren von Diskursvarietäten an die Stelle des traditionellen Denkens und Ausdrückens gerückt ist; Spontaneität, wie sie andererseits in der Psychoanalyse Freuds zum
Ausdruck kommt, ist Leistung eigener Art. Doch der rück-
haltlose Aufbruch in das neue Artikulieren steht zunächst
im Zeichen der Niedergeschlagenheit, verursacht durch die
katastrophalen Folgen der »Grande Guerre«. Die Abkop-
pelung von jeder Kontinuität der Erklärung der Gegenwart
aus ihrer Geschichte bedeutet für die Literatur die Aufkün-
digung aller Vereinbarungen über Regeln der Syntagmatik
und Semantik. Die Avantgarde erklärt den Zufall, der Un-
vereinbares assoziiert, zum Prinzip. Er annulliert jeden ana-
logischen Status in provozierenden Nominalkompositionen
wie »les étés de tes formes fragiles« (Éluard, »La saison des
amours«) oder »sexe de glaïeul« und »yeux de bois toujours
sous la hache« (Breton, »Clair de terre«). Diese Bilder, die
das Wunderbare ungewohnt fassen, enthalten schon Kritik
an der Psychoanalyse. Breton sieht im Gegensatz zur Psychoanalyse die Unfähigkeit, Erlebnisse restlos in Rationali-
tät aufzulösen, als Errungenschaft an.

  Schon die vielseitige Codierung und der Wechsel im
Druckbild, schließlich die Text-Bild-Relationen im ersten
Manifeste du surréalisme (1924) aus Bretons Feder sind Ei-
genarten eines inkohärenten theoretischen Textes, der zugleich
konstativ, definitorisch und poetisch konnotativ verfaßt ist.
Er soll Gründungs- und Tribunalisierungsrede in einem
sein. Psychische Automatismen erscheinen als Gesten der
kulturellen Befreiung:

Surrealismus. Reiner psychischer Automatismus, in den man sich versetzt, um mündlich, schriftlich oder auf irgendeine sonstige Weise das wirkliche Funktionieren des Denkens zum Ausdruck zu bringen. Diktat des Denkstromes oder Ausschaltung jeglicher Vernunftkontrolle, außerhalb jeglicher ästhetischen oder moralischen Voreingenommenheit.

Tatsächlich konzentriert sich Breton auf den »surréalisme poétique«, d. h. die Assoziation disparater Bilder, wobei jedes vorstellbare Motiv mit jedem anderen Element Syntagmen kombinieren kann. Wenn also im Surrealismus die Rede ist von der Restitution authentischer Erfahrungen, die komplexer sind als der frz. Wortschatz, dann ist diese arefe-rentielle Zeichentheorie, die unerhörte semantische Valenzen zur Geltung bringt, vorausgesetzt.

Eine unkalkulierbare Serie von Syntagmen konstituiert eine eigene Logik des Alogischen. Breton selbst erinnert daran, daß die surrealistische Theoriebildung die Schreibpraxis um Jahre vorangegangen ist, und zitiert dabei sein mit **Philippe Soupault** (1897–1990) gemeinsam verfaßtes, 1919 und 1920 veröffentlichtes Werk *Les Champs magnétiques*. Bei der Lektüre fällt auf, daß der Anspruch des psychischen Automatismus die Satzlehre nicht restlos zertrümmert. Breton besteht auch zu Beginn der dreißiger Jahre (nachdem ein Großteil der Surrealisten Mitglieder der Kommunistischen Partei geworden sind) auf dem Prinzip der Textorganisation und verteidigt jetzt die ideologische Verträglichkeit von Surrealismus und dialektischem Materialismus. Als er nach dem Zweiten Weltkrieg aus dem amerikanischen Exil nach Paris zurückkehrt, heißen die neuen Orientierungsinstanzen Sartre und Camus; Éluard und Aragon gelten nun als Résistancedichter, nicht mehr Verkünder der Subversion.

Lit.: M. Sanouillet, Dada à Paris, 1965, überarb. Neuausg. 1993; Th. Scheerer, Textanalyt. Stud. zur écriture automatique, 1974; S. Nowotnik, Soupault, 1988; H. Béhar / M. Carassou, Dada. Histoire d'une subversion, 1990; J.-M. Heimonet, Politique de l'écriture. Bataille – Derrida: Le

sens du sacré dans la pensée française du surréalisme à nos jours, 1990;
H. Lewis, Dada Turns Red. The Politics of Surrealism, 1990; A. und
O. Virmaux, Les grandes figures du surréalisme international, 1994; Ph.
Audoin, Les surréalistes, 1995; M. A. Caws, Breton, 1996; J.-P. Clébert,
Le dictionnaire du surréalisme, 1996; Trois poètes face à la crise de l'his-
toire (Breton, Saint-John Perse, Char), Colloque 1996, 1997; W. Asholt /
W. Fähnders (Hrsg.), Die ganze Welt ist eine Manifestation. Die europ.
Avantgarde u. ihre Manifeste, 1997; E. A. Hubert, Breton, 1997.

Der surrealistische Anspruch auf annähernd textuelle Restitution psychischer Prozesse, eingeschlossen Traumin-
halte, produziert u. a. bei **Benjamin Péret** (1899–1959) Satz-
muster, von deren Aussage auf keine Sachverhaltskohärenz
zu schließen ist. Wiederkehrende Synonyme rekapitulieren
häufig ein nicht vorab identifiziertes, zu erratendes Subjekt;
Verbvalenzen werden trotz anaphorischer Versverklamme-
rung agrammatisch. Im Bilddurchlauf von *Dormir dans les
pierres* (1926) spielt Péret mit der Substitutions- bzw. Iden-
tifikationsfunktion von »être«. Konsekutive oder adversa-
tive Angrenzungen von Merkmalen verlieren jenseits der
Grenzen des Textes ihre Gültigkeit; dies ist ein Gesetz der
»écriture automatique«.

Paul Éluard (1895–1952) schreibt seit 1917, vereinzelt in
Zusammenarbeit mit Breton und Char, Vers- und Prosagedichte, die die Liebe und die Freiheit der Nation thematisieren, in Éluards Verständnis die beiden Aspekte eines einzigen Prinzips, da die Frau seit den Revolutionsgemälden von
Delacroix u. a. Hoffnung und Freiheit allegorisiert. Wie alle
Surrealisten ist Éluard mit Malern wie Chirico, Braque, Picasso und Dalí befreundet.

»Pureté« ist bei ihm – anders als bei Mallarmé und Valéry
– Bezeichnung eines überraschend Neuen. In seiner Vorrede
zu *Les Dessous d'une vie* (1926) bezeichnet er sich als
Sklave, der das Sichtbare samt dem Unsichtbaren unterdrückt und sich in einem »miroir sans tain« verliert, bis ihm
dieser Zustand kritisch bewußt geworden ist.

Die Augenmetaphorik in *Capitale de la douleur* (1926) evoziert eine reiche italienische Tradition vom »dolce stil nuovo« bis Petrarca, doch läßt Éluard in seinen Montagen die angebeteten Geschöpfe nicht mehr an die Stelle von Gottheiten treten. Nur in entpersönlichten, einzig in der Textstruktur ausgewiesenen Relationen ist in »Leurs yeux toujours purs« noch metonymisch die Rede von Frauen:

> Jours de lenteur, jours de pluie,
> Jours de miroirs brisés et d'aiguilles perdues,
> Jours de paupières closes à l'horizon des mers
> [...]
>
> Pourtant, j'ai vu les plus beaux yeux du monde,
> Dieux d'argent qui tenaient des saphirs dans leurs mains,
> De véritables dieux, des oiseaux dans la terre
> Et dans l'eau, je les ai vus.

> Tage der Trägheit, Regentage, / Tage zerbrochener Spiegel und verlorener Nadeln, / Tage geschlossener Lider am Horizont der Meere, / [...]. // Dennoch sah ich die schönsten Augen der Welt, / Silberne Götter, sie hielten Saphire in Händen, / Wahrhafte Götter, Vögel unter der Erde / Und im Wasser, ich habe sie gesehen.

> Choix de Poèmes. Ausgewählte Gedichte, hrsg. von Johannes Hübner, übers. von Gerd Henniger, Neuwied/Berlin: Luchterhand, 1964, S. 100 f.

In den Gedichten, die Éluard nach 1946 verfaßt, sind solche Stilgesetze zurückgenommen (*Poésie ininterrompue*, 1946; *Poèmes politiques*, 1948; *Poèmes pour tous*, 1952; *Derniers Poèmes d'amour*, 1962). Aus dieser Spätphase stammen auch die engagierten Gedichte des Zyklus *Au rendezvous allemand* (1944–45), zu denen das häufig rezitierte »Liberté« (1942) gehört.

In Zusammenarbeit mit Breton schreibt Éluard 1936 die *Notes sur la poésie* als poetologischen Einspruch gegen Valéry. Er definiert den Poeten nicht über die Inspiration, die

diesen im »état poétique« trifft, sondern über diejenige, die
er vermittelt. Zu sechzehn Zeichnungen von Picasso paraphrasiert er 1952 seine Ästhetik: »adhésion à la cause du
plus grand nombre«, »pas à reproduire, mais à produire«,
»la diversité«.

Lit.: R. Vernier, Poésie ininterrompue et la poétique de P. É., 1971;
J.-P. Julliard, Le regard dans la poésie d'É., 1972; J.-Ch. Gatteau, É. et
la peinture surréaliste, 1982; B. Noël (Hrsg.), Qu'est-ce que la poésie,
1995; V. Vanoyeke, É., biographie, 1995; C. Guedj (Hrsg.), É. a cent
ans, 1995.

Kein Poet des 20. Jh.s ist so umstritten wie **Louis Aragon**
(1887–1982) – als Surrealist, Verfechter des sozialistischen
Realismus im Roman, prominenter Parteikommunist (Mit-
gliedschaft 1927 und definitiv 1931, ZK 1954, Lenin-Frie-
denspreis 1957). Den surrealistischen Grundanspruch,
Wissen und ästhetische Erfahrung nicht voneinander zu
trennen, hat Aragon radikaler als andere in der Gruppe erhoben. Entsprechend reflektiert er die von Apollinaire auf-
geworfene Wechselbeziehung von De-Komposition und
Re-Komposition in zahlreichen Prosatexten (*Anicet ou le
panorama*, 1921; *Le Libertinage*, 1924; *Le Paysan de Paris*,
1926; *Traité du style*, 1928), die gleichzeitig mit der frühen
Lyrik (*Feu de joie*, 1920; *Le Mouvement perpétuel*, 1926; *La
Grande Gaîté*, 1929) entstehen.

Das Prinzip »écriture automatique« akzeptiert Aragon
nicht unter der extremen Voraussetzung, daß Sprache ihrer
Bezeichnungsfunktion entledigt wird. Er zieht aus surrealistischen Entwürfen den Schluß, daß das Banale poetisch,
das Poetische und Mythische dagegen banal sein können.
Entsprechend dem Poetizitätsverständnis der Nachkriegs-
avantgarde leugnet er die Klassifikation nach literaturwür-
digen Sachverhalten, Wortfeldern und Stilregeln.

Seit 1920 schreibt Aragon neben Alexandrinern reine
Buchstabengedichte (»Suicide«, *Le Mouvement perpétuel*),
parodiert Madrigale, kehrt die Abfolge Gegenstand – Meta-

pher um (»la cassoulette / Qu'on nomme pour plus de commodité / Soleil«, »Scène de la vie cruelle«) oder schokkiert mit sexuellen Zugaben (»Nous avons dansé jusqu'au matin / Sur le trottoir / Qui était tout noir / Pendant que se branlaient les vaches«, »Souvenir de jeunesse«). Titel wie »Art poétique« und »Jaguère et nadis« replizieren auf Verlaine (»Jadis et naguère«). »Transfiguration de Paris« (*La Grande Gaîté*) projiziert ein neues Bild von Leda und dem Schwan; das Sperma des fliegenden Vogels schneit auf die Pariserinnen herab; der Eiffelturm spreizt seine Fundamente und enthüllt ein weibliches Geschlecht.

1939 entstehen im Stil der Verfremdung der Aktualität die ersten Gedichte von *Le Crève-Cœur* (1941) als »poésie de la Résistance«, die im Stadium des Hitler-Stalin-Pakts Widerstand im Spanischen Bürgerkrieg meint. Während der deutschen Besatzung ist Aragon erfolgreich mit seiner »poésie de contrebande«, zu der sein bekanntestes Gedicht, »Les lilas et les roses«, gehört. Aragons »Art poétique« (*En français dans le texte*, 1943), eine an Binnenreimen und Alliterationen reiche Invektive in Distichen, eröffnet die klagende Erinnerung an tote Résistancehelden und formuliert den Zeugnischarakter der »mots mariés mots meurtris / Rimes où le crime crie«. Seine späteren Texte, die wie das Frühwerk Gattungsdiskurse nicht kategorisch trennen, dabei intertextuelle Fäden zu Villon, den Romantikern und Mallarmé ziehen (*Les Yeux de la mémoire*, 1954; *Elsa*, 1959; *Les Poètes*, 1960; *Le Fou d'Elsa*, 1963; *Elégie à Pablo Neruda*, 1966), werden umfänglicher und vermischen Reim, Assonanz und »vers libres« mit Prosa.

Lit.: H. Juin, A., 1960; P. Seghers, La Résistance et ses poètes, 1974; P. Daix, A., biographie, 1975, erw. Neuausg. 1994; B. Lecherbonnier, Les critiques de notre temps et A., 1977; C. Geoghegan, A., essai bibl., 2 Bde., 1979; L. Scheler, La grande espérance des poètes 1940–45, 1982; D. Desanti, Elsa – A., 1994; Le rêve de Grenade. A. et *Le Fou d'Elsa*, 1996; J. Ristat, A., 1997.

Auch bei **Jules Supervielle** (1884–1960; Ausg. M. Collot, 1996), **René Crevel** (1900–35) und **Robert Desnos** (1900–45 KZ Theresienstadt) findet sich die Traumthematik, bei Supervielle kontrolliert, bei anderen bis zum Cauchemar verzerrt, sowie die aktive Beziehung zur modernen Kunst (Paul Klee, Renée Sintenis, Salvador Dalí, Man Ray, Darius Milhaud). Supervielle, den Rilke einen »Brückenbauer im Weltenraum« nennt, verwirklicht seine lyrische Haltung der Verzückung, die das Ich zum Medium von »apparition«, »disparition« und »abolition« bestellt, am vollkommensten in *Gravitations* (1925) und *1939–1945, poèmes* (1946). Verschränkt ist hier Valérys Theorem von »présence«/»absence« mit dem avantgardistischen Konzept der De-Komposition und Re-Komposition.

Lit.: T. W. Greene, Supervielle, 1958; R. Étiemble, Supervielle, 1960; Y.-A. Favre, Supervielle, 1981; A. Chitrit, Desnos, 1996.

Henri Michaux (1899–1984), von Supervielle gefördert, schreibt, malt und zeichnet; Exorzismen, gesprochene Gewaltakte sind seine unverwechselbare Ausdrucksform. Reise und Aufbruch führen vom Bedürfnis des lyrischen Subjekts nach Selbsterfahrung bis zum Drogenexperiment (Meskalin). Diese Selbstversuche münden ebenso wie Berichte von realen und fiktiven Fernreisen (*Ecuador,* 1929 und 1968; *Un barbare en Asie,* 1933 und 1967) in Phantasiebildern der Niedergeschlagenheit (*Qui je fus,* 1929; *Mes propriétés,* 1929; *Un certain Plume,* 1930). Nur entschlossene Selbstentblößung läßt die »évasion« aussichtsreich erscheinen. Durch den Surrealismus und die Werke Franz Kafkas lernt er, Phantasien in Menetekel umzusetzen (*Épreuves, exorcismes,* 1945; *Poésie pour pouvoir,* 1949), wobei die Gedichte, die auf den Weltkrieg anspielen, dadurch unbestimmt bleiben, daß »Frankreich« oder »Vaterland« im Wortschatz nicht besetzt sind. Auch dies ist Teil der Selbstversuche eines extrem verletzten lyrischen Sprechers, der nicht wie die Mehrzahl fühlen und sich ausdrücken will.

Regression, Unvollkommenheit und Unvollendung gelten ihm als Auszeichnungen.

Die lyrische Prosa *Nous deux encore* (1948) ist Michaux' schönster Text. Die Nänie bezieht sich ohne referentielle Präzisierung auf den tragischen Tod seiner Frau. Im Bedeutungsfeld der »Melodie« und der »Saiten« ist der Tod metonymisch als Mißklang oder lähmende Stille benannt; Anspielungen auf die Gedichte über Orpheus und Eurydike verhindern eine direkte Lesart auf die Dichterbiographie hin.

In den Meskalinprotokollen und späteren Texten (*Jours de silence*, 1978; *Chemins cherchés, chemins perdus*, 1981) konstituiert sich ein verändertes Bild der Transzendenz, das die Theomanie zurücknimmt und mit weniger negativen Metonymien operiert. Wie bei Proust und Sartre führen Melodie und Rhythmus zu entspannten Tagträumen, deren Modus sich immer noch selbst reproduziert und diesen Akt sequenzenweise hymnisch ausweist (*Moments. Traversées du temps*, 1973 und 1988; *Écritures de soi*; Ausg. J.-P. Martin, 1994).

Werkausg: R. Bellour, 1998 ff.

Lit.: A. Gide, Découvrons M., 1941; W. Engler, M. Das M.bild 1922–1959, 1964; P. Bromme, M., 1977; J.-M. Maulpoix, M. passager clandestin, 1984; R. Bellour, M., 1986; E. Geisler, M., 1993; C. Fintz, Expérience esthétique et spirituelle chez M., 1996.

Deskriptive Lyrik

Francis Ponge (1899–1988) ordnet seine poetischen und poetologischen Texte als dreibändige Sammlung an: *Le Grand Recueil* (1961). Damit läßt er ebenso wie mit *Proêmes* (1966), *Nouveau Recueil* (1967) und *Le Savon* (1967) Zurückweisung spontaner Intuition erkennen. Mit der beginnenden Klassik (*Pour Malherbe*, 1965) teilt er die Abneigung vor ausufernd barockem Stil. Er widerspricht aber

auch der Linguistik, wenn sie den Wortschatz als geschlos-
senes Corpus von codebildenden Zeichen definiert, und
stellt sich gegen Claudels spiritualistisches Schema der »co-
naissance«. Ihn reizt seit *Parti pris des choses* (1942) das Vergnügen, den Aufstand der Dinge gegen Zeichen, mit denen
sie belegt werden, zu thematisieren, die Spannung zwischen
»apparence«, »connaissance« und »expression« deskriptiv
und definitorisch nachzuzeichnen. Frappant ist die Übereinstimmung mit der Sprachphilosophie von Jean Paulhan
(*Les Fleurs de Tarbes*, 1941).

Ponge erfindet als Variante zu Valérys Theorie die krei-
sende Annäherung des Tänzers an Gegenstände der banalen
Erfahrung (Blumen, Früchte, Sonne), um Kritik an der
Sprachpolitik anzumelden, die die Lexik als Repräsentation
der Macht auf ihre Bedürfnisse zuschneidet. Die Dingwelt
ist höher differenziert als der zugelassene Diskurs, in den
zudem Anthropomorphismen vieldeutig eingreifen. Zu diesem Dilemma hat sich Sartre, der Ponge als Phänomenolo-
gen klassifiziert, im Aufsatz »L'homme et les choses« (*Situations I*) bereits 1944 geäußert. Ponges Bruch mit jeder
autoritären Art, das »imaginaire« in Sprache umzusetzen,
setzt zwei Ziele frei: die Würdigung der einzelnen Dinge
und die Wiedergeburt der Sprache aus ihrer Materialität,
wodurch sie der Aufgabe der »rectification continuelle« gerecht wird.

Werkausg.: B. Beugnot, 1998 ff.

Lit.: G. Butters, P. Theorie u. Praxis e. neuen Poesie, 1976; G. Lavorel,
P., 1986; J. Derrida, Signéponge, 1988; J.-M. Gleize, P., 1988; D. Bolte,
Wortkult u. Fragment. Die poetolog. Poesie P.s, 1989; S. Martin, P., 1994;
G. Farasse, L'âne musicien. Sur P., 1996; P. Meadows, P. and the Nature
of Things, 1997; F. Schuerewegen (Hrsg.), P., 1997.

Bei **André Frénaud** (1907–93) vollendet sich die Poesie
als Ergebnis der Selbsterprobung, indem sie sich ins Negative setzt (*Les Rois mages, 1938–1942*, 1977). Ebenso wie
Frénaud stellt **Eugène Guillevic** (1907–97) existentialistisch

formulierte Fragen nach dem Sinn des menschlichen Handelns. Guillevics bildliche Antwort erkennt der Leser als Paraphrase jener Anthropologie, die auch Malraux' Romanen zugrunde liegt: Der Mensch »graviert« sich mit der Summe seiner Akte in die Lebenswelt ein und versieht die Strecke seiner Existenz mit Spuren (*Paroi*, 1970). Dabei äußert sich das lyrische Ich häufig in der Manier metaphernloser Spruchdichtung. »Je romance ma vie« postuliert die Vertauschung von Existenz und ihrem ästhetischen Ausdruck. Gleichwohl wird das Gedicht als der Ort der Apotheose, der »Rosenkultur«, gedacht (*Terraqué*, 1942).

Der Übersetzer deutscher, spanischer und italienischer Literatur und Lyriker **Philippe Jaccottet** (*1925) schreibt 1948 über Ponge, dieser thematisiere die Tragik, die die Konfrontation von Ideal und Wort auslöse. Er selbst neigt zur Annahme, Realität sei nurmehr als semiotisches Defizit präsent, vergleichbar Hölderlins »goldenen Tagen«, denn das Wort als Überbleibsel spricht von einer Welt, die es nicht mehr erklärt (*Requiem*, 1947; *La Semaison*, 1971; *Beauregard*, 1981; *Libretto*, 1990; *La Seconde Semaison*, 1996).

Lit.: Y.-A. Favre (Hrsg.), J. poète et traducteur, 1983; J. P. Vidal, J., 1989.

Dichter und Liedermacher

Komponenten des Chansons sind: ein Text, eine Melodie, eine Stimme und ein spezifisches Ambiente, meist Cabaret-chantant, Café-concert (caf'conc'), später die Music-hall (Bobino, Olympia). Der Verleger und Lyriker **Pierre Seghers** (1906–87), dessen Texte Léo Ferré und Catherine Sauvage vortragen, hat in den Reihen *Poètes d'aujourd'hui* und *Chansons et poésies* die meisten zeitgenössischen Chansonniers porträtiert. Ihre thematische Bandbreite reicht von der militanten, meist linksorientierten Politik bis zur Pornographie. Die »paroliers« schreiben Texte oder komponieren im Auftrag Melodien, viele Chansonniers treten in Personalunion als »auteur-compositeur-interprète« auf.

Jacques Prévert (1900–77; Ausg. D. Gasiglia-Laster, 2 Bde., 1992–96) ist mit *Paroles* (1946) der einzige Bestsellerautor unter den Lyrikern des 20. Jh.s. Er literarisiert die Alltagssprache, z. T. im Stil der balladesken Moritat, und lädt zur Entschlüsselung von Sprachspielen ein. Sein schwarzer Humor erfordert hohe Konsensbereitschaft (»Tentative de description d'un dîner de têtes à Paris-France«); häufig aber findet sich ein frivoler, die Mentalität der »braves gens« herausfordernder Chansonton, der in »Alicante« ohne Verb drei Varianten einer Sachlage formuliert, in der Textmitte mit der Homonymie spielt und dann in einem galanten Kontrast schließt:

> Une orange sur la table
> Ta robe sur le tapis
> Et toi dans mon lit
> Doux présent du présent
> Fraîcheur de la nuit
> Chaleur de ma vie

Paroles, Paris: Gallimard, 1949, S. 25.

Eine Orange auf dem Tisch / Dein Kleid auf dem Teppich / Und du in meinem Bett / Zartes Geschenk der Gegenwart / Kühle der Nacht / Wärme meines Lebens

Ein Aspekt von Préverts Idiolekt ist die epigrammatische Zuspitzung, ein anderer die Unbestimmtheit durch den Pronominalmodus, der offenläßt, wen »moi«/»toi« bezeichnet.

Prévert gehört kurze Zeit zum Surrealistenkreis, bis Breton ihn 1928 auf spektakuläre Weise ausschließt. Er verbindet das Lied mit der Systemkritik. Seine späteren Gedichtbände erfahren geringere Popularität (*Des bêtes*, 1950; *Spec-*

tacle, 1951; *La Pluie et le Beau Temps*, 1955; *Arbres*, 1976; *Soleil de nuit*, 1980). Für Marcel Carné verfaßt er das Drehbuch zu *Les Enfants du paradis* (1943–45). Zahlreiche seiner Gedichte werden u. a. von Yves Montand und Mouloudji vertont und interpretiert.

Paulette Darty, die »reine des valses lentes«, macht 1901 »L'Amoureuse« (Text: Maurice de Féraudy, Musik: Rodolphe Berger) zum Schlager. Erfolgreich sind 1905 »Quand l'amour meurt« von Georges Millandy und Octave Crémieux im Tempo des langsamen Walzers und nach 1918 »Les archers du Roy« von Georgius wegen der anzüglichen Silbentrennung (»Malheur aux cu- / rieux qui nous regardent«).

Charles Trenet (*1913) feiert Erfolge mit einem virtuosen Chansonprogramm, das sich von anarchistisch, subversiv, sarkastisch, parteiprogrammatisch, nonkonformistisch, parodistisch, burlesk, humorvoll bis sentimental charakterisieren läßt. Sein bekanntestes Chanson: »La Mer«.

Groß ist im besetzten Frankreich die Resonanz des »Café au lait« von Pierre Dudan und »Je suis seul ce soir« (1942, Musik: Paul Durand). Während eine seit 1942 wachsende Zahl von Franzosen die Stimme der Résistance (BBC London, 20 Uhr 15) hört, senden der Militärrundfunk Radio Paris und die Radiodiffusion Nationale, der Vichysender mit Studio in Paris, politisch harmlose Lieder von Maurice Chevalier und Lucienne Boyer. Die Brecht- und Cocteau-Interpretin **Marianne Oswald** macht Prévert bekannt. **Léo Ferré** (1916–93), **Jean Ferrat** (1930), **Catherine Sauvage** und Georges Brassens singen Aragon-Texte und bringen den Dichter jenem Publikum nahe, das keine Lyrik liest. Aragons Résistancelied »L'Affiche rouge« gewinnt durch Ferrés Stil nationalistisches Timbre. Von Joseph Kessel und Maurice Druon stammt »Le chant des partisans« (1943, Musik: Anna Marly), die gaullistische Vision vom Maquis als der Kriegsfront und der Sabotage im Hinterland; **Yves Montand** (1921–91) hat dieses Chanson 1955 aufgenommen.

Boris Vian (1920–59), Kultfigur im Saint-Germain-des-Prés der fünfziger Jahre, ist als »auteur-compositeur-interprète« so unbotmäßig wie als Erzähler (*J'irai cracher sur vos tombes*, 1946), Jazztrompeter und Mitarbeiter der Zeitschrift *Jazz-Hot*. Sein antimilitaristischer Song »Le Déserteur« wird im Kolonialkriegsjahr 1954 verboten. Er singt Schmählieder auf die Vierte Republik (»J'suis snob«, »Complaintes des contribuables«, »Les Joyeux Bouchers«; *Je voudrais pas crever*, 1959; *Textes et chansons*, 1970).

Zum Erfolgsrepertoire des Liedermachers **Georges Brassens** (1921–82) gehören zwar auch Villon, Jammes und Aragon (»Il n'y a pas d'amour heureuse«), doch die meisten der ca. 140 Chansons sind eigene Kompositionen. Brassens feiert Erfolge im Bobino und Olympia. Das frühe Lied »Le Pornographe« ist ein Muster für den Zusammenhang von Themen- und Rhythmuswechsel zur Einleitung der obszönen oder skatologischen Pointe der einzelnen Strophen. Der »pornographe / Du phonographe / Le polisson / De la chanson«, der trotz regelmäßiger Beichte rückfällig geworden ist, hofft spöttisch auf einen gnädigen Gott.

Lit.: F. Vernillat / J. Charpentreau, Dictionnaire de la chanson française, 1968; M. Rybalka, Vian, 1969; Th. Vogel, Das Chanson des auteur-compositeur-interprète, 1980; V. Weber, Form u. Funktion von Sprachspielen, 1980; D. Rieger (Hrsg.); La chanson française et son histoire, 1988; Prévert, Sonderh. Europe 1991; A. Heinrich (Hrsg.), Album Prévert, 1992; U. Mathis (Hrsg.), La chanson française contemporaine, 1995; H. Weich, Paris en vers, 1998; Y. Courrière, J. Prévert en vérité, 2000.

Saint-John Perse

Saint-John Perse (d. i. Alexis Saint-Léger Léger, 1887–1975), in Guadeloupe geboren, reiht sich als herausragender Lyriker in den Kreis schreibender Diplomaten seit der Revolution (Chateaubriand, Stendhal, Claudel, Giraudoux, Remy) ein. Beim Abschluß des Münchner Abkommens 1938 gehört er zur Delegation von Édouard Daladier; als die Vichyregierung ihm 1940 die Staatsbürgerschaft entzieht, emigriert er in die USA. Bei der Verleihung des Literaturnobelpreises 1960 reagiert der Élysée-Palast mit keinem Wort; de Gaulle läßt es den Hochgeehrten büßen, daß er sich seiner »France libre« nicht nur nicht angeschlossen, sondern wahrscheinlich bei Präsident Roosevelt gegen seine Widerstandspolitik intrigiert hat.

Primäres Merkmal der Dichtungen von Saint-John Perse ist die Verschränkung von Poesie und Metapoesie. Bereits 1909 veröffentlicht er erste Prosagedichte in der *NRF*. Darauf folgt *Pour fêter une enfance. Éloges* (1911). Land und Meer symbolisieren eigene Existenzweisen, deren Kennzeichen hier die Familie und die Haustiere sind, dort die hymnisch artikulierte Verlockung zum Aufbruch ist. Gegenwärtig sind die verlorenen Paradiese nur einem träumenden Ich, dem sich eine träumende Welt öffnet. Der allgegenwärtige Traum (zu verweisen ist auf Apollinaires zeitgleiche Traum-Ontologie) verschränkt Proportionen und Sachbezirke zur gestalteten Welt, die einzig noch der Text verbürgt. Wiederum ist eine Kopräsenz des Ungleichen zu notieren.

1924, im Jahr des surrealistischen Manifests, erscheint das Kulturgedicht mit dem antikisierenden Titel *Anabase* (Übers. T. S. Eliot, Ungaretti, Hofmannsthal, Rilke, Benjamin, Friedhelm Kemp). Der Autor signiert von nun an als Saint-John Perse. Gegenstand ist nicht primär der Mythos, wie ihn im Prätext Xenophon entfaltet hat, sondern das Werk des antiken Erzählers oder ein anderer vorgestellter Gesang, der zur »recréation« herausfordert. Die Kräfte der Erde werden von der Kraft der Sprache erobert und denotierend neu geordnet:

Et le soleil n'est point nommé, mais sa puissance est parmi
nous
et la mer au matin comme une présomption de l'esprit.

Puissance, tu chantais sur nos routes nocturnes! ... Aux ides
pures du matin que savons-nous du songe, notre aînesse?

Und die Sonne ward nicht genannt, doch ihre Macht ist unter
uns / und das Meer in der Frühe wie ein Übermut des Geistes. // Und dein Gesang, o Macht, auf unseren nächtlichen
Straßen! ... An den reinen Iden des Morgens, was wissen wir
vom Träumen, unsrer Erstgeburt?

> Das dichterische Werk, hrsg. und übers. von Friedhelm
> Kemp, Bd. 1, München: Heimeran, 1978, S. 110 f.

Erst 1942 tritt Saint-John Perse mit *Exil* wieder an die
Öffentlichkeit. Der neunteilige Gesang ist wider Erwarten
frei von aktuellen politischen Aufrufen. Das lyrische Subjekt nennt als Raum die »Syrte des Exils« und als Tätigkeit
das Aufsuchen von Elementen im Hinblick auf »un grand
poème né de rien, un grand poème fait de rien«.

Pluies (1943), *Neiges* (1944) und *Vents* (1946) sind Anrufungen zugleich tilgender und regenerierender Naturgewalten; ihre poetische Stillegung findet sich in der Idee, die am
Beginn der Sätze »tanzt«. Seit Valéry und Apollinaire und
bei Ponge bilden solche Konfigurationen eine allegorische
Reihe. Palmen, Sand, Regen, Schnee, Wind, und diesen Elementen gegenübergestellt der Dichter als geistige Instanz,
werden preisend angerufen und gleichzeitig zum Anlaß
poetologischer Selbstverständigung genommen.

Que le Poète se fasse entendre, et qu'il dirige le jugement. [...]
Je peuplerai pour vous l'abîme de ses yeux. Et les songes qu'il
osa, vous en ferez des actes. Et à la tresse de son chant vous
tresserez le geste qu'il n'achève ...

Der Dichter lasse sich hören, und er lenke das Urteil! [...]
Für euch will ich die Tiefe seiner Augen bevölkern. Und die
Träume, die er wagte, ihr werdet sie zu Taten machen. Und in
die Flechte seines Liedes werdet ihr die Gebärde flechten, die
er nicht vollendet ...

> Ebd., S. 350 f. und 398 f.

Dies liest sich jetzt als Glosse zu Rimbauds Grundsatz,
Dichten gehe dem Handeln voraus. Gleichzeitig entfernt
sich der Autor sowohl von Valéry als auch vom surrealisti-

schen Vertrauen in das Potential der automatischen »écriture«. Stärker erotisiert ist der Traum in *Amers* (1957), Saint-John Perses längstem, im Ton immer noch hymnischen Gedicht. Eine identische Lineatur zeichnet Wellen am Strand und die Hüfte der Frau; gleichlautende Vorwürfe gelten der Frau und dem Meer. Der Abstand zum Surrealismus ist auch hier erheblich: während für Breton »image« ein Kompositum ist, das extrem beliebig und mit dissimilierender Tendenz angelegt ist, erscheint das innere Bild hier »geflochten« oder »gewebt«. Maßgebend auch für diese Gestalt der Poesie ist, daß der Text von *Amers* als Zweitschrift des großen und komplexen Zeichens »Meer«, das der Schreiber im Zustand der Verzückung und gleichzeitig der kühlen Stilisierung erfaßt, entworfen wird. Saint-John Perse nennt diese Übertragung unprätentiös »élaboration«.

Aus den acht Gesängen von *Chronique* (1960) spricht in abendlichen Bildern der Stolz auf alles Gesicherte und der Traum vom neuen Aufbruch; Präsenz, die, kaum gespeichert, neue Traumketten gegen ihre eigene Semantik freisetzt. *Oiseaux* (1962) nennt Saint-John Perse »méditation poétique«. Lithographien von Georges Braque, demjenigen Kubisten, den frz. Dichter am häufigsten mit ihren Gedichten und Reflexionen begleitet haben, sind Anlaß zur erneuten Erörterung der Lesbarkeit von Zeiträumen als sinnbildlichen Systemen.

In der Nobelpreisrede 1960 und in der Ansprache »Pour Dante« (Florenz 1965) verkündet Saint-John Perse, Poesie sei Philosophie an ihrem besseren Ort, die gerade dadurch, daß sie die Retrospektive ausblende, der Menschheit ihre geistigen Ursprünge nahebringe. Der Poet sei »l'existant par excellence, se situant au plus près du principe de l'être« (»Pour Dante«).

Lit.: R. Caillois, Poétique de S., 1954; A. Bosquet, S., 1971; E. Caduc, S., 1977; Y.-A. Favre, S., le langage et le sacré, 1977; Cahiers S., 1978 ff.; J.-M. Le Guen, L'ordre exploratoire: *L'Anabase*, 1985; S. Winspur, S. and the Imaginary Reader, 1988; L. Clergue, S., poète devant la mer, 1996; S. face aux créateurs, Colloque 1994, 1996.

3. Dramatik

An den Staatstheatern in Paris, an Studio- und Experimentierbühnen, Boulevardtheatern und, je nach politischer Konjunktur, an Volksbühnen und bei Theaterfestivals (in Avignon, Nancy und Orange) stellen sich neue Autoren zur Diskussion. Die internationale Wirkung des Schauspiels im 20. Jh. ist auch ein Resultat des Regietheaters von Copeau, Dullin, Jouvet, Barrault, Barsacq, Vilar, Blin, Planchon, Chéreau und Ariane Mnouchkine, wobei einzelnen Inszenierungen gerade von Mnouchkine keine von Dramatikern verfaßten Schauspieltexte mehr zugrunde liegen. Zu *L'Âge d'or* (1975) etwa gibt es lediglich einen Plan der dramatischen Fabel, der konsequenterweise nicht publiziert wird.

In Kriegs- und Krisenzeiten findet auch im 20. Jh. noch Zensur statt: 1914 durch die frz. Regierung, 1940–44 durch die deutschen Besatzer. Andererseits garantiert politische Normalität keine sicheren Erfolge: Barraults Inszenierung von Camus' *L'État de siège* am Théâtre Marigny 1948 erweist sich bei der Premiere als Mißerfolg, während die Uraufführungen von Ionescos Stücken auf Kleinkunstbühnen im Quartier Latin Kultstätten entstehen lassen und das Pariser Bühnensystem neu einteilen.

Viele potentielle Bühnenschriftsteller wenden sich Film und Fernsehen zu, da sie dort bereits mit einer Handlungsidee oder einem Szenario weit mehr verdienen als mit einem Theaterstück und sich zudem einen internationalen Namen machen können. Linke Autoren wie Armand Gatti reagieren auf diese Entwicklung mit der demonstrativen Besetzung eines Stücks durch Häftlinge (*Les Combats du jour et de la nuit*, 1989 anläßlich des »Bicentenaire de la Révolution«).

Lit.: M. Lioure, Le drame, 1966; D. Schnetz, Der mod. Einakter, 1967; K. Schoell, Das frz. Theater seit dem II. Weltkrieg, 2 Bde., 1970; D. Gontard, La décentralisation théâtrale en France, 1973; J. Guicharnaud, Modern French Theatre from Giraudoux to Genet, 1975; Les problèmes du théâtre en France 1920–60, Sonderh. RhlF 1977; K. Schoell, Lit. u. Theater im gegenwärtigen Frkr., 1991; G. Versini, Le théâtre français depuis 1900, 1991; F. Evrard, Le théâtre français du XXe siècle, 1995; J.-L. Barrault, Réflexions sur le théâtre, 1996; T. Bishop, From the Left Bank: Reflections on the Modern French Theater and Novel, 1996; M.-A. Joubert, La Comédie-Française sous l'occupation, 1998.

Psychologisches Drama

Wie der physiologisch argumentierende Naturalismus, das philosophische, politische und absurde Theater erhebt auch das psychologische Drama den Anspruch auf Entschlüsselung der Welt und ihrer Konflikte. Dabei akzentuiert es nicht die äußeren Vorgänge, sondern deren Ursachen und Wirkungen im Seelenleben der handelnden Personen. Mit scharfem Blick werden psychische Prozesse analysiert und komplexe Innenwelten gezeichnet. Wenn dabei positiv besetzte Empfindungsnormen als repressiv ausgewiesen und seelische Prozesse in einem labilen Gleichgewicht gezeigt werden, wird auch dem psychologischen Drama gelegentlich der Immoralismusprozeß gemacht.

Henry Bataille (1872–1922) feiert Bühnenerfolge mit Konversationsdramen, in denen die Konflikte, die durch den Gegensatz von Gefühl und Instinkt entstehen, optimistisch gelöst werden (u. a. *Mama Colibri*, 1904; *La Marche nuptiale*, 1905; *La Femme nue*, 1908; *La Vierge folle*, 1910). In der Kriegstrilogie *L'Amazone*, *L'Animateur* und *La Chair humaine* (1916–22) wird der uneheliche Sohn als Kriegsheld gefeiert, in Friedenszeiten jedoch gesellschaftlich ausgegrenzt. Die burleske Erweiterung des Don-Juan-Stoffs *L'Homme à la rose* (1920) zeigt den alt gewordenen Verführer bei seiner angeblich eigenen Beisetzung und als reizlosen Freier, der für sexuelle Kontakte bezahlt.

Batailles Konkurrent Henry Bernstein (1876–1953) ist äußerst produktiv, jahrzehntelang erscheint in jeder Saison ein neues Stück (u. a. *Le Voleur*, 1906; *Samson*, 1907; *Judith*, 1922; *Le Voyage*, 1937). An Zynismus und Frenesie übertreffen ihn **Steve Passeur** (1899–1966; *L'Acheteuse*, 1930; *Les Tricheurs*, 1932; *Je vivrai un grand amour*, 1935) und **Alfred Savoir** (1883–1934; *La Huitième Femme de Barbe-Bleue*, 1921; *La Grande-Duchesse et le Garçon d'étage*, 1924; *Le Joli Monde*, 1934). Weniger operettenhaft entwickelt **Jean-Jacques Bernard** (1888–1972) das dramatische Potential unausgesprochener Gefühle (*Martine*, 1922; *Denise Marette*, 1925; *L'Âme en peine*, 1927).

Besondere Publikumszustimmung erhält **Charles Vildrac** (1882–1971) aus der Gruppe der Unanimisten für seine Kammerspiele; typische Konstellation dabei ist der Liebesverzicht (*Le Paquebot Tenacity*, 1920; *Madame Béliard*, 1925; *La Brouille*, 1930; *L'Air du temps*, 1938; *Trois mois de prison*, 1942). Vildrac konstruiert Konflikte, die die Figuren wohl durchschauen, aber nicht restlos zu artikulieren vermögen. Die Auswanderergeschichte *Le Paquebot Tenacity* beginnt mit einem Wunschtraum und schließt unpathetisch mit Resignation: Die Serviererin Thérèse, die im Hafen zwei ungleiche Freunde kennenlernt, entscheidet sich gegen ein ungewisses Leben in Kanada mit dem sympathischeren der beiden und für den weniger attraktiven, der auf seine Auswanderungspläne verzichten und bei ihr bleiben will.

Der Akzent der Psychologisierung verlagert sich, wenn der Verzicht durch Verschweigen, die Resignation durch Frustration ersetzt wird. Dramen der Romanciers **Roger Martin du Gard** (*Un taciturne*, 1931), **François Mauriac** (*Asmodée*, 1937; *Le Passage du malin*, 1947) oder **Marguerite Duras** (*Des journées entières dans les arbres*, 1954), auch die Dramen, Hörspiele und Drehbücher von **Nathalie Sarraute** (*Pour un oui ou pour un non*, 1982) rühren an Obsessionen, ohne dabei verbotene sexuelle Beziehungen oder Geschlechterkämpfe zu rationalisieren. Gleichzeitig entwickelt sich alternativ ein Gesprächstheater mit therapeutischer Tendenz.

Unter dem Einfluß Freuds thematisiert **Henri-René Lenormand** (1882–1951) von 1905 bis zum Ausbruch des Ersten Weltkriegs in einer Reihe kürzerer Stücke instinktives und geisteskrankes Verhalten (*La Folie blanche*, 1905; *Le Réveil de l'instinct*, 1908; *Les Possédés*, 1909; *Terres chaudes*, 1913; *Poussière*, 1914). Ausgehend von Erkenntnissen der neuen Psychologie stellt er die Autonomie des Menschen und die Vorstellung einer kohärenten Identität des Subjekts in Frage, die dem literarischen Konzept des Charakters zugrunde lag.

Die Literaturgeschichte stellt **Jean Sarment** (1897–1976) in eine Reihe mit Marivaux, Musset, Laforgue und Freud, um die Verbindung von Ironie, Weltschmerz und Faszination durch das Tiefenbewußtsein zu erklären. Zwei Bearbeitungen des Hamlet-Stoffs (*La Couronne de carton*, 1918, UA 1934; *Le Mariage d'Hamlet*, 1922) vervielfachen durch das Spiel im Spiel die Profile der Figuren. Hamlet zweifelt an jeder Übereinstimmung von Empfindungen, Gesten und Reden, da er die Linie zwischen Traum und Wirklichkeit nicht zweifelsfrei wahrnimmt. 1942 liefert Sarment eine Bearbeitung von Schillers *Don Carlos*.

Lit.: D. Knowles, La réaction idéaliste au théâtre depuis 1890, 1934; R. Abirached, La crise du personnage dans le théâtre moderne, 1994; B. Knapp, N. Sarraute, 1994; F. Asso, N. Sarraute: une écriture de l'effraction, 1995.

»Théâtre d'idées«

»Théâtre d'idées« nennt die Literaturkritik philosophierende Dramen, in denen Handlungsverlauf und Charakterzeichnung der Demonstration einer bestimmten Idee untergeordnet werden. Maßstab ist die »pièce à thèse« der zweiten Hälfte des 19. Jh.s (Dumas fils, Henri Becque). Das Ideendrama ist im 20. Jh. die Subgattung mit dem zugleich umfangreichsten und wirkungsvollsten Textcorpus. Es umfaßt das existentialistische Schauspiel seit den vierziger Jahren wie dessen weltanschauliche Gegenposition in Claudels Allegorik. Vom naturalistischen Drama übernimmt es den Anspruch, als moralische Anstalt ernst genommen zu werden. Seine Aufnahme in den schulischen Lesekanon bestätigt dieses Selbstverständnis.

Die Vorgeschichte dieser Dramatik beginnt mit dem Aufklärungstheater Diderots und Sedaines, das den Absolutismus kritisiert. Danach bildet die großbürgerliche Oberschicht eine Zielscheibe; zwischen 1940 und 1944 werden Anpassung, Kollaboration und Résistance thematisiert. In den ersten Jahren der Vierten Republik (seit 1945) findet eine Auseinandersetzung mit den Ursprungsmythen der Volksherrschaft statt.

Die Tradition des Ideendramas bildet ein halbes Jh. lang einen komplexen Demonstrationsdiskurs aus. Salacrou, Sartre, Camus und Claudel entwickeln ihr jeweiliges Konzept von der traumatischen Existenz, die durch Freiheit, Gerechtigkeit oder die göttliche Erlösung ausgerichtet wird, und stellen Normen des Zusammenlebens auf. Im Rahmen der dramatischen Konstruktion typischer sozialer Prozesse, wie dem Widerstreit von Überlegenen und Verlierern sowie dem didaktisch inszenierten Konfliktabbau, der Verstockte als Einsichtige und Bekehrte entläßt, trägt die prinzipiell undramatische Rolle des »raisonneur« wiederholt zur Tribunalisierung des Geschehens und zur konsensfähigen Urteilsfindung bei.

Vor Sartre verstehen Dramatiker unter Engagement die emotionalisierte Markierung bedrohter Prinzipien, beispielsweise des revolutionären Wertesystems der Chancengleichheit und Solidarität, das seit 1815 ausgehöhlt wird. Im Extremfall reduziert sich der Dialog zur undramatischen Diskussion, deren Fazit feststeht, und das Spiel zur Moralistik mit verteilten Rollen. Erst Sartre problematisiert diesen Komplex, indem er falsches Bewußtsein subjektiviert und gleichwohl zwischen individueller Praxis und der Mentalität hinter Gruppeninteressen unterscheidet.

Diese Einschätzung gilt ansatzweise bereits für den Nachahmer des jüngeren Dumas, **Eugène Brieux** (1858–1932). Gegenstand seiner zahlreichen Stücke sind Unterprivilegierung, Karrieresucht, Geldheirat, Ehescheidung, Geschlechtskrankheit, Klassenjustiz (*La Robe rouge*, 1900), Ammenwesen und Feminismus. Die seit der Dreyfus-Affäre angeschlagene politische Kultur schafft Voraussetzungen für das Interesse des Publikums an Systemkritik. **Émile Fabre** (1869–1955) dramatisiert die Geldfrage (*L'Argent*, 1892; *Les Ventres dorés*, 1905) und erprobt überdies die unanimistischen Erklärungsmuster, indem er auf der Bühne das Kollektiv wie einen einzelnen Helden aktiviert. Weit zynischer als Fabre stellt **Octave Mirbeau** (1848–1917) die moralischen Verwüstungen durch falsche Verheißungen des republikanischen Regimes und die Ungeheuerlichkeiten einer Parvenugesellschaft dar. Es gelingt ihm, das Skandalstück *Les Affaires sont les affaires* 1903 an der Comédie-Française unterzubringen. Der sprichwörtliche Titel signalisiert ein satirisches Karrieredrama. Ein Familienkonflikt ist prototypisch konstruiert. Während die männliche Hauptrolle als Karikatur des amoralischen Kapitalisten angelegt ist, empfindet seine Frau das Fragwürdige eines Lebens, das äußerlich aristokratische Muster imitiert. Die Tochter als positive Figur flieht mit ihrem Geliebten vor diesem kaschierten Dschungelkampf in freiwillige Bedürfnislosigkeit. Wenn diese pathetische Geste auch nicht glaubwürdig ist, zitiert sie doch den utopischen Sozialismus als eine Heilslehre, die in Frankreich eine größere Rolle spielt als der lange unverstandene Marxismus.

Paul Hervieu (1857–1915) bezeichnet den Krieg der Generationen als »le tragique moderne« (*Pessimisme et comédie*, 1901). Seit die Goncourts mit der metaphorischen Setzung von »Tragödie« die Leiden aller, ausdrücklich auch der unteren sozialen Schichten für literaturwürdig erklärt haben, ist jedes düstere Weltbild als Gegenstand zeitloser Tragik ausgewiesen. Entsprechend formuliert Hervieu Titel seiner Dramen mit antikisierender Konnotation: *La Course du flambeau* (1901) oder *Le Dédale* (1903), und kündigt damit aktuelle anthropologische Tatbestände als Universalien an. Leicht verständliche Handlungsmuster wiederholen sich in der Dramatik **François de Curels** (1854–1928), der sich pedantisch an der Symbolik von Ibsens Theater orientiert. Wiederum sind die Titel plakativ: *Le Repas du lion* (1897), *La Danse devant le miroir* (1914). Die Vorstellung aktueller Streitpunkte, von der antiquierten Funktion des Adels über die patriotische Verharmlosung des Darwinismus und der Philosophie Nietzsches bis zur Wissenschaftsskepsis, die der von der laizistischen Republik verordneten Fortschrittseuphorie widerspricht, macht im Diskussionsdrama die verdeutlichende Präsenz des »raisonneur« erforderlich.

In der Dramatik **Romain Rollands** (1866–1944) wechselt das Ideentheater von zeitgeschichtlichen zu historischen Lektionen. Die Serie seines Revolutionstheaters (*Les Loups*, 1898; *Danton*, 1899; *Le Quatorze Juillet*, 1902) richtet den Blick auf die Gründungsmythen der Republik. Mit emphatischer Anspielung auf den Diskurs der Epik nennt Rolland den Zyklus über die jakobinischen Leitfiguren Robespierre und Danton »une ›geste‹ dramatique de la Révolution« und »Ilias des Volkes von Frankreich«. Er setzt das Wirken eines revolutionären Weltgeistes voraus, denn die siegreiche Idee, ein transzendentales Konstrukt, bedürfe, wie er vermerkt, zu ihrer Begründung nicht des Menschen. Immer wieder arrangiert Rolland einen Handlungsschluß, der sozialidealistisch in Massenszenen die unverzichtbare Verbrüderung aller Franzosen inszeniert. Diese Vision enthält auch die Apologie der eigenen Stoffwahl, und, was folgenreicher ist, sie schaltet bei der Darstellung monumentaler Geschichtsbilder die historische Konjunktur aus; Archetypen sind politisch am Werk. Der Revolutionsstoff hat Rolland dreißig Jahre lang beschäftigt, als er erst 1939 *Robespierre* schreibt. Am Beginn des dramatischen Bogens steht Dantons Tod

(5. April 1794) und an seinem Ende die Hinrichtung Robespierres (28. Juli 1794). Die Unvereinbarkeit ihrer Ideen von der Republik, der Verdacht auf Umsturz und Verfolgungswahn sowie Robespierres Einteilung der Gesellschaft in Käufliche und Unbestechliche führen dazu, daß der revolutionäre Prozeß eine selbstzerstörerische Dynamik entfaltet und diese sich als »fatalité terrible« mechanisch erfüllt.

Der Philosoph **Gabriel Marcel** (1889–1973), der Pascals Denken dem Existentialismus anverwandelt, schaltet die Geschichtlichkeit des menschlichen Handelns noch entschiedener aus. Er entwickelt dramatische Fiktionen aus der Spannung von Authentizität und Inauthentizität, die sich in einem Dreischritt ausgleichen: Unbehagen des Menschen an seiner als uneigentlich empfundenen Situation – Selbstverwirklichung in einem verfügbaren Dasein – mystische Aufopferung der empfangenen Existenz (*Un homme de dieu*, 1925; *Le Monde cassé*, 1933). Die Gnadentheologie gilt gleichermaßen für die Dramatik **François Mauriacs** (1885–1970), der, wie im Roman, die Ichbesessenheit einer in Jenseitslosigkeit verfallenen großbürgerlichen Gesellschaft darstellt (*Asmodée*, 1937; *Le Feu sur la terre*, 1950).

Armand Salacrou (1899–1989) dagegen läßt seine Figuren das Leben als verschlossenes Buch erfahren. Er steigert Marcels philosophische Rätselstruktur zu traumatischen Bildern. Dem Agnostiker bereitet es teuflisches Vergnügen, den scheinbar Allmächtigen bei einer Unachtsamkeit zu überraschen: »En saisir une et dépister Dieu«. In *Tour à terre* (1925) praktiziert Salacrou als erster frz. Dramatiker die Filmtechnik des Flashback, um seine Protagonisten über Raum und Zeit hinweg in einen Dialog mit ihrem veränderten Selbst zu versetzen. In *L'Inconnue d'Arras* (1935) ist die Rückblende an den Zeitlupeneffekt gekoppelt: im Augenblick seines Sterbens öffnet sich einem Selbstmörder die Vision auf die Unumkehrbarkeit allen menschlichen Handelns. Völlig zu Unrecht gilt Jahrzehnte später dieses

Prinzip der »irréversibilité des actes« als originäre Errungenschaft Sartres in *Les Jeux sont faits*.

Lit.: S. Radine, Anouilh, Lenormand, Salacrou, 1951; E. Braunstein, F. de Curel et le théâtre d'idées, 1962; D. Bradby, French Drama 1940–1980, 1991.

Jean-Paul Sartre (1905–80), Autor von mehr als einem Dutzend Stücken und Filmdialogen, hat durch seine Feststellung, die Dramatik bedürfe der Philosophie, sowie durch den oft sentenzenhaften Dialogstil selbst Anlaß gegeben, die gespielte Welt auf sein philosophisches System hin zu deuten. Tatsächlich stellen die Autoren des Existentialismus den aufklärerischen Aspekt ihrer Werke deutlich über die Lust am Spiel. Dabei rekurrieren Sartre wie Camus wiederholt auf Modelle der antiken Schicksalstragödie, um sich dezidiert vom modernen psychologischen Theater abzusetzen. Über der Welt der Protagonisten wölbt sich, als negative Transzendenz, der Götterhimmel, immer wieder Anlaß zu prometheischer Herausforderung, Schmähung, auch Karikatur. Himmel und Hölle fallen, weil sie Zerrbilder sind, in einer einzigen Horrorvision vom Jenseitsglauben zusammen.

Sartre bindet den Sinn des dramatischen Prozesses an seine Definition des Freiheitsbegriffs, der sich in seinen Reflexionen vom Individuum auf das Kollektiv verschiebt. Für ihn sind »théâtre de la liberté« und »théâtre de situations« analoge Konzepte, da die jeweilige existentielle Situation die Entscheidung zur Freiheit herausfordert und Allgemeingültigkeit anstrebt.

Der erste Auftritt des Dramatikers Sartre erfolgt 1943 im besetzten Paris mit *Les Mouches*. Die deutsche Zensur erhebt keine Einwände gegen die Aufführung. Sartre modernisiert die griechische Orestie ohne militante Anspielung auf die frz. Niederlage von 1940. Der Titel bezeichnet ein nebensächliches Motiv: die Fliegen sind sichtbare Zeichen der Reue und Unterdrückung in Argos, wo der Usurpator

Ägisth Agamemnon getötet und die Königin Klytemnestra zur Frau genommen hat. Die Handlung ist zentriert auf Orests Rückkehr nach Argos und die Konfrontation mit der herrschenden Unfreiheit, die von den Göttern gewollt wird. So schafft sich Orest im Akt verzweifelter Selbsterlösung eine von den Göttern unabhängige Identität, indem er einen Mord begeht, um seinen Vater Agamemnon zu rächen. Das Volk versteht diese Sühnung nicht; Orest zieht in eine ungeborgene Freiheit fort, und mit ihm verlassen die »Fliegen« die Stadt des Grauens. Erst nach der Befreiung von Paris präsentierte Sartre sein Stück als mythologisierendes Gegenwartstheater mit politischem Aufruf zum Widerstand. Seitdem gilt es als Legitimationszeichen der Résistancemythen und wird anklägerisch Anouilhs *Antigone* (1944) entgegengehalten.

Auch *Huis clos* (1944) wird noch während der Okkupation in Paris inszeniert. Im Zentrum steht erneut das Freiheitsthema, wiederum unter enthistorisierendem Aspekt. Drei Personen sind nach ihrem Tod in einem gutbürgerlich eingerichteten Salon eingeschlossen; der Raum hat keine Fenster und Spiegel, er steht für die Hölle. Im Zusammenhang der Philosophie Sartres wird dies möglich, weil das Individuum, das in der Freiheit des anderen seine Grenze findet und durch diese negative existentielle Erfahrung die Mitmenschen als Bedrohung der eigenen Selbstverwirklichung versteht, hier an einen Ort gebannt ist, wo es keine Möglichkeit des Handelns gibt und jeder dem Blick des anderen auf ewig unausweichlich ausgesetzt ist. Rede und Gegenrede werden zu existentiellen Kraftproben und Selbsterlösungsversuchen; an die Stelle der erhofften Ichgewißheit tritt bei den Figuren ein rational nicht mehr aufzuarbeitendes Verlassenheitstrauma. Sarkastisch bemerkt der Mann, die Höllenqual sei nicht wie in der apokalyptischen Bildersprache das Feuer unter dem Rost, sondern: »l'enfer c'est les autres«. In späteren Kommentaren erklärt Sartre, das Publikum solle angesichts der im Totenreich verfrem-

det dargestellten menschlichen »Verkrustung« lernen, sich
für die positive Freiheit zu entscheiden. Darauf insistieren
die späteren Stücke, angefangen mit *Morts sans sépulture*
(1946), *La Putain respectueuse* (1946) und *Les Jeux sont faits*
(1947).

In Sartres erfolgreichstem Stück, *Les Mains sales* (1948),
geht es um die Ermordung des kommunistischen Partei-
sekretärs Hoederer, der sich durch seine kompromißlerische
politische Haltung die Hände schmutzig gemacht hat.
Hugo, der Beschuldigte, könnte sich mit dem Geständnis
retten, den Mord aus Eifersucht begangen zu haben, doch
dazu ist er nicht bereit, obwohl inzwischen die Partei, die ihm den
Auftrag gegeben hat, das Opfer inzwischen rehabilitiert
und die Tat als Untat kriminalisiert hat. Sartre begründet
hier die Figurenprofilierung zweifach: mit dem Hinweis auf
die aristotelische Bestimmung der gebrochenen Charaktere,
deren Lebensweg ernsthafte Widersprüche veranschaulicht,
sowie mit einem Zitat des Jakobiners Saint-Just: »nul ne
gouverne innocemment«.

Diese Rechtfertigungsdramatik wird fortgeschrieben in
Le Diable et le Bon Dieu (1951), *Kean* (1953), der Adaptation eines Stücks von Alexandre Dumas, und *Les Séquestrés
d'Altona* (1959). In Varianten ein und derselben Grundidee
veranschaulicht das Abenteuer der Helden Defizite in der
Übereinstimmung mit konkreten Lebenssituationen – beim
messianisch auftretenden Heerführer Goetz in der Refor-
mationszeit, beim Schauspieler Kean, für den sein Leben am
Rand der guten englischen Gesellschaft ein Spiel und sein
beklatschtes Bühnenspiel das vermeintlich authentische Leben wird, schließlich beim Selbstbetrug des Wehrmachtsol-
daten Franz Gerlach, der sich nach 1945 selbst einkerkert,
um für die Zerstörung Deutschlands von keiner weltlichen
Gerichtsbarkeit zur Verantwortung gezogen zu werden.
Sartres Figuren, die sich in die Aktion hineinreden, nihilie-
ren diese im Dialog. Sie sind authentisch weder im Guten
noch im Bösen.

DER VATER. Hitler?

FRANZ. Du wußtest es nicht? Oh! Ich habe ihn gehaßt. Vorher, nachher. Aber an jenem Tag hat er mich besessen. Zwei Führer, die müssen sich gegenseitig töten oder einer muß die Frau des anderen werden. Ich war Hitlers Frau. Der Rabbiner blutete und ich entdeckte mitten in meiner Ohnmacht so etwas wie Zustimmung. *(Er erlebt die Vergangenheit wieder.)* Ich habe die höchste Befehlsgewalt. Hitler hat mich zu einem anderen gemacht, unversöhnlich und heilig: zu ihm selbst. Ich bin Hitler, und ich werde mich selbst übertreffen *(Pause. Zum Vater.)* Keine Lebensmittel mehr; meine Soldaten schlichen um die Scheune. *(Er erlebt die Vergangenheit wieder.)* Vier gute Deutsche werden mich an die Wand drücken und meine eigenen Männer werden die Gefangenen ausbluten lassen. Nein! Ich werde niemals wieder in jene abscheuliche Ohnmacht zurückfallen. Ich schwöre es. Es ist dunkel. Das Grauenhafte ist noch gefesselt ... Ich werde ihnen zuvorkommen: Wenn jemand es entfesselt, dann ich. Ich werde das Böse auf mich nehmen, ich werde meine Macht zeigen durch die Einmaligkeit einer unvergeßlichen Tat: Den Menschen zu *Lebzeiten* in Geschmeiß verwandeln; ich werde mich allein mit den Gefangenen beschäftigen, ich werde sie zu Abschaum machen: Sie werden reden. Die Macht ist ein Abgrund, dessen Boden ich sehe: Es genügt nicht, die zukünftigen Toten zu wählen; mit einem Messer und einem Feuerzeug werde ich über das Menschenreich entscheiden.

(V,1)
Gesammelte Werke, Bd. 7: Die Eingeschlossenen von Altona, übers. von Traugott König, Reinbek bei Hamburg: Rowohlt, 1991; S. 147 f.

Lit.: W. Mittenzwei, Der Dramatiker S., Sinn und Form 1966; H. Krauß, Die Praxis der littérature engagée im Werk S.s, 1970; J. Lecarme, Les critiques de notre temps et S., 1973; Ch. König, Dialektik u. ästhet. Kommunikation. S.s philosophische Phasen, 1982; J. Ireland, S., 1994; J.-F. Louette, S. contre Nietzsche, 1996; Y. Moraly, Genet et S., RhlF 1997.

Albert Camus (1913–60), Algerienfranzose von proleta-
rischer Herkunft, der sich Bildung und Ansehen in der Pariser Intelligenz erobern muß, erhält 1957 den Literaturno-
belpreis, den er im Gegensatz zu Sartre nicht ablehnt. Die
Sozialphilosophie beider Autoren setzt die Inkongruenz
von Welt und Mensch voraus und legitimiert die Revolte als
kohärenzbildenden Akt. In den *Carnets* begründet der
Agnostiker Camus die Funktion des Widerstands gegen die
Verhältnisse als Kritik an der »dispersion« und Aufruf zur
»création corrigée«. Allerdings wird die zertrümmerte Welt
nie wieder in den besten aller vorstellbaren Zustände zurückverwandelt werden; diese Anspielung auf Voltaires
Leibniz-Kritik im *Candide* läßt sich pragmatisch als Warnung vor geschichtslosem Idealismus.

Neben Bearbeitungen antiker, spanischer, englischer, rus-
sischer und amerikanischer Dramen sowie der Bühnenfas-
sung seines Romans *La Peste*: *L'État de siège* (1948), bringt
Camus drei weitere Stücke, die teilweise noch während der
Besetzung entstehen, auf die Pariser Bühne. Thema von *Caligula* (1944), das sich entfernt an der Caesarenchronik des
Sueton orientiert, ist die systematische Perversion einer
Herrscherfigur, die Allmacht praktiziert, indem sie Wahn-
vorstellung, Imagination und politische Praxis reziprok
setzt. Auch in *Le Malentendu* (1944) wird Perversion ästhetisch transformiert. Das Schauerdrama zitiert die Ödipus-
fabel, um sie als ein in der Rezeptionstradition codifiziertes
Paradigma zu dekonstruieren. Verblendung und das Zusammentreffen absurder Umstände führen zu einem Mord.
Der verlorene Sohn, der zu Mutter und Schwester zurückkehrt, ohne dabei seine Identität auszuweisen, wird von
ihnen umgebracht und ausgeplündert, wie andere Durchrei-
sende vor ihm. Die Frauen töten, um die fahle Landschaft,
ihren kerkerhaften Lebensraum, mit der mediterranen
Sonne vertauschen zu können. Camus vermerkt in den *Carnets*, diese antithetische Symbolik müsse in der Aufführung
forciert werden.

Davon rückt er in *Les Justes* (1949) deutlich ab. Russische Terroristen in der Rolle des »justicier« – ein Adelsbrief, den schon Sartres Orest beansprucht hat – rechtfertigen ihren Bombenanschlag auf einen Großfürsten, indem sie als Täter zugleich dafür sühnen. Die Entfaltung des Konflikts um die Legitimation einer inhumanen Tat zur Durchsetzung von Gerechtigkeit wird dadurch komplex, daß die Figuren sich die Revolution erotisch und die Liebe politisch vorstellen. Ihre sehnsuchtsvolle Rede vom Glück in einer noch ungestalteten Zukunft verbietet jede eindimensionale Auslegung.

Lit.: R. Gay-Crosier, Les envers d'un échec. Étude sur le théâtre de C., 1967; E. Freeman, The Theatre of C., 1971; A.-M. Amiot / J.-F. Mattei (Hrsg.), C. et la philosophie, 1997; M. Fleischer, Zwei Absurde: C.' Caligula u. der Fremde, 1998.

Paul Claudel (1868–1955) reaktiviert mit konservativem Dogmatismus die europäische Theatertradition vom Mysterien- und Mirakelspiel bis zur spanischen Barockallegorie, kreiert Wortopern und Textoratorien um die Schöpfungsidee. Ionesco notiert nach einer Inszenierung des Frühwerks *Tête d'or* (1901), die 1959 unter der Regie von Barrault am Théâtre de l'Odéon herauskam, Claudel thematisiere beeindruckend die Hierarchie der kosmischen Ordnung. Intermediale Bezüge auf Wagners Mythologie und dessen Leitmotivik lösen den Dialog auf und verwandeln ihn in einen Austausch von Wortarien. Religion drückt sich in *Tête d'or*, der Geschichte von Aufstieg, Hybris und Tod eines Heerführers, noch in einer heidnisch-archaischen Erdfrömmigkeit aus, wobei der hymnische Charakter und die der Bildwelt der Bibel verpflichtete Sprache im Zusammenhang mit Claudels Bekehrung zum Katholizismus (1890) auch eine Deutung als »auto sacramental« rechtfertigen. Von *L'Annonce faite à Marie* (1912) bis *Le Soulier de satin* (1943) setzt Claudel eine gegenreformatorische Gläubigkeit in teilweise karnevaleske Spielformen um, die Musik, Chor-

szenen (in *Le Livre de Christophe Colomb*, 1930), Panto-
mime und Filmprojektion integrieren. Die zentrale Allegorie setzt Schöpfer und Schöpfung, himmlische und irdische
Liebe hierarchisch. In *Le Soulier de satin* geht es um ein
strukturell konventionelles Dreiecksverhältnis, das in vier
Tagen (= Teilen) in ein ausuferndes barockes Geflecht von
historischen und allegorischen Nebenhandlungen eingebet-
tet ist. Das sich über 120 Jahre hinziehende, kompositorisch
kaum gebändigte Liebes- und Heilsgeschehen entwickelt
Claudel ausdrücklich gegen die Erotik in Wagners *Tristan
und Isolde*.

Ein gemeinsames Merkmal des »théâtre d'idées« ist die
reduzierte Funktion der Seelenanalyse; weder Sartres Orest
oder Goetz, Camus' Terroristen noch Claudels Seefahrer
auf dem Meer der Existenz sind psychologisch schlüssig
profiliert. Eine solche Konsistenz ist nicht intendiert. Der
Immanenz wie der Transzendenz eignen als poetische Konfigurationen Gerichtsverfahren, Verurteilungen und Erlö-
sungen. Der Scheiterhaufen, den Johanna besteigt, ist bei
Claudel symbolisch erkennbar die Spitze der Epiphanie,
von wo aus ihr Schicksal rekapituliert wird, das ein Mönch
als Buch aufschlägt (*Jeanne d'Arc au bûcher*, 1939).

Lit.: J. Madaule, Le drame de C., 1964; M. Mercier-Campiche, Le
théâtre de C., 1968; Ch. Rauseo, Wagners *Tristan* u. C.s *Soulier de satin*,
Poetica 1993; P. Dethurens, C. et l'avènement de la modernité, 1996;
D. Millet, Formes baroques dans le *Soulier de satin*, 1997.

Theater der Avantgarde

Die Eröffnung neuer Werkstatt-Theater und Experimentierbühnen seit dem Ende des 19. Jh.s ist sowohl das Ergebnis veränderter Erwartungen bestimmter Publikumsgrup-
pen als auch Anreiz für Autoren, das Interesse an neuer
Bühnenästhetik zu nutzen. In den Happenings des Dada-
isten **Tristan Tzara** (1896–1963) sowie den Gemeinschafts-

produktionen der Surrealisten **André Breton** (1896–1966) und **Philippe Soupault** (1897–1990) existieren, aus der konventionellen Semantik entlassen, Wörter als provozierend autonome Materialien. Entsprechend dieser Zertrümmerung von Modus und Sache treten bei Tzara (*Aventure céleste de M. Antipyrine*, 1920 und 1938; *Le Cœur à gaz*, 1921) Körperteil-Marionetten auf. Ähnlich exzentrisch ist der Stil der Stücke von **Georges Ribemont-Dessaignes** (1884–1974).

Lit.: L. C. Pronko, Avant-Garde. The Experimental Theatre in France, 1962; A. Hüfner, Brecht in Frkr., 1963; H. Béhar, Étude sur le théâtre dada et surréaliste, 1967; R.-D. Bensky, Recherches sur les structures et la symbolique de la marionette, 1971; R. Grimm, Das avantgardist. Theater Frkrs. 1895–1930, 1982; U. Hoßner, Erschaffen u. Sichtbarmachen (Jarry – Artaud), 1983.

Guillaume Apollinaire (1880–1918), der Theoretiker des kubistischen »esprit nouveau«, verkehrt in *Les Mamelles de Tirésias* (1917, Théâtre Maubel) den antiken Stoff aus Ovids *Metamorphosen* vom Seher Teiresias: Thérèse läßt ihre Luftballonbrüste davonfliegen und verwandelt sich in den Seher Tirésias, während ihr Ehemann die Aufgabe des Kinderkriegens erfüllt. Zum grotesken Geschehen kommt eine absonderliche Raumvorstellung (Insel Sansibar), und auch die Zeitachse ist alogisch umgebogen; der Konzentration der Fabel auf einen klassischen Tag widersprechen unwahrscheinliche Regressionen wie Progressionen, die sich in Traumzeiträumen abspielen. Tausende von Kindern werden an dem einen Tag gezeugt und geboren. Poetisches Ziel ist »l'usage raisonnable des invraisemblances«; zur Charakterisierung des Stücks hat Apollinaire zum ersten Mal den Begriff »surréaliste« gebraucht.

Roger Vitrac (1899–1952) schreibt Einakter, die er »surrealistisches Drama« (*Les Mystères de l'amour*, 1927), »Drama ohne Worte« oder »Phantasmagorie« nennt. Er komponiert sie teilweise nach Maßstäben der Filmtechnik und fügt drehbuchgerechte Regieanweisungen ein. Im Einakter *Entrée libre* (1928) erzählen drei Personen je zwei brutale Traumerinnerungen. Im Gegensatz dazu ist in *Le Peintre* (1930) die Banalität eines Liebesdialogs aus dem Boulevardtheater karikiert, wenn Madame Parchemin triviale Gegenstände, die sie mit erotischer Vorfreude erfüllen, litaneihaft aufruft und Monsieur Parchemin jedesmal mechanisch sein »Ja« wiederholt und sie küßt.

Drei Jahrzehnte vor der literaturgeschichtlich offiziellen Periode des absurden Theaters betritt der alltägliche Widersinn die Pariser Experimentierbühne durch die Hintertür der Vaudeville-Parodie. In Vitracs *Victor ou les enfants au pouvoir* (1928) spielen Erwachsene und ihre Kinder mit schwarzem Humor verkehrte Welt. Der neunjährige Victor, ein frühreifer Knabe von der Statur eines Erwachsenen, wehrt sich am Abend seines Geburtstags gegen das unkontrollierte und groteske Triebverhalten der patriotischen Elterngeneration und treibt sie mit grellen Späßen – beispielsweise der Imitation eines Ehebruchs, den er mit seiner sechsjährigen Freundin vorführt – in Wahnsinn und Selbstmord. Zweimal fällt der Schlußvorhang, nachdem der Hausarzt an der Leiche des Knaben mit hohem Pathos vor dem Schicksal warnt, das obstinate Kinder ereilt, und als danach das Dienstmädchen die Leichen der Eltern entdeckt und das Ereignis aufregend findet.

Antonin Artaud (1896–1948) wird zu Lebzeiten zur skurrilen Kultfigur als verstoßener Surrealist, Schauspieler auf der Bühne und beim Film, Stückeschreiber, Mitbegründer des kurzlebigen Théâtre Alfred Jarry (1926) und vor allem Verkünder des »Theaters der Grausamkeit«. Artaud kennt die Berliner Theaterlandschaft (Reinhardt, Piscator, Brecht); anläßlich der Pariser Kolonialausstellung 1931 verfolgt er an kultischen Tempelspielen aus Bali, wie Kommunikation primär über Mimik und Gestik wirkt. Unter die-

sem Eindruck veröffentlicht er im Oktober 1932 in
NRF das Manifest »Le Théâtre de la cruauté« und im Jahr
1938 den Sammelband *Le Théâtre et son double*. Beide
Schriften haben bis heute nichts von ihrer Aktualität eingebüßt; die spektakulären Inszenierungen Ariane Mnouch-
kines in Vincennes und ihre Verfilmungen sind ohne Artauds resolute Dekomposition des literarischen Theaters
nicht denkbar. Eine innovativ synästhetische Codierung des
Spiels, die »anarchisch« genannt wird, steigert akustische
und optische Elemente; dazu gehören vorrangig Masken,
beschwörende Bildwirkungen und Körpersprache bei
gleichzeitiger Deformation der Grammatik. Artaud spricht
von »Chiffrierung«. Das neue Theater ist grausam, weil es
nicht in der Form des psychologisierenden Konversations-
theaters verfährt, nicht über irgend etwas unterrichtet, noch
zu identifikatorischer Rezeption einlädt, sondern die trieb-
haften Kräfte des Menschen zur Anschauung bringt. In dieser Entfesselung der »forces noires« wird das Theater zum
»Double« des menschlichen Ausgeliefertseins an die Mächte
der Natur. Dem Einsatz aller nichtverbalen Mittel entspricht es, daß der Platz des Publikums in diesem totalen
Theater nicht mehr vor der herkömmlichen Rampe, sondern inmitten der Aufführung vorgesehen ist.

Die traumatische Belastung durch Vichy, die zwiespälti-
gen politischen und ökonomischen Kriegsfolgen in Frankreich, schließlich die Aufarbeitung der Kollaboration in den
folgenden zwei Jahrzehnten haben eine breitere Rezeption
von Artauds Theater verhindert und statt dessen dem do-
zierenden Theater Sartres und Camus' zum Aufstieg ver-
holfen.

Lit.: K.-A. Blüher, A., 1983; J. Goodall, A. and the Gnostic Drama,
1994; C. Bouthors-Paillart, A., 1996.

Tragisches Drama

In dieser dramatischen Form wird noch in der Moderne auf
den Symbolschatz des traditionellen Mythenrepertoires zu-
rückgegriffen. Das tragische Drama des 20. Jh.s profitiert von
der Tradition des poetischen Theaters von Rostand, Banville,
Mendès oder Samain sowie von der Formung des Publikums
durch die Freilichtaufführungen von Mysterienspielen und
antiken Tragödien seit den neunziger Jahren des 19. Jh.s in
der Bretagne, der Provence und dem Languedoc. Moréas'
Bearbeitung der *Iphigenie* des Euripides und *Œdipe et le
Sphinx* des Wagnerianers Péladan feiern in der Arena von
Orange 1903 Erfolge. Daran schließen Tragödien von **Stéphane Saint-Georges de Bouhélier** (1876–1947) an (*La Tragédie du nouveau Christ*, 1901; *Œdipe, roi de Thèbes*, 1919;
La Tragédie de Tristan et Yseult, 1923; *Le Sang de Danton*,
1931; *Jeanne d'Arc*, 1934). **Charles Péguy** (1873–1914) verwendet den Jeanne-d'Arc-Stoff in mehreren Fassungen bis
1910 als Realprophetie der Entchristlichung Frankreichs.

Zur gleichen Zeit entsteht **André Gides** (1869–1951) sym-
bolistisches, teils antikisierendes, teils biblisches Theater. Es
handelt wie seine Erzählungen vom Preis der individuellen
Freiheit. In *Le Prométhée mal enchaîné* (1899) treffen in einem Restaurant drei Männer zusammen, von denen einer
unter einer ungerechten Bestrafung leidet, ein anderer unter
einer ungerechtfertigten Belohnung und der dritte (Prometheus) unter seinem Adler, der ihm in die Freiheit gefolgt
ist, sich weiterhin von seiner Leber ernährt und damit paradoxerweise seine Existenzberechtigung herstellt. Zum
Schluß regiert die Heiterkeit, die Nietzsche beim Triumph
über die Fatalität empfiehlt.

Im *Journal* nennt Gide die Idee, die seinem Mythen-
drama *Œdipe* (1931) zugrunde liegt, »die Opferung des
Besten«, d. h. des Nonkonformisten. Das Motiv des Für-
stenmords verschränkt sich mit dem Mythologem vom
menschlichen Glück nach dem Tode Gottes. Aufruhr und

Individualismus markieren den Weg zu diesem Ziel. Er gabelt sich, wo **Paul Valéry** (1871–1945) in *Mon Faust* (1946) die Tragödie des autonomen Intellekts, der stets verneint, oder **Georges Bernanos** (1888–1948) Glaubenskonflikte im Stil der Gertrud von Le Fort komponieren (*Dialogues des carmélites*, 1951).

Jules Romains (1885–1972) fordert die Überwindung des Ideendramas und der epigonalen Tragödienform, »un faux meuble ancien«, durch das Kriegsdrama (*L'Armée dans la ville*, 1911), dem zunächst kein Erfolg beschert ist. Erst **Paul Raynals** (1885–1971) *Le Tombeau sous l'Arc de Triomphe* (1924) erlebt mit 9000 Aufführungen in der Comédie-Française den Durchbruch als meistgespieltes europäisches Weltkriegsstück. Aus klassischen und symbolistischen Elementen und unter Beachtung der Einheit von Raum und Zeit konstruiert Raynal ein Trauerspiel, das sich auf drei Personen beschränkt: den namenlosen Soldaten, seinen Vater und seine Braut Aude. Die auf wenige Stunden konzentrierte Begegnung des Urlaubers mit der Heimat weckt in ihm die bittere Einsicht, daß seine nächsten Angehörigen die gefallenen Frontkämpfer, nicht die siegestrunkenen und geilen Alten sind.

Intermedialität ist ein Signum der Avantgarde. **Jean Cocteau** (1889–1963) schreibt 1917 ein Libretto für den russischen Choreographen Diaghilew; die nächsten Werke orientieren sich an Apollinaires Ästhetik, ab 1922 bearbeitet er antike Stoffe (Antigone, Orpheus, Ödipus). Daraus entsteht teilweise großes Regietheater: Louis Jouvet inszeniert 1934 *La Machine infernale*. Ehe die Aktion einsetzt, erzählt eine Stimme vom Schicksal des Ödipus und kommentiert es als Vernichtungsaktion der Götter gegen die Sterblichen, während das Spiel selbst die Vergehen des Protagonisten als anthropologische Defekte psychoanalysierend relativiert. Damit eröffnet Cocteau eine Serie von Dramen, in denen Mythen ironisch abgewandelt werden.

Das Unbegreifliche des Ödipuskomplexes wiederholt sich in einem Teilmotiv von *Les Parents terribles* (1938), wie sich überhaupt Cocteaus Ästhetik auf die Rätsel hinter dem Theatervorhang (*Parade*, 1917), hinter Spiegeln (*Orphée*, 1925), wie bei den Surrealisten, hinter dem Blick der Sphinx (*Œdipe*, 1928) oder auf die Selbsttäuschung des träumenden Bauern (*Bacchus*, 1951) konzentriert. Das einaktige Monodrama *La Voix humaine* (1930, Comédie-Française) steht in klassischer Einheitlichkeit: Ort der Handlung ist ein Hotelzimmer, Fabelzeit und Aktionszeit sind identisch, eine Frau spielt ihre Liebestragödie im letzten Telefongespräch mit dem Geliebten, der sie verläßt, ihre Mimik in den Sprechpausen spiegelt dessen fiktiven Dialoganteil. Wie vergleichbare Charaktere in Cocteaus Opus kann sich die verzweifelte Frau ihr Unglück nicht erklären und kapituliert vor dem Leben.

Lit.: P. Dubourg, Dramaturgie de C., 1954; N. Oxenhandler, Scandal and Parade, 1957; W. Fowlie, C., 1966; Ch. Rolot (Hrsg.), Le cinéma et C., 1994.

Jean Giraudoux (1882–1944) bringt 1928 *Siegfried* auf die Bühne (nach dem Roman *Siegfried et le Limousin*, 1922). Das Stück spielt mit der Unwahrscheinlichkeit: Wie entscheidet sich ein verwundeter französischer Soldat, der an Gedächtnisverlust leidet und seine Identität verloren hat? Er wird in Deutschland gepflegt, wächst dort auf und denkt und handelt wie ein deutscher Patriot; als Siegfried sich in Forestier zurückverwandelt, endet seine Weltblindheit.

In *Amphytrion 38* (1929) verzichtet Alkmene wie Siegfried auf die Vorteile, die ihr der Zufall anbietet, sie schlägt Jupiters Liebe aus und entscheidet sich für ein menschliches Leben mit Amphytrion. Gegenüber göttlicher Willkür verteidigt sie die menschliche Würde. In *Judith* (1931) verhält sich die Titelheldin ichbezogen und stolz, als sie dazu erwählt wird, Holofernes zu töten. Dann aber begeht sie den

Mord nicht als Racheakt, sondern aus Liebe. Dennoch muß sie ohnmächtig zusehen, wie ihre Tat glorifiziert und sie selbst in den Rang einer Heiligen versetzt wird.

Giraudoux korrigiert auch die Mythologie. Nichts, was *La Guerre de Troie n'aura pas lieu* (1935) ausmacht, steht bei Homer. In der angespannten europäischen Atmosphäre seit 1933, die der Diplomat Giraudoux im Detail besser kennt als die meisten Franzosen, fragt er mit pragmatischem Tenor, ob der Ausbruch des Trojanischen Kriegs die zwangsläufig einzige Möglichkeit der Konfliktlösung sein konnte.

> ANDROMACHE. Weißt du denn nicht, daß Paris Helena entführt hat?
> HEKTOR. Man hat es mir eben erzählt ... Na und?
> ANDROMACHE. Und daß die Griechen sie zurückfordern? Daß ihr Abgesandter heute kommt? Und daß – wenn Helena nicht mit ihm ziehen darf – Krieg sein wird?
> HEKTOR. Weshalb sollte man sie nicht zurückgeben? Ich selbst werde es tun.
> ANDROMACHE. Niemals wird Paris einwilligen.
> HEKTOR. In wenigen Minuten wird mir Paris nachgegeben haben. Kassandra führt ihn her.

> Dramen, hrsg. von Otto F. Best in Verb. mit Jean-Pierre Giraudoux, Frankfurt a. M.: S. Fischer, 1961, S. 372 f.

Hektors Besonnenheit und die Vernunft des Odysseus, der Helena nach Griechenland zurückbringen will, würden den Frieden retten, wenn nicht der Dichter Demokos in Troja zum Aufstand gehetzt hätte. Er opfert in seinem Fanatismus schließlich sein Leben, um einen Kriegsgrund zu schaffen. *Electre* (1937) ist insofern die neue Version einer alten Tragödie, als sie Differenzen innerhalb der antiken Tradition ausspielt; mit Mitteln des epischen Theaters, in dem ein als Bettler maskierter Gott zum Kommentator des Ereigniszusammenhangs bestellt ist, wird die Rache an der Er-

mordung des Agamemnon aus der moralischen Hybris der
Schwester des Orest hergeleitet.

Lit.: A. Seiler, Idee u. Erscheinung des Dramas bei G., 1957; D. In-
skip, G., The Making of a Dramatist, 1958; G. van de Louw, La tragédie
grecque dans le théâtre de G., 1967; G. et l'écriture palimpseste, Colloque 1995, 1997.

Ab 1942 spielt die Comédie-Française jahrzehntelang
einen einzigen zeitgenössischen Dramatiker: **Henry de
Montherlant** (1896–1972), als Romancier (s. S. 449) damals
bereits berühmt. Adels- und romantische Opfermythen
kennzeichnen die pathetische Anverwandlung portugiesischer (*La Reine morte*, 1942), spanischer (*Le Maître de
Santiago*, 1948; *Don Juan*, 1950; *Le Cardinal d'Espagne*,
1960) und frz. Stoffe (*Port-Royal*, 1954). Staatsräson, Misogynie und Askese sind die konfliktstiftenden, profanen Faktoren; durch das Bild eines Gottes, der Willkür statt Milde
walten läßt, rechtfertigen Machthaber und Würdenträger
ihren Zynismus und Nihilismus. Beim Großmeister des
Santiago-Ordens und seiner Tochter schlägt die Abscheu
des kastilischen Aristokraten vor der 1492 eingeleiteten Er-
oberungspolitik in die Todessehnsucht Spätgeborener um.

Lit.: R. Rapke, Die Dramen M.s, 1964; J. Robichez, Le théâtre de M.,
1973; M.-A. Joubert, La Comédie-Française sous l'occupation, 1998.

Komödien

Ästhetische Erfahrungen, die das Publikum des 20. Jh.s im
Kino und beim Fernsehen macht, werden auf die Erwartungen an den Theaterabend übertragen und umgekehrt. Die
selbstverständliche Intermedialität annulliert beim Rezipienten die Einteilung in seriöse Bildungsgüter und Unterhal-
tungsangebote. Wer im Theater lacht, applaudiert der Heiterkeit in der Kunst, die ihm bei aller satirischen Färbung
als letztlich harmloses Abziehbild des Alltäglichen offeriert

wird. Entweder werden Differenzen zwischen den Figuren, die sich betrügen, zurückgenommen, oder ein Störenfried wird zur allgemeinen Zufriedenheit ausgegrenzt. Solche Aktionsmuster, die noch im Stadium der serienmäßigen Trivialisierung deutlich auf Molière oder Beaumarchais zurückverweisen, werden aktiviert, weil sie Publikumswünsche erfüllen. Das Verlachen als Marginalisierung des Andersartigen birgt uneingestanden auch ein kritisches Potential. Die Disposition des Zuschauers ist trotz des im 18. Jh. postulierten empfindsamen Lachverbots über menschliche Gebrechen erbarmungslos auf Defektenkomik eingestellt, wobei z. B. Homosexualität überwiegend als lächerlicher Normverstoß dargestellt wird.

In Zeiten nationaler Gefahr verweigert der staatliche Zensor die Lizenz zum Lachen: Beim Ausbruch der Grande Guerre 1914 fungiert nach alter Tradition der Pariser Polizeipräfekt als Theaterbehörde und macht gerade der leichten Komödie den Immoralismusprozeß. Soldatenrollen werden verboten, wenn sie nicht durch unmißverständliche Schwarzweißzeichnung positiv ausgewiesen sind; Uniformen des Feindes, selbst habsburgische in Historiendramen, bleiben auf der Bühne der Kriegsjahre tabu. Autoren, die vor und nach dem Ersten Weltkrieg Triumphe feiern, sind Georges Feydeau, Alfred Capus, Paul Géraldy, Sacha Guitry und Jacques Deval.

Die Doppelmoral, wie sie der gehobenen Gesellschaft klischeehaft zugeschrieben wird, erweist ihren demonstrativen Nutzen, denn bei aller turbulenten Frivolität wird zum Schluß das offizielle Sittengesetz allseits respektiert. **Sacha Guitry** (1885–1957) variiert vor allem den Dreieckskonflikt, perspektiviert ihn von der Eifersucht her und führt die Schauspielerkomödie ein, die nach Starbesetzung verlangt (*On ne joue pas pour s'amuser*, 1925; *Quand jouons-nous la comédie*, 1935). Komödiensichere Standardmotive, die ihren Ursprung teilweise in der Farcentradition haben, bleiben der betrogene Ehemann, die kapriziöse Frau, die sportliche

Emanzipierte, die Kokotte, der Maulheld, der Traumtänzer (bei Marcel Achard). **Jacques Deval** (1894–1972) konfrontiert in der Typenkomödie *Tovaritch* (1933) das zaristische Rußland und die UdSSR der Volkskommissare in einem pathetischen Versöhnungsfinale.

Die ersten Komödien **André Roussins** (1911–87) sind noch im besetzten Paris aufgeführt worden; seit den vierziger Jahren repräsentiert und prägt er den Stil des unverwüstlichen Boulevard mit Konversationsdramen, die sich durch den Spielort auf fernen Inseln, in der Pariser Haute Couture oder, wie bei Guitry, auf dem Theater selbst, zu Ausstattungsstücken mit mindestens einem Star (Pierre Fresnay, François Périer) eignen (*La Petite Hutte*, 1947; *Les Œufs de l'autruche*, 1948). Eine neue Spielart ist die Verbindung von Rollenironie und Auflösung der Handlungslinie in brillante Sketchszenen (*Bobosse*, 1950).

Mit satirischer Verve setzt **Marcel Pagnol** (1895–1974) seine Akzente; bei ihm bietet Komödie mehr als Amüsement durch artistische Leistung. In *Les Marchands de la gloire* (1925) thematisiert er den Schwarzmarkt; in *Topaze* (1928) tritt der Zauberlehrling als Finanzjongleur auf. Daran gemessen ist die dreiteilige Liebespaarkomödie *Marius*, *Fanny* und *César* (1929–36) sentimentale Theatralik. Von diesem Einwand bleibt Pagnols Leistung für das verfilmte Theater in den dreißiger Jahren und die Entwicklung der Filmkritik unberührt.

Françoise Sagan (*1935) parodiert in *Château en Suède* (1960) Strindberg, um ein spannendes Mörderspiel zu eröffnen; bei **Marcel Aymé** (1902–67) sind Mirakeltravestien Anlaß zur Sexualkomik. **Félicien Marceau** (*1913) banalisiert Elemente des epischen Theaters im Episodenstück *L'Œuf* (1956). Die Orientierung am Zeichenprogramm des Stummfilms kennzeichnet die vom internationalen Publikum applaudierten Burlesken von **Jérôme Deschamps** (*1947), etwa die Farce über Animation in Kulturzentren (*La Veillée*, 1985).

Im intertextuellen Netz bleibt das Interesse an der Farce einzigartig. In einem Text der zwanziger Jahre ist das Gattungsprogramm besonders attraktiv umgeschrieben worden: *Knock ou le Triomphe de la médecine* (1923). **Jules Romains** (1885–1972) übersetzt darin den Unanimismus, der in seiner Lyrik und Narrativik positiv besetzt ist, in die sarkastische Beglaubigung von Phänomenen der Massensuggestion und mentalen Gleichschaltung. Ausgang, Peripetie und Klimax der Fabel setzen durch persuasive Redestrategien eine diabolische Menschenverachtung in groteske Handlungsabläufe um: Dr. Knock füllt sein Wartezimmer durch Massensuggestion mit Patienten, denen er Krankheiten einredet, um sie zynisch auszubeuten. Die Erlösergeste vom großen Bluff, der nach der Formel funktioniert, jedes Leben habe nur einen medizinischen Sinn, mit Jouvet und 1992 mit Michel Serrault in der Titelrolle, ist mit über 1500 Aufführungen der größte, auch verfilmte Komödienerfolg des Jh.s geworden.

Lit.: K. Schoell, Die frz. Komödie, 1983.

Anouilh

Jean Anouilh (1910–87) ist ausschließlich Dramatiker, ein seltener Fall unter seinen schreibenden Zeitgenossen; sein Werk umfaßt an die 40 Stücke. Er arbeitete als Sekretär für Louis Jouvet, als dieser Giraudoux inszeniert, den Anouilh sehr bewundert. Während der politischen Säuberung 1944 gerät er ins Gerede, als Salacrou ihn der ideologischen Zustimmung zum Vichyregime verdächtigt. Dies hielt Anouilh nicht davon ab, das – erfolglose – Gnadengesuch für seinen Freund Robert Brasillach zu unterzeichnen.

Der Autor teilt seine Produktion ein in »Pièces noires« und »Nouvelles pièces noires« (*Le Voyageur sans bagages*, 1937; *La Sauvage*, 1938; *Antigone*, 1944; *Médée*, 1953), »Pièces roses« (*Le Bal des voleurs*, 1938; *L'Invitation au château*, 1947), »Pièces brillantes« (*La Répétition ou l'Amour*

puni, 1950; *Colombe*, 1951), »Pièces grinçantes« und »Nou-
velles pièces grinçantes« (*Ornifle ou le Courant d'air*, 1955;
Pauvre Bitos ou le Dîner de têtes, 1956; *Le Boulanger, la
Boulangère et le Petit Mitron*, 1968), »Pièces costumées«
(*L'Alouette*, 1953; *Becket ou l'Honneur de Dieu*, 1959),
»Pièces baroques« (*Cher Antoine*, 1969; *Ne réveillez pas
Madame*, 1970), und »Pièces secrètes« (*Tu étais si gentil
quand tu étais petit*, 1972; *L'Arrestation*, 1975; *Le Scénario*,
1976). Damit umschreibt er alle Gravitationsfelder des modernen Dramas, wobei mit »tragisch« die Unbeirrbarkeit
der Protagonisten und mit »komisch« die Possenhaftigkeit
der Existenz markiert wird.

Übergeordnet ist beiden Sachlagen das metaphorische
Feld »Theater«. Wenn Figuren der Rollenhaftigkeit ihrer
prototypischen Beziehungen gewahr werden, engt sie weder ein gestuftes Gattungsmodell noch eine soziologische
Klassifikation ein. Es bleibt der aussichtslose und todes-
süchtige Kampf der Reinen, Jungen gegen die Unreinen,
Alten, der eigentümlich statuarisch wirkt, wenn keine Figur von ihrer Festgelegtheit abzurücken vermag. Wiederholt trifft man auch auf die Expositionsformel von der »histoire«, die aufgeführt wird, wobei noch fiktionsironisch verhandelt wird, ob die gesamte Geschichte gespielt werden
müsse (*L'Alouette*) oder eine Hauptfigur das Spiel mit dem
Satz »Quelle fin, pour notre histoire« eröffnet (*Becket ou
l'Honneur de Dieu*).

Anouilh aktualisiert den Jugendkult mit träumenden
Frauenrollen, deren rebellisches Temperament sie von jeder
Anpassung an die Banalität der Welt fernhält. Diese »wil-
den« jungen Frauen (Antigone, Medea, die Jungfrau von
Orléans) auf der einen und die Verwalter von Machtappara-
ten (König Kreon, Bischof Cauchon beim Prozeß gegen die
Jungfrau von Orléans, Staatsanwalt Bitos in der Maske
Robespierres) auf der anderen Seite bilden als Neinsagerin-
nen bzw. Jasager eine todbringende Geschlechterfront, weil
nach dem Willen der Ankläger und Vollstrecker eine kom-

promißlose Verweigerung aus Gründen der Staatsräson nicht tolerabel ist.

Im Einakter *Antigone* greift Anouilh auf einen Ereigniszusammenhang zurück, wie Sophokles ihn konstruiert hat, und ironisiert gleichzeitig die Erinnerung an den erhabenen Stoff durch planmäßige Anachronismen. Der Sage nach widersetzt sich die Tochter des Ödipus ihrem Onkel Kreon, dem König von Theben, der aus Gründen der Staatsräson verbietet, Polyneikes, einen der beiden im Zweikampf gefallenen feindlichen Brüder, zu bestatten, während Eteokles, der andere, ein Staatsbegräbnis erhält. Antigone übertritt dieses Verbot und büßt dafür mit ihrem Leben. Während Antigone in der Antike aber als Vertreterin göttlichen Rechts agiert, handelt sie bei Anouilh aus einem ethischen Rigorismus heraus, der ihr jeden Kompromiß mit der Welt verbietet und der unausweichlich in die Tragödie führt. Sie wird von der Todessehnsucht geleitet, weshalb Kreon, der das Prinzip der Lebensbejahung vertritt, Antigones Opfertod trotz aller Überredung nicht verhindern kann.

ANTIGONE. Ihr widert mich alle an mit eurem Glück! Mit eurem Leben, das man lieben muß, koste es, was es wolle. Man könnte meinen, es wären Hunde, die alles belecken, was sie finden. Diese kleine Chance für alle Tage, wenn man nicht zu anspruchsvoll ist. Ich will alles, sofort – und ganz. Oder aber ich verweigere es. Ich will nicht bescheiden sein und mich mit einem kleinen Stück begnügen, wenn ich schön brav gewesen bin. Ich will heute sicher sein, daß es alles sei und daß es so schön sei wie damals, als ich ganz klein war. – Oder sterben.

KREON. Los! Beginne also, beginne wie dein Vater.

ANTIGONE. Ja, wie mein Vater. Wir gehören zu denen, die Fragen stellen bis ans Ende, bis wahrlich nicht mehr die kleinste Chance lebender Hoffnung bleibt, bis nicht mehr die kleinste Chance Hoffnung bleibt, die man erwürgen könnte.

Dramen, Bd. 1, übers. von Jean Salvard, München: Langen-Müller [o. J.], S. 73.

Von der nämlichen Statur ist Jeanne d'Arc, obgleich ihre
Allegorisierung als Lerche den heiteren Frühlingsgesang
meint. In *L'Alouette* werden alle den Raum und die Zeit
betreffenden Möglichkeiten der Episierung des Theaters
aufgeboten: die Illusionsdurchbrechung mit Mitteln der Si-
multanbühne und die retrospektive Herstellung mehrerer
Zeitebenen durch Rückerinnerung, nachträgliche Exposition, Einblendung. Dabei spielt Jeanne gelegentlich mehrere Rollen. Alle Akteure bleiben während des Stücks auf
der Bühne, sie schauen, wenn sie nicht spielen, dem Geschehen zu.

Pauvre Bitos ou le Dîner de têtes wie zuvor *La Répétition ou l'Amour puni* verwirren das Weltverständnis der
Figuren dadurch, daß diese simultanen Spiele von Fiktion
und Realität nicht zu trennen vermögen. Bitos, der als
stellvertretender Staatsanwalt während der politischen Säuberung nach 1944 kompromißlos das Minderheitenideal
der Résistance gegen Anpassung und Kollaboration der
Mehrheit durchgesetzt hat, wird von einer Adelsclique auf
ein Kostümfest eingeladen. Er tritt dort als Robespierre
auf, verschmilzt mit diesem im »Spiel im Spiel« des zweiten Akts und wird in dieser Rolle von den anderen Gästen
gedemütigt. 1793 und 1944 als Epochenschwellen erklären
den politischen Terror archetypisch aus psychischen Verletzungen der Deklassierten, die eine Diktatur rachsüchtiger
Moralisten errichten, um schließlich in bigotter Selbstge-
rechtigkeit zu erstarren. Mit der psychopathologischen
Motivation politischer Systemwechsel zerfallen die nationalen Mythen der Revolution und der Résistance. Bei
Anouilh setzt eine politische Revision ein, die der Film und
die Historiographie intensiv erst nach dem Tod de Gaulles'
vorzunehmen wagen. Seine Tribunalisierungsstücke artikulieren keine einsinnigen Oppositionen, denn das Mitleid
mit den Opfern steigert sich bei genauer Textbeachtung
nicht zur Idealisierung, wie der Abscheu vor den Richtern

die nachdenkliche Überprüfung ihrer Gründe nicht ausschließt.

Lit.: H. Seilacher, Die Bedeutung des Spiels im Spiel u. der Durchbre-
chung der Illusion in den Dramen von A., 1969; D. Kahl, Die Funktionen des Rollenspiels in den Dramen A.s, 1974; J. Vier, Le théâtre de J. A.,
1976; O. Urbain, Intertextualité dans le théâtre d'A., 1992; C. Mercier,
Pour saluer A., 1996.

Antitheater

Im Antitheater wird die zeitlich progressive, noch in der
Rückblende linear entfaltete Bühnenaktion ebenso zerstört
wie das homogene Bedeutungsfeld als Voraussetzung der
Lösbarkeit der gespielten Rätselstruktur – Wer? Warum?
Wo? Wann? –, die für das Vaudeville wie das existentialistische Drama gilt. Zufall und Beliebigkeit greifen unverse-
hens an die Substanz der Handlungsabläufe; Apollinaire,
Vitrac, Artaud, Kafka und Brecht sind neue ideologische
wie ästhetische Orientierungsinstanzen. Der absurde Anti-
held als Person erscheint fragmentiert. Im Antitheater steht
eine einzelne Eigenschaft nicht mehr metonymisch für ein
Bündel von Verhaltensweisen, das den Typus – den Aufsteiger, den Habgierigen, den Alkoholiker – identifiziert.

Die zugleich barocke und kafkaeske Selbstverwechslung
des Subjekts in *Quoat-Quoat* (1946) und *La Pucelle* (1951)
von **Jacques Audiberti** (1899–1965) steht am Beginn dieser
Serie von Figuren, die erkennen lassen, daß ihnen der
»Spielplan« vorenthalten wurde. Dialoge reduzieren sich
unter dieser Vorgabe zu Wort- und Sprachspielen, wobei
Homonyme und Homophone die Rede von Gott und der
Welt nicht ins Licht des Begreifens rücken. Eine eigene
Semiotik setzt sich durch.

Ionesco treibt es so weit, daß trotz durchlaufender Na-
mensgleichheit Figuren sich nicht oder nur unter Schwierigkeiten wiedererkennen lassen. In *L'Impromptu de l'Alma*

tragen drei Personen denselben Namen; der Protagonist in
vier Stücken, *Tueur sans gages, Les Rhinocéros, Le Piéton de
l'air* und *Le Roi se meurt*, heißt Bérenger. Diese Wiederholung täuscht eine zyklische Struktur vor und parodiert über
Balzacs Idee der Figurenwiederkehr die auktoriale Allwissenheit.

Lit.: M. Kesting, Das ep. Theater, 1967; M. Corvin, Le théâtre nouveau
en France, 1969; M. Esslin, Le théâtre de l'absurde, 1977; K.-A. Blüher
(Hrsg.), Mod. frz. Theater, 1982; W. Floeck (Hrsg.), Zeitgenöss. Theater in
Dtld. u. Frkr., 1989; B. L. Knapp, French Theater since 1968, 1995.

Keines der Stücke von **Arthur Adamov** (1908–70) wurde
ein Bühnenerfolg. Die Ausrichtung am Weltbild Kafkas und
der Ästhetik Strindbergs sowie dem epischen Theater
Brechts bleibt dem Zuschauer fremd. *La Parodie* (1948) zielt,
wie der programmatische Titel erwarten läßt, nicht auf einen
Einzeltext, anvisiert sind vielmehr die klassischen Handlungsmuster, die sittliche Legitimation von Liebesbeziehungen und der Stil der Kostüm- und Ausstattungsstücke am
Boulevard. In *Le Printemps 71* (1961) versucht Adamov im
Hinblick auf die Pariser Kommune zwischen Geschichtsbild
und individuellen Schicksalen auszugleichen und seine Parteinahme menschlich zu begründen. Unter den Klängen der
Internationale wird das Publikum in die Reflexion über die
politischen Folgen des Mai 1871 entlassen. Mit einer vergleichbaren Zeigehaltung schließt auch *Off Limits* (1969), die
groteske Einspielung der Chronik des Vietnamkriegs in eine
disharmonisch verlaufende New Yorker Party; als alptraumhaft allegorische Klimax bricht die Freiheitsstatue entzwei.
Traumthemen im Stil des epischen Theaters, indessen engagierter und als Alptraum weniger bedrückend, kennzeichnen
die politischen Montagen **Armand Gattis** (*1924), darunter
La Passion du général Franco par les émigrés eux-mêmes
(1968) und *Rosa Spartacus prend le pouvoir* (1971).

Lit.: S. A. Chahine, Regards sur le théâtre d'A., 1981; R. Abirached
[u. a.] (Hrsg.), Lectures d'A., 1983.

Jean Genet (1910–86) verdankt seinen Ruhm u. a. Sartre, der 1952 mit dem blasphemischen Buchtitel *Saint Genet, comédien et martyr* auf den unvergleichlichen Provokateur aufmerksam gemacht hat: uneheliches Kind, Autodidakt, Homosexueller, Vagabund und rückfälliger Krimineller, gefördert zunächst von Cocteau und Jouhandeau, schreibt Genet Gedichte und Romane, dann Theaterstücke.

Les Bonnes (1947) realisiert bereits die für Genet typischen Grundelemente der »allegorischen Traumerzählung« und des Totentanzes. Sie werden als Ritual zelebriert; später nennt der Autor das Verfahren im Rückgriff auf Artaud »glorification de l'Image et du Reflet«. Die Relation von Bild und Zweitbild ist eine extreme Art des Rollenwechsels, so wenn die eine der beiden Schwestern in die Rolle der anderen schlüpft und diese in die der Herrschaft und das Spiel im Spiel in einer mörderischen Identifikation mit der Maske endet. Der Sieg der Deklassierten in *Haute Surveillance* (1949) und *Les Nègres* (1958) nach Liebes- und Gerichtsspielen bleibt auf der Metastufe des »Als ob«. Das Spiel über ein Spiel ist die einzige Sphäre vertauschbarer und verbesserter Identität und weist die Theaterhaftigkeit als festen Wert aus. Genet produziert gezielt ein Theater der Unaufrichtigkeit, d. h. der Maskierung und Statusanmaßung auf Zeit, mit der existentielle Leere überspielt wird. *Le Balcon* (UA London 1957) multipliziert Spielebenen, die Bild und Reflex gegeneinander halten und die Austauschbarkeit von Sein und Schein suggerieren. Der Monolog eines kostümierten Bischofs im Bordell »Le Grand Balcon« handelt von eben diesem Hiatus. Zeichen, hier die Kleidersprache, repräsentieren keinen allgemein zugänglichen Sinn mehr, weil die Bedeutung sich in der Doppelung erschöpft. Allerdings irritiert den Rollenspieler, der wie die anderen Maskenträger (Richter, Henker, General) das gültige Szenarium kennt, die Generalbeichte einer Hure, wobei auch hier offenbleibt, ob sie fiktiv Spielpartnerin oder faktisch Sünderin ist. Im Krisenfall treten die kostümierten Würdenträger das Amt ihrer Verkleidung an; dazu paßt die besorgte Frage des Polizeichefs, ob im Bordell bereits »Polizeichef« gespielt werde.

Als Domäne bleibt dem Theater in der Konkurrenzsituation mit dem Medium Film der semiotisch reduzierte Mythos, der in märchentypischen Fragen an das »Spieglein« festgehalten wird. Damit meint Genet den ästhetischen Schritt von der erkannten Leere als Merkmal der Welt zur Codierung der »apparence qui montre le vide«.

Lit.: R. N. Coe, The Vision of G., 1968; Ph. Thody, G., 1968; S. Mex, Man bringe mir eine Leiche, 1996; M.-C. Hubert, L'esthétique de G., 1997; H. Laroche, Le dernier G., 1997.

Eugène Ionesco (1912–94), gebürtiger Rumäne, lebte seit 1913 mit Unterbrechungen und nach dem Krieg ständig in Paris; er wird 1970 Mitglied der Académie française. Die provokativen Untertitel von *La Cantatrice chauve* (1948, UA 1950), *La Leçon* (1950, UA 1954) und *Les Chaises* (1951, UA 1952), »anti-pièce«, »farce tragique« und »pseudo-drame«, stehen nach 1957, als im winzigen Théâtre de la Huchette des Quartier Latin ein beispielloser Publikumserfolg seinen Anfang genommen hat, als Synonyme für das absurde Drama. In *La Cantatrice chauve* heben die Elemente in der Unterhaltung der Ehepaare Smith und Martin jeden logischen Zusammenhang und Informationsfortgang auf. Es ist das Trauerspiel von Sprechern, die sich in Stereotypen ergehen, unzusammenhängende Fertigsätze austauschen, wie sie in Sprachführern aufgelistet sind, und sich in wachsendem Tempo mit inadäquaten und »unverdaulichen« Konversationsbrocken bombardieren.

MRS. MARTIN. Ich kann ein Taschenmesser kaufen für meinen Bruder, ihr könnt Irland nicht kaufen für euren Großvater.

MR. SMITH. Man geht auf den Füßen, aber man wärmt sich mit Kohle oder Elektrizität.

MR. MARTIN. Wer heute ein Ei kauft, hat morgen zwei.

MRS. SMITH. Man muß im Leben durchs Fenster schauen.

MRS. MARTIN. Man kann auf dem Stuhl sitzen, auch wenn der Stuhl keine hat.

MR. SMITH. Man soll immer an alles denken.

MR. MARTIN. Die Decke ist oben, der Boden ist unten.

MRS. SMITH. Wenn ich ja sage, so meine ich das nur so.

> Die kahle Sängerin. Anti-Stück, übers. von
> Serge Stauffer, Stuttgart: Reclam, 1987, S. 42 f.

Das Theater wird so zum privilegierten Ort des Nichtgeschehens. Die Premiere von *La Cantatrice chauve* markiert den Durchbruch einer neuen, radikal antiaristotelischen Dramaturgie. Die gespielte Zeit steht still, und der Raum der Fabel verliert seine Tiefe; die Titelheldin ist nicht präsent. Der Spielort von *Les Chaises*, ein Haus auf einer Insel, ist leer, die Aussicht liegt im Dunkeln. Zwei uralte Leute, Kontrafaktur des mythischen Paars Philemon und Baucis (»Allons, mon chou … / Je ne sais pas, Sémiramis, ma crotte …«) versuchen, Gäste, für die sie Stuhlreihen zurechtrücken, in chaotischen Namenlisten herbeizureden und durch eine Erzählung vom verlorenen Paradies die Vergangenheit zu vergolden. Beide verlassen die Bühne, als der vorgesehene Redner, der ihre Botschaft vortragen soll, wirklich erscheint, und sie erfahren nicht mehr, daß sie einen Taubstummen engagiert haben. Antonin Artaud wird 1958 von Ionesco als Autorität dieses beklemmenden Totaltheaters gefeiert.

Seit den späten fünfziger Jahren werden die Protagonisten ansatzweise zur Sinnstiftung des Spiels eingesetzt (*Le Nouveau Locataire*, 1957; *Les Rhinocéros*, 1959; *Le Roi se meurt*, 1962). Dem neuen Mieter beispielsweise wächst die Masse der Einrichtungsgegenstände, die er sich in sein Zimmer tragen läßt, über den Kopf, doch entschädigt ihn die Fülle an Besitz offensichtlich für die geistige Leere. Der Riß zwischen Sein und Haben, im Ideentheater ein existentialistisches Dilemma, gerinnt in dem absurden Tableau, mit dem das Stück glücklich schließt. In *Les Rhinocéros* schließlich steht Bérenger, der Protagonist, im Mittelpunkt einer klaren dramatischen Handlung: er widersetzt sich der fortschreitenden Verwandlung der Menschen in Nashörner und bleibt als letzter dem Menschsein treu. Ionesco besteht darauf (*Notes et contre-notes*, 1962), daß der Mensch die Sinnfragen des Lebens in der Ära nach dem Tode Gottes ontologisch aufwirft.

Lit.: J. Bessen, I. u. die Farce, 1978; W. Leiner, Bibl. et index thématique des études sur I., 1980; D. Gaensbauer, I. revisited, 1996; S. Smith (Hrsg.), I., 1996.

Samuel Beckett (1906–89) aus Dublin, Literaturnobelpreisträger von 1969, Essayist, prominenter Proust-Kenner, Lyriker und Erzähler in zwei Sprachen, schreibt zwei frz. Stücke: *En attendant Godot* (1953) und *Fin de partie* (1957), die Roger Blin inszeniert. Der zertrümmerte Handlungsablauf der Stücke wird in *En attendant Godot* schon im ersten Satz angedeutet: »Rien à faire« – eine Bemerkung Estragons, die sich unmittelbar auf die Clownerie beim Schuhausziehen bezieht, vom Verlauf der undramatischen Aktion her aber die dem ganzen Stück zugrundeliegende Chaosphilosophie bezeichnet. An einer Landstraße, bei einem Baum, warten Estragon und Vladimir auf Herrn Godot, den sie nicht kennen. Zu ihrer Enttäuschung treten der Grundbesitzer Pozzo und sein Sklave Lucky auf. Die Personenkonstellation wiederholt sich im zweiten Akt, wieder meldet ein Bote, daß sich Godots Ankunft auf morgen verschieben wird. Beckett karikiert die religiöse Lesbarkeit der Fabel mit dem Motiv des weißen Bartes von Godot und typologisierenden Selbstvergleichen der Wartenden mit Abel und Kain sowie den beiden Schächern am Kreuz. Da aber nichts einen Sinn hat, ist alles, auch das Herbeireden des Erlösers, leerer Zeitvertreib, »diversion«, »délassement«, »distraction«. Die gegenseitig vorgetäuschte Existenz beruhigt; extreme Entschlüsse, wie ein gemeinsamer Selbstmord, werden vertagt.

Sprechen, um das unbekannte Ende zu verzögern, ist auch das Thema von *Fin de partie*. Wer ein Stichwort liefert, hält in einer simulierten Dialogsituation sich und andere über Wasser. Vor allem gilt: wenn die Welt existiert, solange ein Subjekt sie wahrnimmt, dann bedürfen die Blinden eines Erzählers; Clov, der Diener, nimmt diese Funktion wahr, er vergewissert sich, ob die Welt jenseits der Wohnungsmauern noch zu sehen ist, und gibt Hamm, seinem blinden und gelähmten Herrn, Auskunft. Dieser ist von seinem Diener damit ebenso abhängig wie der Diener von ihm, und so führen sie – zusammen mit Hamms Eltern, die als menschliche Wracks in zwei Mülleimern hausen – eine apokalyptische Farce auf. Clov eröffnet sie mit seinem Satz: »Fini, c'est fini, ça va finir, ça va peut-être finir.« Noch ist nicht ausgemacht, ob die als Antiklimax gegliederte Sequenz auch die Welt meint, die um ihren Anfang und ihr Ende gebracht ist. Das Königsspiel im Schach, das im Titel konnotiert ist und das System der Schachzüge in der Endphase bezeichnet, kommt jedoch nicht zum Schluß. Die Handlung ist zur Unbeweglichkeit erstarrt, und auch die Gespräche sind keine Dialoge, Zuhörer ihrer Selbstgespräche sind die Sprecher selbst, die redend jedoch nicht zu sich selbst oder zu ihrer Ichgewißheit finden.

CLOV. Ich geh jetzt.

HAMM. Nein.

CLOV. Wozu diene ich denn?

HAMM. Mir die Replik zu geben. *(Pause.)* Ich bin mit meiner Geschichte vorangekommen. *(Pause.)* Ich bin gut vorangekommen. *(Pause.)* Frag mich, wie weit ich damit bin.

CLOV. Oh, ehe ich's vergesse, deine Geschichte?

HAMM *(sehr überrascht)*. Welche Geschichte?

CLOV. Die du dir seit jeher erzählst.

HAMM. Ah, du meinst meinen Roman?

CLOV. Eben.

(Pause.)

HAMM *(wütend)*. Bohr doch weiter, Menschenskind, bohr doch weiter!

CLOV. Du bist gut vorangekommen, hoffe ich.

HAMM *(bescheiden).* Oh, nicht viel, nicht viel. *(Er seufzt.)* Es
gibt solche Tage, an denen man nicht in Form ist. *(Pause.)*
Man muß warten, bis es kommt. *(Pause.)* Nur nichts zwingen, nur nichts zwingen, dann geht's gar nicht. *(Pause.)* Ich
bin nichtsdestoweniger ein wenig vorangekommen.
(Pause.) Gelernt ist gelernt, nicht wahr? *(Pause.) (Nachdrücklich.)* Ich sagte, daß ich nichtsdestoweniger ein wenig
vorangekommen wäre.

> Endspiel – Fin de partie, übers. von Elmar
> Tophoven, Frankfurt a. M.: Suhrkamp, 1957,
> S. 95–97.

Lit.: K. Schoell, Das Theater B.s, 1967; D. Nores, Les critiques de notre temps et B., 1971; Th. W. Adorno, Versuch, das *Endspiel* zu verstehen, 1973; A. Merger, Zu B.s Rhetorik des Sprachmißbrauchs, 1995;
P. Brockmeier / C. Veit (Hrsg.), Komik u. Solipsismus im Werk B.s,
1997; M. Buning (Hrsg.), B. aujourd'hui, 1997; E. Grossmann, L'esthétique de B., 1998.

4. Narrativik

Das Glück erzählen

Mit seiner ästhetischen, nicht mehr wie bei Zola vorrangig
physiologischen und soziologischen Beglaubigung des Erzählens erledigt **Marcel Proust** (1871–1922) den Anspruch
der naturalistischen Referenzsemantik, durch die ein Text
als gelungen galt, sobald das Publikum die erzählten Verhältnisse in authentischen, zeitgemäßen Bildern wiedererkannte. Eine epochale Entwicklung, die mit dem Text als
Welt die Welt im Text ablöst, nimmt mit Prousts Werk ihren Anfang.

Prousts Herkunft aus dem Großbürgertum – als Sohn eines Medizinprofessors ist er auf Broterwerb nicht angewiesen – ermöglicht ihm ein intensives Leben für seine Prosa.

Nach dem Mißerfolg der ersten Publikation, *Les Plaisirs et les Jours* (1896, Vorwort Anatole France), schreibt Proust einige Jahre lang an einem autobiographischen Roman, der 1952 u. d. T. *Jean Santeuil* veröffentlicht wird. Es folgt die Arbeit an *Pastiches et mélanges* (1919), Etüden, die im Stil verschiedener Autoren des 19. Jh.s ein und dieselbe Sensationsnachricht modifizieren; sie sind Indizien für die notwendige Selbstfindung eines Autors angesichts instabiler Dichtungssysteme am Ausgang des Fin de siècle. Ort einer hochgradig intellektuellen Poetologie ist ein Textcorpus, das postum u. d. T. *Contre Sainte-Beuve* (Ausg. P. Clarac, 1971) publiziert wird. Hinter der massiven Auseinandersetzung mit der tonangebenden Literaturkritik des 19. Jh.s wird die Polemik gegen den nur explizierenden, nicht suggerierenden Diskurs Balzacs und seine »vérité criante« fortgeschrieben. Proust setzt sich das Ziel, eine »suite de Romans de l'Inconscient« zu produzieren. Dazu muß die biographische Person vom kreativen Ich des Autors getrennt gesehen werden. Mit dieser Entscheidung zerstört Proust die gängige Dependenz von Autor und Werk, Voraussetzung der Literaturkritik im Stil Sainte-Beuves, die er als »literarisches Botanisieren« schmäht.

Es entsteht der Großroman *À la Recherche du temps perdu* (Ausg. J.-Y. Tadié [u. a.], 4 Bde., 1987–89). 1911 läßt der Autor von ca. 800 Seiten die Reinschrift herstellen. Nach Absagen durch die Verleger Fasquelle und Gallimard druckt Grasset 1913 auf Kosten des Verfassers den ersten Teil, *Du Côté de chez Swann*. Bei Gallimard erscheinen nach der Unterbrechung durch den Ersten Weltkrieg *À l'Ombre des jeunes filles en fleurs* (1919, Prix Goncourt), *Le Côté de Guermantes* (1920), *Sodome et Gomorrhe* (1920–1922), *La Prisonnière* (1923), *Albertine disparue* (1925; 1987 Diskussion um die Echtheit des Textes) und *Le Temps retrouvé* (1927).

Im Mittelpunkt steht der Erzähler Marcel, der kränkliche Sohn vermögender Eltern mit ausgeprägten künstlerischen

Neigungen. Er versucht, die entschwundene Zeit von rund 40 Jahren vor dem Vergessen zu retten, und tut dies mit Hilfe der »mémoire involontaire«, die – durch Sinneseindrücke ausgelöst – die vergangenen Welten lebendig werden läßt.

Aber wenn von einer früheren Vergangenheit nichts existiert nach dem Ableben der Personen, dem Untergang der Dinge, so werden allein, zerbrechlicher aber lebendiger, immateriell und doch haltbar, beständig und treu Geruch und Geschmack noch lange wie irrende Seelen ihr Leben weiterführen, sich erinnern, warten, hoffen, auf den Trümmern alles übrigen und in einem beinahe unwirklich winzigen Tröpfchen das unermeßliche Gebäude der Erinnerung unfehlbar in sich tragen.
Sobald ich den Geschmack jener Madeleine wiedererkannt hatte, die meine Tante mir, in Lindenblütentee eingetaucht, zu verabfolgen pflegte (obgleich ich noch immer nicht wußte und auch erst späterhin würde ergründen können, weshalb die Erinnerung mich so glücklich machte), trat das graue Haus mit seiner Straßenfront, an der ihr Zimmer sich befand, wie ein Stück Theaterdekoration zu dem kleinen Pavillon an der Gartenseite hinzu, der für meine Eltern nach hintenheraus angebaut worden war, [...] ebenso stiegen jetzt alle Blumen unseres Gartens und die aus dem Park von Monsieur Swann, die Seerosen auf der Vivonne, die Leutchen aus dem Dorfe und ihre kleinen Häuser und die Kirche und ganz Combray und seine Umgebung, alles deutlich und greifbar, die Stadt und die Gärten auf aus meiner Tasse Tee.

Combray, übers. von Eva Rechel-Mertens,
Stuttgart: Reclam, 1989, S. 58.

So wird die Vergangenheit Stück für Stück evoziert: die hochadlige Welt um den Herzog und die Herzogin von Guermantes (mit dem Bruder des Herzogs, dem Dandy Baron de Charlus, und Robert de Saint-Loup); die großbürgerliche Welt um Swann, zu der Vater und Sohn Bloch gehören und die ein Gegengewicht bildet zur Familie Verdurin mit dem Arzt Cottard; schließlich die Gruppe der Künstler: den Maler Elstir, den Schriftsteller Bergotte und den Musiker Vinteuil. Sie alle werden in der Erinnerung heraufgerufen, bis Marcel am Ende seine schriftstellerische Berufung erkennt und beschließt, das Erinnerte in einen Roman zu fassen, den der Leser gerade gelesen hat.

Prousts Roman ist Gesellschaftsroman, psychologischer Roman, Künstlerroman und der Roman eines Romans in einem. An den Bildern des Malers Elstir erkennt Marcel, daß das künstlerische Produkt nicht Abbild, sondern Metapher der Welt sein will. Der Kunstmythos versteht sich wie im Denken Mallarmés als Replik auf die biblische Schöpfung. Gott hat die Welt erschaffen, indem er die Dinge bei ihrem Namen rief, der Maler Elstir revoziert diese Nomenklatur und erschafft die Welt in höheren Zeichensphären neu. Entsprechend sind menschliche Begegnungen als Bilderfolgen gespeichert und werden vom Erzähler als »traducteur« sichtbar gemacht. Das ästhetische Modell bedarf zwar nicht der Mimesis, jedoch der Äquivalenz. Denn Proust setzt in der *Recherche* voraus, daß das innere Buch der unbekannten Zeichen bereits sprachlich strukturiert ist, auch wenn diese Zeichen nicht von Individuen eingeschrieben sind. Erst unter dieser Prämisse haben die »Übersetzung« und das Romanprojekt, das Marcel zum Schluß vorbereitet, Aussicht auf ästhetische Vollkommenheit. Die Rückübersetzung, das Spielen der »Partitur«, würde auf einer Metaebene der virtuelle Leser leisten, wobei die Lektüre Unwirkliches wirklich macht – kein Wunder, daß die hermeneutisch orientierte Literaturwissenschaft mit Vorliebe an Proust ihre Methodik verifiziert hat.

Lit.: A. Corbineau-Hoffman, P., 1983; J.-Y. Tadié, P., 1983, Neuausg. 1996; V. Røloff, Werk u. Lektüre, 1984; H. R. Jauß, Zeit u. Erinnerung in P.s *À la Recherche du temps perdu*, 1986; V. Descombes, P. Philosophie du roman, 1987; U. Link-Heer, *À la Recherche du temps perdu* u. die Form der Autobiographie, 1988; Gh. de Diesbach, P., 1991; R. Duchêne, L'impossible P., 1994; F. Godeau, Les desarrois du Moi. *À la Recherche du temps perdu* de P. et *Der Mann ohne Eigenschaften* de R. Musil, 1995; G. Deleuze, P. et les signes, 1996; L. Fraisse, P. au miroir de sa correspondance, 1996; H. Teschke, P. u. Benjamin, 1996; M. Bal, Images littéraires ou comment lire visuellement P., 1997; R. Kahn, Images, passages. P. et W. Benjamin, 1998.

Wie Proust unterhält **André Gide** (1869–1951) eine ausgedehnte Korrespondenz, deren Veröffentlichung er noch zu Lebzeiten autorisiert (u. a. mit Jammes, 1948; Claudel, 1949; Rilke, 1952; Mauriac, 1971; Schlumberger, 1993; Franz Blei, 1996). Gide schreibt (bis auf einige autobiographische Texte, die erst jetzt mit den Tagebucheintragungen zur Homosexualität vollständig herauskommen) stets im Hinblick auf die Publikation. Seit 1889 plant er seine »Gesammelten Werke«, 1932–39 erscheinen davon die ersten 15 Titel. Von seinen zahlreichen erzählerischen Texten nennt er nur *Les Faux-Monnayeurs* »Roman«.

Gides Herkunft aus einer in Katholiken und puritanische Calvinisten gespaltenen Familie, die den Konflikt der »deux France« repräsentiert, bestimmt seinen Traum von der Emanzipation, die ihn zum Reisen veranlaßt und ihn in seinem Werk zur Darstellung aller nur möglichen Formen von Selbstverwirklichung egozentrischer Figuren treibt (*Cahiers d'André Walter*, 1891; *Les Nourritures terrestres*, 1897; *L'Immoraliste*, 1902). Wenn Gide Glück als künftigen Zustand erträumt, geschieht dies in seinem Frühwerk durch geistige und moralische Grenzüberschreitung und die Abkehr von der Geborgenheit des Gewohnten. In der Bibelreplik *Le Retour de l'enfant prodigue* (1907) wiederholt sich das Lob des Ethos vom ewigen Aufbruch. Die Heimkehr des verlorenen Sohnes veranlaßt den jüngeren Bruder, seinerseits die Familie zu verlassen. In *L'Immoraliste* führt der Versuch der Selbstbefreiung den rastlosen homosexuellen Michel ins Verderben.

In *La Porte étroite* (1909), der Geschichte der Alissa, der die enge Pforte der biblischen Verheißung den Lohn für den Verzicht auf menschliche Liebe vorenthält, wird das Thema der Selbsttäuschung gestaltet und zur Religionskritik gesteigert. Auf mystische Verzückung, die den Codex der himmlischen Minne insgeheim erotisiert, folgt totaler Orientierungsverlust. Alissa hat in der irrigen Annahme, ihre Schwester Juliette sei ihre Nebenbuhlerin, scheinbar hochherzig, aber umsonst auf ihren Freund verzichtet, Chaos gestiftet und sich und die anderen um ihr Glück betrogen. Diese Lebenslüge, verbunden mit dem symbolischen Thema der Blindheit, wird in *La Symphonie pastorale* (1919) im Verhältnis eines protestantischen Pfarrers zu einem von ihm aufgenommenen Pflegekind, der blinden Gertrude, variiert.

In *Les Faux-Monnayeurs* (1925), in dessen Mittelpunkt der Schriftsteller Édouard steht, geht es um Falschmünzerei im doppelten Sinne: um den Widerstand junger Menschen gegen etablierte falsche Normen und – über den Konflikt der Generationen hinaus – um die Ablehnung des traditionellen Gesellschaftsromans mit seiner logischen Fabel. Das »Zeitalter des Argwohns« in der Narrativik bricht lange vor Nathalie Sarrautes gleichnamigem Essay an; weder die Gültigkeit der Existenzentwürfe noch die der poetischen Projekte bleibt verschont. Als authentisch gilt für Gide eine Fiktion, die von keinem allwissenden Erzähler verantwortet wird, sondern multiperspektivisch angelegt ist.

In seiner letzten erzählenden Prosa, *Thésée* (1946), setzt er zu einer Neudeutung des kretischen Labyrinths und des Mythos um Dädalus und Ikarus an. Lebensmotto des Protagonisten ist »Passer outre«, was wie in *Le Retour de l'enfant prodigue* den kontinuierlichen Abschied von der trägen Gewöhnung meint. Gide zeichnet die Bildung des Helden, »enfant de cette terre«, als intellektuelle Reifung, die ihn schließlich zur Staatsführung im neuen Athen befähigt. Der »acte gratuit«, eine Tat, die nichts einbringt, in *Les Caves du Vatican* (1914, Dramatisierung Comédie-Française 1950), ist für ein gesellschaftliches Engagement aufgegeben.

Lit.: E. D. Cancalon, Techniques et personnages dans les récits d'A. G., 1970; M. Raimond, Les critiques de notre temps et G., 1971; M. Raether, Der acte gratuit, 1980; P. Schnyder, Pré-Textes. G. et la tenta-

tion de la critique, 1988; E. Deschodt, G., 1991; C. Martin, Bibl. chrono-
logique des livres consacrés à G., 1995; Ch. O'Keefe, Void and Voice.
Questioning Narrative Conventions in G.'s Major First-Person Narratives, 1996; P. Lepape, G., 1997; J.-M. Whitmann, Symboliste et déserteur,
1997; A. Goulet / P. Masson (Hrsg.), Écriture d'A.G., 1998.

Erzählen und verklagen

Aus **Romain Rollands** (1866–1944) Werk ragt der Romanzyklus *Jean-Christophe* (10 Bde., 1905–12) hervor, während
seine späteren Romane (*Colas Breugnon*, 1918, im Stil Rabelais'; *Clérambault*, 1920; *L'Âme enchantée*, 1922–34), die
Künstlerbiographien und das Revolutionstheater in Vergessenheit geraten sind. In *Jean-Christophe*, der Lebensgeschichte des Johann Christof Krafft, der aus einer rheinischen Musikerfamilie stammt, ist die Musik Thema und
kompositorische Vorgabe (Vor- und Nachspiel, Leitmotivik
sowie symphonischer Aufbau des Ganzen). Rolland integriert das Motivsystem des Bildungsromans in die Strukturen der Künstlerbiographie und des Gesellschaftsromans.
Beiderseits des Rheins bleibt der genialische Jean-Christophe Außenseiter; in der rheinischen Heimat als Opfer der
Banausen, in Frankreich zunächst als Zielscheibe kulturphi-
losophischer Vorurteile. Der Tod des gealterten und gereif-
ten Helden ist die Apotheose des Romangeschehens; zum
letzten Mal erklingt das Leitmotiv des europäischen Schick-
salsstroms, des Rheins.

Als Autor erzählender Prosa (*Le Bourg régénéré*, 1906; *Les
Copains*, 1913; *Psyché*, 1922–29) verändert **Jules Romains**
(1885–1972) den Diskurs des Zyklenromans mit *Les Hommes de bonne volonté* (27 Bde., 1932–46) entschiedener als
alle Zeitgenossen. Er verbindet das Vorher und Nachher pro-
zeßhafter Abläufe mit dem zeitlichen Nebeneinander einer
universalen Simultaneität von Ereignissen, die die Existenz
eines kollektiven Subjekts darstellbar macht. Im Unterschied

zum Bildungsroman, der die Situationen der erzählten Welt auf ein Einzelschicksal zentriert, handelt Romains' Großroman vom Walten einer Gruppenseele, die alle Elemente einer Gesellschaft, »un vaste ensemble humain«, bewegt. So wird der unverwechselbare Großstadtrhythmus aufgerufen, die Lebens- und Arbeitswelt von Arbeitern, Schülern, Schauspielern, Intellektuellen und Kaufleuten. Etwa 600 Personen treten episodisch auf. Am Beginn steht die Kriegsgefahr von 1908 auf dem Balkan, am Ende das Jahr 1933, als sich die unaufhaltsame europäische Katastrophe abzeichnet.

Georges Duhamels (1884–1966) *Essai sur le roman* (1925) schließt an naturalistische Positionen an, seine Narrativik nur bedingt. Der Episodenroman *Vie et Aventures de Salavin* (6 Bde., 1920–32) erzählt vom wiederholten Scheitern eines Individuums, seine Isolierung zu überwinden; dabei wird in der Darstellung der Umwelt als Projektion von Berührungsangst, Melancholie, Askese und Nächstenliebe die Idee der Seelenlandschaft von Rousseau bis Balzac noch eindeutiger gefaßt. *La Chronique des Pasquier* (10 Bde., 1933–41) signalisiert schon im Titel narratives Ausleuchten eines breiten genealogischen Feldes, das sich historisch über den Zeitraum von 1890 bis 1920 erstreckt.

Roger Martin du Gard (1881–1958) konzentriert sich auf zeitgeschichtliche Konflikte: *Jean Barois* (1913), dessen Veröffentlichung Gide bei Gallimard durchgesetzt hat, handelt von der religiösen Emanzipation des Titelhelden und dem Verhältnis des Agnostizismus zum Antisemitismus im Umfeld der Dreyfus-Affäre; *Le Lieutenant-colonel de Maumort* (1941–58, ED 1983) bezieht die Marokkokrise bis zur Résistance ein. Das spätere Werk, der Zyklus *Les Thibault* (9 Bde., 1922–40), gewinnt seine Dramatik aus dem Geschichtsideologem der »deux France«, ausgewiesen als Antagonismus der Katholiken und Reformierten in den Familien Thibault und Fontanin. Romanzeit sind die Jahre vor 1914. Die ungleichen Brüder Jacques und Antoine Thibault reagieren unterschiedlich auf die väterliche Autorität und

den Sittencodex ihrer Kreise: Jacques, der Homosexualität
mit einem Fontanin verdächtigt und seitdem gesellschaftlich
marginalisiert, wird Schriftsteller und Pazifist, Antoine
Arzt. Die Dramatik verwandelt sich in den letzten Teilen,
L'Été 1914 (1936) und *Épilogue* (1940), in Tragik. Jacques
und Antoine werden nach Gesetzmäßigkeiten der Tragödie
Opfer des Krieges, der eine als angeblicher Spion, der andere nach einer Verwundung durch Giftgas.

Seit der Befreiung von Paris 1944 verklagen Erzähler
(und später Filmemacher wie Louis Malle) Kollaboration
und stillschweigende Anpassung der Mehrheit der Nation
an das zurückliegende vierjährige Besatzungsregime. Die
Gefährdung der nationalen Würde durch den Indochina-
und Algerienkrieg sowie die Auseinandersetzung um die
Mairevolte 1968 liefern weitere Gegenstände.

Beispielhafte thematische Breite zeichnet das Werk von
Jean-Louis Curtis (1917–95) aus; mit dessen linken Positionen kontrastiert der Gesellschaftsroman von **Roger Nimier**
(1925–62), **Félicien Marceau** (*1913) oder **Jacques Laurent**
(*1919).

En avant, calme et droit (1987) von **François Nourissier**
(*1927) ist in Räume der großbürgerlichen Selbstdarstellung, in ihre Reitställe und Rennbahnen verlegt und hier
nach pikareskem Muster auf eine Figur von unbedeutendem
Status und Format ausgerichtet: Hector Vachaud war 1940
und bleibt nach 1944 Reitlehrer; sein angelesener Nationalismus bewahrt ihn paradoxerweise bei Kriegsausbruch vor
patriotischer Stellungnahme. **Max Gallos** (*1932) *Les Rois
sans visage* (1993) ist der Roman einer Generation, die sich
für Vichy oder in der Résistance engagiert, sich 1944 wech-
selseitig aus Schwierigkeiten befreit und nach eher opportu-
nistischen Gesichtspunkten in der Vierten Republik der
Rechten oder Linken anschließt.

Lit.: H. Gmelin, Der frz. Zyklusroman, 1959; M. Touret (Hrsg.), La
guerre et la paix dans les lettres françaises, 1983; Ph. Burrin, La France

à l'heure allemande, 1993; E. Reichel / H. Thoma (Hrsg.), Zeitgeschichte u. Roman im Entre-deux-guerres, 1993; G. Loiseaux, La littérature de la défaite et de la collaboration, 1995; F. de Martinoir, La littérature occupée, 1995.

Autorinnen

Die Diskussion um Merkmale weiblicher Diskurse, seien sie feministisch militant oder nicht, hat bisher keine abstrahierbaren Ergebnisse gebracht. Jedoch belegen nicht erst die Erfolgsromane der Colette oder Sagan, daß schreibende Frauen häufig Sachverhalte thematisieren, die nur sie aus eigener Anschauung kennen. Die romantische Ausdrucksästhetik bleibt hier aktuell.

Das umfangreiche Werk der **Sidonie-Gabrielle Colette** (1873–1954), einer Kultfigur der Dritten und Vierten Republik, wird 1900 durch die *Claudine*-Serie eröffnet, in der – mit stark autobiographischem Bezug – das Leben der Titelheldin – in der Schule, in Paris, in der Ehe, in der Flucht aus der Bindung – erwartungsgemäß erzählt wird. Colette lebte zum Teil von Einkünften als Revuetänzerin und Schauspielerin und publiziert in rascher Folge Liebes- und Tierromane (darunter *La Vagabonde*, 1910; *La Paix chez les bêtes*, 1916; *Mitsou*, 1919; *Chéri*, 1920; *Le Blé en herbe*, 1922). Das zeitgenössische Publikum feiert die »prose féminine« dieser Texte als Ereignis und versteht die Lebensentwürfe als endgültige Absage sowohl an Rousseaus Erziehungsideal als auch an eine Emanzipation à la George Sand. Das Thema pubertärer Spannungen fügt sich in Colettes Abwandlung des Entwicklungsromans ein, es schließt alle Sinnlichkeit in der Kinderliebe sowie in lesbischen und heterosexuellen Beziehungen an das Prinzip Freizügigkeit an.

Lit.: Ph. Stewart, C., 1996; F. Gontier / C. Fernande, C., 1997; J. Lecarme / M. Mercier (Hrsg.), La grande C., 1998.

Keine Autorin hat der Frau des 20. Jh.s nachdrücklicher eine intellektuell begründete, durch die entsprechende Berufswahl mögliche und dabei ehekritische Emanzipation empfohlen als **Simone de Beauvoir** (1908–86). Als die selbstentworfene Legende von der freien Liebe, die das Paar Beauvoir und Sartre ohne bürgerliche Rituale verbinden sollte, in die Brüche ging, weigert sich die Gemeinde lange, dies zur Kenntnis zu nehmen. Die philosophische Erzählerin Simone de Beauvoir denunziert in *Le Deuxième Sexe* (1949) die Deklassierung der Frau als Gewaltakt des Patriarchats und setzt mit dem Satz, daß ein weibliches Wesen nicht als Frau geboren, sondern zur Frau geformt werde, eine weltweite Diskussion in Gang. Als Erzählerin, die Sartres Prinzipien »essentiell« und »inessentiell« fiktionalisiert, erringt sie weniger Aufmerksamkeit. In der Reihe ihrer Romane (u. a. *L'Invitée*, 1943; *Le Sang des autres*, 1944; *Tous les hommes sont mortels*, 1946) fällt *Les Mandarins* (1954, Prix Goncourt) als Schlüsselroman der Existentialistenszene im Nachkriegsfrankreich auf.

In *L'Invitée* provoziert die Entfaltung des Selbstbewußtseins der Protagonistin ein tödliches Eifersuchtsdrama im Hause ihrer Gastgeber. Die existentialistische Prämisse, daß die Lebenspraxis von keiner Metaphysik abzuleiten sei, vielmehr in der Situation, in der das Subjekt zwischen Alternativen zu wählen hat, eigenverantwortlich realisiert werden muß, läßt sich eher diskursiv als dramatisch oder narrativ bewältigen. Simone de Beauvoirs spätere Konzentration auf den Essay und die Autobiographie ist ein Indiz für die Grenzen des anthropologischen Romans.

Lit.: F. Rétif, B., 1998.

Beauvoir und Sartre, Triolet und Aragon, Vilmorin und Malraux – über die Rolle der Lebensgefährtin honoriert und relativiert die Literaturgeschichte die Leistung solcher Autorinnen nur zu oft. Seit Malraux in den dreißiger Jahren

Louise de Vilmorin (1902–69) zum Schreiben angeregt hat, nimmt er auch Einfluß auf den Tenor ihrer Liebesromane, die an Maupassant erinnern (*Madame de*, 1951; *La Lettre dans un taxi*, 1958). Als die gebürtige Russin **Elsa Triolet** (1896–1970) 1938 ihren ersten frz. Roman, *Bonsoir Thérèse*, veröffentlicht, hat sie, seit ihrer Begegnung mit Aragon 1928, bereits Einfluß auf dessen romanästhetische Orientierung der ersten Bände des Zyklus *Le Monde réel* genommen. Die Organisation einer gemeinsamen Werkausgabe als *Œuvres romanesques croisées* in 42 Bänden (1964–74) setzt dem sozialistischen Realismus wie der Avantgardediskussion ein einzigartiges Zeugnis. In einem Roman mit dem beziehungsreichen Titel *Le Monument* (1947) schildert Elsa Triolet die Lähmung künstlerischen Schaffens durch stalinistische Diktate.

Nathalie Sarraute (1902–99), gebürtige Russin wie Elsa Triolet, publiziert seit 1939 frz. verfaßte Texte. In *Tropismes* (1939) beschreibt sie minutiös seelische Vorgänge, die nach den Gesetzen von Anziehung und Abstoßung verlaufen. Sartre klassifiziert *Portrait d'un inconnu* (1948) als Parodie des Enthüllungsromans (da die Person, die einen Vater und dessen Tochter bespitzeln soll, als Detektiv methodisch versagt) und zugleich als unvergleichliche Thematisierung der Nichtauthentizität. Die Autorin reflektiert das narratologische Problem, ob der Erzähler innerhalb oder jenseits des Fiktionsrahmens zu den aufgerufenen Figurenperspektiven seine Position einnimmt. In *Martereau* (1953) wird der Optimismus aufgehoben, mit dem die Ich-Form seit dem frühen 18. Jh. ihre Verläßlichkeit begründet. Tatsächliches, Verborgenes und Entlarvtes signalisieren nicht mehr Phasen im herkömmlichen Spannungsfeld von Irrtum und Aufdeckung. Die Lektüre von *Le Planétarium* (1959) ist dadurch erschwert, daß die Handlung nur durch die Bewußtseinsperspektive der beteiligten Personen greifbar wird und die Figuren selber, namentlich der junge Wissenschaftler, der sich um

die Gunst einer berühmten Autorin bemüht, sich aus der
Distanz sehen und von eingebildeter Fremdcharakteristik
abhängen. *Fruits d'or* (1963), eine abstrakte Satire auf den
Literaturbetrieb und die Konfusion der Meinungsbildung,
praktiziert die Sinnentleerung von Rede und Gegenrede, wie
auch die späteren Texte *Entre la vie et la mort* (1968), *»disent
les imbéciles«* (1976) und *L'Usage de la parole* (1980). Jede
Nutzung der Sprache, die Welt als erkennbar und auslegbar
voraussetzt und die über ein argumentativ feines Syntagma
Kohärenz auch im Sachverhalt fingiert, erklären solche Texte
für abgeschrieben. Andererseits unterwerfen sich Sprecher
dem Gesetz »il n'existe pas d'idée sans maître« (*»disent les
imbéciles«*). Darin erfüllt sich freilich nicht Sprachlogik, sondern gruppendynamisch inszenierter Psychoterror.

Werkausg.: J.-Y. Tadié, 1996.
Lit.: F. Asso, S., une écriture de l'effraction, 1995; R. Boue, S., 1997.

Marguerite Yourcenar (1903–87) wird 1980 als erste Frau
in die Académie française gewählt. Ihren Episodenroman
Denier du rêve (1934) hat Marcel Arland in der *NRF* noch
verlegen als »livre d'une femme de goût« präsentiert, wie
überhaupt die Kritik erst seit den *Mémoires d'Hadrien*
(1951), einem Geschichtsroman, dem Werk mehr Aufmerksamkeit schenkt. Die fiktiven Memoiren des Kaisers sind
zur Belehrung des jungen Marc Aurel bestimmt; Hadrian
ahnt Gefahren, die dem Imperium durch den Verlust urba-
ner Mentalität drohen. Das humanistische Prinzip, pragmatisch verstanden, ist auch Thema ihres zweiten Geschichts-
romans *L'Œuvre au noir* (1968), der im 16. Jh. spielt. *Un
homme obscur* (1982) variiert den pikaresken Roman, indem er die Nichtigkeit von Weltreisen zeigt. 1976 verfilmt
Volker Schlöndorff *Le Coup de grâce* (1939).

Ausg.: Œuvres romanesques, 1982.
Lit.: F. Bonali-Fiquet, Réception de l'œuvre de Y., bibl. 1922–1994,
1994; P. Hörmann, La biogr. comme genre littéraire, 1996; A. M. de Me-
deiros, Les visages de l'autre, 1996; C. van Woerkum (Hrsg.), Y., 1998.

Marguerite Duras (1914–96) hat mit ihren Drehbüchern (*Hiroshima mon amour*, 1959; *India Song*, 1973; *L'Amant du Nord de la Chine*, 1991) international mehr Aufsehen erregt als mit ihren Romanen. Typisch ist in ihren Werken das Problem der Identitätssuche zwischen Warten und Begegnung, wobei die Romansprache von filmischen Sequenztechniken, der Ästhetik des Standbildes, lebt und eine versetzte Romanpsychologie ausdrückt, insbesondere in *Les Petits Chevaux de Tarquinia* (1953), *Moderato cantabile* (1958), *Le Ravissement de Lol V. Stein* (1964) oder *L'Amante anglaise* (1967). Für *L'Amant* (1984), eine autobiographische Enthüllungsgeschichte, erhält sie den Prix Goncourt.

Zur provozierenden Bekenntnisliteratur werden die Romane **Violette Leducs** (1907–72) gezählt. Sie selbst ist ihre eigene Protagonistin, notiert Simone de Beauvoir in der Vorrede zu *La Bâtarde* (1964). Gemeint ist damit ihre Auseinandersetzung mit der Ablehnung durch die Mutter, mit ihren Schuldkomplexen und lesbischen Neigungen. Sie reflektiert über das faszinierende Weltbild Genets und über die Schwierigkeit zu leben.

Außergewöhnliche Verkaufserfolge erzielt **Suzanne Prou** (1920–95) mit *Les Patapheris* (1966) und *La Terrasse des Bernardini* (1973). Die stereotype Themenkombination von anachronistisch gewordener provinzbürgerlicher Existenz, ihrer Krise während des Krieges und die Demonstration der Unmenschlichkeit des Antisemitismus kommt Publikumserwartungen entgegen, die vom Gesellschaftsroman und von Filmen gestützt werden.

Bestsellerverdächtig sind weiterhin die amüsant geschriebenen Skandalgeschichten aus der Welt der Müßiggänger an der Côte d'Azur von **Françoise Parturier** (1919–95; *Les Hauts de Ramatuelle*, 1983; *Le Sexe des anges*, 1991) und die historischen Mätressengeschichten von **Françoise Chandernagor** (*1945; *L'Allée du roi*, 1981; *Leçons de ténèbres*, 1988–89), **Françoise Giroud** (*1916; *Le Bon Plaisir*, 1982), **Janine Montupet** (*1920; *Judith-Rose*, 1987) oder **Eve de**

Castro (*Les Bâtards du Soleil*, 1987). Sie thematisieren u. a. die Epoche Ludwigs XIV., die in der Narrativik des 19. Jh.s praktisch tabu gewesen ist, und erzählen Affären im republikanischen Präsidentenpalast nach monarchischen Handlungsabläufen.

Einen Skandalerfolg erzielt **Françoise Sagan** (*1935), als sie neunzehnjährig ihren Roman *Bonjour tristesse* veröffentlicht. Kritiker nennen sie – zutreffend – »Mademoiselle Radiguet« oder vergleichen sie mit Colettes unmoralischen Chéri-Geschichten. Unbestritten ist von Anfang an die erzählerische Geschlossenheit ihrer Kurzromane. Den Erfolg ihres Erstlings kann sie jedoch bei aller thematischen und kompositorischen Kohärenz mit ihren späteren Romanen (*Un certain sourire*, 1956; *Dans un mois, dans un an*, 1967; *Aimez-vous Brahms*, 1959; *Les Merveilleux Nuages*, 1960; *Des bleus à l'âme*, 1972; *Le Chien couchant*, 1980; *Les Faux-Fuyants*, 1991; *Le Miroir égaré*, 1996) nicht wiederholen.

Spezifisch für ihr Werk ist die Verbindung von banalem Konflikt mit banalen Charakteren und banaler Diktion. Ihre Figuren genießen meist materielle Unbeschwertheit. In *Bonjour tristesse* agiert die siebzehnjährige Cécile als perfekte »dame d'intrigue« gegen die Pläne ihres Vaters, sich mit Anne, die in der Haute Couture arbeitet, zu verheiraten. Der Überdruß, an dem sie leidet, ist kein romantischer Weltschmerz oder Baudelaires Spleen, vielmehr eine unterdrückte Impertinenz, die gefährliche Unlust zur Folge hat.

Die Liebesgeschichten jüngerer Autorinnen sind weit freizügiger (Dominique Aury, Elisabeth Barillé, Ysabelle Lacamp, Cécile Philippe), heftiger (Benoîte Groult, Dorothée Blanck, Chantal Attané, Alina Reyes, Sylvie Germain, Odile Perrard, Catherine Cusset, Jacqueline Harpman) oder mythischer (Federika Fenollabate, Pierrette Fleutiaux). Neun von zehn erotischen Geschichten werden heute von Frauen verfaßt, die meist mit ihrem Namen signieren (immer häufiger auch Kriminalromane).

Die Frage nach einer weiblichen Ästhetik stellt die 1937 in Oran geborene **Hélène Cixous**, Verfasserin einer Thèse über James Joyce, 1976 in den Essays *Le Rire de la Méduse* und *Le Sexe ou la tête*. Sie gründet ihren philosophischen Ansatz auf Einsichten des Poststrukturalismus und der Psychoanalyse, vor allem Lacans. Danach geschieht die Aufarbeitung der Welt primär über syntagmatische Prozesse; Feminismus ist dem Text nicht vorgängig, vielmehr Auswurf der kreativen »écriture féminine«, beispielhaft in serienbildender Farbsymbolik oder der Kunst der Metonymie. Direkt nimmt Cixous den zuletzt von Charles Péguy beklagten Schwund der Gedächtniskultur als feministische Aufgabe an. Sie entdeckt am Nouveau Roman die Besitzergreifung der Welt über den Blick, der, exklusiv gesetzt, andere sinnliche Wahrnehmungen nihiliert. Außer Dramen und zahlreichen Aufsätzen verfaßt Cixous »fictions«, die sie nur zögernd als Romane klassifiziert: *Dedans* (1969, Prix Médicis), *Neutre* (1972), *Tombe* (1973), *Ananké* (1979), *L'Ange au secret* (1991).

Lit.: A. Hughues / K. Ince (Hrsg.), Erotic Fiction, 1996; L. K. Penrod, C., 1996; J. Milligan, The Forgotten Generation, 1997; Ch. Stevens, L'écriture solaire de C., 1999.

Romane von der sündhaften Welt

Nach 1920 bricht ein »âge théologique« in einem Teilbereich der frz. Literatur an; es sucht eigene Antworten auf Fragen, die gleichzeitig der Surrealismus aufwirft. Dabei erfassen die Fiktionen zwar die Realität mit aller motivischen Deutlichkeit, darin eingeschlossen ist aber visionäre Offenheit für das Unsichtbare. Rekurse auf Pascals Jansenismus und Racines Schuldtheologie implizieren Kritik an der kirchlichen Dogmatik, die den Gegensatz von der elenden Existenz ohne Gnade und den unerforschten Gnadenerweisen nicht als Rätsel gelten läßt.

Erstmals im religiösen Roman des 20. Jh.s erscheint das
Thema metaphysischer Schuld im Werk von **Georges Bernanos** (1888–1948). Der Kampf um die Seele des Menschen
wird nicht wie bei Balzac in der Gesellschaft, sondern zwischen Himmel und Hölle ausgetragen und muß psychologisch nicht beglaubigt werden. Die Glaubenskrise der Personen, selbst des Pfarrers Cénabre in *L'Imposture* (1927), ist
dem individuellem Verhalten ursächlich vorangestellt. Wie
Mauriac oder Green orientiert sich Bernanos an Pascals
Pensées. Der Mensch ist demnach ohne die Gnade Gottes
ein Nichts; am Rand der Verzweiflung wird er erlöst.

Zuerst wird die politische Rechte auf Bernanos und die
Melodramatik seiner Titel und Konflikte aufmerksam.
Durch seine scharfe Kritik am Franco-Spanien und an der
Demokratiefeindlichkeit konservativer Katholiken gewinnt
er bald ein anderes Publikum. Zentralgestalt seiner Ro-
mane bleibt der katholische Priester. In *Sous le soleil de
Satan* (1936) ermordet Mouchette den Vater ihres Kindes.
Der Vikar Donissan entdeckt mit dem Spürsinn des großen
Seelsorgers die Verworfenheit des Mädchens, das sich Satan
verschrieben hat, kann sie aber nicht retten und wird selber
als Heiliger von der Versuchung nicht verschont. Es folgen
der Doppelroman *L'Imposture* (1928) und *La Joie* (1929)
sowie das *Journal d'un curé de campagne* (1936). Die
Grundidee von der Gleichgültigkeit als dem Tod der Seele
wird in Bernanos' letztem Roman, *Monsieur Ouine* (1943),
in die Figur eines Intellektuellen verlegt, der die Unverbindlichkeit lehrt und praktiziert, möglicherweise eine Karikatur André Gides.

Marcel Jouhandeau (1888–1979) unterscheidet sich von
Bernanos durch seine politische Position, auch durch den
Umfang seines Opus. Jouhandeau hat 1941 zusammen mit
Drieu la Rochelle und Brasillach am Schriftstellerkongreß in
Weimar teilgenommen (*Journal sous l'Occupation*, 1980;
Voyage secret, 1988); über die »jüdische Gefahr« (*Le Péril
juif*, 1937) denkt und polemisiert er wie Céline. Einzigartig

ist die Verzückung, mit der er von den Schmerzen der Liebe zu beiden Geschlechtern spricht. In der Kurzprosa (Novellen, »récits«, Anekdoten), die von Anfang an neben den großen Romanen (*Monsieur Godeau intime*, 1926; *Monsieur Godeau marié*, 1933) und Essays (*Algèbre des valeurs morales*, 1935; *Essai sur moi-même*, 1947) entsteht und in Sammelbänden (*Prudence Hautechaume*, 1927; *Les Pincengrain*, 1924; *Le Journal du coiffeur*, 1931; *Contes d'enfer*, 1955) publiziert wird, erscheint der fiktive Ort Chaminadour, in Haßliebe gezeichnet, als kleinbürgerlicher Schauplatz böser Mysterienspiele, Geschlechterkämpfe und spontaner Verbrechen. Die *Chroniques maritales* (1938) und sein vielbändiges Tagebuch (*Journaliers*) sowie die postum erschienenen *Écrits secrets* (über die Kollaboration, Don Juan, die Homosexualität) variieren Jouhandeaus Philosophie der Alternanz zwischen Gut und Böse; er setzt, jetzt Nietzsche näher als Pascal, voraus, daß keine Option zu tadeln sei, wenn sie »fröhlichen Herzens« getroffen wird.

François Mauriac (1885–1970) illustriert die Metaphern der gefallenen Welt und der existentiellen Einkerkerung. Seit *Le Baiser au lépreux* (1922) führt er im Stil Balzacs an seinen Personen, die im Unterschied zu denen von Malraux oder Sartre ihre explizierende Vorgeschichte haben, vor, wie sie ihrem Verhängnis hätten entgehen können. Für Thérèse, die Titelheldin der Romane *Thérèse Desqueyroux* (1927) und *La Fin de la nuit* (1935) sowie der Novelle *Thérèse à l'hôtel* (1938), sind dichte Bäume um ihr Haus, strömender Regen, das schwere Portal, das sich bei ihrer Hochzeit in der engen Kirche schließt, Metonymien für »Gefängnis«. Sie erstickt in den vier Wänden der Konventionen, aus denen sie sich durch einen Akt der Gewalttätigkeit zu befreien meint.

Racines Phèdre ist für Mauriac der Prototyp der begehrlichen Sünderin. Er erzählt von den Verbotszonen in der Provinzwelt, in denen die Pharisäerin, die verliebte, mütterliche Frau, der ungeliebte Partner, der Verführer die Grund-

muster bilden. Fehlgeleitete Leidenschaften wie Herrsch-
sucht und Habgier, Gewissenskonflikte, die auf verdrängter
Sexualität beruhen, werden in Mauriacs Texten zugleich dargestellt und richtiggestellt (*La Pharisienne*, 1941; *Le Sagouin*,
1951; *L'Agneau*, 1954; *Un adolescent d'autrefois*, 1969; *Bloc-
Notes 1952–70*, Ausg. J. Lacouture, 5 Bde., 1993).

1940 wird Mauriac vorgeworfen, seine Bücher seien per-
vers und satanisch, er operiere für die völkische Auflösung
und sei prosemitisch. Die Aufnahme seines Werkes in die
Pléiade 1978 weckt ein bemerkenswertes neues Leserinteresse.

Julien Greens (1900–98) erster Roman *Mont-Cinère*
(1926) spiegelt ein düsteres Bild monomanischer Vorstellungen, ebenso *Adrienne Mesurat* (1927), die Geschichte
einer verdrängten Leidenschaft in einem tyrannisch purita-
nischen Familienklima. Der apokalyptische Sadismus in *Lé-
viathan* (1929, Neuausg. 1993) steigert noch die Perversio-
nen des Sittlichen. Weitere Variationen des Themas finden
sich in *Moïra* (1950) und *Chaque homme dans sa nuit*
(1960). Green orientiert sich am angloamerikanischen
Schauerroman: mit den Motiven des einsamen Hauses, der
Vergewaltigung, des unheimlichen Halbdunkels stellt er
kerkerhafte Welten dar, Reflex entsprechender Seelenlandschaften, in denen der Teufel Gottes Gegenspieler ist. Dabei
muß der Leser genau zwischen Figuren- und Autorenblick-
punkt unterscheiden, da in der Divergenz oft die letzte
Aussage über dieses manichäische Weltbild liegt. Dies gilt
für *L'autre* (1971), der vor und nach der deutschen Besetzung in Dänemark spielt, weniger für Greens Südstaatenro-
mane (*Les Pays lointains*, 1987; *Les Étoiles du Sud*, 1989;
Dixie, 1994). 1996 erklärte Green seinen Austritt aus der
Académie française.

Lit.: J.-P. Piriou (Hrsg.), Lectures de G., 1994; Y. Floucaut, G. et J.
Maritain, 1997; C. Terrile, La crise de la volonté ou le romanesque en
question, 1997; W. Matz, G., 1998; J. Touzot, G., 1998.

»Solitaire« – »Solidaire«

André Malraux (1901–76), vor 1944 Kultfigur der Linken und Nietzsche-Verehrer, danach Verkünder des Gaullismus, 1996 im Panthéon beigesetzt, bleibt als Schriftsteller und erster Kulturminister der Fünften Republik umstritten. Er stammt aus einfachen Verhältnissen und hat weder einen Hochschul- noch einen Schulabschluß, als er in den zwanziger Jahren Zugang zu Kunst und Literatur sucht.

In *La Tentation de l'Occident* (1926) leitet er von Nietzsches Mythologem vom Tode Gottes noch vor den Existentialisten einen tragischen, weil absurden Individualismus ab. In *Les Conquérants* (1929) blendet er die chinesische Revolution in Form einer modernisierten Prosa auf, in der er Ich-Erzählung, Tagebuchperspektive, Dialoge und den Diskurs von Agenturmeldungen vermischt, um die Bandbreite des Erzählens vorzuführen. Sein ethischer Imperativ, der alte Kreuzritterideale beschwört, um sie an Nietzsche auszurichten und zu aktualisieren, lautet fortan: »Diriger. Déterminer. Contraindre. La vie est là.« Seine Figuren treten aus jedem Schatten heraus, den die lähmenden Verhältnisse werfen, um als Retter einzugreifen oder tragisch unterzugehen. Diese Auszeichnung des Engagements bleibt Thema in *La Voie royale* (1930), *La Condition humaine* (1933) und *L'Espoir* (1937). Angesichts des sicheren Todes philosophiert Kyo in *La Condition humaine* über das politische Engagement und das Schicksal:

> Er durfte sich rühmen, gekämpft zu haben für das, was in seinem Zeitalter mit dem bedeutendsten Sinn, mit der herrlichsten Hoffnung befrachtet gewesen war: Er starb inmitten derer, mit denen er hätte leben wollen; er starb, weil er gleich allen hier liegenden Männern seinem Leben einen frohen Sinn hatte geben wollen. Was wäre auch ein Leben wert gewesen, für das man nicht bereitwillig in den Tod gegangen wäre? Es ist leicht, zu sterben, wenn man im Sterben nicht allein ist. Ein Tod, gesättigt von dieser zitternden brüderlichen Litanei, umhegt von

dieser Gemeinschaft der Besiegten, in denen Tausende einst ihre
Märtyrer erkennen werden, von dieser blutigen Legende, aus der
die goldenen Legenden der Zukunft hervorgehen werden!

> So lebt der Mensch. La Condition humaine, übers. von
> Ferdinand Hardekopf, München: dtv, 1991, S. 272.

Die Verkünder des sozialistischen Realismus sehen sich in
ihrer ablehnenden Haltung bestätigt, als Malraux als Dele-
gierter beim Sowjetischen Schriftstellerkongreß 1934 in
Moskau in seiner ersten öffentlichen Rede den Marxismus
als »conscience du social« und die Kultur als »conscience
du psychologique« bezeichnet. Nach seinem Aufenthalt in
Madrid im Sommer 1936 kündigt er an, daß er über den
Ausbruch der ersten Revolution, die er selbst erlebte,
schreiben werde. Da sein Engagement für die spanischen
Republikaner, vor allem seine Organisation einer Flieger-
staffel, in Europa und Amerika bekannt gewesen ist, wird
L'Espoir ebenso wie Hemingways viel gerühmter Spanien-
roman *To Whom the Bell Tells* vorschnell als kommunis-
musfreundliche Autobiographie klassifiziert.

In seiner Kunstphilosophie formuliert Malraux seine Kritik an der bürgerlichen Ästhetik, die nicht die Freiheit gebracht hat und seit der Dreyfus-Affäre einen ausgrenzenden
Nationalismus unterstützt. In *Les Voix du silence* (1951) und
zuletzt in *L'Homme précaire et la littérature* (1977) erläutert
er den Antagonismus von Macht und Tod als Sieg der Kunst
über das Nichts. Revolution, Bürgerkrieg, Résistance und
Staatsgründung bilden positive Konstellationen, an denen
sich in der Ära nach dem Tode Gottes heroische und tragische Lebensgefühle entzünden. Während isoliertes Weltwissen allenfalls die triviale Kontingenz notiert, weist sich
Kunst als Gegenstück des Zufalls und der Absurdität aus.

Werkausg.: P. Brunel, 3 Bde., 1989–96.

Lit.: J.-C. Larrat, M. théoricien de la littérature, 1996; F. de Saint-Ché-
ron, L'esthétique de M., 1996; P. Vandromme, M., 1997; J.-F. Lyotard,
Chambre sourde. L'antiesthétique de M., 1998.

Antoine de Saint-Exupéry (1900–44) wünscht sich nichts mehr, als ein Flieger und Held zu sein, wovon er sich allerdings weder bei Pétain noch de Gaulle Anerkennung verspricht, wie seine erst 1982 publizierten *Écrits de guerre* enthüllen. Es sind wenige Schriftsteller, gerade in Deutschland, so dezidiert inhaltsideologisch und mit ergriffenem Blick auf die Biographie gelesen worden, wie er (*Terre des hommes*, 1939, erscheint noch im selben Jahr in einer eigens genehmigten Übertragung mit dem widersinnigen Titel *Wind, Sand und Sterne*). Seit dem ersten Roman, *Courrier Sud* (1928), legt allerdings auch der Schreibstil eine autobiographisch orientierte Lesart nahe. Die Darstellung der Welt des Piloten mit ihren ritterlichen Idealen impliziert Kritik an einer hochtechnisierten und technokratisch verwalteten Welt. *Vol de nuit* (1931) erzählt die Geschichte eines Nachtfluges, der, wiewohl er katastrophal endet, die Verantwortlichen nicht davon abhält, ein transatlantisches Luftpostnetz einzurichten. Die Zitadelle (*La Citadelle*, ED 1948) wäre der sinnbildliche Ort im idealen Diesseitsstaat, wo der Seelenadel mit sich im Einklang ist.

Thema von *Le Petit Prince*, drei Jahre nach der Flucht Saint-Exupérys nach Amerika 1943 in New York erschienen, der utopischen Erzählung, die gelegentlich mit den »contes philosophiques« der Aufklärung verglichen worden ist, ist die Notwendigkeit von Bindungen, des Untertanen an den König, des gezähmten Fuchses an das Kind, das in einer pathetisch märchenhaften Konstellation sein Herr ist. Saint-Exupérys Kritik am Rationalismus, seine militaristische, dabei apolitische Ethik erregen nach 1945 besonderes Aufsehen und empfehlen ihn aufgrund eines verträglichen »humanistischen« Existentialismus der Schule als Musterautor. An einem Schriftsteller, der »l'Esprit«, »la Fraternité«, »l'Homme«, »l'Humanisme« mit Majuskeln schreibt, läßt sich scheinbar nachweisen, wie gute Literatur aus guten Gefühlen gemacht wird.

Lit.: S. Schiff, S., a Biography, 1997.

Albert Camus (1913–60) ist wie Saint-Exupéry und Sartre vom deutschen Publikum aufmerksam rezipiert worden. Seine Fiktion handelt vom Skandal der restlosen Geschichtlichkeit aller Praxis, diesem fatalen Erklärungsversuch seit Hegel. Geschichte soll, wie in den Dramen (s. S. 396 f.), durch Mythos ersetzt werden. Zu Lebzeiten veröffentlicht er die Romane *L'Étranger* (1942), *La Peste* (1947) und *La Chute* (1956) sowie den Novellenband *L'Exil et le Royaume* (1957); postum erscheinen die *Carnets* (1962) und die gesammelten *Essais* (1965) sowie der Roman *La Mort heureuse* (1971) und das Romanfragment *Le Premier Homme* (1994).

Die Publikation von Camus' frühestem Text *La Mort heureuse* aus dem Nachlaß hat Aufmerksamkeit erregt, da Parallelen zu Konfliktbildungen in *L'Étranger* evident sind. Patrice Mersault mordet, täuscht einen Selbstmord vor, zu dem der kranke Zagreus ohnehin entschlossen war, und bringt das Vermögen des Toten an sich. Der Mörder stirbt schließlich, im Einklang mit der mittelmeerischen Natur, glücklich.

In *L'Étranger* heißt die Hauptfigur nun Meursault, und der Getötete ist ein fremder Araber. Meursault selber fungiert als Erzähler, der nichts reflektiert, konturiert und dem Erzählten damit eine Bedeutung gibt; er sieht die Welt als etwas Gleichgültiges, Fremdes – so, als beträfe sie ihn nicht. Deshalb macht ihn auch nicht Rassismus zum Verbrecher, viel eher verlebendigen sich in seinem Horizont Licht und Hitze – die Sonne dröhnt, der Tag ankert in einem Ozean von kochendem Metall – zum Paroxysmus. Und deshalb versucht er vor Gericht auch nicht, seine Tat durch Heuchelei nachträglich in einem anderen Licht erscheinen zu lassen. Er geht gleichgültig in den Tod, erwartet von der Guillotine die Wiedereingliederung in die Harmonie des Kosmos und weist den Priester ab.

> Als er weg war, habe ich meine Ruhe wiedergefunden. Ich war erschöpft und habe mich auf meine Pritsche geworfen. Ich glaube, ich habe geschlafen, denn ich bin mit Sternen über

dem Gesicht wach geworden. Landgeräusche stiegen zu mir
herauf. Gerüche nach Nacht, Erde und Salz erfrischten meine
Schläfen. Der wunderbare Frieden dieses schlafenden Sommers
drang in mich ein wie eine Flut. In dem Moment und an der
Grenze der Nacht haben Sirenen geheult. Sie kündigten Abrei-
sen in eine Welt an, die mir jetzt für immer gleichgültig war.
Zum erstenmal seit sehr langer Zeit habe ich an Mama gedacht.
Mir schien, daß ich verstand, warum sie sich am Ende eines Lebens einen »Bräutigam« zugelegt hatte, warum sie gespielt
hatte, daß sie neu anfinge. Dort, auch dort, rings um dieses Al-
tersheim, in dem Leben erloschen, war der Abend wie eine me-
lancholische Atempause. Dem Tod so nahe, hatte Mama sich
dort befreit gefühlt und bereit, alles noch einmal zu leben.

Der Fremde, übers. von Uli Aumüller, Reinbek
bei Hamburg: Rowohlt, 1994, S. 142 f.

In der Thematik von *La Peste* hat Camus selber ein Fort-
schreiten von der Gleichgültigkeit zur Solidarität gegenüber
dem Unheil gesehen. Dr. Rieux ist zugleich Chronist der
Ereignisse in Oran und helfender Arzt; er appelliert an die
Kraft der »Anständigkeit«. Die Verwendung des Prinzips
»honnêteté« aus dem 17. Jh. meint in diesem Kontext die
ethische Empörung gegen jede Fatalität.

In Camus' Spätwerk *La Chute* legt ein erfolgreicher, wegen seiner Großmut berühmter ehemaliger Rechtsanwalt
mit dem sprechenden Namen Jean-Baptiste Clamence vor
einem namenlosen männlichen Zuhörer, der, wie sich am
Schluß herausstellt, wie er selbst Jurist ist, seine Lebensbeichte ab. Dabei klagt er sich an, um – in einer negativen
Solidarität – den anderen seine Beichte als Spiegel ihres eigenen Lebens vorzuhalten und sich zu jedermanns Richter
zu machen.

Lit.: M. Rath, C. Absurdität u. Revolte, 1984; F. Bartfeld, L'effet tragique. C., 1988; M. Sprissler, C. Konkordanz zu den Romanen u. Erzählungen, 1988; F. Bartfeld, C. voyageur et conférencier, 1996; S. Bronner,
C., 1996; O. Todd, C. une vie, 1996; A.-M. Amiot / J.-F. Mattei (Hrsg.),
C. et la philosophie, 1997; M. Weyembergh, C. ou la mémoire des origines, 1997.

Jean-Paul Sartres (1905–80) Romane und Novellen sowie die sie begleitende Literaturkritik werden in der heftigen Kontroverse um den Rang des Autors beiläufiger behandelt als die philosophischen Schriften und Dramen (s.
S. 392–395). 1938 erscheint *La Nausée*. Im Modus einer Ta-
gebucherzählung artikuliert sich Antoine Roquentin, der
nach der Rückkehr von ausgedehnten Reisen historische
Studien betreibt, über den Sinn der Historiographie, über
das beklemmende Gefühl der Existenz, vor allem über den
Ekel, den er zuerst bei der Berührung bestimmter Dinge,
schließlich vor aller Körperlichkeit empfindet und der für
ihn zum Medium radikaler Existenzerfahrung wird. Roquentin stellt fest, daß die bürgerliche Welt zu ihrer perfek-
ten Funktion des anderen bedarf, während er allein lebt.
Unter dieser Voraussetzung hofft er, authentisch, d. h. re-
flektierend zu existieren. Die Wirkung eines Songs (»Some
of These Days«) zeigt ihm, daß die Rettung vor der Existenz
nur in der Kunst als dem Nicht-Dinglichen (»au-delà«) liegt.

Einzelne Texte der Novellensammlung *Le Mur* (1939)
können auf das Sartresche Freiheitsdilemma bezogen gedeutet werden. In *L'Enfance d'un chef*, Variation eines Bildungsromans, wird gestaltet, wie der Sohn eines Unterneh-
mers sich in wachsender Unfreiheit und Fremdbestimmung
zum Chef entwickelt.

1945–49 veröffentlicht Sartre die ersten drei Bände der Te-
tralogie *Les Chemins de la liberté*, die schließlich unvollendet bleibt (Teildruck des geplanten vierten Bandes 1949). Der
erste Band, *L'Âge de raison*, handelt von einem Pariser Intellektuellen, der sich aus einer problematischen Beziehung befreit; im zweiten Band, *Le Sursis*, werden sieben Tage höchster Kriegsgefahr vor dem Münchner Abkommen multiperspektivisch aus der Sicht sehr unterschiedlicher Menschen
geschildert; der dritte Band, *La Mort dans l'Âme*, beleuchtet
die Niederlage Frankreichs im Jahre 1940. Die Unmöglichkeit einer politisch definierten Einschätzung der Résistance
macht das Zuendeerzählen unmöglich; die Fiktion bricht

danach ab. Um die Beschränkungen des Erzählers aufzuheben und die Gleichzeitigkeit räumlich disparater Ereignisse darzustellen, bedient sich Sartre einer Simultantechnik in Anlehnung an Jules Romains und John Dos Passos.

Künftig stellt sich Sartre politisch wirksame Literatur nur noch auf der Bühne vor. Allerdings bezweifelt er in dem autobiographischen Text *Les Mots* (1964) die Verbesserung der Existenzbedingungen durch das Schreiben; die Feder bleibe ein stumpfer Degen. 1983 und 1995 erschienen postum die *Carnets de la drôle de guerre*, Aufzeichnungen während des ereignislosen Wartens an der Front im Elsaß 1939, eine Mischung von anekdotischem Tagebuch, Literaturkritik und philosophischen Reflexionen über die Einsamkeit und Freiheit. Zahlreiche Passagen erhellen Sartres Heidegger-Rezeption und seine Neukonzeption der Existenz als Summe eingelöster Projekte.

Lit.: D. Hollier, Politique de la prose. S. et l'an 40, 1982; C. Burgelin, *Les Mots* de S., 1994; J.-F. Louette, S., 1994; M. Contat (Hrsg.), Pourquoi et comment S. a écrit *Les Mots*, 1996; A. Renaut, S., le dernier philosophe, 1994; F. Noudelmann, S. u. die Kunst, 1996; Th. R. Flynn, S., Foucault and Historical Reason, 1997; Ph. Lejeune, Les brouillons de soi, 1998; B.-H. Lévy, Le siècle de S., 1999.

Vercors (d. i. Jean Bruller, 1901–91) ruft mit seinem Kurzroman *Le Silence de la mer* (1942) widersprüchliche Reaktionen hervor. Im Exil wird der Roman als riskant politischer Ausgleich von Résistance und Kollaboration gelesen, während Leser im besetzten Frankreich, wie Sartre, das spannungsreiche Verhältnis zwischen dem kultivierten preußischen Offizier und dem frz. Handwerker und seiner jungen Nichte, die dem Einquartierten mit absolutem Schweigen gegenübertreten, auf bekannte Handlungsmuster in Maupassants Novellen über die deutsche Besetzung von 1870 beziehen und es als Demonstration frz. Selbstbewußtseins schätzen.

Romain Gary (1914–80), zeitweilig frz. Konsul in Los Angeles, erfolgreich mit Filmvorlagen und Kolportageromanen über die Großwildjagd (*Les Racines du ciel*, 1956, Prix Goncourt), 1974–81 auch unter dem Pseudonym Émile Ajar (*La Vie devant soi*, 1975, Prix Goncourt), thematisiert die Résistance in Polen und Frankreich als militärisches Draufgängertum (*Éducation européenne*, 1945; *La Promesse de l'aube*, 1960; *Les Cerfs-volants*, 1980). Fragen der Erzählbarkeit von Zeitgeschichte stellen sich hier nicht.

Vitalismus, Jugendkult und Vatersuche

Die schrittweise Aktualisierung des seit 1789 revolutionär besetzten Gegensatzes von alt und jung führt über die Kritik an der Doppelmoral der alten Gesellschaft und die Bewunderung für gemeinschaftszentrierte Energien bei Anhängern der Action française und Kollaborateuren zur Faszination durch das Dritte Reich als der »neuen Zeit«. In der zeitgenössischen Literatur besetzen Kinder und Jugendliche in zahlreichen Romanen pathoshaltige Frageinstanzen, wobei nun 1940 ein Schicksalsjahr bildet. Die Serie dieser Romane profitiert vom Erfolg zweier Texte Alain-Fourniers und Radiguets.

Henri Alain-Fournier (1886–1914) erzählt in *Le Grand Meaulnes* (1913) die Geschichte einer Jugendkameradschaft und -liebe. Der Protagonist, der den Verlust der Kindheit als Verlust des menschlichen Paradieses erleidet, flieht aus der unerträglichen Gegenwart, um in einer Welt zwischen Traum und Wirklichkeit einem unerreichbaren Glück nachzujagen. Was in der Exposition auf den Handlungsrahmen des Schulromans – der seit der Jahrhundertwende in Dutzenden von Texten, z. B. Colettes, variiert wird – hin ausgelegt ist, mythisiert in der weiteren Aktion die Schwelle zur Adoleszenz. Seine Mitschüler ahnen, daß Augustin Meaulnes ihnen Prinzipielles verschweigt und stoßen ihn aus. Während sie darin die Mentalität von Erwachsenen offenbaren, brechen Meaulnes und Gleichgesinnte in ein utopisches Reich auf, in dem der Protagonist die Erfüllung seiner Liebe findet, sie aber bald wieder preisgibt. Die Ehe mit Yvonne erscheint als Bestandteil der negativ besetzten, seßhaften Welt, die den Jugendlichen seelisch enteignet.

Das Bild von der Kinderwelt und der verlorenen Generation, das **Valery Larbaud** (1881–1957) entwirft, ist nicht minder klagend (*Fermina Marquez*, 1911; *Enfantines*, 1918; *Amants, heureux amants*, 1924). *Fermina Marquez*, der Roman einer unruhigen Generation, spielt in einem internationalen Internat in Paris, Ort der Entzauberung der Jugendlichen durch erste Liebeserlebnisse.

Lit.: M. Troulay, Larbaud, bibl. 1897–1935, 1998.

Victor Marguerittes (1866–1942) *La Garçonne* (1922) wird als skandalös empfunden, weil sich eine junge Frau wirtschaftlich und moralisch emanzipiert, während die Geschwisterliebe in **Jean Cocteaus** (1889–1963) *Les Enfants terribles* (1929) die soziale Ordnung nicht zu stören scheint und als wenig spektakulär bei der Kritik durchgeht.

Raymond Radiguet (1903–23) wird von Cocteau in die Pariser Literaturszene eingeführt. Ein unvergleichlicher Großstadtrhythmus, den Paul Morand in *Ouvert la nuit* (1922) als Melodie der »geopferten Generation« der Kinder von Jazz, Kino, Kokain und frivoler Liebe bezeichnet, markiert sein Leben und Werk. In *Le Diable au corps* (1923), sowohl von Patrioten als Pazifisten als amoralische Provokation empfunden, erzählt er aus der Ich-Perspektive eines Gymnasiasten, für den der Kriegsausbruch Ferien und Freiheit bedeutet, von dessen Verhältnis zur Braut eines Frontsoldaten. Marthes Schwangerschaft weckt in dem Sechzehnjährigen keinerlei Verantwortung, er erlebt ohne Erschütterung, daß die junge Frau nach der Geburt stirbt.

Marcel Arland (1899–1986) thematisiert in *L'Ordre* (1929, Prix Goncourt) die Erfahrungen junger Kriegsheim-

kehrer, deren pubertäre Desorientierungen soziale Unruhe
stiften. Erst der Tod des Anarchisten und Schürzenjägers
Gilbert Villars bestätigt die geordnete Welt; das vagabun-
dierende Individuum, bei Colette eine ethische Vorbild-
figur, verkörpert hier die Vergeudung von Talenten.

Eine neue Generation, für die Sport eine mystische Rolle
spielt, vertritt **Pierre Drieu la Rochelle** (1893–1945), der sich
politisch von der Linken zur Action française bewegt und
im nationalsozialistischen Deutschland als »Faschist der
Poesie« gerühmt wird. Die Darstellung des Willens zur
Freiheit aus der Sicht dieser weltläufigen Jugend setzt eine
literarische Reihe fort, die mit Barrès (*L'Homme libre*,
1889) und Gide (*Les Nourritures terrestres*, 1897) eingesetzt
hat. *L'Homme couvert de femmes* (1926) ist ein autobiographisch gefärbter, stark gesellschaftskritischer Roman. Wiederholt stellt Drieu la Rochelle dem »gesellschaftlichen«
den »natürlichen« Menschen gegenüber. In den Romanen
seit *Blèche* (1928) reduziert sich der essayistische Diskurs,
nicht jedoch die moralistische Idee (*Le Feu follet*, 1931;
Drôle de voyage, 1933). Die ideelle Nähe der Moralistik zur
Satire fördert die Entwicklung vom Kurzroman oder von
den Liebesnovellen im *Journal d'un homme trompé* (1934)
zum Gesellschaftsroman mit komplexer Konfliktstruktur
und erweitertem Personal: so in *Rêveuse bourgeoisie* (1937)
und der zweiten Fassung von *Gilles* (1942). In der Vorrede
zu diesem wichtigsten Roman klassifiziert der Autor die
Narrativik nach »roman mineur et univoque« und »roman
majeur et polyphone«. Der gestörte Lebensentwurf des
neurotischen Titelhelden, der an der allgegenwärtigen Steri-
lität leidet, findet durch das Kriegserlebnis an der spanischen Front seine heroische Erlösung.

Fixiert auf einen ästhetisch und erotisch begründeten Jugendkult, bewundert **Robert Brasillach** (1909–45) wie
Drieu la Rochelle das Dritte Reich, wo seiner Auffassung
nach die Jugend die Macht ergriffen hat. Brasillach besetzt
seit den dreißiger Jahren in seinen Romanen zeittypische

Fragen mit sinnbildlichen Frauengestalten, zuletzt in *La Conquérante* (1942) und *Six heures à perdre* (1944).

Der Nietzsche-Bewunderer **Henry de Montherlant** (1896–1972) äußert in Notizen aus der Besatzungszeit die Befürchtung, daß Frankreich den neuen Vollmenschen nicht verkrafte und ihn als Bürgerschreck verfolgen werde. Seit *La Relève du matin* (1920) und *Les Olympiques* (1922) thematisiert er das Lebensgefühl von Soldaten und Sportlern, deren rauschhaftem Lebenswillen eine am Übermenschentum orientierte Icherfahrung zugrunde liegt. *Les Bestiaires* (1926), der erste durchkomponierte Roman, bildet zusammen mit *Le Songe* (1920) und *Les Garçons* (1969) eine Trilogie, die Konflikte zwischen Schülern und schlechten Erziehern ausbreitet. Der Entwurf einer Theorie der »alternance«, Synonym für Risiko und Glücksfall, verhilft den Figuren in *Les Bestiaires* zu einem ekstatischen Leben. Der Stierkämpfer richtet sich hier in einer zivilisationsfeindlichen, in ihren eigenen Mut verliebten Männerwelt ein, die noch neopaganistischer Gegenentwurf ist; dagegen agieren lebensuntüchtige Sonderlinge in *Les Célibataires* (1934), einer Satire auf Elitebewußtsein und Misogynie. Kennzeichnend bleibt, daß der Moralist den Erzähler führt, der in *Les Jeunes Filles* (1936), *Le Chaos et la Nuit* (1963) und *Un assassin est mon maître* (1971) die Varietäten eines zugleich emphatischen und epigrammatischen Diskurses erprobt.

Seit den siebziger Jahren entwickeln Romanciers wie Ajar (alias Romain Gary), Lainé, Modiano, Queffélec und Orsenna teils archaische Facetten des Jugendthemas weiter; Versuche und Distanz zur Mutter, die kein Leitbild ist, fallen besonders auf, bei Pascal Lainé die Konfrontation von Arbeitswelten junger Frauen (*La Semaine anglaise*, 1994).

Patrick Modiano (*1945) setzt sich im Drehbuch zu Louis Malles *Lacombe Lucien* (1974), dem ersten Film, der die Résistancelegenden aushöhlt, und wiederholt in Romanen (*La Place de l'Étoile*, 1968; *Les Boulevards de ceinture*, 1972; *Rue des boutiques obscures*, 1978; *Une jeunesse*, 1981;

Remise de peine, 1987; *Fleurs de ruine*, 1991) mit der Lebenssituation seit 1940 und der bisher nicht restlos überprüften Aktivität im Untergrund auseinander. Er löst die kohärente Fabel auf und baut kaleidoskopartig Rätselstrukturen auf, in denen die Generation der Söhne sich auf die Suche begibt, mögliche Untaten der Väter rekonstruiert oder sich selbst eine Vorgeschichte zusammenphantasiert.

Michel Déon (*1919), **François-Marie Banier** (*1947) oder **Marc Lambron** (*1957; *La Nuit des masques*, 1990) variieren Nostalgie und Trauma oder illustrieren den Glücksfall, daß das Leben ein Roman und ein Fest sein kann. **Claude Brami** (*1948; *Le Garçon sur la colline*, 1981; *Parfum des étés perdus*, 1990) setzt das Heranwachsen der Helden in seiner Heimat Nordafrika mit der Initiation in erotische Freuden gleich. Diese Romanciers orientieren sich am Entwicklungsroman. **Philippe Labro** (*1936) bindet das Erzählmuster an die Weltsicht von Studenten (*L'Étudiant étranger*, 1986; *Un été dans l'ouest*, 1988) oder eines Kindes (*Le Petit Garçon*, 1990), aus dessen begrenztem Horizont die Ereignisse der vierziger Jahre im Südwesten und in Paris Gestalt annehmen.

Der neue Sozialroman

In der Nachfolge der Werke der Goncourts, Zolas und Vallès' thematisiert im 20. Jh. eine Reihe von Romanen, die von Octave Mirbeaus *Journal d'une femme de chambre* (1900) bis zu Pierre Combescots *Les Filles du Calvaire* (1991, Prix Goncourt) reicht, das wirtschaftliche und geistige Milieu bescheidener Existenzen. Bilder eines ereignisarmen Lebens (in Charles-Louis Philippes *Charles Blanchard*, 1910) oder der Pariser Subkultur (in Pierre MacOrlans *Le Quai des brumes*, 1927) prägen sich über die naturalistische Beglaubigung ein.

Henri Barbusse (1873–1935) entwickelt mit *Le Feu* (1917, Prix Goncourt) den Kriegsroman weiter, für den Zola mit

La Débâcle das Modell lieferte. In einem fiktiven Kriegstagebuch schildert er das unheroische Lebensgefühl im Schüt-
zengraben und schließt mit einem Appell zum Weltfrieden.
Weniger utopisch ist der vergleichbare Episodenroman *Les
Croix de bois* (1919) von **Roland Dorgelès** (1886–1937).
Stärker nationalistisch, an Barrès orientiert, klingt das Pro-
saepos *Les Poilus* (1926) von **Joseph Delteil** (1894–1978).

Hôtel du Nord (1929) von **Eugène Dabit** (1898–1936)
versetzt den Proletarier in Kämpfe des Zivillebens. Das
schäbige Hotel am Pariser Canal Saint-Martin ist der Schauplatz einer Serie kurzer Episoden zwischen Alkoholismus
und Prostitution.

In den dreißiger Jahren ist im Zeichen des sozialistischen
Realismus eine Bestimmung des klassenkämpferischen
Schriftstellers fällig. **Henry Poulaille** (1896–1980) folgt dabei dem Konzept Léon Lemonniers (*Manifeste du popu-
lisme*, 1929). Während Dabit mit »Volk« noch einfache
Leute meint, die möbliert wohnen, akzeptiert Poulaille als
»populistisch« nur Texte, die von Proletariern für ihre
Klasse geschrieben werden und so den Zeugnischarakter erreichen, den er bei Vallès lobt (*Nouvel âge littéraire*, 1930).
Zur Geschichte des Anarchisten Magneux (*Le Pain quoti-
dien*, 1934), der wegen eines Arbeitsunfalls seine Familie
nicht mehr ernähren kann, paßt in der Redeweise ein häufiger Plural der kollektiven Erfahrung.

Paul Nizan (1905–40) erzählt in *Antoine Bloyé* (1933) das
Leben des Titelhelden in bourgeoisie- und konfessions-
feindlichen Bildern (landflüchtige Bauernfamilie, Entwurzelung durch Beharren auf unzeitgemäßen Werten).

Louis-Ferdinand Céline (1894–1961) wirkt in den dreißiger Jahren mit antikapitalistischen und extrem antisemiti-
schen Pamphleten meinungsbildend, als Kollaborateur
flieht er mit der Vichyregierung nach Sigmaringen und wird
in Dänemark interniert. Dessenungeachtet werden seine
Romane in die Pléiade aufgenommen, darunter *Voyage au*

bout de la nuit (1932) und *Mort à crédit* (1936), die beide
die etappenreiche, bewegte Geschichte des Lebens bzw.
Schreibens des Protagonisten Ferdinand Bardamu schil-
dern: der erste setzt mit dem Medizinstudium ein, der
zweite holt die triste Kindheit nach. Céline desillusioniert
die Metapher der Lebensreise, indem er die Reise als Vor-
dringen bis zum Inferno erzählt. Das Irrenhaus und die
Kriegsfront markieren Höllenkreise, deren Schrecken ins
Apokalyptische gesteigert ist, indem er, auf Dante anspie-
lend, als Welttheater inszeniert wird. »Les êtres vont d'une
comédie vers une autre«, solange ihnen der Spielplan des
Lebens vorenthalten wird. Im späteren Werk wird das autobiographische Subjekt deutlicher auf seine Erfahrungen mit
der Zeitgeschichte bezogen (*Casse-pipe*, 1952; *D'un château
l'autre*, 1957; *Nord*, 1960; *Rigodon*, 1969; unvollendete *Gui-
gnol*-Trilogie, 1944, 1988).

Lit.: Y. Pagès, C., 1994; Ph. Bonnefis, C., 1997; H. Godard, C. scandale, 1998; G Sapiro, La guerre des écrivains 1940–53, 1999.

Albert Cohen (1895–1981) schafft Vagabundenfiguren
nach Vorbildern bei Maupassant (*Solal*, 1930; *Belle du seigneur*, 1968; *Les Valeureux*, 1969). **Emmanuel Bove** (1898–
1945) stellt Heimatlose und Versager dar (*Mes amis*, 1922,
Übers. Peter Handke; *La Coalition*, 1927; *Le Pressentiment*,
1935; *Aftalion, Alexandre*, 1986). **Robert Antelmes** (1917–
1990) *L'Espèce humaine* (1947, überarbeitet 1957) gehört in
die Klasse der Zeugnisliteratur über die Deportation in
Konzentrationslager.
    Politisches und soziales Elend nimmt breiten Raum in
den Detektivgeschichten und Kriminalromanen ein. Ein
Sonderfall ist die Figur des Kommissar Maigret in den Romanen **Georges Simenons** (1903–89). Sie unterscheidet sich
vom Typus der amerikanischen und spanischen Detektive
bei Chandler oder Vázquez Montalbán durch ihr Ethos.
Maigret ist immer im Dienst, denn die Kriminalität, anthropologisch verstanden, ist permanente Störung. Wenn Mai-

gret die Täter überführt, ist die Aufklärung wichtiger als die Tribunalisierung, die Wiederherstellung der Ordnung wichtiger als das Strafmaß.

Erzählte Geschichte

Die Historie im Zustand der Sage und Legende liefert seit den Anfängen der frz. Literatur Material für Geschichtenerzähler, die das Geschehene auf Distanz halten oder im Gegenteil seine Ent-Fremdung betreiben, um dem Leser die Identifikation zu erleichtern. Dabei geht es inhaltlich – sofern nicht durch die Schilderung der ereignishaften Oberfläche allein das Unterhaltungsbedürfnis befriedigt werden soll – auch um das Herausarbeiten von Wesen und Wirkung der bewegenden geschichtlichen Kräfte.

Louis Aragon (1897–1982) geht davon aus, daß im Geschichtsroman Konflikte entindividualisiert werden müssen, da nicht das Individuum, sondern die soziale Klasse, genauer: der Klassenkampf die Menschheitsgeschichte bewegt (*Pour un réalisme socialiste*, 1935). Sein Eintreten für den sozialistischen Realismus bedeutet daher in erster Linie Abkehr vom Surrealismus, den Aragon ein Jahrzehnt lang verfochten hat, und den Versuch, über den Geschichtsroman eine narrative Tradition für die neue Revolutionsdichtung zu konstruieren.

In dem zehnbändigen Zyklus *Le Monde réel* (1934–51, teilweise umgearbeitet 1967) werden die sterbende Welt des Kapitalismus und die neuen Lebenskräfte des Sozialismus einander gegenübergestellt. In *Les Cloches de Bâle* (1934), dem ersten der Romane, bestimmen drei Frauenfiguren die Grundkonstellation der Erzählung: die »Puppe« Diane, die Bürgerstochter Catherine, die sich aus ihrer sozialethischen Krise rettet, indem sie sich auf intellektuelle Weise den Sozialismus aneignet, und als Person der Historie die politische Kämpferin Clara Zetkin. Mit der Schilderung ihres

Auftritts beim Pazifistenkongreß in Basel 1912, der Fundierung eines neuen militanten Frauenmythos, »beginnt das
neue Lied. Hier endet die Romanze«.

Durchweg strukturieren die Dialektik von bürgerlicher
Korruption und Selbstbefreiung einer jungen Frau oder eines Jugendlichen und deren Identifizierung mit sozialistischen Positionen die Fabeln. Die sinnbildlichen Zusammenhänge des dritten Bandes, *Les Voyageurs de l'impériale*
(1942), sind dem Leser aus dem Naturalismus geläufig. In
Analogie zu Zolas Nana, die 1870 stirbt, als ein wild gewordener Imperialismus in Paris die Losung »Nach Berlin«
ausgibt, fällt der Tod der Zentralfigur in einem Bordellmi-
lieu in das Kriegsjahr 1914. Mercadier, ein Aufsteiger, gehört schließlich zu den Prominenten der Dritten Republik,
die stets auf dem Oberdeck, 1. Klasse, reisen, bis er wegen
seiner krankhaften Egozentrik gesellschaftlich und physisch
zugrunde geht.

Die Atmosphäre des vierten Bandes, *Aurélien* (1944),
wird wiederum von der Großverdienerwelt, nun der Zwi-
schenkriegszeit, bestimmt. Bérénice nimmt Auréliens Werben ernst und verläßt ihren Mann, ein Schritt, den sie bald
bereut. Das Liebespaar findet sich 1940 in der Stunde der
militärischen Niederlage Frankreichs wieder, Bérénice
kommt ums Leben. Anschlußfigur an frühere Konflikte ist
Armand Barbentane aus *Les Beaux Quartiers* (1936), Re-
dakteur der *Humanité*, der als Offizier, während er an die
Front fährt, Zola liest. Die ursprünglich auf fünfzehn Bände
angelegten *Les Communistes*, von denen bis 1951 nur sechs
Teile vollendet werden, haben die literarische Bestätigung
der seit dem Hitler-Stalin-Pakt kompromittierten Partei-
linie zum Gegenstand.

La Semaine sainte (1958) erzählt von der Flucht Ludwigs XVIII. und seines Hofstaats vor dem aus der Verbannung auf Elba zunächst siegreich zurückkehrenden Kaiser
während der Karwoche 1815. Dabei wird der historische
Konflikt aus der Perspektive nicht der Handelnden, son-

dern der von der Geschichte Betroffenen erzählt und kunstvoll Zukünftiges in die Darstellung des Vergangenen verschränkt.

Nicht jeder militante Kommunist hierarchisiert Romansujets. Die Romane des Anglisten **Robert Merle** (*1908) handeln sowohl vom Zweiten Weltkrieg (*Week-end à Zuydcoote*, 1949, Prix Goncourt) als auch von der Vorgeschichte des Mai 68 (*Derrière la vitre*, 1970), vom 16. Jh., das in einer Vatikanserie präsentiert wird (*L'Idole*, 1987), sowie den frz. Religions- und Bürgerkriegen und der Durchsetzung des Absolutismus (Serie *Fortune de France*, 1975–95).

Maurice Druon (*1918) erzählt im siebenteiligen Zyklus *Les Rois maudits* (1955–77) vom Ende des Hauses Capet in einem seit Balzac bekannten, von Monomanien bestimmten Klima. Ebenso hat er den Machtkampf der Sippen in *Les Grandes Familles* (1948) angelegt.

Die Abwehr offizieller Geschichtsbilder ist noch belegt bei **Alain Nadaud** (*1948). Sein ironischer Roman *L'Iconoclaste* (1989) fingiert ein nachgelassenes Werk von Baedeker über Byzanz im Zeitalter des Ikonenstreits im 8. und 9. Jh. Das Werk von **Pierre Gascar** (1916–97) entwickelt sich in den siebziger Jahren zum Porträt und historischen Fresko (*Charles VI*, 1977; *L'Ombre de Robespierre*, 1979; *Les Écrivains de la Révolution*, 1989; *Portraits et souvenirs*, 1991; *La Friche*, 1993).

Seit der Trilogie *Tant que la terre durera* (1947–50) ist moderne russische Geschichte die Domäne von **Henri Troyat** (*1911). Die Abenteuer der zum Teil historischen, zum Teil erfundenen Figuren sollen den Geist einer Epoche erschließen: der Französischen Revolution (*La Femme de David*, 1990), des Second Empire (*Flaubert*, 1988; *Maupassant*, 1989; *Baudelaire*, 1994), des zaristischen und bolschewistischen Rußland (*La Lumière des justes*, 5 Bde., 1959–68; *Le Moscovite*, 3 Bde., 1974–75; *Gogol*, 1971; *Anne Prédaille*, 1973; *Nicolas II, le dernier Tsar*, 1991; *Youri*, 1993).

Der Historiker **Max Gallo** (*1932), der zeitweise hohe
Regierungsämter bekleidete, verfaßt seit 1972 Romane.
Seine Familientrilogie *La Baie des anges* (1975–76) spielt im
heimatlichen Nizza. Zusehends integriert der historische
Roman des 20. Jh.s autobiographische Motive in eine erfundene Handlung (*Les Rois sans visage*, 1993). *La Route Napoléon* (1987), in Ich-Form auf einen südfrz. Aristokraten
fokussiert, schlägt den Bogen von den Generalständen von
1788 bis zum Beginn der Julimonarchie. *Le Condottiere*
(1994), Bildnis eines sizilianischen Pressemagnaten, spielt in
einem imaginären Italien à la Stendhal.

Bernard-Henry Lévy (*1948) rekonstruiert Baudelaires
Aufenthalt in Brüssel als vielstimmige Erzählung (*Les Derniers Jours de Charles Baudelaire*, 1988). **Pierre-Jean Remy**
(*1937), Diplomat und Mitglied der Académie française
(1988), veröffentlichte seit 1963 rund vierzig Romane (auch
Kriminalgeschichten wie *De la photographie considérée
comme un assassinat*, 1991), darunter Erzählungen, die von
der russischen Geschichte (*Le Sac du palais d'été*, 1971), vom
süddeutschen Barock (*Des châteaux en Allemagne*, 1987)
oder der Kollaboration (*La Vie d'un héros*, 1985) handeln.

»La France profonde«

Die terminologische Unentschlossenheit im Hinblick auf
erzählte Bilder aus der Provinz hat ihren Reflex in Gattungsbezeichnungen wie »roman champêtre«, »roman rus-
tique«, »roman régionaliste« oder »roman de terroir«. Romanciers, die das Leserinteresse auf Mythen der Provence
oder der Auvergne und das gelobte Landleben lenken, rufen nicht selten mit der unschuldigen Natur auch eine repu-
blikfeindliche Nostalgie auf (Maurice Genevoix, Alphonse
de Châteaubriant, Alexandre Vialatte).

Jean Giono (1895–1970), der in den dreißiger Jahren in
linken Zeitschriften publiziert, im Zweiten Weltkrieg zwi-

schen dem freien und dem besetzten Frankreich hin und her reist und in Paris deutsche Dienststellen kontaktiert, ist mit dem Klischee vom »écrivain-paysan« belegt. Die Pan-Trilogie der frühen Jahre (*Colline*, 1928; *Un de Baumugnes*, 1929; *Regain*, 1930) gestaltet er als Hymnus auf typische Gestalten der Haute-Provence, die den Kräften der Erde verbunden sind. Er entfernt sich sowohl vom poetischen Programm der Bukolik der George Sand als auch von dem des krass naturalistischen Bauernromans *La Terre*, mit dem Zola selbst seine Anhänger schockiert hat. In den fünziger Jahren wendet sich Giono dem Geschichtsroman und Heldenbild à la Stendhal zu (*Le Hussard sur le toit*, 1951; *Le Moulin de Pologne*, 1952; *Angelo*, 1958; *Deux Cavaliers de l'orage*, 1965). Sein Leitthema bleibt jedoch die Erschaffung und Bewahrung einer von der Selbstzerstörung bedrohten Welt, einer Welt im Süden und ihrer Mentalität, die prototypisch, nicht sozialgeschichtlich akzentuiert wird.

Lit.: H. Godard, D'un G. l'autre, 1995; J. Carrière, G., ²1995; G. autrement, Colloque 1995, 1996.

Bei **Henri Bosco** (1888–1976) dagegen ist die vielgestaltige Provence das neue Arkadien oder eine urgewaltige, vernichtende Umwelt, sofern der Mensch ihre Gesetze frevlerisch übertritt (*L'Âne culotte*, 1937; *Hyacinthe*, 1940; *Le Mas Théotime*, 1942). **Marcel Aymé** (1902–67) erweitert die bei Giono und Bosco zentralen Motive um erotische Aspekte und persifliert in der burlesken Geschichte von der Feindschaft zweier Familien, *La Jument verte* (1933), die Legende vom einfachen, enthaltsamen Landleben, indem er die Geschichte in den Blickwinkel eines Pferdes verlegt.

Daniel Boulanger (*1922), bekannt als Drehbuchschreiber (*À bout de souffle*, 1960), veröffentlicht seit 1969 zahlreiche Romane und Novellen (darunter *Mémoires de ville*, 1970; *Connaissez-vous Maronne*, 1981), deren Schauplätze Provinzstädte irgendwo in Frankreich sind, Orte, in denen das Leben zugleich liebenswürdig und so gleichförmig verläuft, daß nichtige Anlässe für Aufregung sorgen.

Jean Rouaud (*1952) zeichnet in seinem ersten Roman *Les Champs d'honneur* (1990, Prix Goncourt) ein ebenso alltägliches, altmodisches Bild aus einem Winkel der südlichen Bretagne wie in seinem Familienroman *Pour vos cadeaux* (1998).

Erzählte Mythen

Das Repertoire solcher Romane umfaßt antike Erzählungen von Prometheus, Ödipus, Theseus, Medea und Odysseus, Märchenstoffe (Feen, Einzelgänger wie Robinson, Menschenfresser), Legenden der Verführung, des Liebestods und des Menschenopfers (Don Juan, Gilles de Rais, Blaubart, die Mythologie der Wagneropern), biblische und apokryphe Erzählungen vom Paradiesgarten, der Vertreibung der ersten Menschen, von Christophorus, vom Ewigen Juden bis zur Apokalypse als Götterdämmerung. Dieses poetische Material wird eingesetzt, um rationale Evidenzkriterien zu relativieren und ein Weltbild aufzublenden, das dem Reich der Sinne entspricht und dem Spieltrieb entstammt. Beispielhaft stehen dafür die Essays und Romane von **Dominique Fernandez** (*1929; *Dans la main de l'ange*, 1982, Prix Goncourt; *Le Rapt de Ganymed*, 1989) und die Form des »roman-jeu« von **Jean-Marie Gustave Le Clézio** (*1940), in denen sich eine Ödipusrenaissance vollzieht (*Le Procès-verbal*, 1963; *Le Déluge*, 1966; *L'Inconnu sur la terre*, 1978).

Lit.: J. Onimus, Pour lire Le Clézio, 1994.

Jean Giraudoux' (1882–1944) Leitthemen, im Roman wie in der Tragödie (s. S. 404–406), sind Götterfeindlichkeit und die privilegierte Stellung der jungen Frau als Vermittlerin des Absoluten. In *Suzanne et le Pacifique* (1921) erzählt er von einem Schiffbruch der Protagonistin und ihrem glücklichen Leben auf einer paradiesischen Insel, fern der Männerwelt und der Zivilisation. *Juliette au pays des hommes* (1924) baut auf dem Motiv des ungleichen Paares auf: Als Juliette einem Exilrussen begegnet, der auf sie wie ein Halbgott wirkt, tötet sie ihn wegen seiner Vollkommenheit und begeht Selbstmord. *Choix des élues* (1938) variiert das Thema des vollkommenen Menschen in einer alltäglichen, unvollkommenen Ehe. Das biblische Thema *Combat avec l'ange* (1934) schildert, wie eine junge Südamerikanerin als Prototyp der unverbrauchten Rassen an der Begegnung mit der Überzivilisation Europas zerbricht; die Botschaft des *Alten Testaments* vom Kampf des Menschen mit dem Engel schlägt in Pessimismus um. In *Jérôme Bardini* (1930) konstituieren die Frau, das Kind als Erlöser und der Garten in urbildlichem Raum die rettende Sphäre, die dem Mann verschlossen bleibt. In allen Romanen handeln die Figuren nicht als Individuen, sondern als Kontrahenten in kosmologischen Abenteuern.

Julien Gracq (*1910) veröffentlicht vier Schicksalsromane (*Au château d'Argol*, 1939; *Un beau ténébreux*, 1945; *Le Rivage des Syrtes*, 1951; *Un balcon en forêt*, 1958), daneben zwei Dramen (*Le Roi pêcheur*, 1948, eine Bearbeitung von Kleists *Penthesilea*) und seit 1958 zahlreiche theoretische Texte. Konkurrierende mythische Bilder verhindern eine eindeutige Lesart, besonders deutlich in *Au château d'Argol*, das vom Zusammenleben dreier junger Menschen in einem verlassenen bretonischen Schloß handelt und mit einem Mord und einem Selbstmord endet. Alltagsferne, archetypische Motive wie das verwunschene Schloß, der Irrgarten, der Doppelgänger, der Gral, Dr. Faust, die Geheimorganisation von Männerbünden und das Umschlagen von Ausgeglichenheit in sexuelle Raserei und Mordlust lassen sich nicht über Nachbildungsmuster oder rationale Modelle erklären.

In *Le Rivage des Syrtes* gibt es vieldeutige Anspielungen auf Geschichtsbilder der Spätantike in Abhängigkeit u. a.

von Oswald Spenglers *Untergang des Abendlandes* (1918–1922); zudem ist eine intertextuelle Linie zu Ernst Jüngers magischem Realismus in *Auf den Marmorklippen* (1939) gezogen. Thema ist der Untergang des alten, überfeinerten Kulturstaates Orsenna, den der Protagonist in einem von ihm ausgelösten reinigenden Krieg herbeiführt. Der Schlüssel zum Verständnis ist auch hier der Gralsmythos.

Lit.: O. Roth, Hermes u. Herminien. Mythologie u. Hermetik bei G., 1992; M. Murat (Hrsg.), G., 1994.

Michel Tournier (*1924) stattet seine Romane mit intertextuell orientierten und intellektuell anspruchsvollen Titeln aus: *Vendredi ou les Limbes du Pacifique* spielt sowohl auf Defoe als auch auf Giraudoux an, *Le Roi des aulnes* auf Goethes Ballade vom Erlkönig; *Eléazar ou la source et le buisson* (1996) schildert die Lebensgeschichte eines irischen Pastors in den USA als Nachvollzug der Suche nach dem gelobten Land.

In *Vendredi ou les Limbes du Pacifique* (1967) kehrt Tournier die Robinsonade um: Robinson bleibt auf der Insel mit dem sprechenden Namen Speranza; er will Freitag, der Zivilisierte ein Wilder werden. Gegenstand von *Le Roi des aulnes* (1970) ist die Auseinandersetzung mit dem Zweiten Weltkrieg und dem Nationalsozialismus, in der sich zwei Sagensujets verschränken: die des Erlkönigs und die des Christophorus. Der Protagonist Abel Tiffauges verdingt sich als Kriegsgefangener in Deutschland auf einer Ordensburg, für die er reinrassige, blonde Knaben rekrutiert, und wird damit zum Verführer und Verderber; andererseits trägt er ein jüdisches Kind durch die apokalyptische Szenerie des sich endigenden Krieges, um es vor dem Tod zu retten. Diese Ambivalenz kommt schon im Namen des Protagonisten zum Ausdruck: Abel Tiffauges (Tiffauges heißt die Burg des Kindermörders Gilles de Rais) ist eine zugleich gefährdete und gefährliche Gestalt. Ein Merkmal dieser mythosorientierten Narrativik sind sprechende

Landschaften, die wie bei Giraudoux und Gracq sinnbildliche Systeme anreichern. Sie werden in *Le Roi des aulnes*
zentral, sobald Tiffauges Deutschland als das gelobte »Land
der Zeichen« betritt: »Un pays noir et blanc, pensa Tiffauges. Peu de gris, peu de couleurs, une page blanche couverte
de signes noirs.« Jean Améry sprach von einer »Ästhetisierung der Barbarei« durch Tourniers kunstvoll komponier-
ten Mythenroman, wobei die deutsche Rezeption des Romans dessen Eigenart, die Neuordnung der mythologischen
Vulgata durch die Inversion, übersah. Abel und Kain, Christophorus und Blaubart sind austauschbar.

Lit.: M. Fuhrmann (Hrsg.), Terror u. Spiel, 1971; P. Brunel, Mythocritique, 1992; W. Matzat, Roman u. Antiroman. Das Erzählwerk T.s, ZfSL
1987; W. Hülk, Mythos u. Perversion in den Texten T.s, RZLG 1988;
C. Klettke, Der postmoderne Mythenroman T.s, 1991; D. Gascoigne, T.,
1996; C. Klettke (Hrsg.), T., Œuvres et critiques 23,2, 1998.

Die Abkehr vom erzählenden Abbilden

In den fünfziger Jahren entwickeln Autoren wie Robbe-
Grillet, Butor und Simon ihr Konzept vom Nouveau Roman. Dies impliziert einen radikalen Bruch mit dem realistischen Roman Balzacscher Prägung, der von der Möglichkeit einer sinngebenden Gesamtschau der Welt ausging. Wo
der Bruch zwischen Individuum und Gesellschaft definitiv
ist, sind schon Weltentwürfe nicht mehr möglich, die Dinge
liegen dem Betrachter ohne Tiefsinn und ohne Transparenz
gegenüber. Dem wird in der Schilderung der Oberfläche
und der Wahrnehmung von Strukturen Rechnung getragen,
in der minutiösen Vermessung der Welt, bei der Qualität
Quantität ersetzt. So beschreibt Robbe-Grillet fünf Personen auf der Rolltreppe einer Metrostation:

Es sind fünf Körper, die auf einer Höhe von drei oder vier
Stufen auf deren linken Hälften mehr oder weniger nahe an
der Rampe zusammenstehen, die sich ebenfalls mit derselben

Geschwindigkeit fortbewegt, was jedoch durch die Art dieses
Geländers noch unauffälliger und ungewisser erscheint: ein
einfacher, dicker, schwarzer Gummiriemen – mit glatter
Oberfläche und zwei geradlinigen Kanten –, an dem kein An-
haltspunkt die Bestimmung der Geschwindigkeit erlaubt, es
sei denn die beiden Hände darauf, die ungefähr einen Meter
auseinanderliegen, ganz unten auf dem schmalen, schrägen
Band, dessen Starrheit sonst überall augenscheinlich ist, und
die sich stetig und ununterbrochen zusammen mit dem ganzen System weiterbewegen.

Die oberste dieser beiden Hände ist die eines Mannes in
grauem Anzug – einem recht blassen, ungewissen, gelblichen
Grau in dem gelben Licht –, der allein auf einer Stufe an der
Spitze der Gruppe steht, mit sehr geradem Körper, geschlossenen Beinen und angewinkeltem linken Arm, dessen Hand
eine doppelt gefaltete Zeitung hält, über die sich das Gesicht
in einer etwas übertrieben scheinenden Weise neigt, so stark
ist die Beugung des Halses nach vorn, was vor allem zur Folge
hat, daß an Stelle der Stirn und der Nase die Schädeldecke
deutlich zu sehen ist mit ihrer großen Glatze, einer breiten
Scheibe rosa glänzender Kopfhaut, über die sich eine schlaffe,
dünne, angeklebte rötliche Haarsträhne zieht.

Instantanés. Momentaufnahmen, übers. von Elmar
Tophoven, München: dtv, 1978, S. 79.

Die spät entdeckten Romane **Raymond Roussels** (1877–
1953) antizipieren diese Tradition, namentlich seine Pro-
grammatik *Comment j'ai écrit certains de mes livres* (ED
1963), in der er eine »productivité textuelle« fordert, die
durch Montagetechniken Basistexte zu Supratexten hoch-
spielt, die Vieldeutigkeit homogener sprachlicher Elemente
systematisch nutzbar macht und so eine von der Realität abgehobene eigene Welt der Sprache schafft.

Lit.: R. Ouellet, Les critiques de notre temps et le Nouveau Roman,
1972; K. W. Hempfer, Poststrukturale Texttheorie u. narrative Praxis,
1976; W. Wehle (Hrsg.), Nouveau Roman, 1980; N. Wolf, Une littérature
sans histoire. Essai sur le Nouveau Roman, 1995; L. A. Higgins, New
Novel, New Wave, New Politics, 1996; D. Mellier / G. Menegaldo
(Hrsg.), Formes policières du roman contemporain, 1998.

Alain Robbe-Grillet (*1922) wird mit *Les Gommes* (1953), *Le Voyeur* (1955) und *La Jalousie* (1957) als Begründer der neuen Romansprache berühmt, obwohl er bis Anfang der sechziger Jahre nicht mehr als fünf- bis sechstausend frz. Leser erreicht. Von den Sachverhaltsdaten her definiert sich *Les Gommes* als Kriminalroman. Der Detektiv Wallas, der einen Mord aufklären will, weiß nicht, daß das Opfer in Wirklichkeit noch lebt, und so erschießt er Daniel Dupont in dessen Wohnung, weil er ihn mit einem Eindringling verwechselt. Wallas hat aus allen Zeichen, die er für Anzeichen hielt und denen er einen nichtexistenten Bezug attribuierte, die falschen Schlüsse gezogen. In *Le Voyeur* steht der Blick als Metonymie für das Subjekt, das sich zu orientieren versucht. Auf der Insel, die der Uhrenverkäufer Mathias aufsucht, ist ein Mädchen ermordet worden; es scheint einen Tatzeugen zu geben. Einige Indizien sprechen dafür, daß Mathias der Mörder ist. Eine Zeitungsnotiz, die ein Sexualverbrechen meldet, kann aber auch Mathias angeregt haben, sich in diese Geschichte hineinzuphantasieren. Wo der Blick unzuverlässig wird, rettet sich die Erkenntnis in Serien von Abstrakta, »signes«, »infrastructures«, »formes«, ohne den Dingen und ihrer Bedeutung näherzukommen. In *La Jalousie* führt der Leser, obschon unzureichend mit Informationen versorgt und somit ohne eindeutiges Resultat, die Ermittlung. Der handlungsarme Roman ist aus den Perspektiven eines neutralen Beobachters und eines Eifersüchtigen erzählt; er zeigt drei Personen, die sich im Herrenhaus einer Bananenplantage aufhalten und deren Umgang miteinander aus kleinen dinglichen Details, aus isolierten Beobachtungselementen zu erschließen ist (Zahl und Anordnung von Stühlen, Bestecken usw.).

Robbe-Grillet versteht unter der poetischen Rede von der wirklichen Welt die methodische Destruktion der Realismusillusion und ihrer Tradition. Davon handeln die in *Pour un nouveau roman* (1963) versammelten Aufsätze. Der ideale Schriftsteller »n'a rien à dire. Il a seulement une

manière de dire«. Für Robbe-Grillet markiert diese episte-
mologische Position die Voraussetzung für den Antiprot-
agonisten, der sich weder auf die Bedeutung der Welt und
ihr Erkennen noch ihre Kohärenz und Kausalität verlassen
kann. Mythen in Robbe-Grillets Roman sind, abgesehen
von der Ödipusanspielung (*Les Gommes*), wie schon bei
den Surrealisten Ortsmythen: Hongkong (*La Maison de
rendez-vous*, 1965), New York (*Projet pour une révolution
à New York*, 1970) oder »cette ville« (*Topologie d'une cité
fantôme*, 1976).

Robbe-Grillet setzt sich später mit autofiktionalen Texten, die im Anschluß an die Romane *Souvenirs du triangle
d'or* (1978) und *Djinn* (1981) erscheinen: *Le Miroir qui re-
vient* (1984) und *Angélique ou l'enchantement* (1987), ausdrücklich in jener Position ab, die das schriftstellerische
Selbstbildnis nur dann gelten läßt, wenn die obligate psychologische Stringenz eingehalten wird. Auf die Kreation
des Nouveau Roman folgt nun, in auffälliger Nähe zum Stil
Nervals, ein ichbezogener Diskurs, in dem sich Bruchstücke
aus der Erinnerung mit Selbstzitaten und Lesefrüchten aus
Ariosts *Orlando furioso* spielerisch vermischen.

Lit.: M. Rother, Das Problem des Realismus in den Romanen von
R.-G., 1980; J. Fletcher, R.-G., 1983; R. Ramsay, The French New Auto-
biographies, Gainesville 1996.

Philippe Sollers (*1936) schreibt seit 1957 zunächst im Stil
Robbe-Grillets (u. a. *Une curieuse solitude*, 1959; *Le Parc*,
1961) und organisiert in seiner Zeitschrift *Tel Quel* vor al-
lem die Diskussion eines poststrukturalistischen »écriture«-
Konzeptes. Er veröffentlicht die Romane *Drame* (1965),
Nombres (1968), *H* (1973), *Studio* (1997, auf den Spuren
von Rimbaud), *Passion fixe* (2000); zum autobiographischen
Text tendiert er in *Femmes* (1982) und *Le Secret* (1992).

Lit.: Ph. Forest, S., 1992; P. Louvrier, S. mode d'emploi, 1996.

Michel Butor (*1926) hebt in seinen *Essais sur le roman* (1960) den Gegensatz zwischen »véridique« und »invérifiable« auf und postuliert, daß sich die Gültigkeit der narrativen Struktur auf keine extratextuelle Evidenz stützen könne; darin stimmt er Robbe-Grillet zu. Er veröffentlicht bis 1960 vier Romane und seitdem mehr theoretische Texte als jeder andere Erzähler seiner Generation.

Der mehrdeutige Titel *Passage de Milan* (1954) meint einen in antiken und mittelalterlichen Dichtungen häufigen Raubvogel sowie eine Pariser Adresse. Die Romanzeit ist auf zwölf Stunden eingeschränkt, der Roman umfaßt 12 Kapitel, in denen die Bewohner der verschiedenen Stockwerke eines Mietshauses in einem geheimnisvollen Geschehen zusammengeschlossen werden. Die räumliche Markierung der Ereigniszusammenhänge ist bei Butor noch pointierter als bei Robbe-Grillet. Der Ich-Erzähler von *L'Emploi du temps* (1957), der Franzose Revel, hat in der englischen Industriestadt Bleston über einen Mord in der dortigen Kathedrale gelesen und hofft, auf Spuren des Ereignisses zu stoßen, indem er die Planquadrate der Stadt in ein kretisches Labyrinth zurückverwandelt. Lektüre veranlaßt ihn, sich Abenteuer einzubilden; ein Roman im Roman scheitert; schließlich gibt er seine Recherche auf, weil die Entzifferung der zum Mythos erhobenen Stadt mißlingt.

La Modification (1957) erregt wegen der durchgehenden Anredeform »vous« Aufsehen: »Vous avez mis le pied gauche sur la rainure de cuivre, et de votre épaule droite vous essayez en vain de pousser un peu plus de panneau coulissant.« Mit dieser Geste beginnt die Bahnfahrt des Léon Delmont von Paris nach Rom, wo er seine Geliebte zur Übersiedlung nach Paris überreden will. Im Verlauf der langen Reise aber verliert die Erinnerung an Cécile an Glanz und es schiebt sich Paris ins Bild. Die desillusionierte Ankunft in Rom schließlich ist mit der Abschiedsszene in Paris in einer zeitlichen Kreisform erzählerisch verschränkt.

Lit.: G. Thiele, Die Romane B.s, 1975; E. Jongeneel, B. et le pacte romanesque, 1988; B. Fürstenberger, B.s lit. Träume, 1989; F. van Rossum-Guyon, Critique du roman: essai sur *La Modification* de B., 1995; F. van Rossum-Guyon, Le cœur critique (B., Simon, Kristeva, Cixous), 1997; F. Sick, Vom Gebrauch der Zeiten. B., *L'Emploi du temps*, RZLG 1998; J. La Mothe, B., 1999.

Claude Simon (*1913), der Literaturnobelpreisträger von 1985, teilt die Vorstellung vom Roman als Suche und thematisiert in den Werken der ersten Phase (*Le Tricheur*, 1945; *Le Vent*, 1957; *L'Herbe*, 1958; *La Route des Flandres*, 1960; *Le Palace*, 1962; *Histoire*, 1967) wiederholt die Problematik der Retrospektive, da Bilder der Erinnerung als unzuverlässig gelten müssen. Simon irritiert durch eine irreguläre Syntax, die das Publikum nötigt, die »écriture« vor dem »écrit« zu lesen, weil die Daten des Geschriebenen nicht ohne Beschädigung vom Schreibvorgang zu abstrahieren sind. Erklärtermaßen liegt Simons Komposition die verschlungene Linie zugrunde, durch die das Chaos in immer neue, jedoch vorläufige Zusammenhänge transponiert wird.

In *La Route des Flandres* sind alle Sachverhaltsdaten als erinnerte Visionen dritter Figuren ausgewiesen, in denen Unterschiede zwischen eigentlicher und uneigentlicher, bildlicher Rede diffus werden (entsprechend dem Texteingang von *L'Acacia*, 1989). Nach der Liebesnacht mit der Witwe eines Rittmeisters erinnert sich der Erzähler an die Kriegsereignisse in Flandern 1940, in denen sein Vorgesetzter ums Leben kam. Sein Tod spiegelt sich in anderen Ereignissen; vom Flandern des Jahres 1940 wird auf die spanische Besetzung der Niederlande im 17. Jh. geschlossen, wodurch in einem weiteren Anschluß der Spanische Bürgerkrieg und revolutionäre Kriege überhaupt aufgerufen werden. Auf diese addierende Weise entstehen simultane Zeiträume, wird die lineare Erzählung in Wirklichkeitsfetzen ohne sicheren inneren Bezug aufgelöst: formale Entsprechung sind über Seiten sich erstreckende, offene syntaktische Gebilde und eine häufige Verwendung des Präsenspartizips als Zeichen einer unmöglich scheinenden zeitlichen und logischen Strukturierung der Ereignisse.

> Ich antwortete nicht, er sah wahrscheinlich daß ich erbost war, ich schaute nicht ihn an sondern den Brief, ich hätte ihm den Brief wegnehmen und ihn zerreißen mögen, er bewegte ein wenig die Hand die den entfalteten Bogen hielt, die Ecken flatterten wie Flügel in der kalten Luft, seine schwarzen Augen blickten weder feindselig noch geringschätzig, ja sogar herzlich aber dennoch Abstand wahrend: vielleicht war er nur genauso gereizt wie ich, wobei er mir meine Gereiztheit hoch anrechnete während wir die kleine zivile Zeremonie dort im gefrorenen Schlamm stehend fortsetzten, und wir beide den Gebräuchen und Schicklichkeiten dieses Zugeständnis mit Rücksicht auf eine Frau machten die zu meinem Unglück meine Mutter war, und am Ende begriff er es wahrscheinlich denn sein kleiner Schnurrbart bewegte sich von neuem während er sagte Nehmen Sie es ihr nicht übel [...]

> Die Straße in Flandern, übers. von Elmar Tophoven, München/Zürich: Piper, 1985, S. 8.

Wie nach dem Prinzip anschaulicher Ähnlichkeit aus Projektionsreihen ein Text komponiert wird, belegt sinnfällig *Les Corps conducteurs* (1971), ein weder durch Kapitel noch durch Absätze gegliederter Roman. Negative Fokusfigur ist ein Namenloser, der sich in unterschiedlichen Situationen und Räumen befindet und nacheinander und ineinander disparate Gegenstände (Frauenbeine, Strümpfe, Prothesen, Nacktmodelle in Magazinen und Tänzerinnen) imaginiert.

Am sinnfälligsten ist *Triptyque* (1973) als Puzzle konstruiert, bestehend aus drei Bildebenen, auf die ungleich Melodramatisches projiziert wird: ein Betrug am Hochzeitstag, ein Liebesdrama an der Côte d'Azur und die fahrlässige Tötung eines Kindes. Wenn in einem Steinchenbild die Kontur des Dorfes fixiert ist, in dessen Bach wahrscheinlich das kleine Mädchen ertrunken ist, werden nicht nur die Grenzen zwischen Kunst und Realität vermischt; die Gewißheit der Anschauung dauert auch nur einen Augenblick. Wiederum ein Namenloser wischt das Spiel vom Tisch, und auf einem roten Teppich bilden die Teilchen wie zufällig ein neues Bild.

Géorgiques (1981) wurde von der Forschung schon als »Summa« der Erzählkapazität Simons qualifiziert. Es handelt sich um eine Erzählung in der dritten Person über eine scheiternde Retrospektive in der Ich-Form, aus der der Leser, als er das Versagen eines Schreibers beobachtet, den Schluß ziehen muß, daß das Erinnerungsvermögen zur Vergewisserung von Anschauungen untauglicher ist als die Imagination; sprachliche Zeichen bedeuten zugleich sich und ein Anderes. Von Proust stammt diese Idee des Subjekts als Kryptogramm seiner selbst, das schrittweise, über die Bilderrätsel seiner Träume schreibend, seine prekäre Identität sichert.

Lit.: J. Starobinski (Hrsg.), Sur S., 1987; L. Dällenbach, S., 1988; W. Nitsch, Sprache u. Gewalt bei S., 1992; A. Duncan, S., 1994; W. Engler, Présentifier – représenter (S., *L'invitation*), in: W. Asholt (Hrsg.), Intertextualität u. Subversivität, 1994; T. R. Kuhnle, Chronos u. Thanatos, 1995; D. Schmidt, Schreiben nach dem Krieg. Stud. zur Poetik S.s, 1997; P. Janssens, S. Faire l'histoire, 1998.

In den sechziger Jahren gründen Raymond Queneau, François Le Lionnais, Georges Perec, Jacques Roubaud, Paul Braffort, Jacques Jouet, Harry Mathews und Italo Calvino die Gruppe Oulipo (Ouvroir de littérature potentielle). Ihr Arbeitsprogramm privilegiert mathematisches Kalkül beim Abfassen und Deuten von Fiktion; Wahrscheinlichkeit und Zufall, wesentliche Faktoren der Narrativik seit dem 19. Jh., gelten als annähernd berechenbar. Die skurrile Kultfigur in diesem Zirkel ist **Georges Perec** (1936–1982), Filmemacher und Romancier (*Les Choses*, 1965; *La Vie mode d'emploi*, 1979; *Un cabinet d'amateur*, 1979). Sein Roman *La Disparition* (1969) kommt ohne Verwendung des

Vokals e aus; in *Les Revenentes* (1972) dagegen ist ausschließlich der Vokal e zugelassen. Ironisches Innewerden der erzählenden Unzuverlässigkeit und höhere Textakrobatik als bei den Neoromanciers findet sich auch im Werk des Mathematikers **Jacques Roubaud** (*1930; *Hortense*-Trilogie, 1985–90; *Le Grand Incendie de Londres*, 1989; *La Boucle*, 1993; *Mathématique*, 1997).

Lit.: C. Burgelin, P., 1988; C. Burgelin, Parties de dominos, 1996; A. Miller, P. zwischen Anamnese u. Struktur, 1996; J.-D. Bertharion, Poétique de P., 1998.

5. Literatur- und Ideologiekritik im Essay

Essayistik wird hier als Kategorie für nichtfiktionale, subjektive und deswegen heterogene Prosa der öffentlichen Diskussion von Standpunkten verschiedener Intellektueller aufgefaßt.

Aperçus und Polemik in der République des Lettres

Die Invektive ist, seit die Justiz des Zweiten Kaiserreichs Werken Flauberts und Baudelaires den Immoralismusprozeß gemacht hat und einzelne Literaten selbst vor der »littérature facile« gewarnt haben, im 20. Jh. eine kennzeichnende Einstellung von Literaturkritikern geblieben, die über die ungeliebte Moderne herfallen. **Jean-Marie Domenach** (*1922) beklagt in *Le crépuscule de la culture française* (1995) sarkastisch, daß seit Brassens kein Chanson, seit Cézanne keine Malerei, seit Carné kein Kino, seit Ionesco kein

Theater, seit Camus kein Roman mehr geschaffen worden
sei. Statt dessen würden das Sexualleben Heranwachsender,
ihre Geschlechtskrankheiten, homosexuelle Vorlieben oder
ehebrecherische Verhältnisse banalisiert.

Die Literaturkritiken von **Paul Léautaud** (1872–1956),
unakademisch, zynisch und stets zur Digression neigend,
dabei nicht eitel auf das eigene Werk bezogen, sind Beispiel
für eine Prosa, die journalistisch aufgegriffene Aktualität als
Tagesform ästhetisiert. In der »chronique dramatique« für
die *NRF* (in 18 Nummern ab Oktober 1921) vernachlässigt
er häufig die Deutung des Textes und die Wertung der Aufführung zugunsten einer inhaltsideologischen Pragmatik.
So wird im Dezember 1921 eine Neuinszenierung von Jarrys *Ubu-Roi* angezeigt, die Léautaud veranlaßt, die groteske Figur als wiederkehrenden sozialen Typus abzuhan-
deln, in dem sich der Beamte, der Redner, der gute Bürger,
der Naive, der Kleinhändler, der weltverbessernde Romancier vom Format eines Paul Bourget wiedererkennen sollen. »C'est en un mot la bêtise bourgeoise universelle dans
toutes ses manifestations odieuses et grotesques, cruelles et
poltronnes et contre laquelle rien ne prévaut que le rire et
le mépris.« Léautaud, der bis in die Wortwahl hinein hier
Flauberts Mentalitätskritik folgt, erklärt Giraudoux, Montherlant, Mauriac zu »Nullen« und läßt, auch aus politischer
Vorliebe, Céline und Jouhandeau gelten (*Journal littéraire*;
Ausg. P. Perret, 1998).

Der empfindsame Ästhetizismus seines Zeitgenossen
Charles Du Bos (1882–1939) bildet zu diesen Urteilsmu-
stern einen extremen Kontrast. Unter dem Eindruck Henri
Bergsons entwickelt Du Bos eine Methode, die intuitiv und
ohne Klassifikation das Entstehen und die Situation des
Kunstwerks aus der Innerlichkeit des Dichters erläutert
(*Approximations*, 7 Bde., 1922–37, Neuausg. 1965). Den
Rezeptionsvorgang selbst beschreibt er als schrittweise Ent-
schlüsselung vorliegender Beurteilungen (»une série de ri-

deaux«), ohne das Verfahren als hermeneutischen Zirkel anzulegen (»Remarque sur les Goncourt«, *NRF* 1922).

Diese Herbeiführung intuitiven Einvernehmens hat Proust zur gleichen Zeit als Irrweg des ästhetischen Genusses gesehen, und **Julien Benda** (1867–1956) bestätigt im Namen eines antiromantischen Ansatzes den entstehenden Verlust an Transparenz als Kulturschwund. Seine Kritik an Sainte-Beuve, Bergson und der unreflektiert pathetischen Linken der Zwischenkriegsphase gipfelt gegenüber den Intellektuellen im Vorwurf des »Verrats« (*La trahison des clercs*, 1927; *La fin de l'éternel*, 1929; *La France byzantine*, 1945). Er zielt auf die problematischen Folgen des politischen Engagements, das mit der Preisgabe der Wahrheit und der begrifflichen Kontur der Rede über die Welt endet. Der Verrat der Intelligenz wiegt schwerer als das Wissensdefizit bei der Masse ungebildeter Wähler, weil er sich in Form politischer Lüge und Falschaussagen über das als richtig Erkannte festschreibt. In einem von der Zensur gekürzten Text für die *NRF* (Dezember 1939) fragt Benda sich und den Leser, warum es für Frankreich gefährlich sein sollte, Hitler den ideologischen Krieg zu erklären, wozu sich die Regierung offensichtlich nicht entschließen kann.

Benda wird von **Emmanuel Berl** (1892–1976) angegriffen (*Mort de la pensée bourgeoise*, 1930), der wie Benda ein Einzelkämpfer ist, vor allem seit 1944, als dem liberalen Juden die Freundschaft mit Drieu la Rochelle und die vorübergehende schriftstellerische Arbeit für Pétain angelastet werden.

Offenbar ist die ideologische Konjunktur der zwanziger Jahre für die kultursoziologische Definition des »clerc« und die Revalorisation seines idealen Status günstig gewesen. **Valery Larbaud** (1881–1957) erörtert 1926 in einer Paraphrase von Racines *Athalie* die gesellschaftliche Verpflichtung des Gebildeten. Anders als bei Benda konnotiert in seiner Darstellung »clerc« die mittelalterliche Statustriade vom Krieger, Landarbeiter und Mönch; der »clerc«, der früher die Weitergabe des verfügbaren Wissens leistete, hat sich in den zugleich machtvollen und machtlosen Intellektuellen verwandelt.

Jean-Paul Sartre (1905–80) kommt in *Les Mots* (1964) auf diese Metapher des säkularen Mönchtums als einer Kongregation außerhalb jeder Religionsgemeinschaft zurück. Er bekennt, daß der Literat in einen Orden eintritt; allerdings betrifft seine Ordensregel die Erlösung der anderen vom Schweigen des Seins. Sartres Kulturpessimismus lenkt zunächst vom Heil ab: »La culture ne sauve rien ni personne, elle ne justifie pas.« Als Menschenwerk ist jeder Text jedoch der – einzige – Spiegel der Selbsterkenntnis und ethischer Entwurf.

Georges Bataille (1897–1962), der surrealistische Dissident und Literaturkenner, der Teile des *Passagen-Werks* rettet, als Walter Benjamin aus Paris flieht, radikalisiert die naturalistische Aufwertung der Physiologie, indem er sie ebenso mystifiziert wie sein energetisches Ökonomiemodell. Er verneint alle binären Schemata, die Gut und Böse, Spirituell und Materiell, Psychisch und Physisch, Vernunft und Gewalt mit Vorzeichen besetzen, um sie ästhetisch in Schön und Häßlich umzukategorisieren. Ihn interessiert in produktionstheoretischen Analysen der Ursprung aller Energie; tatsächlich spricht er in kosmologischen Visionen, wenn er die wirtschaftliche Dynamik erörtert, die sich in der Anhäufung wie der Verschwendung darstellt (*La notion de dépense*, 1933; *La part maudite*, 1949); dabei setzt er voraus, daß jeder lebende Organismus mehr Energie aus dem Kräftespiel der Erde erhält als zur Erhaltung seines Lebens notwendig ist. Um den angehäuften Überschuß nicht in Kriegen zu vernichten, muß ihn die Menschheit unproduktiv machen, orgiastisch verschwenden. Der Luxus stellt sie also vor größere Herausforderungen als der Minimalbedarf. Während jedoch der Kaufmann des Mittelalters Kirchen bauen läßt, steckt das kapitalistische Bürgertum den Überschuß in die Pseudotempel der Fabriken und Warenhäuser und beschleunigt mit dieser Praxis das Wachstum bis zum Kollaps. Bataille selbst hat diese Abhandlungen für den wichtigsten Teil seines Werkes gehalten.

Wie weit Bataille sich bewußt von Strömungen der politischen Philosophie entfernt, dokumentiert die Nationalismusdiskussion, die von der Action française angestoßen wird. Ihr Wortführer **Charles Maurras** (1868–1952) hat in *Les amants de Venise* (1902) – einer typologisierenden Erklärung der romantisch undisziplinierten Liebe zwischen Musset und George Sand – heftig gegen die »romantische Krankheit« in Frankreich polemisiert, gegen egozentrische Leidenschaft, Ablehnung sozialer Normen und den Hang zur Melancholie; und er hat zugleich mit der Romantik die Demokratie abgelehnt und auf der Antithese »ordre« (Klassizismus, Staatskatholizismus, Gegenrevolution) contra »désordre« (Romantik, Reformation, Revolution) die Idee eines girondistischen Traumstaates entworfen, der auf den ererbten Positionen der Eliten aufbauen sollte.

Auf dieser ideologischen Linie schreiben Jacques Banville, Thierry Maulnier, Robert Brasillach und **Henri Massis** (1886–1970), der sein Idol des Okzidents gegen den Liberalismus, Germanismus und Bolschewismus verteidigt und Malraux' Internationalismus verklagt (*Défense de l'Occident*, 1928).

André Suarès (1866–1948) hält dem entgegen, daß die Kultur des Okzidents leblos geblieben wäre ohne Begegnung mit dem Orient; in seiner Geschichtsphilosophie nehmen die Empörer, von den Verschwörern der Fronde bis hin zu Napoleon, und die Nonkonformisten Villon, Vinci, Cellini und Casanova Ehrenplätze ein (*Sur la vie*, 3 Bde., 1909–12; *Poète tragique*, 1914; *Âmes et visages*, Ausg. M. Drouin, 1990). Suarès konstruiert die unbedingte Antinomie von Individuum und Rasse; denn die Rasse, die sich nur als denkfaule Gruppe darstellt, bedingt die Einrichtung von Staatskirche und Staatskommunismus als Institutionen, die dann an ihrer Stelle sprechen (*Vues sur l'Europe*, 1939).

Denis de Rougemont (1906–95) erweitert Suarès' Schema der internationalen Kulturbeziehungen um die gewichtige Rezeption des Manichäismus in der abendländischen Liebesmythologie des 12. Jh.s (*L'amour et l'Occident*, 1939; *L'aventure occidentale de l'homme*, 1957). Während einer Gastprofessur in Frankfurt 1935–36 meinte er, den Nationalsozialismus als säkulare Glaubensgemeinschaft zu entdecken.

Der offizielle Essayist der laizistischen Dritten Republik ist **Alain** (d. i. Émile-Auguste Chartier, 1868–1951), Verfasser von Abhandlungen zur Ästhetik und Mythologie und kanonisierter Schulbuchautor. Fast ein Vierteljahrhundert unterrichtet er in Paris am Lycée Henri IV Philosophie. Er schreibt in der Form des wenige Seiten umfassenden »propos« die Tradition der moralistischen Unsystematik, des »bon sens« und der Skepsis fort. Der Struktur und Funktion der essayistischen Prosa entspricht Alains Abneigung gegen die Bindung an eine literarische Doktrin. Mehr noch: Beweisloses Erkennen und Wollen befähigen das denkende Subjekt, die Realität zu transzendieren. Politisch hat er sich vom Pazifismus, den ihm die Erfahrung von Verdun auferlegt, nie losgesagt; während der Besatzung schreibt er dennoch in der *NRF*, die Drieu la Rochelle im Einvernehmen mit den Deutschen leitet, und weigert sich später, zur Kollaboration Stellung zu beziehen.

Emmanuel Mounier (1905–50) vermittelt Alains Anschauungen mit bereits existentialistischen Definitionen des Ichbewußtseins (*Manifeste au service du personnalisme*, 1936).

Jean Paulhan (1894–1968), der als Sekretär der *NRF* seit 1920 und Direktor der Zeitschrift von 1925 bis 1940 und nach 1953 im Zentrum der Literaturszene steht (Wahl in die Académie française 1963), eröffnet eine Serie sprachphilosophischer Fragestellungen, die die systemimmanente und pragmatische Unvernunft der Zeichensysteme diagnostizieren. Alles Denken sei schon sprachlich verfaßt – dieser Satz führt zum Umkehrschluß, daß Denkfehler auf Sprachdefizite zurückzuführen seien, so daß das Vertrauen in die Sprache, vor allem, wenn sie Regelsystemen unterliegt, seit der Romantik für alle kritischen Schriftsteller verlorengegangen ist (*Les fleurs de Tarbes ou la terreur dans les Lettres,* 1941). Paulhan kritisiert Alain, weil dieser Idee und sprachliches Zeichen von der Etymologie her in einen ontologischen Zusammenhang stellt. In *Clef de la poésie* (1944) lehnt er erneut die Zuordnung des Gedankens zur Sprache ab und unterstreicht die Beliebigkeit sprachlicher Zeichen. In diesem Kontext greift Paulhan Valéry an, weil dieser, wie seine Kontrahenten, die Surrealisten, den Sinn in der Sprachform aufgehen lassen will.

Identität und Alterität

Indifferenz als Grunderfahrung schützt einen Denker wie den Rumänen **Emile Cioran** (1911–95) davor, die Skepsis pädagogisch abzutönen oder sie als Instrument der Standpunktlosigkeit zu nutzen. Cioran kann Prometheus nur hassen, weil er der Menschheit das Gewissen und den Weltschmerz beschert hat. Der Verlust ehemals naiver Lebensformen hat der Menschheit unheilbare Wunden geschlagen (*Précis de décomposition,* 1949; *Histoire et utopie,* 1960; *Ecartèlement,* 1979; *Exercices d'admiration,* 1986; *Aveux et anathèmes,* 1987). Methodischer und praktischer Zweifel fallen in diesen Hypothesen zusammen, wenn erkenntnistheoretisch der Fortgang der Geschichte nicht mit sinnstiftendem Fortschritt identisch ist, und angesichts des Prinzips

Trostlosigkeit, das eine Endzeit ausleuchtet. Man kann Cioran wegen dieses Agnostizismus einen Anti-Pascal nennen. 1987 schreibt er, die Bestimmung des Menschen sei erst mit der Zerschlagung der letzten Götterstatue erfüllt. Polemische Attacken des Nihilisten gelten sowohl Bergson als auch Heidegger (*Entretiens avec Sylvie Jaudeau*, 1990).

Roland Barthes (1915–80; *Essais critiques*, 1964) reflektiert u. a. die Funktion des Simulacrum. Er vertritt die These, daß strukturalistische Verfahren von ihren Objekten nicht das platonische Trugbild, sondern ein Simulacrum herstellen, wobei Eigenschaften zum Vorschein gebracht werden, die im natürlichen Gegenstand nicht verständlich sind. Das Simulacrum als Phantasma, so **Jacques Derrida** (*1930; *La dissémination*, 1972), erkläre sich vielmehr zur einzig überprüfbaren und bearbeitbaren Realität. Die Referenzsemantik ist als ungeeignetes Werkzeug beiseite gelegt, da dem Prinzip Mimesis sein herkömmlicher Vorrang abgesprochen wird. Barthes' Eigendefinition als »Schreiber von Romanhaftem« entzieht dem theoretisierenden Diskurs in seinen Texten über Racine, Sade, Fourier, Balzac, Michelet oder Sollers den erkenntnisstiftenden Anspruch der Abstraktion und Systematik. Er stellt wie Sartre (*Les Mots*) die Frage nach der Macht der »écriture« und der unbestreitbaren sozialen Ohnmacht des Textes (*Le dégré zéro de l'écriture*, 1953; *L'empire des signes*, 1970; *Fragments d'un discours amoureux*, 1977; *Incidents*, 1987; *Œuvres complètes*, Hrsg. E. Marty, 3 Bde., 1993–95).

In drei Publikationen von drei jüdischen Intellektuellen aus dem Jahr 1987, dem Jahr des Wahlsiegs der Rechten, ist Julien Bendas Frage nach dem Verrat der Intelligenz und der Auflösung ideologischer Zwänge immer noch virulent, vom Mai 68 her nun in neuem Licht. Der nationale Dialog der Intellektuellen mit sich selbst und ihrem Schuldkomplex ist in der Fünften Republik die Domäne von Lévy, Finkielkraut, Glucksmann oder Bourdieu.

Bernard-Henri Lévy (*1948), Medienstar wie kein anderer Autor, der in *L'idéologie française* (1981) den latenten Faschismus in der frz. Zivilisation denunziert, knüpft den Bestand der Demokratie an eine nationale Mentalität (*Éloge des intellectuels*, 1987). Er polemisiert gegen die Intelligentsia, die sich puristisch dem Medienzirkus zu entziehen meint.

Alain Finkielkraut (*1949) beklagt wie Lévy, daß den Ansprüchen des Denkens ein neuartiger Kulturbegriff entgegengestellt ist. Finkielkraut rekurriert in *La défaite de la pensée* (1987) warnend auf eine These in Bendas *La trahison des clercs*: »Cette transmutation de *la* culture en *ma* culture est pour Benda la marque de l'âge moderne.« Die problematische Umkategorisierung universeller in partikulare und zeitgebundene Werte hat seiner Meinung nach 1774 mit Herders Geschichtsphilosophie ihren Anfang genommen:

> Nicht die Geschichte ist vernünftig oder gar zweckmäßig, sondern die Vernunft ist geschichtlich: jede der Formen, die die Menschheit ständig hervorbringt, hat ihr Eigenleben, ihre innere Notwendigkeit, ihre besondere Vernunft.
>
> Diese Philosophie der Geschichte fordert eine dem Vorgehen Voltaires entgegengesetzte Methode. [...] Und Herder zufolge spiegelt Voltaires Verblendung die Überheblichkeit seiner Nation wider. Wenn er falsch denke, wenn er zu Unrecht die Vielfältigkeit der geschichtlichen Verhältnisse vereinheitliche, so, weil er überzeugt sei von der Überlegenheit seines Landes (Frankreich) und seiner Zeit (dem Jahrhundert der Aufklärung). Indem er die Geschichte mit der Elle dessen, was er Vernunft nenne, messe, begehe er die Sünde des Hochmutes: eine bestimmte und vergängliche Art zu denken blähe er zur Dimension der Ewigkeit auf.
>
> Die Niederlage des Denkens, übers. von Nicola Volland, Reinbek bei Hamburg: Rowohlt, 1989, S. 15 f.

Die revolutionäre Nation als Zusammenschluß von Bürgern anstelle von Untertanen transzendiert den einzelnen

nicht, sondern schützt seine Folklore, solange das politische
Regime stabil ist. Tatsächlich verhält sich die Fünfte Republik mit ihrem schlechten kolonialen Gewissen liberaler als
die für unteilbar gehaltene Erste Republik der nationalisti-
schen Jakobiner. Nicht mehr der Gesellschaftsvertrag bildet
die Gesellschaft, sondern die Gesellschaft als Idee wird zur
Voraussetzung für die Lizenz zum autonomen Verhalten
jedes einzelnen. Die multikulturelle Ideologie der Post-
kolonialzeit, in der sich die falsche Demut vor der Anders-
artigkeit ausdrückt, kollidiert mit dem Europamythos. Von
diesem Widerspruch abgesehen, kritisiert Finkielkraut die
Tendenz zum fakultativen Denken, das Verpflichtungen,
wie sie der Aufklärung zu verdanken sind, zu Optionen
verwässert. Wissensvermittlung verlangt bereits von der
Schule Selbstgewißheit (*L'ingratitude*, 1999).

André Glucksmann (*1937) veröffentlicht nach *La bêtise* (1985), einem Pamphlet gegen die Phantasielosigkeit
der politischen Klasse, 1987 mit *Descartes c'est la France*
wiederum einen Bestseller. In die Antitotalitarismuskritik
bezieht Glucksmann, wie zuvor schon Adorno und
Horkheimer, die intellektuelle Ethik der Aufklärung mit
ein, insoweit sie dogmatisch geworden ist. Sein Thema ist
nicht die wissenschaftliche Descartes-Rezeption, sondern
die Wissenssoziologie als Voraussetzung eines inflationär
gewordenen Cartesianismus, der sich seit der Revolution
installiert und die Voraussetzungslosigkeit fürchtet, unter
der Descartes zu denken begonnen hat. Dabei ist aufzu-
decken, wie ein unverhohlener Totalitarismus Descartes'
methodischen Zweifel ebenso stilllegt wie die Erfahrung,
daß mit größerer Sicherheit über das Negative als über
das Positive gesprochen werden kann. Politische Legiti-
mationsdiskurse können sich nicht auf den integralen
Descartes berufen, solange dieser das Subjekt davor
warnt, sich in der Macht und der Herrlichkeit aufgehoben
zu fühlen. Die Ethik, die beispielsweise gegenüber Aids

notwendig wird, veranlaßt Glucksmann, von einer neuen »trahison des clercs« zu sprechen (*La fêlure du monde*, 1994). Benda bleibt lebendig.

In der postmodernen Philosophie kursiert der Satz, totalisierende »große Erzählungen« seien seit dem Tode Hegels nicht mehr aufzulegen. Die »kleinen Erzählungen«, welche Differenzen, Abbrüche, das Dilemma der Sinnstiftung (und nicht ihre Doktrin) thematisieren, artikuliert der Essay. Seit einigen Jahren sucht die Philosophie eine immer breitere außeruniversitäre Öffentlichkeit. Wenn in einem Café an der Place de la Bastille ein Thema wie die Liebe verhandelt wird, bleibt kein Platz frei. Dieses Modell des »café philo« findet sein Echo in den Medien und Diskussionen, die professionell organisiert sind. Die Bücher von **André Comte-Sponville** (*1952; *Traité du désespoir et de la béatitude*, 1984; *L'amour la solitude*, 1992; *Petit traité des grandes vertus*) und Luc Ferry (*1951; *L'Homme-Dieu ou le sens de la vie*) verkaufen sich in mehr als hunderttausend Exemplaren.

Das Werk **Pierre Bourdieus** (*1930) mit zahlreichen Schriften, auch zur Kultur Algeriens und zur Ontologie Martin Heideggers, steht für die soziologische Erklärung der ästhetischen Produktion als Aktualisierung einer Institution, die analog zum Wort- oder Bedeutungsfeld, mit dem die Linguistik operiert, ein »champ littéraire« bereitstellt. Komposita mit »Feld« bilden in Bourdieus Diskurs leitmotivische Signale (Kunstfeld, Schlachtfeld, Kritikfeld, kulturelles Produktionsfeld usw.). Er verfolgt zwei Ziele: den Entwurf einer Lebenslehre und die Begründung von ästhetischen Verstehensstrategien, die den Sinn poetischer Kompositionen nicht in Transzendentalien, sondern ohne hermeneutisches Vorgehen in konfliktuellen »circonstances« suchen. Bourdieu hält eine annähernd restlose Analyse von Baudelaires Werk oder Flauberts Narrativik für möglich (*Les règles de l'art*, 1992), solange nicht eine irrationale Liebe zur Kunst, sondern Er-

kenntnisstreben die Lektüre leitet und Symptome registriert. Dazu konstruiert er Systeme einsichtiger Relationen,
um den Nachweis zu führen, wie ein Werk seinen Wert erhält je nach der Art, sich in einen vorgängigen literarischen
Bedingungsrahmen, »champ de prises de position«, einzuschreiben. Diese Einstufung des Einzeltexts durch dominante Faktoren einer kulturellen Situation, die an jedem historischen Punkt eine eigene Hierarchie der poetischen
Rede voraussetzt, heute die Poesie und morgen den Roman
privilegiert, nennt Bourdieu symptomatisch. Die Symptome
seien nicht Reflexe eines Erwartungshorizonts, vielmehr
Ausweis bereinigter Antagonismen, die Anpassung und
Widerstand, Wiedererkennen und Irritation thematisieren.

Die moralistische Diskussion ist, von der Bourdieu-
Rezeption ausgelöst, an dem Punkt angelangt, daß die Macht-
ansprüche der Intelligentsia neu verhandelt werden. Denker
wie Bourdieu wenden sich mit ihrem »prêt-à-penser« (Claude
Lanzmann) an eine von den Intellektuellen bisher vernach-
lässigte Zielgruppe, die vom politischen und pädagogischen
System enttäuschten, aber lesenden Kleinbürger, leichte Op-
fer des Gesinnungsterrors, den die neuen »Mandarine«, seine
Kollegen an der École des hautes études en sciences sociales
(EHESS) und am Collège de France, praktizieren.

Trotz der Medienaufmerksamkeit, die Bourdieu genießt,
bleibt 2000 ein intellektuelles Vakuum spürbar. Auf dem
Hintergrund der in Paris geführten Erörterung, wer heute
den Rang des »grantécrivain« einnimmt, formuliert Bern-
hard-Henri Lévy seine wahrscheinlich mehrheitsfähige
Antwort: *Le siècle de Sartre. Enquête philosophique* (1999).
Er zeichnet das postmoderne Doppelprofil des Humanis-
muskritikers und Humanisten. Bei Lévy, der auf hohe Pu-
blikumsresonanz zählen kann, fungiert Sartre als Jahr-
hundertfigur, seit er das restaurative Geschichtsbild der Dritten
Republik, das im Vichy-Regime gipfelt, unmißverständlich
bloßgestellt hat (*Le Monde*, 21. Januar 2000).

Lit.: M. Eliade, Le mythe de l'éternel retour, 1949; V. Jankélévitch, L'aventure, l'ennui, le sérieux, 1963; P. Berger, Der Essay, 1964; G. Genette, Figures I, 1966; R. Champigny, Pour une esthétique de l'essai, 1967; R. Fayolle, La critique, 1978; J. Habermas, Der philos. Diskurs der Moderne, 1985; G. Poulet, La pensée indéterminée, Bd. 2: Du romantisme au XXe siècle, 1987; J.-Y. Tadié, La critique littéraire au XXe siècle, 1987; J. Altwegg / A. Schmidt, Frz. Denker der Gegenwart, 1987; D. Dubuisson, Mythologies du XXe siècle, 1993; W. Welsch, Unsere postmoderne Moderne, 1993; J. Jurt, Das literar. Feld, 1995; M. Winock, Le siècle des intellectuels, 1997; J. Jurt (Hrsg.), Zeitgenöss. frz. Denker, 1998; B. Lindorfer, R. Barthes, 1998; G. Leroy, Les écrivains et l'histoire, 1919–56, 1998; J. Verdès-Leroux, Le savant et la politique, 1998; P. Glaudes / J.-F. Louette, L'essai, 1999; D. Noguez, Le grantécrivain et d'autres textes, 2000.

Personenregister

Zum Autor

WINFRIED ENGLER, Ordinarius für Romanische Philologie an der Freien Universität Berlin, lehrt französische und spanische Literaturwissenschaft. Geb. am 17. Dezember 1935 in Saulgau, studierte er seit 1955 in Tübingen, München und Paris Romanistik, Geschichte und Philosophie und wurde 1960 mit einer Arbeit über Henri Michaux an der Universität Tübingen zum Dr. phil. promoviert. Nach mehrjähriger Tätigkeit als Wissenschaftlicher Assistent und Akademischer Rat am Auslands- und Dolmetscherinstitut der Universität Mainz in Germersheim erhielt er 1968 einen Ruf an die Pädagogische Hochschule Berlin, zunächst als außerordentlicher, seit 1971 als ordentlicher Professor für Französische Sprache und Literatur. Seit 1980 gehört er dem Lehrkörper des Instituts für Romanische Philologie der Freien Universität an. Er ist Ritter der Ehrenlegion und Offizier der Palmes Académiques.

Forschungsschwerpunkte: Literaturgeschichte als Gattungsgeschichte, Probleme der Intertextualität des historischen Romans seit der Scott-Rezeption, Erzählbarkeit von Geschichte generell sowie Lexikographie.

Veröffentlichungen: *Lexikon der französischen Literatur* (³1994), *Geschichte des französischen Romans von den Anfängen bis Marcel Proust* (1982), *Der französische Roman im 20. Jahrhundert* (1992), *Französische Literatur im 20. Jahrhundert* (1994), *100 Jahre Rougon-Macquart im Wandel der Rezeptionsgeschichte* (Hrsg., zus. mit Rita Schober, 1995), *Frankreich an der Freien Universität* (Hrsg., 1997) sowie zahlreiche Aufsätze zur französischen und spanischen Dichtung vom Mittelalter an.

Festschrift zu seinem 60. Geburtstag: *Konkurrierende Diskurse. Studien zur französischen Literatur des 19. Jahrhunderts* (hrsg. von Brunhilde Wehinger, 1997).